Michael Tilly
1 Makkabäer

Herders Theologischer Kommentar
zum Alten Testament

Begründet von

Erich Zenger †

Herausgegeben von

Ulrich Berges, Christoph Dohmen,
Ludger Schwienhorst-Schönberger

HERDER

FREIBURG · BASEL · WIEN

1 Makkabäer

Übersetzt und ausgelegt von

Michael Tilly

HERDER

FREIBURG · BASEL · WIEN

Seinem Lehrer und Freund
Professor Dr. Dr. Otto Böcher

MIX
Papier aus verantwortungsvollen Quellen
FSC® C005833

www.herder.de
Umschlaggestaltung: Finken & Bumiller, Stuttgart
Satz: SatzWeise GmbH, Trier
Karten: Peter Palm, Berlin
Herstellung: Těšínská Tiskárna a. s., Český Těšín
Printed in Czech Republic
ISBN 978-3-451-26822-9

Inhalt

Kommentar

Vorwort

Als mich der damalige Herausgeber, Prof. Dr. Erich Zenger (†), dazu aufforderte, das 1. Makkabäerbuch für die vorliegende Kommentarreihe zu bearbeiten, ermöglichte er mir einerseits, meine mit der Übersetzung des Buches für LXX.D begonnene Beschäftigung mit diesem eindrücklichen literarischen Zeugnis des komplexen Verhältnisses von »Judentum« und »Hellenismus« im 2. Jh. v. Chr. zu vertiefen, und schärfte er andererseits meinen Blick für die Notwendigkeit einer konstruktiven Synthese synchroner und diachroner methodischer Zugänge zum Bibeltext. In diesem Sinne stellt die vorliegende Übersetzung und Auslegung des 1. Makkabäerbuches den Versuch dar, unterschiedliche religionsgeschichtliche, philologische und literaturwissenschaftliche Fragestellungen und Methoden miteinander ins Gespräch zu bringen, um möglichst viele Bedeutungsaspekte des kommentierten Textes möglichst umfassend und präzise zu erhellen. Meiner Übersetzung und Auslegung zu Grunde liegt der griechische Text nach der kritischen Ausgabe von Werner Kappler (Göttingen ^{3}1990) unter gelegentlicher Heranziehung der Studienausgabe von Alfred Rahlfs und Robert Hanhart (Stuttgart 2006).

Mein Dank gilt zunächst den Herausgebern der Reihe, Prof. Dr. Ulrich Berges, Prof. Dr. Christoph Dohmen und Prof. Dr. Ludger Schwienhorst-Schönberger sowie Dr. Bruno Steimer vom Verlag Herder. Für ihren unermüdlichen und sorgfältigen Einsatz zu danken ist den eifrigen Mitarbeiterinnen und Mitarbeitern des Tübinger »Instituts für antikes Judentum und hellenistische Religionsgeschichte«, namentlich Frau Dipl.-Theol. Elisabeth Bittner, Frau Marietta Hämmerle, Frau stud. theol. Lea Schlenker, Frau Dr. Julia Snyder, Herrn stud. theol. Pierre Schmid, Herrn stud. theol. et phil. Felix Walz und Herrn stud. theol. Matthias Kunsch. Für seinen klugen Rat im Hinblick auf religionsgeschichtliche Spezialfragen danke ich meinem geschätzten Kollegen und Freund Prof. Dr. Marco Frenschkowski. Mein herzlicher Dank für die kritische Durchsicht des Manuskriptes gilt Herrn Dipl.-Theol. Daniel Schumann und dem lieben »Makkabäerbruder« Prof. Dr. Tobias Nicklas.

Tübingen, im August 2015 — Michael Tilly

Allgemeines Abkürzungsverzeichnis für alle Bände des Kommentarwerkes

1. Biblische Bücher und außerkanonische Schriften

a) Biblische Bücher

Altes Testament

Gen	Genesis (1 Mose)
Ex	Exodus (2 Mose)
Lev	Leviticus (3 Mose)
Num	Numeri (4 Mose)
Dtn	Deuteronomium (5 Mose)
Jos	Das Buch Josua
Ri	Das Buch der Richter
Rut	Das Buch Rut
1 Sam	Das 1. Buch Samuel
2 Sam	Das 2. Buch Samuel
1 Kön	Das 1. Buch der Könige
2 Kön	Das 2. Buch der Könige
1 Chr	Das 1. Buch der Chronik (Paralipomenon)
2 Chr	Das 2. Buch der Chronik (Paralipomenon)
Esra	Das Buch Esra (1 Esra)
Neh	Das Buch Nehemia (2 Esra)
Tob	Das Buch Tobit (Tobias)
Jdt	Das Buch Judit
Est	Das Buch Ester (mit griech. Zusätzen)
1 Makk	Das 1. Buch der Makkabäer
2 Makk	Das 2. Buch der Makkabäer
Ijob	Das Buch Ijob (Hiob)
Ps	Die Psalmen
Spr	Das Buch der Sprichwörter (Die Sprüche Salomos)
Koh	Das Buch Kohelet (Der Prediger Salomo, Ecclesiastes)
Hld	Das Hohelied
Weish	Das Buch der Weisheit
Sir	Das Buch Jesus Sirach (Ecclesiasticus)
Jes	Das Buch Jesaja
Jer	Das Buch Jeremia
Klgl	Die Klagelieder des Jeremia
Bar	Das Buch Baruch (1 Bar)

Ez	Das Buch Ezechiel (Hesekiel)
Dan	Das Buch Daniel (mit griechischen Zusätzen)
Hos	Das Buch Hosea (Osee)
Joel	Das Buch Joel
Am	Das Buch Amos
Obd	Das Buch Obadja (Abdias)
Jona	Das Buch Jona
Mi	Das Buch Micha (Michäas)
Nah	Das Buch Nahum
Hab	Das Buch Habakuk
Zef	Das Buch Zefanja (Sophonias)
Hag	Das Buch Haggai (Aggäus)
Sach	Das Buch Sacharja (Zacharias)
Mal	Das Buch Maleachi (Malachias)

Neues Testament

Mt	Das Evangelium nach Matthäus
Mk	Das Evangelium nach Markus
Lk	Das Evangelium nach Lukas
Joh	Das Evangelium nach Johannes
Apg	Die Apostelgeschichte
Röm	Der Brief an die Römer
1 Kor	Der 1. Brief an die Korinther
2 Kor	Der 2. Brief an die Korinther
Gal	Der Brief an die Galater
Eph	Der Brief an die Epheser
Phil	Der Brief an die Philipper
Kol	Der Brief an die Kolosser
1 Thess	Der 1. Brief an die Thessalonicher
2 Thess	Der 2. Brief an die Thessalonicher
1 Tim	Der 1. Brief an Timotheus
2 Tim	Der 2. Brief an Timotheus
Tit	Der Brief an Titus
Phlm	Der Brief an Philemon
Hebr	Der Brief an die Hebräer
Jak	Der Brief des Jakobus
1 Petr	Der 1. Brief des Petrus
2 Petr	Der 2. Brief des Petrus
1 Joh	Der 1. Brief des Johannes
2 Joh	Der 2. Brief des Johannes
3 Joh	Der 3. Brief des Johannes
Jud	Der Brief des Judas
Offb	Die Offenbarung des Johannes

b) Außerkanonische Schriften

Neben dem Alten Testament

ApkAbr	Abraham-Apokalypse
ApkEl	Elija-Apokalypse
ApkMos	Mose-Apokalypse
ApkSedr	Sedrach-(Schadrach)Apokalypse
Arist	Aristeasbrief
AscJes	Ascensio Jesaiae
AssMos	Assumptio Mosis
grBar	griechische Baruch-Apokalypse (4 Bar)
syrBar	syrische Baruch-Apokalypse (2 Bar)
EpJer	Epistula Jeremiae
3 Esra	3. Esrabuch
4 Esra	4. Esrabuch
5 Esra	5. Esrabuch (4 Esra 1–2)
6 Esra	6. Esrabuch (4 Esra 15 -16)
äthHen	äthiopisches Henochbuch (1 Hen)
grHen	griechisches Henochbuch (2 Hen)
hebrHen	hebräisches Henochbuch (3 Hen)
slHen	slawisches Henochbuch
JosAs	Josef und Asenat
Jub	Jubiläenbuch
LibAnt	Liber Antiquitatum Biblicarum (Ps.-Philo)
3 Makk	3. Makkabäerbuch
4 Makk	4. Makkabäerbuch
MartJes	Martyrium Jesaiae
OrMan	Oratio Manassis
PsSal	Psalmen Salomos
Sib	Sibyllinen
TestAbr	Testament Abrahams
TestHiob	Testament Hiobs (Ijobs)
TestXII	Testamente der Zwölf Patriarchen
TestRub	Testament des Ruben
TestSim	Testament des Simeon
TestLev	Testament des Levi
TestJud	Testament des Juda
TestIss	Testament des Issachar
TestSeb	Testament des Sebulon
TestDan	Testament des Dan
TestNaph	Testament des Naphthali (Naftali)
TestGad	Testament des Gad
TestAss	Testament des Asser (Ascher)
TestJos	Testament des Josef
TestBenj	Testament des Benjamin
VitAd	Vita Adae et Evae

Neben dem Neuen Testament

ActAndr	Andreas-Akten
ActJoh	Johannes-Akten
ActMt	Matthäus-Akten
ActPaul	Paulus-Akten
ActPetr	Petrus-Akten
ActPhil	Philippus-Akten
ActThom	Thomas-Akten
ApkPaul	Paulus-Apokalypse
ApkPetr	Petrus-Apokalypse
EpApost	Apostelbrief
EvÄg	Ägypter-Evangelium
EvEb	Ebioniten-Evangelium
EvHebr	Hebräer-Evangelium
EvPetr	Petrus-Evangelium
EvPhil	Philippus-Evangelium
Laod	Laodicenerbrief
OdSal	Oden Salomos
Protev	Protoevangelium des Jakobus

c) Rabbinische Literatur

Mischna, Tosefta, Talmudim

b	Talmud Bavli (Babylonischer Talmud)
m	Mischna
t	Tosefta
y	Talmud Yeruschalmi (Palästinischer Talmud)

Die Traktate bleiben unabgekürzt, z. B.:

bSanhedrin 31a	Talmud Bavli, Traktat Sanhedrin, Blatt 31, Seite 1
mSanhedrin I 4	Mischna, Traktat Sanhedrin, Kapitel 1, Halakha 4
tSanhedrin I 4	Tosefta, Traktat Sanhedrin, Kapitel 1, Halakha 4
ySanhedrin 2, 21b	Talmud Yeruschalmi, Traktat Sanhedrin, Kapitel 2, Blatt 21, Spalte 2

Andere Texte

ARN	Abot de Rabbi Natan, Text A oder B
DtnR	Deuteronomium Rabba
ExR	Exodus Rabba
GenR	Genesis Rabba
HldR	Hoheslied Rabba
KlglR	Klagelieder Rabba
KohR	Kohelet Rabba
LevR	Leviticus Rabba

Mek	Mekhilta de R. Jischmael
MHG	Midrasch ha-Gadol
MidrPss	Midrasch Psalmen
MidrSpr	Midrasch Sprichwörter
MidrTann	Midrasch Tannaim
MRS	Mekhilta de R. Simeon b. Jochai
NumR	Numeri Rabba
PesR	Pesiqta Rabbati
PRE	Pirqe de Rabbi Eliezer
PRK	Pesiqta de Rab Kahana
SER	Seder Elijahu Rabba
SOR	Seder Olam Rabba
SOZ	Seder Olam Zutta
SZ	Sifre Zutta
Tan	Tanchuma
TanB	Tanchuma Buber

d) Qumran-Schriften

Es hat sich eingebürgert, die Qumran-Texte mit Angabe des Fundortes (Nummer der Qumran-Höhle oder benachbarter Fundort) und der Katalognummer abzukürzen. Als vollständige Kataloge liegen derzeit vor: *F. García Martínez,* Lista Mss procedentes de Qumran: Henoch 11, 1989; *S. Reed,* Dead Sea Scrolls Inventory Project: Ancient Biblical Manuscript Center, Claremont 1989 ff. Daneben werden häufig folgende inhaltlichen Abkürzungen verwendet:

1QDtn^{a}(1Q 4)	erste Dtn-Handschrift
1QGenApocr	Genesisapokryphon
1QH	Loblieder
1QJes^{a}	erste Jesaja-Rolle
1QJes^{b}	zweite Jesaja-Rolle
1QJub(1Q 17.18)	Fragmente des Jubiläenbuchs
1QM	Kriegsregel
1QpHab	Habakuk-Pešer
1QpPs68 (1Q 16)	Pešer zu Ps 68
1QS	Gemeinderegel
1QSa (1Q 28a)	Gemeinschaftsregel
1QSb (1Q 28b)	Segenssprüche
1QtestLevi (1Q 21)	Fragmente des Testamentum Levi
4QD	Damaskusschrift aus Qumran
4QDan (4Q 112–116)	Daniel-Handschrift
4QEn	aramäische Henoch-Fragmente
4QFlor	Florilegium
4QM^{a}	Kriegsregel-Fragment
4QOrNab	Gebet des Nabonid
4QpHos$^{a\text{-}b}$	Pešarîm zu Hos
4QpJes$^{a\text{-}d}$	Pešarîm zu Jes
4QpNah	Nahum-Pešer
4QpPs37	Pešer zu Ps 37
4Qshirshab	Sabbatlieder
4QTest	Testimonia
4QTob hebr./aram.	hebräische und aramäische Fragmente des Tobitbuches

6QD	Damaskusschrift aus Qumran
6QDan (6Q 7)	Daniel-Handschrift
11QMelch	Melchisedek-Pešer
11QPs	Psalmenrolle
11 QtgHi	Hiob-Targum
CD	Damaskusschrift aus der Kairoer Geniza (Cairo-Document)
TR (11 QTR)	Tempelrolle

2. Abkürzungen der Zeitschriften, Serien, Lexika und Quellenwerke

AASF	Annales Academiae Scientiarum Fennicae
– Ser. B	– Serie B
AASOR	Annual of the American Schools of Oriental Research
AAWG	Abhandlungen der Akademie der Wissenschaften, Göttingen
AAWG.PH	– Philologisch-historische Klasse
AB	Assyriologische Bibliothek
ABD	The Anchor Bible Dictionary
AcOr	Acta orientalia, Havania, Leiden
ADAIK	Abhandlungen des Deutschen Archäologischen Instituts Kairo
ADAJ	Annual of the Department of Antiquities of Jordan
ADPV	Abhandlungen des deutschen Palästina-Vereins
ÄA	Ägyptologische Abhandlungen
ÄAT	Ägypten und Altes Testament
ÄF	Ägyptologische Forschungen
AET	Abhandlungen zur evangelischen Theologie
AfO	Archiv für Orientforschung
AGJU	Arbeiten zur Geschichte des Antiken Judentums und des Urchristentums
AHAW	Abhandlungen der Heidelberger Akademie der Wissenschaften
AHAW.PH	– Philosophisch-historische Klasse
AHW	*W. v. Soden*, Akkadisches Handwörterbuch, Wiesbaden 1965 ff.
AJA	American Journal of Archaeology (1. Serie: 1, 1885–11, 1896) and of the History of Fine Arts (2. Serie: 1, 1897 ff.)
AJBI	Annual of the Japanese Biblical Institute, Tokyo
AJSL	American Journal of Semitic Languages and Literatures
ALGHL	Arbeiten zur Literatur und Geschichte des hellenistischen Judentums
ALUOS	Annual of Leeds University Oriental Society
ALW	Archiv für Liturgiewissenschaft
AnBib	Analecta biblica
AncB	Anchor Bible
ANEP	*J. B. Pritchard*, The Ancient Near East in Pictures relating to the Old Testament, Princeton ^{2}1969
ANES	vgl. JANES
ANET	*J. B. Pritchard*, Ancient Near Eastern Texts relating to the Old Testament, Princeton ^{2}1969
Ang.	Angelicum, Roma
AnGr	Analecta Gregoriana, Roma
AnOr	Analecta Orientalia
AnSt	Anatolian Studies
AO	Der Alte Orient
AOAT	Alter Orient und Altes Testament

AOB	*H. Greßmann*, Altorientalische Bilder zum Alten Testament, Berlin/Leipzig ²1927
AOBPs	*O. Keel*, Die Welt der altorientalischen Bildsymbolik und das Alte Testament. Am Beispiel der Psalmen, Zürich ³1980
AOF/AOFor	Altorientalische Forschung
AOT	*H. Greßmann* (Hg.), Altorientalische Texte zum Alten Testament, Berlin/Leipzig ²1926
APAT	*E. Kautzsch* (Hg.), Apokryphen und Pseudepigraphen des Alten Testaments, Tübingen 1–2, 1900
APOT	*R. H. Charles* (Hg.), Apocrypha and Pseudepigrapha of the Old Testament in English, Oxford 1–2, 1913
Arch.	Archaeology. A magazine dealing with the Antiquity of the world
ARM	*J. Bottero / A. Finet* (Hg.), Archives royales de Mari. Textes cunéiformes
ArOr	Archiv orientální
ARW	Archiv für Religionswissenschaft
ASTI	Annual of the Swedish Theological Institute (in Jerusalem)
AtA	Alttestamentliche Abhandlungen
ATD	Das Alte Testament Deutsch
ATD.E	Das Alte Testament Deutsch. Ergänzungsreihe
AThANT	Abhandlungen zur Theologie des Alten und Neuen Testaments
AThD	Acta theologica Danica
ʿAtiqot(H)	ʿAtiqot. Journal of the Israel Department of Antiquities. Hebrew Series
ATS	Arbeiten zu Text und Sprache im Alten Testament
AuC	*F. J. Dölger*, Antike und Christentum, Münster 1–6, 1929–1940/50
AuS	*G. Dalman*, Arbeit und Sitte in Palästina, Gütersloh 1928–1942 (Nachdruck Hildesheim 1964)
AzTh	Arbeiten zur Theologie
BA	Biblical Archaeologist
BaghM	Baghdader Mitteilungen
BAR(ev)	Biblical Archaeology Review
BAR(IS)	Biblical Archaeology Reader, International Series
BASOR	Bulletin of the American Schools of Oriental Research
Bauer	*W. Bauer*, Griechisch-Deutsches Wörterbuch zu den Schriften des Neuen Testaments und der übrigen urchristlichen Literatur, Berlin ⁶1988
BAW	Bibliothek der Alten Welt
BAW.AC	– Antike und Christentum
BB	Biblische Beiträge, Einsiedeln
BBB	Bonner Biblische Beiträge
BCNH.T	Bibliothèque Copte de Nag Hammadi, Textes
BDB	*F. Brown / S. R. Driver / C. A. Briggs*, Hebrew and English Lexicon, Oxford 1907 (1962)
BEATAJ	Beiträge zur Erforschung des Alten Testaments und des antiken Judentums
BeO	Bibbia e oriente
BET	Beiträge zur biblischen Exegese und Theologie
BEThL	Bibliotheca Ephemeridum Theologicarum Lovaniensis
BetM	Bet(h) Mikra
BEvTh	Beiträge zur evangelischen Theologie
BFChTh	Beiträge zur Förderung christlicher Theologie
BHH	*B. Reicke / L. Rost* (Hg.), Biblisch-historisches Handwörterbuch, Göttingen 1962–1979
BHS	Biblia Hebraica Stuttgartensia
BHTh	Beiträge zur historischen Theologie
Bib. / Bibl	Biblica, Roma

BiBe	Biblische Beiträge
BibOr	Biblica et orientalia
BIES	Bulletin of the Israel Exploration Society
Bijdr.	Bijdragen. Tijdschrift voor Philosophie en theologie
BiKi	Bibel und Kirche
BiLe	Bibel und Leben
BiLi	Bibel und Liturgie
BiOr	Bibliotheca orientalis, Leiden
BiTod	Bible today
BiTr	Bible translator
BJRL	Bulletin of the John Rylands Library, Manchester
BK	Biblischer Kommentar
BKAT	Biblischer Kommentar zum Alten Testament
Blass/Debrunner	*F. Blass / A. Debrunner,* Grammatik des neutestamentlichen Griechisch, bearbeitet von E. Rehkopf, Göttingen ^{14}1976
BN	Biblische Notizen
BRL^2	*K. Galling* (Hg.), Biblisches Reallexikon, Tübingen ^{2}1977
BS	Bibliotheca sacra
BSt	Biblische Studien, Neukirchen
BTAVO	Beihefte zum Tübinger Atlas des Vorderen Orients
BTB	Biblical Theology Bulletin
BThSt	Biblisch-theologische Studien
BThZ	Berliner theologische Zeitschrift
BVSAW	Berichte über die Verhandlungen der sächsischen Akademie der Wissenschaften zu Leipzig
BVSAW.PH	– Philosophisch-historische Klasse
BWANT	Beiträge zur Wissenschaft vom Alten und Neuen Testament
BZ	Biblische Zeitschrift
BZAW	Beihefte zur Zeitschrift für die alttestamentliche Wissenschaft
BZfr	Biblische Zeitfragen
BZNW	Beihefte zur Zeitschrift für die neutestamentliche Wissenschaft
CAD	Chicago Assyrian Dictionary
CAH	Cambridge Ancient History
CAT	Commentaire de l'Ancien Testament
CB	Coniectanea biblica
CB.NT	Coniectanea biblica. New Testament Series
CB.OT	Coniectanea biblica. Old Testament Series
CBQ	Catholic Biblical Quarterly
CChr	Corpus Christianorum
CChr.CM	– Continuatio medievalis
CChr.SA	– Series apocryphorum
CChr.SG	– Series Graeca
CChr.SL	– Series latina
CEg	Chronique d'Egypte
Charlesworth	*J. H. Charlesworth* (Hg.), The Old Testament Pseudepigrapha, Garden City 1983/85
CH	Codex Hammurabi
CHB	Cambridge History of the Bible
CIJ	Corpus Inscriptionum Judaicarum
CIL	Corpus Inscriptionum Latinorum

Conc	Concilium
COT	Commentaar op het Oude Testament
CPG	Clavis patrum Graecorum
CPL	Clavis patrum Latinorum
CRAI	Comptes rendus des séances de l'académie des inscriptions et belles lettres
CRB	Cahiers de la Revue biblique
CRBS	Currents in Research. Biblical Studies
CRI	Compendia Rerum Judaicarum ad Novum Testamentum
CRRAI	Compte rendu de la recontre assyriologique internationale
CThM	Calwer theologische Monographien
CV	Communio Viatorum
DACL	Dictionnaire d'archéologie chrétienne et de liturgie
DB	Dictionnaire de la Bible
DBS	– supplément
DBAT	Dielheimer Blätter zum Alten Testament
DissAb	Dissertation Abstracts
DJD	Discoveries in the Judean Desert
EA	*J. A. Knudtzon*, Die El-Amarna-Tafeln, Leipzig 1915 (Neudruck Aalen 1964)
EAEHL	Encyclopedia of archeological excavations in the Holy Land, London 1975–1978
EB	Die Heilige Schrift in deutscher Übersetzung. »Echter Bibel«
EB(C)	*T. K. Cheyne* (Hg.), Encyclopedia Biblica, London
EdF	Erträge der Forschung, Darmstadt
EHAT	Exegetisches Handbuch zum Alten Testament
Ehrlich	*A. B. Ehrlich*, Randglossen zur hebräischen Bibel, Leipzig 1908–1914
EHS	Europäische Hochschulschriften
EHS.T	Europäische Hochschulschriften. Reihe 23: Theologie
EJ	Encyclopaedia Judaica 1–16, Jerusalem 1971
EJR	*R. J. Z. Werblowsky u. a.* (Hg.), The Encyclopedia of the Jewish Religion, London 1967
EKK	Evangelisch-katholischer Kommentar zum Neuen Testament
EKL	Evangelisches Kirchenlexikon
EPRO	Études préliminaires aux religions orientales dans l'empire romain
E(r)I(s)	Eretz-Israel
ESI	Excavations and Surveys in Israel
Est.B	Estudios biblicos
ET	Expository Times
EtB	Études bibliques
EThL	Ephemerides Theologicae Lovanienses
EThS(t)	Erfurter theologische Studien
ETR	Études théologiques et religieuses
EuA	Erbe und Auftrag
EvQ	Evangelical Quarterly
EvTh	Evangelische Theologie
EWNT	*H. Balz / G. Schneider* (Hg.), Exegetisches Wörterbuch zum Neuen Testament, Stuttgart 1980–1983
Exp.	Expositor
FAT	Forschungen zum Alten Testament
FChr	Fontes Christiani. Zweisprachige Neuausgabe christlicher Quellentexte aus Altertum und Mittelalter

FGNK	Forschungen zur Geschichte des neutestamentlichen Kanons und der altchristlichen Literatur
FJB	Frankfurter Judaistische Beiträge
Forbes	*R. J. Forbes,* Studies in ancient technology, Leiden ^{2}1964–1972
FOTL	The Forms of the Old Testament Literature
FRLANT	Forschungen zur Religion und Literatur des Alten und Neuen Testaments
FThSt	Freiburger theologische Studien
FzB	Forschung zur Bibel
fzb	Forschungen zur Bibel
FZPhTh	Freiburger Zeitschrift für Philosophie und Theologie
Gardiner	*A. H. Gardiner,* Egyptian Grammar, Oxford ^{3}1957
GAT	Grundrisse zum Alten Testament
GCS	Die griechischen christlichen Schriftsteller der ersten drei Jahrhunderte
Gesenius^{17}	*W. Gesenius,* Hebräisches und Aramäisches Handwörterbuch über das Alte Testament, ^{17}1915 (Neudr. 1966)
Gesenius^{18}	*W. Gesenius,* Hebräisches und Aramäisches Handwörterbuch über das Alte Testament, ^{18}2013
Ges-K	*W. Gesenius / E. Kautzsch / G. Bergsträsser,* Hebräische Grammatik, Hildesheim u. a. 1985 (Neudr. Darmstadt 1985)
GGA	Göttingische gelehrte Anzeigen
GöMis(z)	Göttinger Miszellen
GOF	Göttinger Orientforschung
Goldschmidt	*L. Goldschmidt,* Der babylonische Talmud, Haag 1933–1935
GrThS	Grazer theologische Studien
GuL	Geist und Leben
HAB	Hildesheimer ägyptologische Beiträge
HAE	*J. Renz / W. Röllig* (Hg.), Handbuch der althebräischen Epigraphik, Darmstadt 1995
HALAT	*L. Köhler / W. Baumgartner,* Hebräisches und aramäisches Lexikon zum AT, Leiden ^{3}1967–1990
HAT	Handbuch zum Alten Testament
HAW	Handbuch der Altertumswissenschaft
HBS	Herders biblische Studien
Hen.	Henoch. Studi storicofilologici sull ébraismo
Hermeneia	Hermeneia. A Critical and Historical Commentary on the Bible
HK	Handkommentar zum Alten Testament
HNT	Handbuch zum Neuen Testament
HO	Handbuch der Orientalistik, Leiden
HRWG	*H. Cancik u. a.* (Hg.), Handbuch religionswissenschaftlicher Grundbegriffe, Stuttgart 1988 ff.
HSM	Harvard Semitic Monographs
HSS	Harvard Semitic Studies
HthKAT	Herders theologischer Kommentar zum Alten Testament
HThKNT	Herders theologischer Kommentar zum Neuen Testament
HThR	Harvard Theological Review
HUCA	Hebrew Union College Annual
HUTh	Hermeneutische Untersuchungen zur Theologie
HZ	Historische Zeitschrift
ICC	International Critical Commentary of the Holy Scriptures
IDB	The Interpreter's Dictionary of the Bible
IDB(S)	– Supplementary Volume

IEJ	Israel Exploration Journal
Interp.	Interpretation
IOS	Israel Oriental Studies
Iraq	Iraq, London
IRM	International Review of Missions
ISBE	International Standard Bible Encyclopedia, Grand Rapids ³1979/88
JA	Journal asiatique
JAC	Jahrbuch für Antike und Christentum
JANES	Journal of the ancient Near Eastern Society of Columbia University
JAOS	Journal of the American Oriental Society
JARG	Jahrbuch für Anthropologie und Religionsgeschichte
JBL	Journal of Biblical Literature
JBQ	The Jewish Bible Quarterly
JBR	Journal of Bible and Religion
JBTh	Jahrbuch für Biblische Theologie
JCS	Journal of Cuneiform Studies
JEA	Journal of Egyptian Archaeology
JJS	Journal of Jewish Studies
JNES	Journal of Near Eastern Studies
JNWSL	Journal of Northwest Semitic Languages
JPOS	Journal of the Palestine Oriental Society
JQR	Jewish Quarterly Review
JR	Journal of Religion
JSHRZ	Jüdische Schriften aus hellenistisch-römischer Zeit
JSJ	Journal of the Study of Judaism in the Persian, Hellenistic and Roman Period
JSNT	Journal for the Study of the New Testament
JSNT.S	Journal for the Study of the New Testament. Supplement Series
JSOT	Journal for the Study of the Old Testament
JSOT.S	Journal for the Study of the Old Testament. Supplement Series
JSP	Journal for the Study of the Pseudepigrapha
JSS(t)	Journal of Semitic Studies
JSSEA	The Journal of the Society for the Study of Egyptian Antiquities
JThS	Journal of Theological Studies
Jud.	Judaica
KAI	*H. Donner / W. Röllig*, Kanaanäische und aramäische Inschriften, Wiesbaden I ³1971, II ³1979, III ²1969
KAT	Kommentar zum Alten Testament
Kautzsch	*E. Kautzsch*, Die Apokryphen und Pseudepigraphen des Alten Testaments, Tübingen 1900 (Nachdruck 1975)
KBANT	Kommentare und Beiträge zum Alten und Neuen Testament
KBL	*L. Köhler / W. Baumgartner*, Lexicon in Veteris Testamenti Libros, Leiden 1953, 1958
KEK	Kritisch-exegetischer Kommentar über das Neue Testament, begr. v. H. A. W. Meyer
KFemB	Kompendium Feministische Bibelauslegung (Hg. Luise Schottroff/Marie-Theres Wacker), Gütersloh 1998
KHC	Kurzer Hand-Commentar zum Alten Testament
KP	Der Kleine Pauly. Lexikon der Antike
Krauß	*S. Krauß*, Talmudische Archäologie, Leipzig 1910/12 (Nachdruck Hildesheim 1966)
KT	Kaiser-Traktate

KTU	*M. Dietrich / O. Loretz / J. Sanmartin*, Die keilalphabetischen Texte aus Ugarit, Neukirchen-Vluyn 1976
KuD	Kerygma und Dogma
LA	Liber Annuus. Studii Biblici Franciscani
LÄ	Lexikon der Ägyptologie
LCI	*E. Kirschbaum* (Hg.), Lexikon der christlichen Ikonographie, Freiburg i. Br. u. a. 1968–1976 = 1990
L(e)D(iv)	Lectio divina
Lemaire	*A. Lemaire*, Inscriptions hebraïques I. Les ostraca, Paris 1977
LingBibl	Linguistica biblica
LJ	Liturgisches Jahrbuch
LThK²	Lexikon für Theologie und Kirche, 2. Auflage
LThK³	Lexikon für Theologie und Kirche, 3. Auflage
LV	Lumen vitae
MÄS	Mitteilungen aus der ägyptischen Sammlung. Staatliche Museen zu Berlin
MDAI	Mitteilungen des deutschen archäologischen Instituts
MDAI.K	Mitteilungen des deutschen archäologischen Instituts. Abteilung Kairo
MDOG	Mitteilungen der Deutschen Orientgesellschaft
Meyer	*Rudolf Meyer*, Hebräische Grammatik, 4 Bde., Berlin/New York 1966–1972
MGWJ	Monatsschrift für Geschichte und Wissenschaft des Judentums
MignePG	Patrologiae cursus completus. Accurante Jaques-Paul Migne, Series Graeca
MignePL	Patrologiae cursus completus. Accurante Jaques-Paul Migne, Series Latina
MIO(F)	Mitteilungen des Instituts für Orientforschung
MoB	Le Monde de la Bible
MSSNTS	Monograph Series. Society for New Testament Studies
MSSOTS	Monograph Series. Society for Old Testament Studies
MThSt	Marburger theologische Studien
MThZ	Münchener theologische Zeitschrift
MUSJ	Mélanges de l'université Saint-Joseph
MVÄG	Mitteilungen der Vorderasiatisch-Ägyptischen Gesellschaft
MVAG	Mitteilungen der Vorderasiatischen Gesellschaft
NAWG	Nachrichten (1941–1944: von) der Akademie der Wissenschaften in Göttingen
NBL	*M. Görg / B. Lang* (Hg.), Neues Bibel-Lexikon, Zürich 1988 ff.
NCB	New Clarendon Bible
NCeB	New Century Bible
NEB	Neue Echter Bibel
NedThT	Nederlands theologisch tijdschrift
NGWG	Nachrichten (1884–1893: von) der Gesellschaft der Wissenschaften in (1884–1893: zu) Göttingen
NGWG.PH	– Philosophisch-historische Klasse
NHS	Nag Hammadi Studies
NIC.NT	New International Commentary on the New Testament
NIC.OT	The New International Commentary on the Old Testament
NRTh	Nouvelle revue théologique
NStB	Neukirchener Studienbücher
NT	Novum Testamentum
NR.S	Novum Testamentum. Supplementum
NSK.AT	Neuer Stuttgarter Kommentar. Altes Testament
NTA	Neutestamentliche Abhandlungen
NTD	Das Neue Testament Deutsch

NTF	Neutestamentliche Forschung
NTOA	Novum Testamentum et Orbis Antiquus
NTS	New Testament Studies, London
NZSTh	Neue Zeitschrift für systematische Theologie
OBL	Orientalia et Biblica Lovaniensia
OBO	Orbis Biblicus et Orientalis
OBO.SA	Orbis Biblicus et Orientalis. Series archaeologica
ÖAW	Österreichische Akademie der Wissenschaften
ÖBS	Österreichische Biblische Studien
OGIS	Orientis Graeci Inscriptiones Selectae
OIP	The University of Chicago Oriental Institute Publications
OL(o)P	Orientalia Lovaniensia Periodica
OLZ	Orientalistische Literaturzeitung
Or.	Orientalia, Roma
OrAnt	Oriens Antiquus
OrSuec	Orientalia Suecana
OTE	Old Testament Essays
OTL	Old Testament Library
OTS	Oudtestamentische Studien
PEFA	Palestine Exploration Fund Annual
PEFQS	Palestine Exploration Fund. Quarterly Statement, London
PEQ	Palestine Exploration Quarterly
PJ	Palästinajahrbuch des deutschen evangelischen Instituts
PLS	Patrologiae Latinae supplementum
PO	Patrologia Orientalis
POS	Pretoria Oriental Series
PRE	Paulys Real-Encyclopädie der classischen Alterthumswissenschaft
PRU	Palais Royal d'Ugarit
PTS	Patristische Texte und Studien
PW	Pauly/Wissowa, Realencyclopädie der classischen Altertumswissenschaft
PW.S	Pauly/Wissowa, Realencyclopädie der classischen Altertumswissenschaft. Supplement
Qad.	Qadmoniyyot (=Qadmoniot). Quarterly for the antiquities of Eretz-Israel and biblical land
Qedem	Qedem. Monographs of the Institute of Archaeology, Jerusalem
QD	Quaestiones disputatae, Freiburg
QDAP	Quarterly of the Department of Antiquities in Palestine
QuSem	Quaderni di semitistica
RA	Revue d'assyrologie et d'archéologie orientale
RAC	Reallexikon für Antike und Christentum
RAC.S	– Supplement
RÄRG	*H. Bonnet*, Reallexikon der ägyptischen Religionsgeschichte, Berlin 1952
RB	Revue Biblique
RBen	Revue bénédictine de critique, d'histoire et de littérature religieuses
RBR	Ricerche bibliche e religiose
RCB	Revista de Cultura Biblica
RdQ	Revue de Qumrân
RechBib	Recherches Bibliques
REJ	Revue des Études Juives
RevBibl	Revista Biblica

RevEtSem	Revue des Études Sémiques
RevSR	Revue des Sciences Religieuses
RGG^3	Die Religion in Geschichte und Gegenwart, 3. Auflage
RGG^4	Die Religion in Geschichte und Gegenwart, 4. Auflage
RHPhR	Revue d'Histoire et de Philosophie Religieuses
RHR	Revue de l'Histoire des Religions
rhs	Religionsunterricht an höheren Schulen
RIBLA	Revista de interpretación biblica latino-americana
Rießler	*P. Rießler,* Altjüdisches Schrifttum außerhalb der Bibel, Augsburg 1928 (Nachdruck Darmstadt 1966)
RivBib	Rivista Biblica
RLA	Reallexikon der Assyriologie
RScR	Recherches de Science Religieuse
RSO	Rivista degli studi orientali
RSPhTh	Revue des Science philosophiques et théologiques
RSR	Recherches de Science Religieuse
RThPh	Revue de Théologie et de Philosophie
RTL	Revue Théologique de Louvain
Saec.	Saeculum, München
SAK	Studien zur Altägyptischen Kultur
SAO	Studia et Acta Orientalia
SBAB	Stuttgarter Biblische Aufsatzbände
SBB	Stuttgarter Biblische Beiträge
SBFLA	Studii Biblici Franciscani Liber Annuus
SBL	Society of Biblical Literature
SBL.Diss/DS	– Dissertation Series
SBL.MS	– Monograph Series
SBL SP	– Seminar Papers
SBM	Stuttgarter Biblische Monographien
SBS	Stuttgarter Bibelstudien
SBT	Studies in Biblical Theology
SC(hr)	Sources Chrétiennes
ScEc	Sciences Ecclesiastiques
Schneemelcher	*W. Schneemelcher,* Neutestamentliche Apokryphen in deutscher Übersetzung. Bd. I + II, Tübingen ^{6}1990/^{5}1989
ScrHie	Scripta Hierosolymitana
Scrip.	Scripture. Quarterly of the Catholic Biblical Association
SEÅ	Svensk exegetisk årsbok
SEL	Studi Epigrafici e Linguistici
Sem.	Semitica
Semeia	Semeia. An Experimental Journal for Biblical Criticism
SHR	Studies in the History of Religions
SIG	Sylloge inscriptionum Graecarum
SJ	Studia Judaica
SJK	Schriften zur Judentumskunde
SJLA	Studies in Judaism in Late Antiquity
SJOT	Scandinavian Journal for the Old Testament
SJTh	Scottish Journal of Theology
SMSR	Studi e Materiali di Storia delle religioni
SNTS.M	Society for New Testament Study, Monograph Series; vgl. MSSNTS
SNTU	Studien zum Neuen Testament und seiner Umwelt
SÖAW	Sitzungsberichte der Österreichischen Akademie der Wissenschaften
SP	Sacra Pagina

SR	Studies in Religion/ Sciences religieuses
SS	Studi Semitici
SSN	Studia Semitica Neerlandica
StANT	Studien zum Alten und Neuen Testament
SThU	Schweizerische Theologische Umschau
StNT	Studien zum Neuen Testament
StOR	Studia Orientalia
StP	Studia Pohl
StPB	Studia postbiblica
StPhilo	Studia Philonica
StTh	Studia theologica
StUNT	Studien zur Umwelt des Neuen Testaments
stw	Suhrkamp Taschenbuch Wissenschaft
StZ	Stimmen der Zeit
SVTP	Studia in Veteris Testamenti Pseudepigrapha
Syr.	Syria
TA	Tel Aviv
Tarb.	Tarbiz
TB	Theologische Bücherei
TBT	Theologische Bibliothek Töpelmann
TEH	Theologische Existenz Heute
TGA	Theologie der Gegenwart in Auswahl
TGI	*K. Galling*, Textbuch zur Geschichte Israels, Tübingen [3]1979
ThA	Theologische Arbeiten
THAT	*E. Jenni / C. Westermann* (Hg.), Theologisches Handwörterbuch zum Alten Testament, München 1971–1976
ThB	Theologische Bücherei
ThBeitr	Theologische Beiträge
ThBer	Theologische Berichte
ThBl	Theologische Blätter
ThG	Theologie der Gegenwart
ThGl	Theologie und Glaube
ThHK	Theologischer Handkommentar zum Neuen Testament, Freiburg
ThLZ	Theologische Literaturzeitung
ThPh	Theologie und Philosophie
ThPQ	Theologisch-praktische Quartalschrift
ThPr	Theologia Practica
ThQ	(Tübinger) Theologische Quartalschrift
ThR	Theologische Rundschau
ThRv	Theologische Revue
ThSt	Theologische Studien
ThT	Theologisch tijdschrift
ThViat	Theologia viatorum
ThWAT	*G. J. Botterweck / H. Ringgren* (Hg.), Theologisches Wörterbuch zum Alten Testament
ThWNT	*G. Kittel / G. Friedrich* (Hg.), Theologisches Wörterbuch zum Neuen Testament
ThZ	Theologische Zeitschrift, Basel
TRE	Theologische Realenzyklopädie, Berlin
TrThZ	Trierer Theologische Zeitschrift
TS	Theological Studies. Theological Faculties of the Society of Jesus in the United States
TStAJ	Texte und Studien zum Antiken Judentum

TThSt	Trierer Theologische Studien
TU	Texte und Untersuchungen zur Geschichte der altchristlichen Literatur
TUAT	*O. Kaiser* (Hg.), Texte aus der Umwelt des Alten Testaments, 3 Bde., Gütersloh 1982–1994
TynB	Tyndale Bulletin
UBL	Ugaritisch-biblische Literatur
UF	Ugarit-Forschungen
UTB	Uni-Taschenbücher
VD	Verbum Domini
VF	Verkündigung und Forschung
VT	Vetus Testamentum
VT.S / VTS	– Supplements
Vulgata	*R. Weber* (Hg.), Biblia Sacra iuxta Vulgatam Versionem, 2 Bde., Stuttgart ^{3}1983
Waltke/O'Connor	*B. K. Waltke / M. O'Connor*, An Introduction to Biblical Hebrew Syntax, Winona Lake 1990
WbÄS	Wörterbuch der Ägyptischen Sprache
WBC	Word Biblical Commentary
WdF	Wege der Forschung, Darmstadt
W(d)O	Die Welt des Orients
WFTh	Wörterbuch der Feministischen Theologie (Hg. von Elisabeth Gössmann/ Elisabeth Moltmann-Wendel/Herlinde Pissarek-Hudelist/Ina Praetorius/ Luise Schottroff/Helen Schüngel-Strauman) Gütersloh 1991
WHJP	World History of the Jewish People
WiWei	Wissenschaft und Weisheit
WM	Wörterbuch der Mythologie, Stuttgart
WMANT	Wissenschaftliche Monographien zum Alten und Neuen Testament
WuD	Wort und Dienst
WUNT	Wissenschaftliche Untersuchungen zum Neuen Testament
WUS	*J. Aisleitner*, Wörterbuch der ugaritischen Sprache, Berlin ^{3}1967
WuW	Wort und Wahrheit
WVDOG	Wissenschaftliche Veröffentlichungen der Deutschen Orientgesellschaft
WZ(H)	Wissenschaftliche Zeitschrift der Martin-Luther-Universität Halle Wittenberg
WZKM	Wiener Zeitschrift für die Kunde des Morgenlandes
YJS	Yale Judaica Series
ZA	Zeitschrift für Assyriologie
ZÄS	Zeitschrift für Ägyptische Sprache und Altertumskunde
ZAH	Zeitschrift für Althebraistik
ZAM	Zeitschrift für Aszese und Mystik
ZAR	Zeitschrift für altorientalische und biblische Rechtsgeschichte
ZAW	Zeitschrift für die alttestamentliche Wissenschaft
ZBK	Zürcher Bibelkommentar
ZBK.AT	– Altes Testament
ZDMG	Zeitschrift der Deutschen Morgenländischen Gesellschaft
ZDMG.S	– Supplement
ZDPV	Zeitschrift des Deutschen Palästina-Vereins
ZE	Zeitschrift für Ethnologie
ZEE	Zeitschrift für Evangelische Ethik

Zet.	Zetemata
ZKTh	Zeitschrift für Katholische Theologie
ZNW	Zeitschrift für die neutestamentliche Wissenschaft
ZS	Zeitschrift für Semitistik
ZSTh	Zeitschrift für Systematische Theologie
ZThK	Zeitschrift für Theologie und Kirche
ZVRW	Zeitschrift für Vergleichende Rechtswissenschaft

Allgemeines Literaturverzeichnis für diesen Kommentar

In diesem Literaturverzeichnis sind sämtliche relevanten Titel für die hier vorgelegte Kommentierung des 1. Makkabäerbuches enthalten. Die herangezogene Sekundärliteratur wird in der Einleitung und im Kommentar durchweg abgekürzt zitiert. Angegeben werden Verfassername(n), Erscheinungsjahr und Seite(n).

1. Textausgaben, Übersetzungen und Kommentare

Abel, Félix-Marie/Starcky, Jean, Les livres des Maccabeés (EBib 30), Paris ³1961.

Amalyan, Hayk M., Girk' Makabayets'wots', Eriwan 1996.

Arenhoevel, Diego, Das erste und zweite Buch der Makkabäer (SKK.AT 8), Stuttgart 1974, 51–134.

Bartlett, John R., The First and Second Book of the Maccabees (CNEB), Cambridge 1973.

Bartlett, John R., 1 Maccabees (GAP), Sheffield 1998.

Bartlett, John R., 1 Maccabees, in: Dunn, James D. G./Rogerson, John William (Hg.), Eerdmans Commentary on the Bible, Grand Rapids, MI 2003, 807–830.

Bévenot, Hugo, Die beiden Makkabäerbücher (HSAT IV, 4), Bonn 1931.

Bévenot, Hugo, The Armenian Text of Maccabees, in: JPOS 14 (1934), 268–283.

Beyer, Klaus, Die aramäischen Texte vom Toten Meer samt den Inschriften aus Palästina, dem Testament Levis aus der Kairoer Genisa, der Fastenrolle und den alten talmudischen Zitaten, Bd. 1, Göttingen 1984.

Cañas Reillo, José Manuel, Libro 1 de Macabeos, in: Fernández Marcos, Natalio/Spottorno Díaz-Caro, María Victoria (Hg.), La Biblia Griega Septuaginta II. Libros Históricos, Salamanca 2011, 785–850.

Dancy, John Christopher, A Commentary on I Maccabees (Blackwell's Theological Texts), Oxford 1954.

de Lagarde, Paul A. (Hg.), Libri Veteris Testamenti Apocryphi Syriace, Leipzig 1861, 162–213.

Doran, Robert, The First Book of Maccabees. Introduction, Commentary, and Reflections, in: The New Interpreter's Bible, Bd. 4, Nashville, TN 1996, 1–178.

Callaway, Mary C., 1 Maccabees, in: Coogan, Michael D. u. a. (Hg.), The New Oxford Annotated Bible, Oxford u. a. ³2007, 201–244.

Ceriani, Antonio Maria, Translatio Syra Pescitta Veteris Testamenti ex codice Ambrosiano, Mailand 1876, 592–615.

Coblentz Bautch, Kelley, 1 Maccabees, in: Women's Bible Commentary, Louisville, KY ^{3}2012, 438–443.
Dommershausen, Werner, 1 Makkabäer (NEB.AT 12), Würzburg ^{2}1995.
Fairweather, William/Black, J. Sutherland, The First Book of Maccabees (CBSC), Cambridge 1908.
Goldstein, Jonathan A., I Maccabees (AncB 41), New York u.a. 1976.
Grandclaudon, Marcel, Les livres des Maccabées (SB[PC] 8, 2), Paris 1951.
Grimm, Carl Ludwig W., Das erste Buch der Maccabäer (KEH Apok. 3), Leipzig 1853.
Guillaumont, Antoine, Le premier livre des Maccabées, in: Dhorme, Édouard (Hg.), La Bible. L'Ancien Testament, Paris 1956, 1576–1652.
Gutberlet, Constantin, Das erste Buch der Machabäer (ATA VIII 3–4), Münster 1920.
Harrington, Daniel J., First and Second Maccabees (NCBC 12), Collegeville, MN 2012.
Hieke, Thomas, Das erste Buch der Makkabäer, in: Zenger, Erich (Hg.), Stuttgarter Altes Testament, Stuttgart 2004, 886–942.
Kautzsch, Emil, Das erste Buch der Makkabäer, in: APAT 1 (1900), 24–81.
Keil, Carl Friedrich, Die Bücher der Makkabäer (BC Suppl.), Leipzig 1875.
McEleney, Neil J., The First Book of Maccabees (PBiS 23), New York 1973.
Nelis, Jan Thomas, I Maccabeeën uit de grondtekst vertaald en uitgelegd (BOT 6), Roermond 1972.
Oesterley, William O. E., The First Book of Maccabees, in: APOT 1 (1913), 59–124.
Penna, Angelo, I nomi propri dei primi due libri dei Maccabei nella Peshiṭta, in: RSO 40 (1965), 13–41.
Penna, Angelo/Jenner, Konrad D., 1–2 Maccabees, in: OTSy IV,4, Leiden/Boston, MA 2013.
Rappaport, Uriel, The First Book of Maccabees, in: Barton, John/Muddiman, John (Hg.), The Oxford Bible Commentary, Oxford/New York 2001, 711–733.
Rappaport, Uriel, The First Book of Maccabees: Introduction, Hebrew Translation, and Commentary, Jerusalem 2004.
Rießler, Paul, Erstes Makkabäerbuch, in: Ders., Die Heilige Schrift des Alten Bundes, Mainz ^{6}1958, 590–625.
Schiffman, Lawrence H., 1 Maccabees, in: Feldman, Louis H./Kugel, James L./Ders. (Hg.), Outside the Bible. Ancient Jewish Writings Related to Scripture, Lincoln, NB/ Philadelphia, PA 2013, Bd. 3, 2769–2831.
Schötz, Dionys, Das erste Buch der Makkabäer (EB 3), Würzburg 1948.
Scholz, Susanne, Das Erste Buch der Makkabäerinnen und Makkabäer, in: Die Bibel in gerechter Sprache, Gütersloh 2006, 1755–1805.
Schunck, Klaus-Dietrich, 1. Makkabäerbuch (JSHRZ I, 4), Gütersloh 1980.
Sela, Shulamit, The Book of Josippon and its Parallel Versions in Arabic and Judeo-Arabic, 2 Bde., Ph.D. Tel Aviv 1991.
Steuernagel, Carl, Das erste Buch der Makkabäer, in: Die Apokryphen nach der deutschen Übersetzung D. Martin Luthers (Probedruck), Berlin 1956, 158–204.
Swete, Henry B., The Old Testament in Greek According to the Septuagint, Bd. 3, Cambridge 1912, 594–661.
Tedesche, Sidney/Zeitlin, Solomon, The First Book of Maccabees (JAL 1), New York 1950.
Tilly, Michael, Das 1. Makkabäerbuch, in: Septuaginta Deutsch. Das griechische Alte Testament in deutscher Übersetzung (LXX.D), Stuttgart ^{2}2010, 664–694.
van der Watt, Jan, 1 Makkabeërs, in: Ders./Tolmie, François (Hg.), Apokriewe ou en Nuwe Testament, Vereeniging 2005, 323–386.
von Dobbeler, Stephanie, Die Bücher 1/2 Makkabäer (NSK.AT 11), Stuttgart 1997.

Weber, Robert/Grayson, Roger, Biblia Sacra iuxta Vulgatam versionem, Stuttgart [5]2007, 1433–1480.
Zervos, George T., 1 Makkabees, in: Pietersma, Albert/Wright, Benjamin G. (Hg.), A New English Translation of the Septuagint and the Other Greek Translations Traditionally Included under That Title, New York/Oxford 2007, 480–502.

2. Monographien und Einzelstudien

Abadie, Philippe, Lecture des livres des Maccabées. Études historique et littéraire sur la crise maccabéenne, Lyon 1996.
Abadie, Philippe, 1. und 2. Makkabäer, in: Römer, Thomas u. a. (Hg.), Einleitung in das Alte Testament, Zürich 2013, 731–741.
Abel, Félix Marie, Topographie des campagnes machabéennes, in: RB 32 (1923), 495–521; 33 (1924), 201.217.371–387; 34 (1925), 194–216; 35 (1926), 206–222.510–533.
Adinolfi, Marco, Il testamento di Mattatia e i suoi esempi etici (I Macc. 2,49–68), in: Ders., Questioni bibliche di storia e storiografia (Esegesi Biblica 5), Brescia 1969, 75–101.
Alon, Gedaliah, Did the Jewish People and its Sages Cause the Hasmoneans to be Forgotten?, in: Ders. (Hg.), Jews, Judaism and the Classical World, Jerusalem 1977, 1–17.
Amalyan, Hayk M., The Critical Text of 1–3 Maccabees, in: Saint Nersess Theological Review 2 (1997), 33–38.
Arenhoevel, Diego, Die Eschatologie der Makkabäerbücher, in: TThZ 72 (1963), 257–269.
Arenhoevel, Diego, Die Theokratie nach dem 1. und 2. Makkabäerbuch (WSAMA.T 3), Mainz 1967.
Assmann, Jan, Das kulturelle Gedächtnis, München 1992.
Assmann, Jan, Martyrdom, Violence, and Immortality. The Origins of a Religious Complex, in: Signori, Gabriela (Hg.), Dying for the Faith, Killing for the Faith. Old-Testament Faith-Warriors (1 and 2 Maccabees) in Historical Perspective (BSIH 206), Leiden 2012, 39–59.
Attridge, Harold W., 1 Maccabees, in: Stone, Michael E. (Hg.), Jewish Writings of the Second Temple Period (CRI II 2), Assen, Maastricht/Philadelphia, PA 1984, 171–176.
Auffarth, Christoph, Irdische Wege und himmlischer Lohn. Kreuzzug, Jerusalem und Fegefeuer in religionswissenschaftlicher Perspektive (VMPIG 144), Göttingen 2002.
Avi-Yonah, Michael, The Hasmonean Revolt and Judah Maccabee's War against the Syrians, in: WHJP I 6 (1972), 147–182.
Babota, Vasile, The Institution of the Hasmonean High Priesthood (JSJ.S 165), Leiden/Boston, MA 2014.
Baltrusch, Ernst, Die Juden und das römische Reich. Geschichte einer konfliktreichen Beziehung, Darmstadt 2002.
Bar-Kochva, Bezalel, Judas Maccabeus. The Jewish Struggle against the Seleucids, Cambridge 1989.
Baslez, Marie-Françoise/Munnich, Olivier (Hg.), La mémoire des persécutions. Autour des livres des Maccabées (CREJ 56), Leuven 2014.
Batsch, Christophe, La guerre et les rites de guerre dans le judaïsme du deuxième Temple (JSJ.S 93), Leiden/Boston, MA 2005.

Baumgarten, Albert I., Elias Bickerman on the Hellenizing Reformers: A Case Study of an Unconvincing Case, in: JQR 97 (2007), 149–179.

Bedenbender, Andreas, Simon, Johannes und Alexander – drei Hasmonäer im Neuen Testament, in: Texte und Kontexte 24 (2001), 171–175.

Berlin, Andrea, Between Large Forces: Palestine in the Hellenistic Period, in: BA 60 (1997), 2–51.

Bernhardt, Johannes Christian, Die Jüdische Revolution. Untersuchungen zu Ursachen, Verlauf und Folgen der hasmonäischen Erhebung (Klio. Beihefte NF 22), Berlin 2015.

Berthelot, Katell, Judas Maccabeus' Wars Against Judaea's Neighbours in 1 Maccabees 5: A Reassessment of the Evidence, in: Electrum 21 (2014), 73–85.

Berthelot, Katell, Reclaiming the Land (1 Maccabees 15:28–36). Hasmonean Discourse between Biblical Tradition and Seleucid Rhetoric, in: JBL 133 (2014), 539–559.

Bevan, Anthony A., The Origin of the Name Maccabee, in: JThS 30 (1929), 190–193.

Bichler, Reinhold, »Hellenismus«. Geschichte und Problematik eines Epochenbegriffs (IdF 41), Darmstadt 1983.

Bickerman(n), Elias, Der Gott der Makkabäer. Untersuchungen über Sinn und Ursprung der makkabäischen Erhebung, Berlin 1937.

Bickerman(n), Elias, Institutions des Séleucides (BAH 26), Paris 1938.

Bickerman(n), Elias, From Ezra to the Last of the Maccabees. Foundations of Post-Biblical Judaism, New York [5]1972.

Bickerman(n), Elias, Der seleukidische Freibrief für Jerusalem (1935), in: Schalit, Abraham (Hg.), Zur Josephus-Forschung (WdF 84), Darmstadt 1973, 205–240.

Bickerman(n), Elias, Ein Dokument zur Verfolgung Antiochus IV. Epiphanes (1937), in: Schalit, Abraham (Hg.), Zur Josephus-Forschung (WdF 84), Darmstadt 1973, 241–277.

Blaschke, Andreas, Beschneidung. Zeugnisse der Bibel und verwandter Texte (TANZ 28), Tübingen/Basel 1998.

Blumenthal, Elke/Morenz, Siegfried, Spuren ägyptischer Königsideologie in einem Hymnus auf den Makkabäerfürsten Simon, in: ZÄS 93 (1966), 21–29.

Boccaccini, Gabriele, Middle Judaism. Jewish Thoughts 300 B.C.E. to 200 C.E., Minneapolis, MN 1991.

Bodreuil, Pierre, Les »grâces de David« et 1 Maccabeés II 57, in: VT 31 (1981), 73–76.

Bogaert, Pierre-Maurice, Les livres des Maccabées dans la Bible latine: contribution à l'histoire de la Vulgate, in: RBen 118 (2008), 201–238.

Borchardt, Francis, The Deuteronomic Legacy of 1 Maccabees, in: von Weissenberg, Hanne/Pakkala, Juha/Marttila, Marko (Hg.), Changes in Scripture. Rewriting and Interpreting Authoritative Traditions in the Second Temple Period (BZAW 419), Berlin/New York 2011, 297–319.

Borchardt, Francis, The Torah in 1 Maccabees. A Literary Critical Approach to the Text (DCLS 19), Berlin/Boston, MA 2014.

Borchardt, Francis, Sabbath Observance, Sabbath Innovation: The Hasmoneans and Their Legacy as Interpreters of the Law, in: JSJ 46 (2015), 159–181.

Boschi, Bernardo Gianluigi, I Maccabei: Confronto e conflitto culturale, in: Fabris, Rinaldo (Hg.), Il confronto tra le diverse culture nella bibbia da Esdra a Paolo. XXXIV Settimana Biblica Nazionale (Roma, 9–13 Settembre 1996) (RStB 10), Bologna 1998, 105–127.

Breytenbach, Cilliers, Zeus und Jupiter auf dem Zion und auf dem Berg Garizim, in: JSJ 28 (1997), 369–380.

Bringmann, Klaus, Hellenistische Reform und Religionsverfolgung in Judäa (AAWG.PH 132), Göttingen 1983.

Broich, Ulrich/Pfister, Manfred, Intertextualität (Konzepte der Sprach- und Literaturwissenschaft 35), Tübingen 1985.
Bruppacher, Hans, Textkritisches zu I Macc., in: ZAW 49 (1931), 149–150.
Brutti, Maria, War in 1 Maccabees, in: Liesen Jan/Beentjes, Pancratius Cornelis (Hg.), Visions of Peace and Tales of War (DCLY 2010), Berlin/New York 2010, 147–172.
Burney, Charles F., An Acrostic Poem in Praise of Judas Maccabaeus (I Makk III 1–9), in: JThS 21 (1920), 319–325.
Cardauns, Burkhart, Juden und Spartaner. Zur hellenistisch-jüdischen Literatur, in: Hermes 95 (1967), 317–324.
Cary, Max, A History of the Greek World from 323 to 146 B.C. (Methuen's History of the Greek and Roman World 3), London 1972.
Dąbrowa, Edward, The Hasmoneans and Their State. A Study in History, Ideology, and the Institutions (Electrum 16), Krakau 2010.
Davies, Philip R., Hasidim in the Maccabean Period, in: JJS 28 (1977), 127–140.
de Bruyne, Donatien, Le texte grec des deux premiers livres des Machabées, in: RBen 31 (1922), 31–54.
de Bruyne, Donatien/Sodar, Bonaventure (Hg.), Les anciennes traductions latines des Machabées (Anecdota Maredsolana 4), Maredsous 1932.
Delling, Gerhard, Die Begegnung zwischen Hellenismus und Judentum, in: Ders., Studien zum Frühjudentum, Göttingen 2000, 122–159.
Donner, Herbert, Der verläßliche Prophet. Betrachtungen zu I Makk 14,41 ff. und zu Ps 110, in: Liwak, Rüdiger/Wagner, Siegfried (Hg.), Prophetie und geschichtliche Wirklichkeit im alten Israel, Stuttgart u. a. 1991, 89–98.
Don-Yehida, Eliezer, Hanukkah and the Myth of the Maccabees in Zionist Ideology and in Israeli Society, in: JJSoc 34 (1992), 5–23.
Eckhardt, Benedikt, Ethnos und Herrschaft. Politische Figurationen judäischer Identität von Antiochos III. bis Herodes I. (SJ 72), Berlin/Boston, MA 2013.
Efron, Joshua, Studies on the Hasmonean Period (SJLA 39), Leiden u. a. 1987.
Egger-Wenzel, Renate, The Testament of Mattathias to His Sons in 1 Macc 2:49–70. A Keyword Composition with the Aim of Justification, in: Calduch-Benages, Núria/Liesen, Jan (Hg.), History and Identity. How Israel's Later Authors Viewed Its Earlier History (DCLY 2006), Berlin/New York 2006, 141–149.
Ehling, Kay, Untersuchungen zur Geschichte der späten Seleukiden (164–63 v. Chr.). Vom Tode des Antiochos IV. bis zur Einrichtung der Provinz Syria unter Pompeius (Hist.E 196), Stuttgart 2008.
Engel, Helmut, Die Bücher der Makkabäer, in: Zenger, Erich/Frevel, Christian (Hg.), Einleitung in das Alte Testament, Stuttgart ^{8}2012, 387–404.
Eshel, Hanan, The Dead Sea Scrolls and the Hasmonean State, Grand Rapids, MI 2008.
Ettelson, Harry W., The Integrity of 1 Maccabees, in: Transactions of the Connecticut Academy of Arts and Sciences 27 (1925), 249–384.
Feldman, Louis H., Josephus' Portrayal of the Hasmoneans Compared with 1 Maccabees, in: Parente, Fausto/Sievers, Joseph (Hg.), Josephus and the History of the Greco-Roman Period (StPB 41), Leiden u. a. 1994, 41–68.
Fischer, Klaus, Die Herrschaft der Hasmonäer – Idee und Wirklichkeit, in: ThV 11 (1979), 56–60.
Fischer, Thomas, Zu den Beziehungen zwischen Rom und den Juden im 2. Jh. v. Chr., in: ZAW 86 (1974), 90–93.
Fischer, Thomas, Seleukiden und Makkabäer, Bochum 1980.
Fischer, Thomas, Art. Maccabees, Books of, in: ABD 4 (1992), 439–450.

Flusser, David, The Josippon (Josephus Gorionides). Edited with an Introduction, Commentary and Notes, 2 Bde., Jerusalem 1978.1980.

Flusser, David, The Roman Empire in Hasmonean and Essene Eyes, in: Ders., Judaism of the Second Temple Period, Bd. 1: Qumran and Apocalypticism, Grand Rapids, MI u.a. 2007, 175–206.

Gafni, Isaiah M., Josephus and I Maccabees, in: Feldman, Louis H./Hata, Gohei (Hg.), Josephus, the Bible, and History, Leiden 1989, 116–131.

Gauger, Jörg-Dieter, Beiträge zur jüdischen Apologetik. Untersuchungen zur Authentizität von Urkunden bei Flavius Josephus und im 1. Makkabäerbuch (BBB 49), Köln/Bonn 1977.

Genette, Gérard, Die Erzählung, München ²1998.

Gera, Dov, Judaea and Mediterranean Politics: 219 to 161 B.C.E. (Brill's Series in Jewish Studies 8), Leiden u.a. 1998.

Gera, Dov/Horowitz, Wayne, Antiochus IV in Life and Death. Evidence from the Babylonian Astronomical Diaries, in: JAOS 117 (1997), 240–252.

Giovannini, Adalberto/Müller, Helmut, Die Beziehungen zwischen Rom und den Juden im 2. Jh. v. Chr., in: MH 28 (1971), 156–171.

Glazier, Michael, The Maccabean Revolt: Anatomy of a Biblical Revolution, Collegeville, MN 1988.

Goldstein, Jonathan A., The Hasmoneans: The Dynasty of God's Resisters, in: HThR 68 (1975), 53–58.

Goldstein, Jonathan A., Jewish Acceptance and Rejection of Hellenism, in: Sanders, Ed P./ Baumgarten, Albert I. (Hg.), Jewish and Christian Self-Definition II: Aspects of Judaism in the Graeco-Roman Period, London 1981, 64–87.318–326.

Goldstein, Jonathan A., The Hasmonean Revolt and the Hasmonean Dynasty, in: Davies, William D./Finkelstein, Louis (Hg.), The Cambridge History of Judaism, Bd. 2, Cambridge 1989, 292–351.

Grainger, John D., The Wars of the Maccabees. The Jewish Struggle for Freedom, 167–37 BC, Barnsley 2012.

Grintz, Yehoshua M., Art. Maccabees, First Book of, in: EJ 2 (1971), 656–658.

Gruen, Erich S., The Purported Jewish-Spartan Affiliation, in: Wallace, Robert W./Harris, Edward M. (Hg.), Transitions to Empire. Essays in Greco-Roman History, 360–146 B. C., Norman, OK u.a. 1996, 254–269.

Gruen, Erich S., Heritage and Hellenism. The Reinvention of Jewish Tradition (HCS 30), Berkeley, CA u.a. 1998.

Gryglewicz, Feliks, Le codex alexandrinus du premier livre des Machabées, in: Teologiszno-Kanoniczne 8 (1961), 23–37.

Haag, Ernst, Die Theokratie und der Antijahwe nach 1 Makkabäer 1–2, in: TThZ 109 (2000), 24–37.

Haag, Ernst, Das hellenistische Zeitalter. Israel und die Bibel im 4. bis 1. Jahrhundert v. Chr. (BE 9), Stuttgart u.a. 2003.

Habicht, Christian, Hellenismus und Judentum in der Zeit des Judas Makkabäus, in: JHAW 7 (1974), 97–104.

Hadas-Lebel, Mireille, La révolte des Maccabées 167–142 av. J.-C., Clermont-Ferrand ²2012.

Häuptli, Bruno W., Legenda aurea: Legendae sanctorum, 2 Bde., Freiburg i.Br./Basel/ Wien 2014.

Hanhart, Robert, Zur Zeitrechnung des I. und II. Makkabäerbuches (BZAW 88), Berlin 1964.

Hanhart, Robert, Die Septuaginta als Interpretation und Aktualisierung. Jesaja 9:1 (8:23)–7(6), in: Ders., Studien zur Septuaginta und zum hellenistischen Judentum (FAT 24), Tübingen 1999, 95–109.

Harris, Harold Arthur, Greek Athletics and the Jews (Trivium. Spec. Publ. 3), Cardiff 1976.

Hayes, John H./Mandell, Sara R., The Jewish People in Classical Antiquity from Alexander to Bar Kochba, Louisville, KY 1998.

Heinemann, Isaak, Wer veranlasste den Glaubenszwang der Makkabäerzeit?, in: MGWJ 82 (1938), 146–172.

Hengel, Martin, Judentum und Hellenismus. Studien zu ihrer Begegnung unter besonderer Berücksichtigung Palästinas bis zur Mitte des 2. Jh.s v. Chr. (WUNT 10), Tübingen [3]1988.

Hengel, Martin, Die Zeloten. Untersuchungen zur jüdischen Freiheitsbewegung in der Zeit von Herodes I. bis 70 n. Chr. (WUNT 283), Tübingen [3]2011.

Hidal, S., Rombilden i 1 Mackabeerboken 8, in: SEÅ 70 (2005), 101–105.

Himmelfarb, Martha, »He Was Renowned to the Ends of the Earth« (1 Macc 3:9): Judaism and Hellenism in 1 Maccabees, in: Dies., Between Temple and Torah (TSAJ 151), Tübingen 2013, 235–254.

Hölbl, Günther, Geschichte des Ptolemäerreiches, Darmstadt 1994.

Höpfl, Hildebrand, Das erste Makkabäerbuch und die Antiochusrolle, in: Bib. 6 (1925), 52–62.

Honigman, Sylvie, Tales of High Priests and Taxes: The Books of the Maccabees and the Judean Rebellion against Antiochos IV, Berkeley, CA 2014.

Hyldahl, Niels, The Maccabean Rebellion and the Question of »Hellenization«, in: Bilde, Per u. a. (Hg.), Religion and Religious Practice in the Seleucid Kingdom (Studies in Hellenistic Civilization 1), Aarhus 1990, 188–203.

Joüon, Paul, Quelques hébraïsmes de syntaxe dans le 1er livre des Maccabees, in: Bib. 3 (1922), 204–206.

Kadari, Menachem Z., The Aramaic Megillat Antiochus, in: Annual of Bar Ilan University 1 (1963), 81–105; 2 (1964), 178–214.

Kaminka, Armand, Quelques Notes sur le Premier Livre des Maccabées, in: REJ 92 (1933), 179–182.

Kampen, John, The Hasideans and the Origin of Pharisaism: A Study in 1 and 2 Maccabees (SCSt 24), Atlanta, GA 1989.

Kasher, Aryeh, Jews and Hellenistic Cities in Eretz-Israel (TSAJ 21), Tübingen 1990.

Katzoff, Ranon, Jonathan and Late Sparta, in: AJP 106 (1985), 485–489.

Keel, Othmar, 1 Makk 2 – Rechtfertigung, Programm und Denkmal für die Erhebung der Hasmonäer. Eine Skizze, in: Ders./Staub, Urs (Hg.), Hellenismus und Judentum: vier Studien zu Daniel 7 und zur Religionsnot unter Antiochus IV. (OBO 178), Fribourg/Göttingen 2000, 123–133.

Keel, Othmar, Die Geschichte Jerusalems und die Entstehung des Monotheismus. Bd. 2, Göttingen 2007.

Kelhoffer, James A., The Maccabees at Prayer: Pro- and Anti-Hasmonean Tendencies in the Prayers of First and Second Maccabees, in: Early Christianity 2 (2011), 198–218.

Keller, Hagen, Machabaeorum pugnae. Zum Stellenwert eines biblischen Vorbilds in Widukinds Deutung der ottonischen Königsherrschaft, in: Ders./Staubach, Nikolaus (Hg.), iconologia sacra. Mythos, Bildkunst und Dichtung in der Religions- und Sozialgeschichte Alteuropas (AFMF 23), Berlin/New York 1994, 417–437.

Kippenberg, Hans G., Religion und Klassenbildung im antiken Judäa. Eine religionssoziologische Studie zum Verhältnis von Tradition und gesellschaftlicher Entwicklung, Göttingen ²1982.

Klausner, Joseph, The First Hasmonean Rulers: Jonathan and Simon, in: WHJP I 6 (1972), 183–207.

Kletzel, Wolfgang, Beiträge zur Prosopographie der Makkabäerzeit (ca. 175–135 v. Chr.), Breslau 1921.

Kolbe, Walther, Die Seleukidenära des 1. Makkabäerbuches, in: Hermes 62 (1927), 225–242.

Kókai Nagy, Viktor, Die Beziehung der Makkabäer zu fremden Nationen – die Bündnisse mit Rom und Sparta, in: Xeravits, Géza G./Dušek, Jan (Hg.), The Stranger in Ancient and Medieval Jewish Tradition (DCLS 4), Berlin/New York 2010, 107–117.

Kreissig, Heinz, Der Makkabäeraufstand. Zur Frage seiner sozialökonomischen Zusammenhänge und Wirkungen, in: SC 4 (1962), 143–175.

Krentz, Edgar, The Honorary Decree for Simon the Maccabee, in: Collins, John J./Sterling, Gregory (Hg.), Hellenism in the Land of Israel, Notre Dame, IN 2001, 146–153.

Kuhnen, Hans-Peter, Palästina in griechisch-römischer Zeit (Handbuch der Archäologie. Vorderasien II 2), München 1990.

Kustár, Zoltán, »Ein Bethaus – für alle Völker?« Tempel, Völker und prophetischer Heilsuniversalismus im ersten Makkabäerbuch, in: Xeravits, Géza G./Dušek, Jan (Hg.), The Stranger in Ancient and Medieval Jewish Tradition (DCLS 4), Berlin/New York 2010, 118–138.

Lanzinger, Daniel, Alcimus' Last Command. History and Propaganda in 1 Maccabees 9:54, in: JSJ 46 (2015), 86–102.

Lebram, Jürgen C. H., Zur Chronologie in den Makkabäerbüchern, in: Betz, Otto/Michel, Otto (Hg.), Das Institutum Judaicum der Universität Tübingen 1968–1970, Tübingen 1970, 63–70.

Levine, Lee I., Judaism and Hellenism in Antiquity, Seattle, WA/London 1998.

Lichtenberger, Hermann, Geschichtsschreibung und Geschichtserzählung im 1. und 2. Makkabäerbuch, in: Becker, Eve-Marie (Hg.), Die antike Historiographie und die Anfänge der christlichen Geschichtsschreibung (BZNW 129), Berlin 2005, 197–212.

Liebmann-Frankfort, Therese, Rome et le conflit judéo-syrien (164–161 avant notre ère), in: AnCl 38 (1969), 101–120.

Maier, Johann, Grundzüge der Geschichte des Judentums im Altertum, Darmstadt ²1989.

Mandell, Sara, Was Rome's Early Diplomatic Interaction with the Maccabees Legal?, in: ClB 63 (1988), 87–89.

Martola, Nils, Capture and Liberation. A Study in the Composition of the First Book of Maccabees (AAAbo.H 63, 1), Åbo 1984.

Maxwell Stuart, P. G., I Maccabees VI 34 Again, in: VT 25 (1975), 230–233.

Mayer, Reinhold/Rühle, Inken, Die makkabäische Bewegung im Talmud und im jüdischen Gebetbuch, in: BiKi 57 (2002), 89–92.

Melamed, Ezra Z., Josephus and Maccabees I: A Comparison, in: EI 1 (1951), 122–130.

Melloni, Georg Philipp, Die historischen Wurzeln des (Ur-)Christentums. Das Religionsedikt und die Religionsverfolgung unter Antiochos IV. Epiphanes, in: WUB 43 (2007), 12–18.

Mendels, Doron, The Land of Israel as a Political Concept in Hasmonean Literature (TSAJ 15), Tübingen 1987.

Mendels, Doron, Was the Rejection of Gifts One of the Reasons for the Outbreak of the Maccabean Revolt?, in: JSPE 20 (2011), 243–256.

Mendels, Doron, Phases of Inscribed Memory Concerning the Land of Israel in Palestinian Judaism of the Second Century BCE, in: ThLZ 138 (2013), 151–164.
Mendels, Doron, Why Did Paul Go West? Jewish Historical Narrative and Thought (Jewish and Christian Texts in Contexts and Related Studies 15), London 2013.
Millar, Fergus, The Background of the Maccabean Revolution: Reflections on Martin Hengel's »Judaism and Hellenism«, in: JJSt 29 (1978), 1–21.
Mittag, Peter Franz, Antiochos IV. Epiphanes. Eine politische Biographie (Klio. Beihefte NF 11), Berlin 2006.
Mittmann-Richert, Ulrike, Einführung zu den historischen und legendarischen Erzählungen (JSHRZ VI 1, 1), Gütersloh 2000, 20–39.
Mölleken, Wolfgang, Geschichtsklitterung im I. Makkabäerbuch (Wann wurde Alkimus Hoherpriester?), in: ZAW 65 (1953), 205–228.
Mørkholm, Otto, Antiochus IV of Syria, Kopenhagen 1966.
Momigliano, Arnaldo, The Date of the First Book of Maccabees, in: Balland, André u. a. (Hg.), L'Italie préromaine et la Rome républicaine (Publications de l'École Française de Rome 27), Rom 1976, 657–661.
Murphy O'Connor, Jerome, Demetrius I and the Teacher of Righteousness (I Macc X 25–45), in: RB 83 (1976), 400–420.
Musti, Domenico, Syria and the East, in: CAH VII/1 ([2]1984), 175–220.
Muszyński, Henryk Jósef, Gedenken und Gedächtnis in den Makkabäer-Büchern, in: Dahmen, Ulrich/Schnocks, Johannes (Hg.), Juda und Jerusalem in der Seleukidenzeit (BBB 159), Göttingen 2010, 213–225.
Neuhaus, Günter O., Quellen im 1. Makkabäerbuch? Eine Entgegnung auf die Analyse von K.-D. Schunck, in: JSJ 5 (1974), 162–175.
Neuhaus, Günter O., Studien zu den poetischen Stücken im 1. Makkabäerbuch (FzB 14), Würzburg 1974.
Niese, Benedikt, Kritik der beiden Makkabäerbücher nebst Beiträgen zur Geschichte der makkabäischen Erhebung, in: Hermes 35 (1900), 268–307.453–527.
Nodet, Étienne, La crise maccabéenne: Historiographie juive et traditions bibliques (Collection »Josèphe et son temps« 6), Paris 2005.
Nodet, Étienne, Asidaioi and Essenes, in: Hilhorst, Anthony/Puech, Émile/Tigchelaar, Eibert (Hg.), Flores Florentino (JSJ.S 122), Leiden/Boston, MA 2007, 63–87.
Oberg, Eberhard, Das Lehrgedicht des Amphilochios von Ikonion, in: JAC 16 (1973), 67–97.
Oppenheimer, Aharon, Oral Law in the Books of Maccabees, in: Immanuel 6 (1976), 34–42.
Ortlund, Dane C., Phinehan Zeal: A Consideration of James Dunn's Proposal, in: JSPE 20 (2011), 299–315.
Osterloh, Kevin Lee, Judea, Rome and the Hellenistic Oikoumenê. Emulation and the Reinvention of Communal Identity, in: Iricinschi, Eduard/Zellentin, Holger M. (Hg.), Heresy and Identity in Late Antiquity (TSAJ 119), Tübingen 2008, 168–206.
Otzen, Benedikt, Judaism in Antiquity. Political Development and Religious Currents from Alexander to Hadrian, Sheffield 1990.
Parker, Viktor, Historische Studien zu den Hohen Priestern der frühen Makkabäerzeit, in: ZDPV 124 (2008), 143–170.
Philonenko, Marc, Jusqu'à ce que se lève un prophète digne de confiance (1. Macchabées 14, 41), in: Gruenwald, Ithamar/Shaked, Shaul/Stroumsa, Gedaliahu G. (Hg.), Messiah and Christos. Studies in the Jewish Origins of Christianity (TSAJ 32), Tübingen 1992, 95–98.

Plöger, Otto, Die makkabäischen Burgen, in: ZDPV 71 (1955), 141–172.

Portier-Young, Anathea E., Apocalypse against Empire. Theologies of Resistance in Ancient Judaism, Cambridge 2011.

Rahlfs, Alfred, Die Kriegselefanten im 1. Makkabäerbuche, in: ZAW 52 (1934), 78 f.

Rakel, Claudia, Das erste Makkabäerbuch, in: Schottroff, Luise u. a. (Hg.), Kompendium feministischer Bibelauslegung, Gütersloh 1998, 384–391.

Rappaport, Uriel, The Extradition Clause in 1 Maccabees, XV, 21, in: van Lerberghe, Karel/Schoors, Antoon (Hg.), Immigration and Emigration within the Ancient Near East (OLA 65), Leuven 1995, 271–283.

Ravenna, Alfredo, I Maccabei nella letteratura talmudica, in: RivBib 10 (1962), 384–391.

Regev, Eyal, The Hasmoneans: Ideology, Archaeology, Identity (Journal of Ancient Judaism. Supplements 10), Göttingen 2013.

Renaud, Bernard, La Loi et les Lois dans les Livres des Maccabées, in: RB 68 (1961), 39–67.

Roberto, Umberto, Diplomazia greca ed ἐλευθερία dei Maccabei: Demetrio I, Bacchide e Gionata, in: MedAnt 6 (2003), 795–824.

Robins, Madison, Writing History in the Hasmonean Court: A Study of the Diplomatic Documents in First Maccabees, in: ARC 36 (2008), 53–74.

Rooke, Deborah W., On the »Handel-ing« of 1 Maccabees. Thomas Morell's Use of Biblical Sources in the Libretto of »Judas Maccabaeus«, in: SJTh 57 (2004), 125–138.

Rostovtzeff, Michael, Gesellschafts- und Wirtschaftsgeschichte der hellenistischen Welt, 3 Bde., Darmstadt 1955 f.

Sachs, Abraham J./Wiseman, Donald J., A Babylonian King List of the Hellenistic Period, in: Iraq 16 (1954), 202–212.

Sasse, Markus, Geschichte Israels in der Zeit des Zweiten Tempels. Historische Ereignisse, Archäologie, Sozialgeschichte, Religions- und Geistesgeschichte, Neukirchen-Vluyn [2]2009.

Saulnier, Christiane, La crise maccabéenne (CEv 42), Paris 1982.

Schäfer, Peter, Geschichte der Juden in der Antike, Neukirchen-Vluyn 1983.

Schenker, Adrian, Die zweimalige Einsetzung Simons des Makkabäers zum Hohenpriester. Die Neuordnung des Hohepriestertums unter dem Hasmonäer Simon (1 Makk 14,25–49), in: Ders., Recht und Kult im Alten Testament: achtzehn Studien (OBO 172), Fribourg/Göttingen 2000, 158–169.

Schipper, Friedrich T., Mattathias und Josua. Eine Beobachtung zur Typologie in der jüdisch-hellenistischen Geschichtsschreibung, in: BN 125 (2005), 95 f.

Schipper, Friedrich T., Jüdische Identität und griechische Athletik: Beschneidung und Epispasmos in der Zeit der sogenannten »hellenistischen Reform«, in: WJTh 6 (2006), 45–59.

Schmidt, Gottfried, Die beiden Syrischen Übersetzungen des I. Maccabäerbuches, in: ZAW 17 (1897), 1–47.233–262.

Schmidt, Johann Michael, Der Aufstand der Makkabäer gegen die griechische Kultur, in: Lohff, Wenzel (Hg.), Christentum und Gesellschaft. Ringvorlesung der Evangelisch-Theologischen Fakultät der Universität Hamburg, Göttingen 1969, 63–97.

Schmitt, Götz, Ein indirektes Zeugnis der Makkabäerkämpfe: Testament Juda 3–7 und Parallelen (TAVO 49), Wiesbaden 1983.

Schneider, Ariane B., Jüdisches Erbe in christlicher Tradition. Eine kanongeschichtliche Untersuchung zur Bedeutung und Rezeption der Makkabäerbücher in der Alten Kirche des Ostens, Diss. Heidelberg 2000.

Schnocks, Johannes, Das Alte Testament und die Gewalt. Studien zu göttlicher und menschlicher Gewalt in alttestamentlichen Texten und ihren Rezeptionen (WMANT 136), Neukirchen-Vluyn 2014.

Schreiner, Klaus, Die Makkabäer. Jüdische Märtyrer und Kriegshelden im liturgischen und historischen Gedächtnis der abendländischen Christenheit, in: Ders. (Hg.), Märtyrer, Schlachtenhelfer, Friedensstifter. Krieg und Frieden im Spiegel mittelalterlicher und frühneuzeitlicher Heiligenverehrung, Opladen 2000, 1–53.

Schürer, Emil, The History of the Jewish People in the Age of Jesus Christ. Revised and edited by Vermes, Geza/Millar, Fergus/Black, Matthew, 3 Bde. in 4, Edinburgh 1973–1987.

Schunck, Klaus-Dietrich, Die Quellen des I. und II. Makkabäerbuches, Halle 1954.

Schunck, Klaus-Dietrich, Art. Makkabäer/Makkabäerbücher, in: TRE 21 (1991), 736–745.

Schwartz, Daniel R., Josephus and Nicolaus on the Pharisees, in: JSJ 14 (1983), 157–171.

Schwartz, Daniel R., The Other in 1 and 2 Maccabees, in: Stanton, Graham N./Stroumsa, Guy G. (Hg.), Tolerance and Intolerance in Early Judaism and Christianity, Cambridge 1998, 30–37.

Schwartz, Daniel R., Antiochus IV Epiphanes in Jersualem, in: Goodblatt, David u.a. (Hg.), Historical Perspectives from the Hasmoneans to Bar Kokhba in the Light of the Dead Sea Scrolls (STDJ 37), Leiden u.a. 2001, 45–56.

Schwartz, Daniel R., Circular or Teleological, Universal or Particular, with God or without: On 1–2 Maccabees and Acts, in: Frey, Jörg u.a. (Hg.), Die Apostelgeschichte im Kontext antiker und frühchristlicher Historiographie (BZNW 162), Berlin 2009, 119–129.

Schwartz, Daniel R., Mattathias' Final Speech (1 Maccabees 2): From Religious Zeal to Simonide Propaganda, in: Maeir, Aren M./Magness, Jodi/Schiffman, Lawrence H. (Hg.), »Go out and Study the Land (Judges 18:2)«, Archaeological, Historical and Textual Studies in Honor of Hanan Eshel (JSJ.S 148), Leiden u.a. 2012, 213–223.

Schwartz, Seth, Israel and the Nations Roundabout: 1 Maccabees and the Hasmonean Expansion, in: JJS 42 (1991), 16–38.

Schwartz, Seth, A Note on the Social Type and Political Ideology of the Hasmonean Familiy, in: JBL 112 (1993), 305–309.

Schweizer, Abraham, Untersuchungen über die Reste eines hebräischen Textes vom ersten Makkabäerbuch, Berlin 1901.

Schwienhorst-Schönberger, Ludger, Martyrium der Gewaltlosigkeit. Gibt es ein »Makkabäer-Syndrom«?, in: Tück, Jan-Heiner (Hg.), Sterben für Gott – Töten für Gott? Religion, Martyrium und Gewalt, Freiburg i.Br. u.a. 2015, 148–189.

Scolnic, Benjamin E., Alcimus, Enemy of the Maccabees (Studies in Judaism), Lanham, MD 2005.

Scolnic, Benjamin E., Thy Brother's Blood: The Maccabees and Dynastic Morality in the Hellenistic World (Studies in Judaism), Lanham, MD 2008.

Scolnic, Benjamin E., Mattathias and the Jewish Man of Modein, in: JBL 129 (2010), 463–483.

Sedlmeier, Franz, Der Ort »Emmaus« im ersten Buch der Makkabäer, in: Fleckenstein, Karl-Heinz/Louhivuori, Mikko/Riesner, Rainer (Hg.), Emmaus in Judäa. Geschichte – Exegese – Archäologie (Biblische Archäologie und Zeitgeschichte 11), Giessen 2003, 12–39.

Seeman, Chris, Rome and Judea in Transition: Hasmonean Relations with the Roman Republic and the Evolution of the High Priesthood (American University Studies. Series 7: Theology and Religion 325), New York u. a. 2013.

Shatzman, Israel, The Armies of the Hasmonaeans and Herod (TSAJ 25), Tübingen 1991.

Sherk, Robert Kenneth, Roman Documents from the Greek East. Senatus Consulta and Epistulae to the Age of Augustus, Baltimore, MD 1969.

Siegert, Folker, »Nicht in einem Winkel«. Das Judentum und die Öffentlichkeit der griechisch-römischen Welt, in: Müller, Heinz-Peter/Ders. (Hg.), Antike Randgesellschaften und Randgruppen im östlichen Mittelmeerraum (MJSt 5), Münster u. a. 2000, 87–115.

Sievers, Joseph, The High Priesthood of Simon Maccabeus: an Analysis of 1 Macc 14:25–49, in: Richards, Kent Harold (Hg.), Society of Biblical Literature. Seminar Papers 1981, Chico, CA 1981, 309–318.

Sievers, Joseph, The Role of Women in the Hasmonean Dynasty, in: Feldman, Louis H./ Hata, Gohei (Hg.), Josephus, Bible, and History, Detroit, MI 1989, 132–146.

Sievers, Joseph, The Hasmoneans and Their Supporters: From Mattathias to the Death of John Hyrcanus I. (SFSHJ 6), Atlanta, GA 1990.

Sievers, Joseph, Josephus, First Maccabees, Sparta, the Three *haireseis* – and Cicero, in: JSJ 32 (2001), 241–251.

Sievers, Joseph, Synopsis of the Greek Sources for the Hasmonean Period: 1–2 Maccabees and Josephus, War 1 and Antiquitates 12–14 (SubBi 20), Rom 2001.

Signori, Gabriela (Hg.), Dying for the Faith, Killing for the Faith. Old-Testament Faith-Warriors (1 and 2 Maccabees) in Historical Perspective (BSIH 206), Leiden 2012.

Smallwood, E. Mary, The Jews under Roman Rule (SJLA 20), Leiden u. a. ^{2}1981.

Snyder, Julia A., Language and Identity in Ancient Narratives (WUNT II 370), Tübingen 2014.

Spiro, Abram, The Ascension of Phinehas, in: PAAJR 22 (1953), 91–114.

Stegemann, Hartmut, Die Essener, Qumran, Johannes der Täufer und Jesus, Freiburg i. Br. ^{4}1991.

Steiner, Richard C., On the Dating of Hebrew Sound Changes (*H > Ḥ and *Ġ > ʿ) and Greek Translations (2 Esdras and Judith), in: JBL 124 (2005), 229–267.

Stemberger, Günter, The Maccabees in Rabbinic Tradition, in: Ders., Judaica Minora I (TSAJ 133), Tübingen 2010, 256–265.

Stern, Menahem, The Documents on the History of the Hasmonaean Revolt, Tel Aviv ^{2}1972.

Stern, Menahem, Hasmonean Judaea in the Hellenistic World: Chapters in Political History, Jerusalem 1995.

Stummer, Friedrich, Einführung in die lateinische Bibel, Paderborn 1928.

Tcherikover, Victor, The Hellenistic Movement in Jerusalem and Antiochus' Persecution, in: WHJP I 6 (1972), 115–144.

Tcherikover, Victor, Hellenistic Civilization and the Jews, New York 1975.

Thomson, Robert W., The Maccabees in Early Armenian Historiography, in: JThS 26 (1975), 329–341.

Tilly, Michael, Art. Ptolemäus, Ptolemäer, in: Calwer Bibellexikon, Stuttgart 2003, 1095 f.

Tilly, Michael, Einführung in die Septuaginta, Darmstadt 2005.

Tilly, Michael, Die umstrittenen Bücher. Die kanonische Wertung der Makkabäerbücher im Judentum und in den christlichen Kirchen, in: Welt und Umwelt der Bibel 43 (2007), 54–56.

Tilly, Michael, Die hasmonäische Zeit, in: Schefzyk, Jürgen/Zwickel, Wolfgang (Hg.), Judäa und Jerusalem. Leben in römischer Zeit, Stuttgart 2010, 42–47.

Tilly, Michael, Das 1. und 2. Makkabäerbuch, in: Dressler, Bernhard/Schroeter-Wittke, Harald (Hg.), Religionspädagogischer Kommentar zur Bibel, Leipzig 2012, 379–387.

Tilly, Michael, Psalm 110 zwischen Hebräischer Bibel und Neuem Testament, in: Ders., Geschichte und Tradition. Aufsätze zum antiken Judentum und zum jüdischen Erbe des frühen Christentums (ANTZ 12), Berlin 2012, 29–48.

Tilly, Michael, Gebrauch und Funktionen der metaphorischen Rede im 1. Makkabäerbuch, in: Witte, Markus/Behnke, Sven (Hg.), The Metaphorical Use of Language in Deuterocanonical and Cognate Literature (DCLY 2014/15), Berlin/New York 2015, 153–171.

Timpe, Dieter, Der römische Vertrag mit den Juden 161 v. Chr., in: Chiron 4 (1974), 133–152.

Tomes, Roger, Heroism in 1 and 2 Maccabees, in: Biblical Interpretation 15 (2007), 171–199.

Trampedach, Kai, Die Hasmonäer und das Problem der Theokratie, in: Pečar, Andreas/Ders., (Hg.), Die Bibel als politisches Argument: Voraussetzungen und Folgen biblizistischer Herrschaftslegitimation in der Vormoderne (HZ.B 43), München 2007, 37–65.

VanderKam, James C., Hanukkah: Its Timing and Significance According to 1 and 2 Maccabees, in: JSP 1 (1987), 23–40.

van der Kooij, Arie, The Septuagint of Ezekiel and Hasmonaean Leadership, in: García Martínez, Florentino/Vervenne, Marc (Hg.), Interpreting Translation (BEThL 192), Leuven u. a. 2005, 437–446.

van der Kooij, Arie, The Claim of Maccabean Leadership and the Use of Scripture, in: Eckhardt, Benedikt (Hg.), Jewish Identity and Politics between the Maccabees and Bar Kokhba (JSJ.S 155), Leiden/Boston, MA 2012, 29–49.

van Henten, Jan Willem, Der Berg Asdod. Überlegungen zu 1. Makk 9,15, in: JSJ 14 (1983), 43–51.

van Henten, Jan Willem, Das jüdische Selbstverständnis in den ältesten Martyrien, in: Ders. (Hg.), Die Entstehung der jüdischen Martyrologie (StPB 38), Leiden 1989.

van Henten, Jan Willem, The Song of Praise for Judas Maccabeus: Some Remarks on 1 Maccabees 3:3–9, in: Dyk, Janet W. (Hg.), Give Ear to My Words: Psalms and Other Poetry in and Around the Hebrew Bible, Amsterdam 1996, 199–206.

van Henten, Jan Willem, The Honorary Decree for Simon Maccabee (1 Macc 14:25–49) in Its Hellenistic Context, in: Collins, John J./Sterling, Gregory (Hg.), Hellenism in the Land of Israel, Notre Dame, IN 2001, 116–145.

van Henten, Jan Willem, Royal Ideology: 1 and 2 Maccabees and Egypt, in: Rajak, Tessa u. a. (Hg.), Jewish Perspectives on Hellenistic Rulers (Hellenistic Culture and Society 50), Berkeley, CA 2007, 265–282.

Vermes, Geza, Où en est la question des »Manuscrits de la mer Morte«, in: CSion 7 (1953), 63–76.

Vetter, Paul, Ein hebräischer Text zum ersten Makkabäerbuche, in: ThQ 83 (1901), 600–605.

Vivian, Angelo, La »Megillat Antiochus«: Una reinterpretazione dell'epopea maccabaica, in: Parente, Fausto/Piattelli, Daniela (Hg.), Aspetti della storiografia ebraica. Atti del IV Congresso internazionale dell'AISG S. Miniato, 7–10 Novembre 1983, Rom 1987, 163–195.

Volgger, David, 1 Makk 1: der Konflikt zwischen Hellenen und Juden – die makkabäische Reichspropaganda, in: Ant. 73 (1998), 459–481.

Wallach, Jehuda L., The Wars of the Maccabees, in: Revue Internationale d'Histoire Militaire 42 (1979), 53–81.
Walser, Georg, The Greek of the Ancient Synagogue. An Investigation on the Greek of the Septuagint, Pseudepigrapha and the New Testament (Studia Graeca et Latina Lundensia 8), Lund 2001.
Weitzman, Steven, Plotting Antiochus's Persecution, in: JBTh 123 (2004), 219–234.
Wibbing, Siegfried, Zur Topographie der einzelnen Schlachten des Judas Makkabäus, in: ZDPV 78 (1962), 159–170.
Wilker, Julia, Unabhängigkeit durch Integration. Zu den jüdisch-römischen Beziehungen im 2. Jahrhundert v. Chr., in: Karrer, Martin/Kraus, Wolfgang/Meiser, Martin (Hg.), Die Septuaginta – Texte, Kontexte, Lebenswelten. Internationale Fachtagung veranstaltet von Septuaginta Deutsch (LXX.D), Wuppertal 20.–23. Juli 2006 (WUNT 219), Tübingen 2008, 194–201.
Williams, David S., Narrative Art in 1 Maccabees vi 1–17, in: VT 49 (1999), 109–118.
Williams, David S., The Structure of 1 Maccabees (CBQ.MS 31), Washington, D.C. 1999.
Williams, David S., Recent Research in 1 Maccabees, in: CRBS 9 (2001), 169–184.
Williams, David S., 1 Maccabees, in: Aitken, James K. (Hg.), T&T Clark Companion to the Septuagint, London/New York 2015, 261–272.
Willrich, Hugo, Urkundenfälschung in der hellenistisch-jüdischen Literatur (FRLANT 21), Göttingen 1924.
Wirgin, Wolf, Judah Maccabeus' Embassy to Rome and the Jewish-Roman Treaty, in: PEQ 101 (1969), 15–20.
Wirgin, Wolf, Simon Maccabeus' Embassy to Rome – Its Purpose and Outcome, in: PEQ 106 (1974), 141–146.
Wise, Michael O., A Note on the »Three Days« of 1 Maccabees X 34, in: VT 40 (1990), 116–122.
Wittekind, Susanne, Die Makkabäer als Vorbild des geistlichen Kampfes. Eine kunsthistorische Deutung des Leidener Makkabäer-Codex Perizoni 17, in: FMSt 37 (2003), 47–71.
Xeravits, Géza G./Zsengellér, József (Hg.), The Books of the Maccabees: History, Theology, Ideology. Papers of the Second International Conference on the Deuterocanonical Books, Påapa, Hungary, 9–11 June, 2005 (JSJ.S 118), Leiden 2007.
Zimmermann, Moshe, Die Antike als Erinnerungsarsenal. Vorbilder des jüdischen Sports, in: Hotam, Yotam/Jacob, Joachim (Hg.), Populäre Konstruktionen von Erinnerung im deutschen Judentum und nach der Emigration, Göttingen 2004, 33–51.
Zohrapean, Yovhannes, Astuacašunčʿ Matean Hin ew Nor Ktakarancʿ, Venedig 1805 (Ndr. Delmar, NY 1986).
Zwickel, Wolfgang/Egger-Wenzel, Renate/Ernst, Michael (Hg.), Herders Neuer Bibelatlas, Freiburg i. Br./Basel/Wien 2013.

Einleitung

1. Inhaltliche und literarische Struktur

In Form einer linearen Aneinanderreihung von einzelnen Geschichten schildert das 1. Makkabäerbuch in 16 Kapiteln den Konflikt zwischen den judäischen Juden und den hellenistischen Herrschern, den heroischen Kampf der drei Makkabäerbrüder Judas, Jonathan und Simon um die Befreiung Judäas von der seleukidischen Vorherrschaft, und den Aufstieg des hasmonäischen Herrscherhauses bis zur Ermordung Simons (333 bzw. 175–135 v. Chr.).

Geschichte und Literatur

Das 1. Makkabäerbuch ist kein informativer Mitteilungstext, sondern eine erzählende Dichtung mit einem intentionalen Bezug zur Wirklichkeit. Seine Wahrnehmung als ein »geschichtliches« Dokument, dem innerhalb eines bestimmten historischen Kontextes bestimmte textpragmatische Funktionen zukommen, bedingt deshalb die konsequente historisch-kritische Analyse und Interpretation seines eigentlichen Erzählinhalts. In eklektischer, vergröbernder, verzerrender und perspektivisch evaluierender Weise reflektiert das in dem Buch erzählte Geschehen den misslungenen Versuch eines prohellenistischen Teils der Jerusalemer Tempelaristokratie, den dyarchischen Tempelstaat mit Unterstützung des syrischen Herrschers Antiochos IV. Epiphanes unter Außerkraftsetzung der Tora als Verfassung in eine hellenistische Polis zu verwandeln, um so die eigene wirtschaftliche und politische Machtposition zu festigen. Das 1. Makkabäerbuch stellt den gescheiterten Umsturzversuch einer Minderheit nachträglich als eine allgemeine Religionsverfolgung dar und setzt zugleich die Bestrebungen der sich um die streitbaren Makkabäerbrüder formierenden Widerstandsbewegung den Zielen »aller« frommer Judäer gleich. In dieser Form hat die Geschichte wohl niemals stattgefunden.

Eine Antwort auf die Frage nach der historischen Referenz des 1. Makkabäerbuches ist dennoch möglich. Der Autor der propagandistischen »Heldengeschichte« (*Neuhaus* 1974, 116) sieht den eigentlichen Ausgangspunkt sämtlicher Verwicklungen in den ausufernden Assimilationsbestrebungen eines Teils seiner Landsleute, die er als bedrohliches Anzeichen einer religiösen und kulturellen Erosion begreift und deshalb als durchweg gottlos und widergesetzlich brandmarkt (vgl. 1, 11). In seiner grundsätzlich hasmonäerfreundlichen Darstellung der militärischen und diplomatischen Ereignisse will er generell zeigen, wie es den Makkabäerbrüdern mit Gottes Hilfe einstmals gelungen ist, eine antihellenistische Sammelbewegung zu organisieren und mit ihrer Hilfe die gewaltsamen kulturellen und religiösen Modernisierungstendenzen innerhalb Judäas dauerhaft abzuwehren (das Diasporajudentum außerhalb Coilesyriens liegt indes außerhalb seines Blickfeldes). Dabei will der Verfasser in deutlich erkennbarer Weise den Eindruck erwecken, dass das erzählte Geschehen dem tatsächlichen Verlauf der Ereignisse entspricht. Tatsächlich schöpft er jedoch bei seiner subjektiven literarischen Darstellung der das Land und seine Bewohner betreffenden Ereignisse durchweg aus dem reichen Fundus der biblischen Erzähltradition,[1] die er immer wieder mit seinen (retrospektiv als Reminiszenzen an eine [mögliche] identitätstiftende Vergangenheit ausgewiesenen, jedoch grundsätzlich von den Erfordernissen und vom Bezugsrahmen der ihn umgebenden Gegenwart geprägten) »Erinnerungen«, frei konzipierten Reden, Ansprachen und Gebeten als Darstellungs- und Interpretationsmittel, zeitgenössischem Kolorit und diffusem »Fachwissen« hinsichtlich zeitgenössischer militärischer Realien und diplomatischer Konventionen anreichert, um seiner Erzählung einerseits Plausibilität und Realitätsnähe zu verleihen und um ihre Protagonisten andererseits den beispielhaften Heroen der Geschichte Israels anzugleichen. Seine einseitige narrative Konstruktion nationaler Identität will insbesondere die hohe politische Bedeutung des Makkabäeraufstandes als weltbewegendes Geschehen und Ausgangspunkt reichsweiter bzw. internationaler Entwicklungen betonen; zu diesem Zweck führt er auch eine Reihe von stilisierten Briefen, Bündnisverträgen und Dekreten an, die zwar theoretisch einem hasmonäischen »Hofarchiv« entstammen könnten, deren Authentie und Quellenwert aber ebenfalls fraglich sind, da ihre eigentliche narrativ-pragmatische Funktion eben nicht in der »realgeschichtlichen« Dokumentation der einstigen militärischen und politischen Erfolge der ersten drei Generationen der zu Macht und Ansehen gelangten Makkabäerfamilie besteht, sondern in der literarischen Überzeugung des Lesers von der rechtmäßigen Herrschaft ihrer etablierten Nachkommen, der gegenwärtig regierenden Hasmonäerdynastie.[2]

Identität und Erinnerung

[1] Kriterien einer klassifizierenden Beschreibung der in den (markierten und unmarkierten) Zitaten, Allusionen und indirekten gedanklichen Bezügen auf Tora und Prophetenschriften im 1. Makkabäerbuch zum Ausdruck kommenden und im Leseakt erfassbaren (zumeist illustrierenden, begründenden oder legitimierenden) literarischen Relationen sind die Intensität der Bezugnahmen (Referentialität), das Bewusstsein der intertextuellen Bezüge beim Erzähler und seinen Lesern (Kommunikativität), die formale und inhaltliche Prägekraft des biblischen Prätextes (Strukturalität) und die Akzentuierung seiner Elemente als Bezugsfolie (Selektivität). Vgl. *Broich/Pfister* 1985, 26–29.

[2] Zur traditionellen Auffassung vgl. *Bickermann* 1935, 205–240; *Bickermann* 1937, 241–277.

Aufbau des Buches

Der Abfolge der einzelnen inhaltlichen Abschnitte der fortlaufenden Erzählhandlung im 1. Makkabäerbuch entspricht die folgende Grobgliederung seiner Komposition:

1, 1–64:	Die Verfolgung des Volkes Israel
2, 1–70:	Der Aufstand gegen die Verfolger
3, 1 – 9, 22:	Die Taten des Judas
9, 23 – 12, 53:	Die Taten Jonathans
13, 1 – 16, 24:	Die Taten Simons

Der kurze erste und der zweite Teil des 1. Makkabäerbuches haben einleitende Funktion und erschließen sein Verständnis, indem sie von der krisenhaften Vorgeschichte der makkabäischen Erhebung außerhalb und innerhalb Judäas erzählen. In linearer temporaler Sequenz handelt der ausführliche dritte Teil des Geschichtsgemäldes von den militärischen Erfolgen des Aufstandes und von der Erneuerung des Jerusalemer Tempelkultes unter der Führung des Judas. Im kürzeren vierten Teil wird von der Festigung der Herrschaft und der Begründung des Hohenpriestertums der »auserwählten« hasmonäischen Dynastie durch Jonathan berichtet. Als Höhepunkt und Abschluss der progressiven Geschichtsnarration befasst sich der fünfte Teil der prohasmonäischen Schrift mit der behaupteten (und als eigentliches Erzählziel die Relevanz der vorangehenden Einzelereignisse bedingenden) Erlangung der vollständigen politischen Unabhängigkeit der Judäer von den Syrern unter der Herrschaft Simons.

Seine planvolle Konzeption und eine Reihe wiederkehrender Strukturelemente zeigen an, dass das 1. Makkabäerbuch einen literarisch einheitlichen Text darstellt. Inhaltliche Inkongruenzen zwischen seinen einzelnen Teilen (z. B. 8, 1–32; 14, 16–16, 24) sind wohl eher dem Prozess der Textentstehung als einem nachträglichen Textwachstum zuzurechnen. Der Großteil der vermeintlichen Hinweise auf angebliche Redaktionsstufen lässt sich jedenfalls entweder als Erweiterung der vorläufigen Grunderzählung durch ihren individuellen Autor selbst oder als selegiertes und modifiziertes Traditionsmaterial differenter Provenienz deuten (als schriftliche Quellen, aus denen der Verfasser schöpfte, werden neben den biblischen Büchern und den o. g. Dokumenten oft eine »Seleukidenchronik«, »Hohepriesterjahrbücher«, eine »Mattathiaslegende« sowie eine »Judas-«, »Jonathan-« und »Simonvita« angenommen; vgl. *Schunck* 1954), auf das er zurückgreifen konnte, um es in kreativer Weise in seine Geschichtserzählung zu integrieren, wobei durchweg kausale Verbindungen zwischen den Einzelereignissen bis zum Zielzustand (16, 23 f.) geschaffen werden. Dass er dabei nicht unseren neuzeitlichen Kohärenz- und Konsistenzbedürfnissen folgte, sollte ohne weiteres nachvollziehbar sein.

Intoleranz als Programm

Als Werk aus einer Hand beschreibt das 1. Makkabäerbuch den folgenschweren Konflikt zwischen der traditionellen judäischen Kultur und dem seit dem ausgehenden 4. Jh. v. Chr. unaufhaltsam in alle Lebensbereiche vordringenden (und zumeist unbefangen rezipierten) Griechentum in durchweg stereotypisierender, gleichsam dualistischer Weise als einen unversöhnlichen Kampf des »Guten« gegen das »Böse«, des »Eigenen« gegen das »Fremde«, der frommen Kriegshelden gegen die gesetzlosen Unterdrücker, Dissidenten und Verräter des Gottesvolkes, der »Traditionalisten« gegen die »Reformer«, der konservativen Bewahrer der bewährten Ordnung gegen die fortschrittsgläubigen Zerstörer der Gesellschaft, sowie des jüdischen Monotheismus gegen die verderbenbringende Verehrung fremder Gottheiten (dem androzentrischen Blickwinkel des Verfassers entspricht seine Marginalisierung von Frauen bzw. deren Fehlen als konturierte Erzählfiguren). Jegliche Übergänge und Differenzierungen zwischen den beiden Lagern werden vom Erzähler strikt vermieden. Für ihn ist die narrativ dargestellte Grenze zwischen Freund und Feind keine Berührungszone, sondern eine klare und eindeutige Demarkationslinie, deren Überschreitung strikt geahndet wird. Im Mittelpunkt seiner Verfasserabsicht stehen sowohl eine monotheistische, deuteronomistisch geprägte religiöse Totalanschauung als auch die Behauptung religiöser und kultureller Eigenständigkeit der frommen Judäer und deren konsequente Abgrenzung von allen Nachbarvölkern ringsum. Ein Mittelweg zwischen den konfligierenden Interessen oder gar religiöse »Toleranz« liegen hingegen völlig außerhalb seines Horizontes.

Hebräische Vorlage

Obwohl es keine erhaltenen hebräischen Textzeugen des 1. Makkabäerbuches und auch keine expliziten Zitate in der rabbinischen Traditionsliteratur gibt, wird die Existenz eines verschollenen hebräischen Originals der prohasmonäischen Propagandaschrift (gegen eine aramäische Vorlage sprechen zahlreiche hebraisierend konstruierte Wortfolgen sowie die bemühte Nähe zur Sprachlichkeit und Motivik von Tora und Prophetenschriften) durch das Zeugnis des Kirchenschriftstellers Hieronymus (347–429) nahegelegt *(»Machabeorum primum librum hebraicum repperi«)*.[3] Diesem Zeugnis entsprechen sowohl der in der *Kirchengeschichte* des Eusebius von Caesarea (†339) erhaltene Hinweis des Origenes (ca. 185–253/54) auf einen ursprünglichen hebräischen Titel des ἔξω δὲ τούτον (»außerdem noch«) am Rande kirchlicher Sammlungen heiliger Schriften tradierten Buches (s. u.)[4] als auch eine Reihe sprachlicher Gründe. Nicht selten verstößt der antike Übersetzer nämlich gegen Regeln der »klassischen« literarischen griechischen Sprache (z. B. häufige Verwendung parataktischer Konnektoren, Rückgang hypotaktischer Periodenbildung, gelockerte Bindung der narrativen Tempora an den Aspekt). Ebenso weicht er in einigen Punkten vom zeitgenössischen literarischen Sprachgebrauch der levantinischen Koine ab.

Sprache

[3] Text zitiert nach *Weber/Grayson* 2007, 365. Vgl. *Migne*, PL 28, 602 f.
[4] Eusebius, *Hist. Eccl.* VI 25, 2.

Sowohl in den erzählenden als auch in den hymnischen Partien des Buches werden dabei die hebräische Phraseologie und Diktion der Vorlage ohne Rücksicht auf das Griechische nachgeahmt.[5] Der Grund hierfür ist sicher nicht in der mangelnden zielsprachlichen Kompetenz des Übersetzers zu suchen. Ebensowenig kann die Sprache des vorliegenden Buches als ein Beleg für die Existenz eines besonderen »judengriechischen« Dialekts in Judäa herangezogen werden.[6] Vielmehr zeigt das griechische 1. Makkabäerbuch das Streben seines Übersetzers nach besonderer Treue gegenüber seiner literarischen Vorlage und zugleich eine gesuchte Affinität zur – ihrerseits semitisch beeinflussten – Sprache und Stilistik der älteren griechischen Übersetzungen von Tora, Propheten und (insbesondere) Geschichtsbüchern.[7]

poetische Stücke

An den narrativen Höhepunkten des Erzählverlaufs werden immer wieder formal geschlossene Abschnitte eingefügt, die deutliche Merkmale der hebräischen Poesie aufweisen (1,25–28.36–40; 2,7–13.44.52–64; 3,3–9.45.50f.; 4,24.30–33.38; 7,17; 9,21.41; 14,4–15). In diesen poetischen Passagen wird das zuvor erzählte Geschehen aus der Perspektive des auktorialen Erzählers in markanter gebundener Sprache zusammengefasst und zugleich evaluierend gedeutet. Gerade hier begegnen immer wieder Verstärkungen wichtiger Verbalbegriffe mittels unterschiedlicher Nachahmungen der hebräischen *Figura etymologica* (z.B. 1,31.39; 2,42.51; 3,2 u.ö.) sowie unterschiedliche Formen des *Parallelismus membrorum*, des markantesten Merkmals der bibelhebräischen Dichtung (z.B. 1,15.25–28.36 u.ö.).[8] Hierdurch soll der Gegenstand der Darstellung in eine bestimmte geistesgeschichtliche bzw. theologische Tradition eingeordnet und zugleich besonders gewichtet werden, was der Selbstvergewisserung und Selbstautorisierung sowohl des Verfassers der hebräischen Schrift als auch ihres Übersetzers ins Griechische mittels der Betonung der eigenen konsequenten Traditionsgebundenheit sowie der kulturellen und religiösen Eigenständigkeit als frommer Judäer entspricht. Das in dem kunst- und effektvoll gestalteten Werk wiederholt begegnende Stilmittel der metaphorischen Rede (z.B. 1,35f.38; 2,11.62f.; 5,4 u.ö.) dient zum einen dem begründenden – bzw. apologetischen – Aufweis der Übereinstimmung des erzählten Geschehens mit dem in Tora und Prophetenschriften fixierten Gotteswillen und zum anderen der kognitiven und affektiven Bewertung sowohl der Glaubenshelden als auch der inneren und äußeren Feinde Israels auf der Basis der maßgeblichen biblischen Tradition.

---

[5] Vgl. 1 Makk 1,5f.16.19.28f.44.61; 2,29.42; 3,3.6.15.27; 4,19.24.31; 5,45.62; 7,2; 8,1; 9,7.72; 10,8.33.60; 12,10.42; 14,27; 16,16.
[6] Vgl. *Walser* 2001, 162–173.
[7] Das Vokabular des 1. Makkabäerbuches ist deutlich umfangreicher als das Vokabular der biblischen Geschichtsbücher (1–2 Sam; 1–2 Kön; 1–2 Chr).
[8] Vgl. *Martola* 1984, 38.

2. Geschichtlicher Hintergrund, Entstehung und Textüberlieferung

Zeit und Ort Der anonyme Verfasser des 1. Makkabäerbuches ist sicher kein direkter Augenzeuge des erzählten Geschehens, sondern ein der überkommenen jüdischen Tradition verpflichteteter, umfassend gebildeter und mit den alten jüdischen Geschichtserzählungen und ihren Hauptfiguren gut vertrauter Parteigänger der Hasmonäerfürsten. Als *Terminus a quo* der Abfassung seines Werkes kann der Regierungsantritt des Johannes Hyrkanos I. (reg. 135–104 v. Chr.) gelten, wobei der (den stereotypen Abschlussformeln der biblischen Geschichtsbücher nachgebildete) Buchschluss in 16,23 f. nahelegt, dass dieser Sohn des Makkabäerbruders Simon entweder jüngst verstorben war oder zumindest bereits eine längere Zeit amtierte. Das erkennbare Bemühen sowohl um den Aufweis der legitimierenden Begründung der Hasmonäerherrschaft in den herausragenden Verdiensten der frommen und siegreichen Makkabäerbrüder als auch um ihre Verankerung in der biblischen Tradition spricht jedenfalls für die Zeit vor oder kurz nach seinem Tod (104 v. Chr.; vgl. auch die königskritische Tendenz von 8,14 f.). Der *Terminus ante quem* ist aufgrund der positiven Darstellung Roms als Freund und Verbündeter der Aufständischen in der seleukidischen Provinz (vgl. insbesondere Kap. 8; 14–16)[9] die römische Eroberung Jerusalems und die Erstürmung des Tempels durch Pompeius Magnus (63 v. Chr.; vgl. Josephus, Bell. I 152 f.). Als Ort der Abfassung des Buches kann Judäa, insbesondere aber Jerusalem gelten. Die griechische Übersetzung des Buches entstand wahrscheinlich ebenfalls in Judäa und bald nach der Fertigstellung des Originals.[10]

Funktion Eine wesentliche Funktion des 1. Makkabäerbuches besteht in der innenpolitischen Herrschaftslegitimation der Hasmonäerdynastie, die sich weder auf davidische (königliche) noch auf zadokidische (hohepriesterliche) Abstammung als Begründung ihrer gesellschaftlichen Machtposition berufen konnte.[11] Der Erzähler stellt dieses judäische Herrscherhaus deshalb durchweg als den väterlichen Gesetzen kompromisslos verpflichteter, religiöser Streiter für Tora, Tempel und Kult dar. So wird beispielsweise die Machterhebung Simons (13,1–9) in idealisierender Weise als gottgewollte Erfüllung der Hoffnungen der »altgläubigen« Frommen und antiseleukidischen Rebellen gezeichnet, obwohl sie tatsächlich die demonstrative Selbständigkeitserklärung eines hellenistischen Potentaten war. Die bei Josephus (Ant. XIII 288–292; vgl. TPsJ zu Dtn 33,11) dargestellten, späteren Konflikte zwischen Johannes Hyrkanos I. und Anhängern der pharisäischen Bewegung,[12]

---

[9] Vgl. *Hidal* 2005, 101–105.
[10] Vgl. *Steiner* 2005, 256.
[11] Vgl. *Keel* 2007, 1185; *van Henten* 1989, 151.
[12] Vgl. *Schwartz* 1983, 158 f.

welche die mangelnde genealogische Legitimation seiner Amtsführung offen kritisierten, lassen das 1. Makkabäerbuch insgesamt als den Versuch einer umfassenden literarischen Bewältigung des drohenden Auseinanderbrechens der antihellenistischen Gefolgschaft der Hasmonäer erscheinen.

Text-überlieferung

Das 1. Makkabäerbuch findet sich nicht in der hebräischen Bibel, sondern nur in der Septuaginta; sein griechischer Text, der anscheinend auf eine einzige Übersetzung aus dem Hebräischen zurückgeht,[13] wurde allein im christlichen Traditionsbereich überliefert. Er ist enthalten in den Majuskelcodices א (*Sinaiticus;* 4. Jh.; hier fehlt das 2. Makkabäerbuch), A (*Alexandrinus;* 5. Jh.)[14] und V (*Venetus;* 8. Jh.) sowie in insgesamt 37 Minuskeln bzw. Minuskelfragmenten.[15] Zumindest die (in ihrem Text nur gering voneinander abweichenden) Großhandschriften basieren auf einer gemeinsamen griechischen Vorlage. Im Codex B (*Vaticanus,* 4. Jh.) ist das 1. Makkabäerbuch nicht enthalten.[16] Seinen Erstdruck enthält die Complutensische Polyglotte (1514–1517).

Die lateinische Übersetzung des Buches[17] zeichnet sich gegenüber den griechischen Manuskripten durch eine gewisse Eigenständigkeit aus. Die erhaltenen lateinischen Zeugen unterscheiden sich zwar an zahlreichen Stellen durch kleinere Abweichungen, Auslassungen und Zusätze voneinander, scheinen aber durchweg eine gemeinsame griechische Textform wiederzugeben. Die Zitate aus dem 1. Makkabäerbuch bei den Kirchenschriftstellern Cyprian von Karthago (ca. 200–258) und Lucifer von Calaris (gest. vor 375) deuten zudem darauf hin, dass die (alt)lateinische Übersetzung in der Vulgata nicht von Hieronymus selbst stammt, sondern – unter Verwendung einer (gegenüber den erhaltenen griechischen Handschriften älteren und zumeist besseren) griechischen Vorlage, möglicherweise auch eines noch zugänglichen hebräischen Textes – bereits im 2. Jh. n. Chr. entstanden ist.[18]

Die syrische Übersetzung des Buches aus dem Griechischen liegt in zwei

---

13 Vgl. *Engel* 2012, 389.

14 Vgl. *Gryglewicz* 1961, 23–37.

15 Für die Herstellung des Textes bei *Kappler* wurden die Minuskelhandschriften 19, 29, 46, 55, 56, 58, 62, 64, 71, 74, 93, 98, 106, 107, 120, 130, 134, 236, 243, 311, 340, 381, 534, 542, 728, 731 benutzt. Nicht durchgehend herangezogen oder ausgeschieden wurden die Minuskeln 44, 52, 68, 122, 125, 332, 379, 442, 610, 631, 671. Den Unzialen entsprechen insbesondere die Minuskeln 52, 56, 62, 106 und 107, während 64, 236, 381, 534, 728 *(L)* sowie die Gruppe 19, 62, 93, 542 *(l)* der lukianischen Textform entsprechen.

16 Dass die Makkabäerbucher im Codex Vaticanus fehlen, ist der Grund dafür, dass sie in der Textausgabe von *Swete,* die konsequent dem Codex Vaticanus folgt, als Nachtrag in Band 3 am Ende stehen.

17 Der lateinische Text des 1. Makkabäerbuches ist erhalten in den Handschriften Lyon 356 (L; 9. Jh.), Madrid Univ. 31 (X; 9. Jh.), Paris Bibl. Nat. 11553 (G; 9. Jh. [bis 1 Makk 14,1]), Bologna Univ. 2571/628 (11.–12. Jh.) sowie im pseudo-augustinischen *Speculum peccatoris* (*Migne* PL 49, 983–992 [1 Makk 2,49–64]). Eine kritische Ausgabe des lateinischen Textes bieten *de Bruyne/Sodar* 1932 (vgl. *de Bruyne* 1922, 31–54; *Stummer* 1928, 42).

18 Vgl. *Bogaert* 2008, 201–238.

unterschiedlichen Textformen vor.[19] Die in der Peschiṭto enthaltene Form (SyI) beruht auf einer Vorlage, die zahlreiche Charakteristika der durch die Minuskeln 19, 62, 93 und 542 repräsentierten Textfamilie bzw. des »lukianischen« Textes aufweist (Glättung des Textes und sinngemäße Ergänzungen zur Verdeutlichung des Textsinns [z. B. Ergänzung von Pronomina]).[20] Die vom *Codex Ambrosianus Syrohexaplaris* repräsentierte Form (SyII; erhalten bis 14, 25)[21] hat den Text von SyI wohl als Grundlage genommen und ihn nach dem Griechischen korrigiert bzw. verbessert (vgl. z. B. 1, 13; 6, 17). Sie entspricht in ihrem Wortlaut eher dem Text der griechischen Majuskel א (wo z. B. SyI für ein griechisches Wort zwei syrische Wörter einsetzt, steht bei SyII ebenfalls nur ein Wort [vgl. 1, 1.3.8.9.13.14 u. ö.]). Eine in zahlreichen Handschriften erhaltene armenische Übersetzung aus dem 5. Jh.[22] geht wohl ebenfalls auf eine griechische Textvorlage zurück. Das im Hochmittelalter verfasste *arabische Buch der Makkabäer*[23] gibt keine griechische (oder gar hebräische) Vorlage wieder, sondern stellt seinerseits wohl eine Bearbeitung der Fortschreibung des 1. Makkabäerbuches im Sefer Josippon (s. u.) dar.

3. Das 1. und das 2. Makkabäerbuch

1. und 2. Makkabäerbuch

Auch das 2. Makkabäerbuch erzählt die Geschichte des Konflikts zwischen den glaubenstreuen Bewohnern Judäas und den seleukidischen Königen von Antiochos IV. Epiphanes bis Demetrios I. Soter. Es ist allerdings keine Fortsetzung des politisch-national ausgerichteten 1. Makkabäerbuches, sondern wohl etwas älter als dieses. In 2 Makk 2, 19–32 bezeichnet der Verfasser sein Werk als unterhaltsamen und lehrreichen Auszug aus dem (verschollenen) fünfbändigen, in griechischer Sprache verfassten Geschichtswerk eines Jason von Kyrene. Das vor allem an der theokratischen Verfassung Judäas, am Jerusalemer Tempel und an der kultisch-religiösen Dimension des erzählten Geschehens interessierte 2. Makkabäerbuch enthält die (mitunter ins Wunderbare gesteigerte und mit visionären Elementen angereicherte; vgl. z. B. 2 Makk 11, 8; 15, 11–16) ausführliche pathetisch-rhetorische Darstellung der Vorgeschichte und des Verlaufs der makkabäischen Erhebung. Es beschreibt einen kleineren Zeitraum und konzentriert sich dabei auf die individuellen Heldentaten des Judas Makkabaios, ohne dabei jedoch an den ge-

---

19 Vgl. *Penna/Jenner* 2013, 2–139.

20 Kritische Ausgabe bei *de Lagarde* 1861, 162–213. Vgl. *Schmidt* 1897, 1–47.233–262.

21 Fotografische Reproduktion der Mailänder Peschiṭtohandschrift B 21 inf. (7. Jh.) bei *Ceriani* 1876, 592–615 (vgl. *Schmidt* 1897, 234 f.).

22 Text (Ms. Venedig 1508) bei *Zohrapean* 1805. Vgl. *Amalyan* 1997, 33–38.

23 Text bei *Sela* 1991, Bd. 2.

schichtlichen und geographischen Einzelheiten interessiert zu sein (vgl. 2 Makk 2, 28). In sichtlich kritischer Distanz zur Herrschaft der Hasmonäerdynastie erzählt es von den Ereignissen, die später im 1. Makkabäerbuch in 1, 1–7, 50 zumeist undifferenzierter, aus einer ganz anderen (d. h. konsequent prohasmonäischen) Perspektive und zum Teil auch in einer anderen Abfolge geschildert werden.

4. Wirkungsgeschichte und Bedeutung im Judentum und im Christentum

Überliefert wurde das 1. Makkabäerbuch fast ausschließlich in kirchlichen Bibelhandschriften und Drucken. Wohl wegen seiner relativ späten Entstehung und wegen seiner offenbar rasch dominanten und schließlich alleinigen Textüberlieferung in griechischer Sprache wurde es niemals dauerhafter Bestandteil eines jüdischen »Kanons« (selbst der Name »Makkabäer« taucht in der rabbinischen Traditionsliteratur an keiner Stelle auf); zu keiner Zeit fand es Eingang in die verbindlichen rabbinischen Sammlungen heiliger Schriften oder wurde von den jüdischen Gelehrten explizit zitiert, obgleich die in ihm erzählte Geschichte im Zusammenhang mit der Konstruktion einer jüdischen Identität durchaus relevant ist, was sich im Werk des Flavius Josephus, in traditionellen jüdischen Festkalendern, in der talmudischen Literatur und insbesondere in der jüdischen Liturgie und im religiösen Brauchtum widerspiegelt.[24] Bereits in Ant. XII 242–XIII 212 (vgl. Bell. I 31–54) findet sich eine an vielen Stellen stark modifizierte Paraphrase des 1. Makkabäerbuches, wobei der antike jüdische Historiker in seiner in Rom verfertigten (und ab Ant. XIII 230 zumeist verkürzten) Darstellung der Geschehnisse auch einer Reihe anderer Quellen (z. B. den griechischen Historikern Polybios von Megalopolis und Nikolaos von Damaskus) zu folgen scheint. Eine mittelalterliche jüdische Wiederaneignung des 1. Makkabäerbuches findet sich in der *Megillat Antiochus*,[25] einer ausschmückenden Darstellung des Aufstandes der Makkabäer, die sich u. a. an 1 Makk 1–9 orientiert und deren Entstehung wohl auf das Bedürfnis zurückgeht, dem Chanukkafest mehr Geltung zu verleihen (Judas Makkabaios begegnet hier durchweg unter dem Namen Jochanan; vgl. mSoṭa IX 10; tSoṭa XIII 7–10). Auch in dem von einem anonymen jüdischen Autor im ausgehenden 10. Jh. in Süditalien verfassten *Sefer Josippon* (13, 1–27, 4 *Flusser*), einer hebräischen Bearbeitung der Schriften des Josephus, wird der Aufstand der Mak-

Judentum

[24] Vgl. *Stemberger* 2010, 256–265; *Mayer/Rühle* 2002, 89–92.
[25] Text bei *Kadari* 1963 f.

kabäer unter erkennbarer Zugrundelegung des 1. Makkabäerbuches nacherzählt (zur Diskussion um die Verwendung eines hebräischen oder lateinischen Quellentextes vgl. *Stemberger* 2010, 264f.).

Die von den Rabbinen haggadarisch ausgestalteten Chanukkafestlegenden (s. Exkurs 1) gründen in der in 4,36–59 geschilderten und mit einem jährlichen Gedenktag verbundenen Rückeroberung und Reinigung des von den Syrern durch illegitime Opferhandlungen entweihten Jerusalemer Tempels durch Judas Makkabaios, der den paganen Altaraufsatz entfernen und auf der erneuerten Opferstätte im Tempel wieder toragemäße Brandopfer darbringen ließ.[26] Dieser jüdische Gedenktag wurde früh mit dem Termin eines jährlichen חג האורים (»Lichterfestes«) verbunden. Im synagogalen Gottesdienst des aschkenasischen, jemenitischen und sefardischen Ritus preist man bis heute am Chanukkafest (25. Kislew bis 2. Tevet) Gott für diese wunderbare Errettung des jüdischen Volkes. In der Neuzeit gab die nach nationaler Unabhängigkeit und politischer Selbstbestimmung des Judentums strebende zionistische Bewegung dem Chanukkafest auch eine politische Bedeutung als öffentliche Feier des selbstbewussten Gedenkens an den triumphalen Sieg des jüdischen Heldenmutes. In der populären Erinnerungskultur des Judentums prägen die Makkabäer seitdem das idealtypische Bild des physisch kämpfenden und streitenden »wehrhaften Juden«, was seinen Ausdruck auch in der Benennung von jüdischen Studentenverbindungen und Sportvereinen findet.[27]

Alte Kirche

Das 1. Makkabäerbuch ging bereits früh vom jüdischen Traditionsbereich in die christliche Literatur über. Zwar finden sich keine direkten Zitate im Neuen Testament oder bei den Apostolischen Vätern,[28] doch wurde die Schrift in den Kirchen des Ostens und des Westens, offenbar aufgrund ihres praktischen Wertes für die Gestaltung der christlichen Frömmigkeit, als ein wichtiges Zeugnis der vorbildhaften unerschütterlichen Glaubenshaltung und des unbedingten Gottvertrauens (bzw. als erbauliche Vorwegnahme des christlichen Martyriums) geschätzt, gelesen und zitiert (vgl. z.B. Eusebius, *Hist. Eccl.* V 1; Tertullian, *Adversos Judaeos* IV 10; Augustinus, *Civ. Dei* XVIII 36; *Contr. Gaudent.* I 31,38). Die Vulgata, die lateinische Bibelübersetzung des Hieronymus, die seit dem 9. Jh. im ganzen lateinischen

---

[26] Vgl. *VanderKam* 1987, 23–40.

[27] Vgl. *Zimmermann* 2004, 35f.

[28] Das *Novum Testamentum Graece*[28], 870, listet insgesamt 25 inhaltliche Bezugnahmen auf: Mt 4,15 (1 Makk 5,15); 6,10 (1 Makk 3,60); 16,22 (1 Makk 2,21); 24,15 (1 Makk 1,54); Mk 13,14 (1 Makk 1,54; 2,28); 16,19 (1 Makk 2,58); Lk 13,27 (1 Makk 3,6); 15,12; (1 Makk 10,30); Joh 10,22 (1 Makk 4,59); Apg 5,21 (1 Makk 12,6) 9,2 (1 Makk 15,21); 10,14 (1 Makk 1,62); 10,22 (1 Makk 10,25; 11,30.33); 12,23 (1 Makk 7,41); 23,25 (1 Makk 11,29); Röm 4,3 (1 Makk 2,52); 15,4 (1 Makk 12,9); 1 Kor 7,18 (1 Makk 1,15); 2 Thess 4,17 (1 Makk 2,60); Hebr 5,6 (1 Makk 14,41); 11,17 (1 Makk 2,52); 11,34 (1 Makk 2,59); 12,21 (1 Makk 13,2). Vgl. *Bedenbender* 2001, 171–175.

Christentum des Westens im Gebrauch war, übernahm das 1. und 2. Makkabäerbuch (zur Zählung vgl. Hippolyt von Rom [ca. 170–235], *Comm. in Dan* 4,3), wenn auch nicht im Kontext der biblischen Geschichtsbücher, sondern – wie ein Anhang – ganz am Ende des Alten Testaments, nach den prophetischen Büchern. Cyrill von Jerusalem (313–386) führt die beiden Schriften hingegen in seiner Liste alttestamentlicher Bücher (*Katechesis ad illuminandos* IV 33–36) nicht auf. Auch der 39. Osterfestbrief des Bischofs Athanasius von Alexandria (295–373) zählt im Jahre 367 kein Makkabäerbuch als Bestandteil der (gemäß der Überzeugung seines Verfassers) kirchlich verbindlichen Bibel auf (vgl. Gregor d.Gr., *Moralia in Job* XIX 34). Darauf, dass die faktische Bedeutung der beiden Makkabäerbücher im kirchlichen Gebrauch abgestuft war, deutet das Fehlen des 1. Makkabäerbuches im *Codex Vaticanus* und im Lehrgedicht des Amphilochios von Ikonium (Ende des 4. Jh.s) hin.[29]

In der christlichen Erinnerung wurden die »Makkabäer« bereits im 4. Jh. n. Chr. zumeist nicht mehr mit den heroischen Söhnen des Priesters Mattathias, sondern mit den sieben von den Syrern ermordeten Brüdern und ihrer Mutter aus 2 Makk 7,1–42 identifiziert (vgl. Hieronymus, *De situ et nominibus locorum hebraicorum* s.v. Modeïn [133]). Viele seit dem Mittelalter erbaute Kirchen, insbesondere im Mittelmeerraum (z.B. in Antiocheia und Konstantinopel), aber auch in Mittel- und Westeuropa (z.B. St. Andreas in Köln) wurden auf diese – wegen ihrer unerschütterlichen Glaubenstreue als christliche Heilige verehrten – Makkabäerbrüder geweiht und mit ihren Reliquien ausgestattet; den ältesten Martyriologien der syrischen, griechischen und römisch-katholischen Kirche gilt der 1. August als ihr jährlicher Gedenktag. Die Makkabäerbrüder Judas, Jonathan und Simon und ihr siegreicher bewaffneter Kampf gegen die Ungläubigen wurden indes seit dem 10. Jh. als Herrscherexempel während der kriegerischen Auseinandersetzungen der Karolinger mit den Magyaren und später auch als leuchtendes Vorbild der christlichen Kreuzfahrerbewegung dargestellt. Die zahlreichen Bezugnahmen auf das 1. Makkabäerbuch in zeitgenössischen Kreuzzugspredigten preisen vor allem die herausragende Tapferkeit und Durchhaltekraft seiner Protagonisten sowohl als militärische Helden, die mit Gottes Hilfe den überlegenen Feind bezwingen, als auch als Märtyrer, die in vorbildhafter Weise dazu bereit sind, standhaft und kompromisslos im heiligen Land für ihren Glauben zu sterben (*Auffarth* 2002, 125–131). Die *Legenda aurea* des Jacobus de Voragine, das bekannteste und am weitesten verbreitete religiöse Volksbuch des Mittelalters, stellt die durch die gottesfürchtigen Rebellen erfolgte Neueinweihung des Jerusalemer Tempels als

Mittelalter

[29] *Oberg* 1973, 67–97.

Muster der leiblichen Kirchweihe bzw. der Reinigung von Prunksucht und Machtbesessenheit der Kleriker dar.[30] Der mittelalterliche Ritterroman »*Seghelijn van Jherusalem*«[31] erzählt sogar von der Konversion des Sohnes des Judas Makkabaios zum Christentum.

Reformationszeit

Die kirchlichen Reformatoren der frühen Neuzeit, die sich aufgrund von sachkritischen Argumenten und vor dem Hintergrund zeitgeschichtlicher kirchlicher Auseinandersetzungen in erster Linie am engeren rabbinischen Kanon orientierten, brachten dem 1. Makkabäerbuch ebenso wie anderen alttestamentlichen Schriften, von denen im 16. Jh. kein hebräischer Text bekannt war, zumeist Ablehnung entgegen, wenn auch Martin Luther nirgendwo in seinem umfangreichen Werk einen expliziten Grund für seine Ausgrenzung nannte. Nach der Vollbibel von 1534 gehörte zu den (hier zwischen den alt- und neutestamentlichen Schriften eingeordneten) »*Apocrypha: Das sind Bücher, so der Heiligen Schrifft nicht gleich gehalten, vnd doch nützlich vnd gut zu lesen sind*«[32] auch das (von ihm an nicht wenigen Stellen aus der Vulgata übersetzte) 1. Makkabäerbuch, wobei es der Wittenberger Reformator (im Unterschied zum 2. Makkabäerbuch, mit dem traditionell die – seines Erachtens haltlosen und deshalb von ihm entschieden abgelehnten – katholischen Vorstellungen vom »Fegefeuer« [vgl. 2 Makk 7,36; 12,43–45], von der stellvertretenden Sühne [vgl. 2 Makk 7,37 f.] und von der »Vermittlung der Heiligen« [vgl. 2 Makk 3,25–30; 10,29 f.; 11,8] in Verbindung gebracht wurden) für bedeutsam hielt, weil es einerseits dazu beitrage, das schwierige elfte Kapitel des Danielbuches zu verstehen, und andererseits als ein wichtiges Zeugnis und paränetisch nützliches Beispiel für die Bewahrung und Rettung des Frommen gegenüber allen Anfeindungen seines Glaubens zu betrachten sei.[33]

Kanonisierung

Gegenüber solchen reformatorischen Abstufungen seiner Kanonizität und Bedeutung erklärte die römisch-katholische Kirche, die sich hinsichtlich der Zahl und Länge der verbindlichen alttestamentlichen Schriften während des ersten Konzils von Trient *(Tridentinum)* am Bestand der Septuaginta orientierte, am 8. April 1546 in Sessio IV sämtliche lateinisch tradierten Bü-

---

[30] *Häuptli* 2014, 2428 f.

[31] Berlin, SPK, Ms. Germ. Fol. 922, p. 71–122.

[32] WA DB 12, 2. In späteren Ausgaben ist diese Formulierung nur geringfügig geändert worden.

[33] Vgl. dazu *Luthers* »Vorrede auff das erste Buch Maccabeorum« (WA DB 12, 314): »*Dis Buch ist auch der eins, die man nicht jnn die Erbreischen Biblien zelet, wie wol es fast eine gleiche weise hellt, mit reden vnd worten, wie andere der heiligen Schrifft Bücher, Vnd nicht vnwirdig gewest were, hinein zu rechen, weil es seer ein nötig vnd nützlich Buch ist, zuuerstehen den Propheten Daniel im eilfften Capitel, Denn das jhenige, so Daniel weissaget im genanten Capitel von dem grewel vnd unglück des volcks Israel, so zukünfftig sein solt, des selben erfüllung beschreibet dis Buch, Nemlich, Antiochum den Edlen, Vnd wie Daniel spricht, die kleine hülff vnd gros verfolgung von Heiden vnd falschen Jüden, die zur zeit der Maccabeer geschehen ist, Der halben es vns Christen auch nützlich ist zu lesen vnd zu wissen*«.

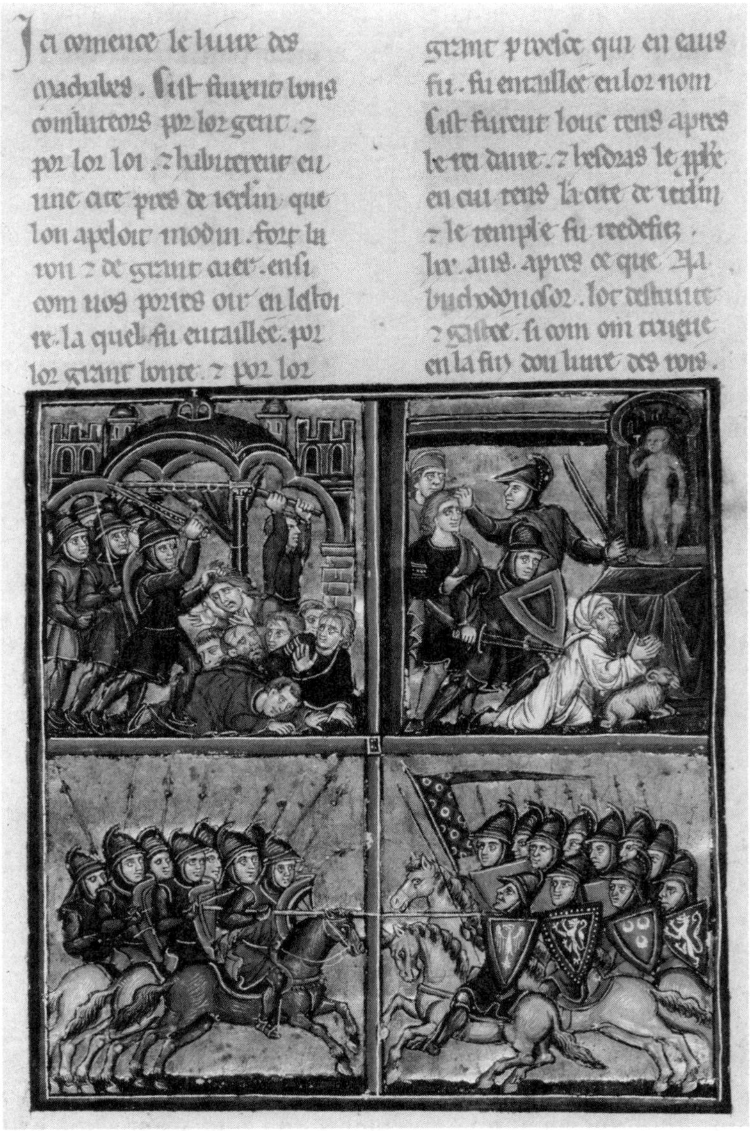

»Makkabäer als Kreuzritter«

cher der Vulgata – und damit auch das seit 1442 offiziell als »deuterokanonisch« wahrgenommene 1. Makkabäerbuch – zum Bestandteil der authentischen, hinsichtlich ihres Umfangs genau feststehenden und für alle dogmatischen Lehraussagen maßgeblichen Bibel. Im *I. Vaticanum* (1870) wurde diese Entscheidung zugunsten des »inspirierten« Charakters des 1. Makkabäerbuches ausdrücklich bestätigt. In heutigen katholischen Bibelausgaben begegnet es unter den alttestamentlichen Geschichtsbüchern.

Ostkirchen

Von den Kirchen des Ostens wurde die Kanonliste des Konzils von Karthago mitsamt dem 1. Makkabäerbuch bereits auf dem ökumenischen Konzil von Konstantinopel (692) übernommen.[34] In den Kanonverzeichnissen der armenischen, koptischen, äthiopischen und ostsyrischen Kirchen (vgl. Bar Hebraeus, *Chron.* 39–42) ist das Buch generell enthalten. Die griechisch-orthodoxe Kirche neigt bis heute dazu, es als kanonisch anzusehen. Hingegen hat die (in diesem Punkt dem zeitgenössischen deutschen Protestantismus folgende) russisch-orthodoxe Kirche das 1. Makkabäerbuch im 19. Jh. aus ihrem Schriftkanon entfernt.

Kunst und Musik

In der christlichen Ikonographie ist zu beobachten, dass die gewollte Identifikation der Künstler (bzw. ihrer Auftraggeber) mit den heldenhaften Protagonisten des 1. Makkabäerbuches immer wieder dazu führte, dass diese – ebenso wie ihre Widersacher – in anachronistischer Weise mit Attributen (z. B. Rüstungen und Waffen) versehen wurden, die die selbsternannten Gotteskrieger als Zeitgenossen ausweisen. So begegnen kämpfende Judäer und Syrer beispielsweise in spätmittelalterlichen illuminierten Bibelhandschriften als Kreuzfahrer und Sarazenen.[35] Als bekannteste musikalische Interpretation des Buches gilt das (1747 in London uraufgeführte) populäre Oratorium in drei Akten »Judas Maccabaeus« von Georg Friedrich Händel (1685–1759), dessen Libretto aus der Feder des englischen Geistlichen Thomas Morell (1703–1784) die Analogien zwischen dem erfolgreichen Freiheitskampf der Makkabäer und dem Sieg des von Wilhelm August, Herzog von Cumberland, geführten englischen Heeres über die Jakobiten unter Charles Edward Stuart (Bonnie Prince Charlie) in der Schlacht bei Culloden (1746) betont.

5. Theologische Grundgedanken

Heilsgeschichte

Das 1. Makkabäerbuch ist ein literarisches Zeugnis konventioneller deuteronomistischer Geschichtstheologie. Daneben bezeugt sein griechischer Text zum einen das durchgehende Bemühen seines judäischen Verfassers um Verdeutlichung der Traditionsbindung und zum anderen die kulturelle Prägung seines Übersetzers. Der impliziten Deutung der biblischen Tradition, insbesondere aber der biblischen Prophetie, als typologisches Vorbild und als (erklärender und rechtfertigender) Deutungsschlüssel des erzählten Geschehens durch den Verfasser entspricht sowohl die nach biblischen Vor-

[34] Vgl. *Tilly* 2005, 20f.
[35] Vgl. z. B. Bible abrégée en français, Paris 13. Jh., Fol. 339 (s. S. 55).

bildern literarisch gestaltete Darstellung der makkabäischen Erhebung als Wiederherstellung eines »ursprünglichen« Idealzustands Israels als auch der erkennbare Aufbau der fortlaufenden Erzählabschnitte gemäß der schematischen Abfolge »Gefährdung des Gottesvolkes → Rettung durch den Heldenmut der Hasmonäer und durch den Beistand des (transzendenten, jedoch mittelbar in der Geschichte wirkenden) Gottes Israels → Befreiung von inneren und äußeren Feinden → umfassende Friedenszeit«. Der besondere formale, stilistische und inhaltliche Charakter der Übertragung seiner hebräischen Vorlage in die allgemeine Verkehrs- und Standardsprache des östlichen Mittelmeerraums durch den Übersetzer entspricht zugleich einer besonderen Wahrnehmung und Interpretation der gegenwärtig und auch zukünftig fortdauernden Heilsgeschichte Gottes mit seinem erwählten Volk (vgl. 8,10; 16,24).

Tempel und Tora

Die religionsgeschichtliche Bedeutung der rekonstruierbaren Entwicklungen und Ereignisse, von denen im 1. Makkabäerbuch die Rede ist, ist gewaltig, denn gerade durch den gescheiterten Versuch der hellenistischen Reformer, verschiedene grundlegende Bestimmungen des jüdischen Gesetzes mit Gewalt zu korrigieren, wurde ein religiöser und kultureller Dissimilierungsprozess angeschoben und konzentrierte sich die weitere geistige Entwicklung des Judentums in gegenläufiger Weise immer stärker auf die Tora als Basis seiner ethnoreligiösen Identität.[36] Neben dem akzentuierten Bekenntnis zum unbedingten Monotheismus (außer Gott als transzendenten »Bundesherrn« [*Arenhoevel* 1967, 34] begegnen in dem Buch keine numinosen Mächte oder kosmischen Zwischenwesen) und zur Tora als verbindlicher Grundlage der öffentlichen Ordnung und der individuellen Lebensgestaltung lenkt der Erzähler den Blick des Lesers insbesondere auf die identitätstiftende Bedeutung zentraler Kennzeichen jüdischer Religiosität (Beschneidung, Sabbatobservanz, Reinheits- und Speisegebote) als wesentliche Kriterien der Zugehörigkeit zum Gottesvolk und auf den Jerusalemer Tempel als dessen zentrales Identifikationssymbol und religiöses Mnemotop, an das sich sowohl die geschichtlichen Ursprungserfahrungen des Judentums als auch die Herrschaftslegitimation der Hasmonäerdynastie anknüpfen.

Gotteseifer

Macht man sich bewusst, dass die tatsächliche Kampflinie während der Krise unter Antiochos IV. und der makkabäischen Erhebung nicht zwischen Juden und Nichtjuden verlief, sondern zwischen Traditionalisten und Reformern innerhalb des judäischen Gemeinwesens, denen die »moderne« hellenistische Leitkultur je und je unterschiedliche Möglichkeiten hinsichtlich der Lebensgestaltung bot, dann wird deutlich, dass die fiktionale Wahrheit der makkabäischen Heldentaten als Ausdruck ihres »Gotteseifers« nach den Prinzipien der »Schrifterfüllung« ebenso wie die Behauptung der eigenen

[36] So *Hengel* 1988, 570.

KILIKIEN
Hiërapolis Kastabala
Antiocheia am Saros
Seleukeia am Pyramos
Saros
Kyrrhos
Satrapiengrenze
Epachiengrenze
Autonomes Stadtgebiet
Unter Verwaltung Idumäas
Unter Verwaltung Samarias
Seleukeia in Pierien
Antiocheia am Orontes
Beröa
Chalkis am Belos
Orontes
SELEUKEIA
Laodikeia
Apameia am Orontes
Epiphania
Arados
Laodikeia ad Libanum
Emesa
Tripolis
N
S
Mittelmeer
Byblos
Berytos
PHOINIKE
Sidon
Damaskus
Tyros
Paneas
Seleukeia (?)
Ptolemaïs
See Genezaret
PARALIA
Hippos
Dion
Abila
Gadara
Dor
Tabor
GALADITIS
Stratonos Pyrgos (Stratonsturm)
Skythopolis
Pella
Bostra/Bosora
Samaria
Gerasa/Antiocheia
Apollonia
Amathus
Pegai
Sichem/Sikima
Jordan
SAMARIA
Philadelphia
Jamneia
Azotos/Aschdod
Jerusalem
Marisa/Marescha
Gaza
Adora
Totes Meer
PARALIA
IDUMÄA
0 20 40 60 80 100 km

Gruppengrenzen gegenüber »Andersgläubigen« keinesfalls als direkter Reflex einer – nach außen gerichteten – strukturellen Intoleranz der monotheistischen Glaubenstradition des antiken Judentums verstanden werden darf, sondern vielmehr dem – nach innen gerichteten – Streben des Autors des 1. Makkabäerbuches nach Konsolidierung sowohl der eigenen religiösen und kulturellen Identität als auch der gegenwärtigen politischen Ordnung mittels der literarischen Konstruktion eines imaginären Gegners und bildhafter Beispiele nachahmenswerten Denkens und Handelns entspringt.[37]

[37] Vgl. *Assmann* 2012, 50–52.

Kommentierung

Die Buchüberschrift

In der großen Mehrzahl der griechischen Majuskelcodices und Minuskelhandschriften lautet der Titel des Buches Μακκαβαιων α bzw. πρῶτον (»Erstes [Buch] der Makkabäer«; vgl. Eusebius, *Hist. Eccl.* VI 25, 2 τὰ Μακκαβαικα πράγματα [»die Taten der Makkabäer«]), wodurch der Beiname des Judas (»Makkabaios«; vgl. 2, 4) zur programmatischen Überschrift der gesamten Erzählung erhoben wird. Bezeugt wird dieser verbreitete Titel auch durch den *Prologus scripturarum* (seit dem 15. Jh. bekannt als *Prologus galeatus*) *in libro Regum* des Hieronymus *(»Maccabaiorum primum librum Hebraicum repperi«)*. Die Bedeutung der in dem Origeneszitat bei Eusebius (*Hist. Eccl.* VI 25, 2) überlieferten griechischen Transkription eines ursprünglich hebräischen Buchtitels Σαρβηθσαβαναιελ ist indes unsicher.[1] Die rätselhafte Bezeichnung könnte möglicherweise auf die Wendung ספר בית חשמונאים (»Buch des Hauses der Hasmonäer«; das Psalmenbuch [hebr. ספר תהלים] nennt Origenes in ähnlicher Weise Σφαρθελλειμ), auf die Wortfolge ספר בית ישראל (»Buch des Hauses Israel«), auf ספר בית סרבני אל (»Buch des Hauses Joarib«; vgl. 2, 1) oder aber auf die Überschrift des Buches שרבת שרי בני אל (»Geschichte der Fürsten der Söhne Gottes«; vgl. 14, 27 sowie SyI) zurückgehen, was eine Übertragung entweder des dynastischen Namens oder des umfassenden Machtanspruchs des aus der Makkabäerfamilie hervorgehenden judäischen Herrschergeschlechts auf das hasmonäerfreundliche Werk bedeuten würde. Allerdings werden die Hasmonäer (vgl. Josephus, Bell. I 36; Ant. XII 265) im 1. Makkabäerbuch an keiner Stelle namentlich erwähnt.

[1] Vgl. *Schunck* 1980, 289.

Die Verfolgung des Volkes Israel (1,1–64)

Aufbau und Kontext

Als Eintritt in die erzählte Welt enthält die Einleitung des Buches in seinem kurzen ersten Hauptteil zunächst einen summarischen Rückblick auf die Vorgeschichte der makkabäischen Erhebung von Alexander d. Gr. bis Antiochos IV. Epiphanes, kommt danach in schematisierender Weise auf die vermeintliche Pervertierung der traditionellen, von ihrer spezifischen Gottesvorstellung geleiteten Lebensweise des judäischen Ethnos durch (hier als »Apostaten« gekennzeichnete) hellenisierte Bewohner der Provinz zu sprechen, schildert sodann den Verlauf und die verheerenden Folgen zweier syrischer Angriffe auf Jerusalem und seinen Tempel, und nimmt schließlich ein königliches »Religionsedikt« und dessen symbolisch aufgeladene, gewaltsame Durchsetzung in Judäa in den Blick. Die fortlaufende Erzählung wird dabei mehrfach durch kommentarartige poetische Stücke unterbrochen (vgl. S. 47). Durchweg werden vom Verfassser des Buches, der an einem Referat der geschichtlichen Zusammenhänge weitaus weniger interessiert ist als an einer perspektivischen theologischen Deutung der Ursprünge der makkabäischen Erhebung als direkte Reaktion auf das Verbot der jüdischen Religion, die ihm zugänglichen Reminiszenzen an geschichtliche Ereignisse in selektiver Weise rezipiert, in Entsprechung seiner übergreifenden Erzählabsicht modifiziert, und mit zahlreichen traditionellen Erzählelementen aus der biblischen Tradition kombiniert.

Der erste Teil des Buches kann in fünf Abschnitte eingeteilt werden:

1,1–10: Alexander der Große übergibt das Reich seinen Nachfolgern
1,11–15: Das Aufkommen der hellenistischen Reformer
1,16–28: Antiochos IV. Epiphanes plündert den Tempel
1,29–40: Die Verwüstung und Besetzung der Stadt Jerusalem
1,41–64: Die Verfolgung der »altgläubigen« Israeliten

Als ein deutliches Strukturmerkmal dieses Buchteils lässt sich die klimaktische Abfolge der dargestellten Aggression der Feinde Israels gegen den Jerusalemer Tempel, gegen ganz Judäa und gegen seine antiassimilatorisch gesinnten Bewohner erkennen. Zugleich erscheint die Fokussierung des Erzählinhalts auf die Bedrohung der kulturell etablierten und aus der Sicht des antiken Erzählers wichtigsten jüdischen Identitätsmerkmale (Beschneidung, Sabbatobservanz, Reinheits- und Speisegebote) als ein übergreifendes inhaltliches Kriterium seiner Gestaltung. Auffällig ist dabei die durchgängige dichotomische Zuordnung bestimmter religiös qualifizierter (und vom Erzähler evaluierter) Handlungsweisen der in dem Kapitel begegnenden Erzählfiguren zu bestimmten Gruppenzugehörigkeiten.

Alexander der Große übergibt das Reich seinen Nachfolgern (1,1–10)

Text

Übersetzung

1,1 Und es geschah, nachdem Alexander, der Sohn des Philippos, der Makedonier, aus dem Land Chettiim herangezogen war, und Dareios, den König der Perser und Meder, geschlagen hatte, da wurde er, der vorher schon
über Griechenland geherrscht hatte, König an seiner statt. 2 Und er führte
zahlreiche Kriege, eroberte Festungen und schlachtete die Könige der Erde
ab. 3 Und er zog weiter bis zu den Enden der Erde und machte Beute bei
vielen Völkern, und die Erde wurde still vor ihm. Und er wurde stolz und
sein Herz hochmütig. 4 Und er stellte ein gewaltiges Heer zusammen und
wurde Herrscher über die Reiche von Völkern und Fürsten, und sie wurden
ihm tributpflichtig. 5 Dann aber wurde er bettlägerig und merkte, dass er
sterben werde. 6 Und er rief seine Offiziere, angesehene Leute und von Jugend auf mit ihm vertraut, und teilte sein Königreich unter ihnen auf, während er noch lebte. 7 Und Alexander hatte zwölf Jahre als König geherrscht,
als er starb. 8 Und seine Offiziere übernahmen die Herrschaft, ein jeder an
seinem Ort. 9 Und nachdem er gestorben war, legten sie alle Diademe an,
und auch ihre Nachkommen viele Jahre lang, und sie erfüllten die Erde mit
schlimmen Taten. 10 Und ein sündhafter Spross ging aus ihnen hervor, Antiochos Epiphanes, Sohn des Königs Antiochos, der zuvor als Geisel in Rom gewesen war. Im Jahre 137 der Herrschaft der Griechen wurde er König.

Zu Text und Übersetzung

V 1: Das Toponym Χεττιιμ (»Chettiim«) ist eine Umschrift der hebr. Pluralform כתים bzw. כתיים »Kittäer«, welche eigentlich für die Bewohner der Stadt Kition auf Zypern steht und in der hebräischen Bibel zunächst die gesamte Mittelmeerinsel bezeichnet (vgl. Gen 10,4; 1 Chr 1,7; Jes 23,1.12). In hellenistischer Zeit wird der Begriff sodann auf die griechischen Inseln (vgl. Num 24,24; Jer 2,10; Ez 27,6) und später in unspezifischer Weise sowohl auf das makedonische Reich (so hier und in 8,5) als auch auf den gesamten westlichen Mittelmeerraum ausgeweitet (vgl. Jub

24,28f.; Josephus, Ant. IX 284). In Dan 11,30 (vgl. die aktualisierende Typologie in 1QpHab III 4; IX 7) bezeichnet er hingegen die Römer.

V 2: Zur Übersetzung von σφάζω (hier: »abschlachten«) als Wiedergabe von hebr. שחט vgl. 2,24; 2 Makk 5,14; Jer 41 (LXX 48),7 sowie 1 Joh 3,12.

V 3: Die Wendung σκῦλα λαμβάνειν (»Beute machen«) gehört zwar zu den Vorzugswörtern im 1. Makkabäerbuch, wird aber in der LXX sonst nicht verwendet.

V 6: Das Nomen παῖς (»Offizier«) gibt in diesem Kontext vermutlich hebr. נער (wörtl. »Kind«) wieder (vgl. 1 Sam 19,1; 21,3 u.ö.).

V 9: Die διάδημα (»Diadem«) bezeichnet die Stirnbinde aus Stoff oder Metall als Zeichen der königlichen Würde (vgl. Jes 62,3; Est 1,11; Sir 11,5).

V 10: Der Begriff ὅμηρα (»Geisel«; wörtl. »Geiseln«) wird hier im Sinne eines *Plurale tantum* gebraucht.

Analyse und Auslegung

Der Prolog der Erzählung enthält einen knappen geschichtlichen Abriss der unaufhaltsamen militärischen und politischen Ausbreitung der (mittels der Wortwahl als durchweg gewalttätig und boshaft charakterisierten) Griechenherrschaft im östlichen Mittelmeerraum (zum positiven Antityp der Römerherrschaft vgl. 8,1–16). Zum einen wird dabei die Bedrohung Judäas durch die übermächtige nichtjüdische Welt ringsum in summarischer Weise als beunruhigendes Ausgangsszenario aller im weiteren Verlauf des Buches erzählten Ereignisse ausgewiesen. Zum anderen werden diese Ereignisse bereits in der Einleitung mit allgemein bekannten »weltgeschichtlichen« Daten in Beziehung gesetzt, was sie in ihrer politischen Relevanz aufwertet und auch hinsichtlich ihrer beanspruchten Faktizität beglaubigt (vgl. Lk 1,5; 2,1f.; 3,1f.23).

V 1–4 Im ersten Vers des Buches, der zusammen mit dem formal und inhaltlich parallel aufgebauten V 10 einen Rahmen um den Prolog der Erzählung bildet und Antiochos IV. Epiphanes gleichsam als *Alexander redivivus* erscheinen lässt, wird der Beginn des Aufstiegs Alexanders III. »des Großen« (356–323 v.Chr.) angeführt, welcher seit 336 v.Chr. in der Nachfolge seines ermordeten Vaters Philippos II. (ca. 382–336 v.Chr.; reg. 359–336 v.Chr.) als König von Makedonien herrschte. Die mit dem folgenden, hypotaktisch konstruierten bzw. anakoluthischen Satzgefüge (ab ἐπάταξε [hier: »er hatte geschlagen«] bricht die begonnene syntaktische Konstruktion ab) nur lose verbundene Einleitungsphrase καὶ ἐγένετο (»und es geschah«) mit folgender Zeitangabe (zur Datierung durch einen nichtjüdischen Herrscher vgl. Hag 1,1; Sach 1,1) stellt entweder eine ausdrückliche Anlehnung an die hebräische Vorlage dar (hebr. ויהי; vgl. 5,1; 6,8.; 7,2; 9,23; 10,88) oder ist als eine deliberative Imitation des Bibelgriechischen zu betrachten (vgl. Jos 1,1; Ri 1,1; Rut 1,1; 2 Sam 1,1; Ez 1,1; Jona 1,1; in V 1–10 begegnen insgesamt 23 mit καί [»und«] angeschlossene Verben). Alexanders Sieg über den persischen Großkönig Dareios III. Kodomannos (Artašata; reg. 336–330 v. Chr.; Herkunft und Bedeutung seines [nur bei Justinus, *Hist. Philipp.* X 3,3 ff. bezeugten] Beinamens sind unsicher. Vorgeschlagen wurde beispielsweise die Herleitung aus dem altiran. *kadhu manah* »Kriegsgesonnener«), der als letzter Achämenide über das Perserreich herrschte (in der Wendung »Perser und Meder« spiegelt sich die Vereinigung der beiden Gebiete durch Kyros II. [ca. 590–530 v. Chr.] wider; vgl. Est 1,3.14; 10,2; Dan 5,28; 6,9.13.16; 8,20 sowie Strabon, *Geographica* XV 732), markiert den Beginn seines unaufhaltsamen Aufstiegs zum Beherrscher des makedonischen Weltreiches (vgl. 6,2). In V 2 f. werden Alexanders militärische Erfolge und die Expansion seines Reiches als ein grausamer Raubzug charakterisiert. Die Erwähnung der Ausdehnung dieses Raubzugs bis zu den »Enden der Erde« (vgl. Jes 40,28; 41,5; Mi 5,3; Sach 9,10) reflektiert das Vordringen der makedonischen Streitmacht bis nach Indien, der ihn bis an den Hyphasis führte (327–324 v. Chr.; vgl. Arrian, *Alexandri Anabasis* VI 18,1 ff.). Von den reichen Beutezügen Alexanders, deren Nennung als typologische Entsprechung zu V 21–24 zu betrachten ist, berichtet auch Strabon, *Geographica* XV 731 (zur Metaphorik vgl. Jes 49,24–26). Die Synekdoche »die Erde wurde still vor ihm« bringt das immense Ausmaß des durch ihn bewirkten Unheils in der Welt zum Ausdruck (vgl. V 28; 11,38.52; Ps 76 [LXX 75],9; Jes 14,7; Sach 1,11). Hiermit unmittelbar kontrastiert wird seine Reaktion (das Hendiadyoin dient an dieser Stelle der Verstärkung der Ausdruckswirkung; zur Assoziation der Affekte zu bestimmten Körperteilen vgl. 2,24), deren ausdrückliche Erwähnung seinen Herrscherstolz vor dem Hintergrund der biblischen Überlieferung als ein Exemplum gottlosen Fehlverhaltens ausweist (vgl. Dtn 17,20; 2 Kön 14,10; 2 Chr 25,19; Ez 28,2.17, Dan 11,12; Obd 3 sowie Jes 10,5–18; 14,12–15), und die zugleich als vorderer Teil einer *Inclusio* zusammen mit 16,13 einen Rahmen um die gesamte Erzählung bildet. V 4 fasst Alexanders umfassende Herrschaft und die Ausdehnung seines Reiches (die Eroberung und Eingliederung der ehemaligen syrischen Provinz Jehud ins Alexanderreich fand im Jahre 332 v. Chr. statt; sein von Josephus, Ant. XI, 317–339 behaupteter Besuch in Jerusalem ist allerdings eine Legende) noch einmal in hyperbolischer Weise zusammen; die Erhebung von Steuern, Zöllen und Tributen gilt in der Antike als Machtsymbol und verweist hier zudem auf ein wichtiges Thema des nachfolgenden Erzählzusammenhangs (vgl. V 29; 3,29).

Tod Alexanders

Die Nachricht vom unerwarteten Tod des erst zweiunddreißigjährigen Alexander d. Gr. in Babylon auf der Höhe seiner Macht im Frühsommer des Jahres 323 v. Chr. kann vor dem Hintergrund der biblischen Tradition als ein impliziter Verweis auf das Eingreifen Gottes in die Geschichte verstanden werden (vgl. Jes 14,5–21; Obd 1–4) und dient ebenso als eine Vorabbildung des entsprechenden Schicksals des Antiochos IV. (vgl. 6,8–13). V 5–7

Die Zeitdehnung und der Einblick des auktorialen Erzählers in die Gedankenwelt des Königs akzentuieren die Relevanz des erzählten Geschehens. Entgegen der Darstellung von V 6, der entweder die Vertrautheit des Erzählers mit der behaupteten Existenz eines angeblichen Testaments Alexanders verrät (vgl. Diodor XX 81,3 f., Pseudo-Kallisthenes, *Vita Alex.* III 33) oder als Gegenbild zu 2,49–70 dient, hat der Makedone sein (eigentlich erbliches) Reich vor seinem Tod nicht unter seinen Feldherrn aufgeteilt (vgl. Dan 11,4), sondern starb, ohne einen Nachfolger benannt zu haben. Vielmehr war die Reichsteilung das Ergebnis der langjährigen Diadochenkriege (διάδοχος bedeutet »Nachfolger«), welche ihrerseits bis zum Übergang vom 4. zum 3. Jh. v. Chr. andauerten. Die Angabe der Dauer seiner Herrschaft in V 7 beschließt die Schilderung des Aufstiegs und des Endes Alexanders.

V 8–9 Die geraffte Schilderung des Zerfalls des Alexanderreiches in voneinander unabhängige Diadochenreiche hat hier überleitende Funktion. Entgegen dem generalisierenden Verdikt in V 9 beanspruchten nur fünf Feldherrn Alexanders erst ab 306 v. Chr. die (fortan dynastisch legitimierte) Königswürde in ihrem Herrschaftsbereich (Antigonos in Asien, Ptolemaios in Diadochen Ägypten mitsamt Coilesyrien, Seleukos in Babylon, Lysimachos in Thrakien und Kleinasien sowie Kassandros in Makedonien und einem Teil Kilikiens). Das »kosmische« Ausmaß der durch die Diadochen, ihre Nachkommen und ihre Parteigänger bewirkten »schlimmen Taten« (vgl. V 52; 2,30; 3,42; Jes 17,12; Sir 48,18) kann als hyperbolisch formulierte Reminiszenz sowohl an die Belastungen Coilesyriens während der (das gesamte 3. Jh. v. Chr. durchziehenden) »syrischen Kriege« als auch an die Gründung zahlreicher »griechischer« Städte und Kolonien im unmittelbaren Umkreis des judäischen Mutterlandes betrachtet werden, und lässt sich auch als eine Allusion auf Gen 6,5 deuten.

V 10 Der den Abschnitt abschließend rahmende Vers (vgl. V 1) enthält die erste von insgesamt sieben ausdrücklichen Erwähnungen des seleukidischen Herrschers Antiochos IV. (reg. 175–164 v. Chr.) in dem Buch (vgl. V 16.20; 3,27; 6,1.16.55); der von ihm (seit der Eroberung Ägyptens; vgl. V 16–19) angenommene Beiname »Epiphanes« bedeutet »Erscheinender« (d. i. machtvolle »Erscheinung [der Gottheit]«) und verleiht seinem gottgleichen Verehrungsanspruch Ausdruck. Nach einem Zeitsprung von ca. 130 Jahren wird der Seleukidenkönig hier bereits anlässlich seines ersten Auftretens als ῥίζα ἁμαρτωλός (»sündhafter Spross«) charakterisiert. Die ausgeprägte semantische Differenz zwischen dem sinnlich-konkreten Bildempfänger ῥίζα und dem geistig-abstrakten bzw. religiös bedeutsamen Bildspender ἁμαρτωλός könnte auf einen innovativen Charakter der Metapher hindeuten. Gegen eine solche Interpretation spricht jedoch, dass die in dem Vers intendierte Gleichsetzung der Griechenherrschaft mit dem Beginn der Ausbreitung des Bösen in der Welt sowohl als Realisierung der in Dtn 29,17 an Israel gerichteten Warnung vor einer ῥίζα ἄνω φύουσα ἐν χολῇ καὶ πικρίᾳ

(»Wurzel, die in Groll und Bitterkeit nach oben wächst«; vgl. Jes 14,29; Sir 40,15) als auch als negative Entsprechung der in Jes 11,1.10; 53,2 und Dan$^{LXX.Th}$ 4,26 mit dem bekannten Bild vom Aufblühen eines neuen Davidsprosses zum Ausdruck gebrachten Heilshoffnung für Israel verstanden werden kann und damit einer (zumindest innerhalb der biblischen Tradition) durchaus konventionalisierten Bildfeldtradition angehört. Auf der Grundlage dieser Tradition trägt die Metapher dazu bei, den gedachten Leser dazu zu bewegen, den um eine Reorganisation seines Reiches bemühten Seleukidenherrscher als archetypischen »bösen König« und bereits sein Auftreten als ein ebenso gottloses wie verhängnisvolles Geschehen zu bewerten. Der hinter der Erzählfigur »Antiochos IV.« steckende »historische« Sohn des Antiochos III. (reg. 223–187 v. Chr.; der von ihm im Jahre 205 v. Chr. angenommene Beiname Megas [»der Große«] sollte ihn Alexander d. Gr. gleichstellen) war in Folge des römischen »Friedensdiktats« von Apameia Kibotos in Phrygien (188 v. Chr.; vgl. 8,6 f.; 2 Makk 8,10 sowie Polybios, *Hist.* XXI 17,4–6) gemeinsam mit neunzehn weiteren Söhnen aus dem seleukidischen Adel nach Rom deportiert worden, wo er über zehn Jahre als Geisel lebte (und dabei Einblicke in die Mechanismen römischer Politik gewinnen konnte), bis ihn sein Bruder Seleukos IV. Philopator (»Vaterliebender«) – wohl auf Betreiben und Wunsch der Römer – im Jahre 178 v. Chr. gegen dessen zweiten Sohn Demetrios austauschte (vgl. 7,1). Mittels der »fremden« Datierung in V 10b (das Jahr 137 gemäß der in den makedonischen Gebieten des westlichen Seleukidenreiches gebräuchlichen Zeitrechnung, die seit 198 v. Chr. nach dem Herrschaftsantritt des Dynastiebegründers Seleukos I. Nikator [»Sieger«] im Herbst des Jahres 312 v. Chr. zählt, beginnt im Herbst des Jahres 176 v. Chr.; zur generellen Chronologie des Buches vgl. *Bringmann* 1983, 15–28) markiert der Erzähler den Gegensatz zwischen der gottlosen Fremdherrschaft in Judäa und der durch eine »eigene« Datierung symbolisierten Eigenstaatlichkeit und Autonomie seit der Herrschaft Simons (vgl. 13,41 f.).

Antiochos IV.

Das Aufkommen der hellenistischen Reformer (1, 11–15)

Text

Übersetzung

11 In jenen Tagen traten Leute aus Israel auf, die sich gegen das Gesetz stellten, und sie überredeten viele, indem sie sagten: Lasst uns hingehen und mit den Völkern um uns herum ein Bündnis schließen, denn seitdem wir uns von ihnen absonderten, ist viel Unheil über uns gekommen. 12 Die Rede fand Gefallen in ihren Augen. 13 Und einige aus dem Volk erklärten sich bereit und gingen zum König, und er gab ihnen die Erlaubnis, die Satzungen der Völker einzuführen. 14 Und sie erbauten ein Gymnasion in Jerusalem gemäß den Gebräuchen der Völker. 15 Sie machten sich Vorhäute und fielen vom heiligen Bund ab, sie machten gemeinsame Sache mit den Völkern und verkauften sich dazu, das Böse zu tun.

Zu Text und Übersetzung

V 11: Der Begriff ἔθνος wird hier mit »(fremdes) Volk« übersetzt, was seine perspektivische religiöse Evaluation durch den Erzähler (»Heide«) einschließt.

V 12: Logisches Subjekt des Satzes sind die assimilationswilligen Judäer (vgl. V 11).

V 15: Das Verb ζευγίζω (»gemeinsame Sache machen«) begegnet in der LXX nur an dieser Stelle (vgl. Ps 106 [LXX 105], 28.35 sowie Num 25, $3^{\alpha.\vartheta}$).

Analyse und Auslegung

»Hellenismus«

Inhalt des kurzen Abschnitts ist eine einschubartige, in sich abgeschlossene Erzählung, welche in ebenso polemisch verallgemeinernder wie grob kontrastierender Weise (vgl. 2, 1–14) die Bestrebungen der syrerfreundlichen und assimilationswilligen »Apostaten« innerhalb Jerusalems und Judäas schildert, sowohl die traditionell religiös fundierte, konventionelle Lebensform und Bildung seiner Bewohner als auch deren hieraus resultierende wirtschaftliche und politische Abgrenzung von den seit dem 4. Jh. v. Chr. auch in den östlichen Mittelmeerraum ausstrahlenden griechischen bzw. »hellenistischen« kulturellen und religiösen Überzeugungen und Praktiken zu überwinden (Das emotional aufgeladene Schlagwort ἑλληνισμός [»Hellenismus«] begegnet indes an keiner Stelle in dem Buch [vgl. 2 Makk 4, 13 wo der Begriff in missbilligender Weise mit ἀλλοφυλισμός »Zuwendung zu fremden Sitten und Gebräuchen« parallelisiert wird]; zur Problematik eines festumrissenen Epochenbegriffs »Hellenismus« vgl. *Bichler* 1983, 5–32).

Die erkennbar parteiische Kritik des Erzählers an einem solchen »treulosen« Verhalten (tatsächlich stellen auch die Hinwendung zur Ausdrucksformen der griechischen Kultur und die Loyalität gegenüber den Syrern eine durchaus respektable Position dar) entspricht der biblischen Überlieferung (vgl. Ex 23,32 f.; 34,12.15; Dtn 7,1–6; 13,14–19; Jes 30,1). Aus seiner Sicht verläuft die eigentliche Konfliktlinie hier zwischen denjenigen Judäern, die Teil des Volkes bleiben wollen, und denjenigen, die sich den unbeschnittenen Fremden anschließen und damit selbst unwiderruflich zu »Fremden« werden (vgl. *Eckhardt* 2013, 99). Die Konstruktion eines solchen negativ bewerteten Gegenübers lässt sich als ein erster Beitrag zur intendierten Identitätsbildung des Lesers deuten. Die ausführlichere Darstellung der Ereignisse in 2 Makk 4,7–17 merkt an, dass die Einführung griechischer Sitten und Gebräuche im seleukidisch beherrschten Judäa auf Betreiben des einflussreichen Oniaden Jason erfolgte, was seinerseits darauf hinzuweisen scheint, dass die Hellenisierung der Provinz kein aufgezwungener Vorgang war, sondern der eigentliche Impuls zu dieser kulturellen Öffnung im Rahmen einer entsprechenden Reformulierung des jüdischen Gesetzes von einer Fraktion der Priesteraristokratie selbst ausging und von einem (wohl eher städtischen, wohlhabenden und gebildeten) Teil der Bewohner Judäas auch begrüßt wurde. Ab V 11 folgt Josephus (Ant. XII 240 f.) in seiner monumentalen Darstellung der jüdischen Geschichte und Gesetze dem Erzählfaden des 1. Makkabäerbuches und übernimmt zahlreiche Inhalte und Formulierungen (vgl. Sefer Josippon 13,8 f. [*Flusser*]).

Die diffuse Zeitbestimmung »in jenen Tagen« (vgl. 2,1; 9,24; 11,20; 13,43; Ex 2,11; Jes 38,1) verbindet den durch einen Wechsel des Inhalts, der Aktanten und des Schauplatzes gekennzeichneten neuen Handlungsstrang lose mit dem vorangehenden Kontext und markiert gegenüber diesem zugleich die Synchronizität des erzählten Geschehens. Die Einführung der innerjudäischen Opposition in die Erzählhandlung, deren Absonderung vom religiösen und sozialen Konstrukt des »wahren Gottesvolkes« aufgrund ihrer Ablehnung der Tora als verbindlicher Lebensnorm hier in wertender Weise mittels der Präposition ἐξ (»aus« [Israel]; vgl. V 43; 6,21; 7,5; 10,61) akzentuiert wird, lehnt sich in deutlich erkennbarer Weise an Dtn 13,14 an (vgl. Ex 23,32; 34,12.15; 1 Kön 21 [LXX 20],10.13; 2 Chr 13,7). Die Bemerkung, die nichtsnützigen Apostaten hätten »viele« Judäer (vgl. V 43.52; 2,16) dazu überredet, sich auf ihre Seite zu schlagen, unterstreicht die zielgerichtete Intentionalität ihres treulosen Handelns (vgl. CD I 20). Gleichsam als Travestie auf den biblischen Konnex zwischen Bundestreue und Heil (bzw. zwischen Abfall vom Bund und strafendem Unheil) bekundet die in V 11b in direkter Rede formulierte Selbstaufforderung, sich dauerhaft mit den (hier ohne jegliche Differenzierung dargestellten) fremden »Völkern« zu verbünden, um so das (inhaltlich unbestimmte) Unglück vom Volk abzuwenden (vgl. Jer 44 [LXX 51],17 f.; Dan 8,23 f.) und sein

V 11–15

Reformen

künftiges Wohlergehen zu erlangen, ihren verderblichen Willen. Der Adhortativ fungiert hierbei auch als ein Aufmerksamkeitssignal für den Leser. Auch die Notiz vom Zulauf der »Apostaten« im Volk in V 12 imitiert biblische Diktion (vgl. Jos 22,30; 2 Sam 3,36). V 13 lässt die Einführung der »Satzungen der Völker« in Judäa als ein Zugeständnis des Königs (vgl. V 10) an eine zwar unbestimmte, hier aber durch die Wortwahl (vgl. 2 Kön 17,17; 21,20.25; Ps 106 [LXX 105],28f.) negativ konnotierte syrerfreundliche Minorität in der seleukidischen Provinz erscheinen, deren unentschuldbares Fehlverhalten der Gesetzestreue des »wahren« Gottesvolkes diametral entgegensteht. Die vollständige soziale Isolation dieser Minorität, deren dargestellte Interessen denen des Erzählers sichtlich entgegenstehen, ist indes nicht plausibel.

Da Antiochos III. nach der Eroberung Coilesyriens im Jahre 199 v. Chr. (in Fortführung persischer Praxis) sowohl den lokalen Kult als auch die bisherige innere Organisation Jerusalems und Judäas unverändert beibehalten, die traditionelle Geltung der Tora als Staatsgesetz bestätigt und diese somit gleichsam zur seleukidisch sanktionierten Verfassung der tributpflichtigen Provinz des einstigen Alexanderreiches erklärt hatte (vgl. Josephus, Ant. XII 138–144; 2 Makk 3,1–3; 4,11), was die jüdische Religion zwar weiterhin ihrer politischen Dimension (bzw. des ihr prinzipiell inhärenten Autonomieanspruchs) beraubte, wodurch der Hellenisierung seiner jüdischen Untertanen aber fortan gewisse Grenzen gesetzt wurden, bedurfte jede Modifikation dieser offiziellen Anordnung tatsächlich der ausdrücklichen Zustimmung des herrschenden Seleukidenkönigs. Die (trotz intensiver Grabungstätigkeit archäologisch nicht zu belegende) Nachricht von der Errichtung eines Gymnasions (abgeleitet von griech. γυμνός [»nackt«]) in Jerusalem in V 14 bringt in ebenso demonstrativer wie provokanter Weise die Verwirklichung der mit syrischer Billigung betriebenen Hellenisierung Jerusalems zum Ausdruck (vgl. 2 Makk 4,9.12; 4 Makk 4,20). Ein solches (seit dem 2. Jh. v. Chr. regelmäßig innerhalb der Stadtmauern angelegtes) öffentliches Zentrum der sportlichen, geistigen und musischen Bildung, zumeist eine Säulenhalle mit einem geräumigen offenen Atrium, Laufbahnen, Unterrichts- und Übungshallen sowie Bäderanlagen, galt zur Zeit der Entstehung des 1. Makkabäerbuches als Inbegriff »moderner« Erziehung und als Kristallisationspunkt der (aus dem engen Blickwinkel des jüdischen Erzählers kategorisch abzulehnenden) griechischen Kultur, Denk- und Lebensweise. Die meisten Gymnasien standen unter dem Schutz einer Gottheit (z. B. Hermes, Herakles oder die Musen). V 15 schließlich betont das Ausmaß der durch den Abfall der (als Exponenten des Bösen nunmehr »fremden«) hellenistisch gesinnten Judäer vom Bund ausgelösten, unmittelbaren Bedrohung Israels (vgl. Jub 23,16) in summarischer Weise durch ein kurzes poetisches Stück in der Form des *Parallelismus membrorum*. Als besonders eindrückliches Exemplum der Apostasie führt der Erzähler dem Leser dabei

Gymnasion

die Reversion des identitätstiftenden Bundeszeichens der Beschneidung vor Augen (Der Begriff bezeichnet den rituell vollzogenen Eingriff an den äußeren Geschlechtsteilen, vollzogen an neugeborenen Knaben in Form des Wegschneidens [*Circumcisio*] oder Einschneidens [*Incisio*] der Penisvorhaut; vgl. Gen 17,9–14; 34,14 f.; Ex 12,48; Lev 12,3 sowie Jos 5,5; Jer 9,25), welcher als wesentlicher Konkretion des jüdischen Gesetzes im Sinne einer *nota Iudaica* (*Blaschke* 1998, 175) sowohl eine äußerlich identifizierende als auch eine unterscheidende Funktion hinsichtlich der gottgegebenen Sonderstellung Israels unter den Völkern zukommt (vgl. V 48.60 f.; 2,46). Die analogielose Formulierung »sie machten sich Vorhäute« weist auf die medizinische Wiederherstellung der Vorhaut des männlichen Glieds hin *(Epispasmos)*. Die während der hellenistisch-römischen Epoche verbreitetste Form dieses nicht ungefährlichen und äußerst schmerzhaften Eingriffs bestand darin, die über dem Penisschaft liegende Haut des Glieds unterhalb des Eichelrandes mit einem Skalpell abzulösen und mit der Hand bis zum Penisansatz zurückzuziehen, um sie sodann über die Eichel nach vorn zu dehnen und dort später mit einem speziellen Verband für längere Zeit zu fixieren (vgl. Celsus, *De medicina* VII 25; Martial, *Epigrammata* VII 82; zum Vollzug des Eingriffs durch Juden vgl. Jub 15,34; AssMos 8,3 sowie 1 Kor 7,18).[1] Es ist indes unwahrscheinlich, dass ein solcher (nicht nur literarischer, sondern auch tatsächlich praktizierter) plakativer Abfall vom »heiligen Bund« (vgl. V 63 sowie Dan 11,28.30) ursächlich mit dem verstärkten Bedürfnis assimilationswilliger Judäer nach Integration in die griechische Kultur und Gesellschaft bereits zur Zeit des Antiochos IV. zusammenhängt (die Leibesübungen im Gymnasion fanden unbekleidet statt [vgl. die Polemik in Jub 3,30 f.] und die Beschneidung widersprach dem hellenistischen Schönheitsideal bzw. dem Bemühen um einen unversehrten Körper; vgl. Petronius, *Satyricon* LXVIII 8; Tacitus, *Hist.* V 5,2), da sämtliche Belege für die Durchführung des *Epispasmos* durch Juden erheblich jüngeren Datums sind (1. Jh. n. Chr.) und zudem mehrheitlich mit der Vermeidung des *Fiscus Iudaicus* zusammenhängen.

Beschneidung

[1] Vgl. die ausführliche Darstellung bei *Blaschke* 1998, 140.

Antiochos IV. Epiphanes plündert den Tempel (1,16–28)

Text

Übersetzung

16 Und als Antiochos das Königreich gefestigt erschien, wollte er auch das Land Ägypten beherrschen, damit er über beide Reiche regiere. 17 Und er drang in Ägypten ein mit einem großen Heer und Wagen und Elefanten und einer gewaltigen Flotte. 18 Und er führte Krieg gegen Ptolemaios, den König Ägyptens. Ptolemaios aber zog sich vor ihm zurück und floh, und viele wurden verwundet und fielen. 19 Und sie nahmen die befestigten Städte Ägyptens ein, und er machte Beute im Land Ägypten. 20 Und Antiochos kehrte nach seinem Sieg über Ägypten im Jahre 143 zurück und zog nach Israel und nach Jerusalem mit einem großen Heer. 21 Und hochmütig ging er in das Heiligtum hinein und raubte den goldenen Räucheropferaltar und den Leuchter für das Licht und alle seine Gerätschaften. 22 Und den Schaubrottisch und die Trankopfergefäße und die Opferkellen und die goldenen Weihrauchschalen und den Vorhang und die Kränze und den goldenen Schmuck an der Vorderseite des Tempels, alles riss er nieder. 23 Und er nahm das Silber und das Gold und die kostbaren Gerätschaften und die verborgenen Schätze, die er fand. 24 Und nachdem er alles genommen hatte, kehrte er in sein Land zurück. Und er richtete ein Blutbad an und führte gottlose Reden. 25 Und es kam tiefe Trauer über Israel in jedem ihrer Orte. 26 Und die Oberhäupter und Ältesten jammerten, die Mädchen und Jungen ermatteten, und die Schönheit der Frauen wurde entstellt. 27 Jeder Bräutigam stimmte Klagegesang an, und die in der Brautkammer saß, fiel in Trauer. 28 Und das Land erbebte wegen seiner Bewohner, und das ganze Haus Jakob wurde mit Schande bedeckt.

Zu Text und Übersetzung

V 16: Die Wendung ἡτοιμάσθη ἡ βασιλεία (»das Königreich war gefestigt«) entspricht hebr. ניכון המלכות (vgl. 1 Kön 2,12; 2 Chr 12,1).

V 17: Der Ausdruck ἐν ὄχλῳ βαρεῖ (»mit einem großen Heer«) entspricht hier und in V 20.29 hebr. בעם כבד (vgl. Num 20,20). *Rahlfs* liest mit dem Großteil der lat. und syr. Textüberlieferung (anders nur *L* La^{LXGB}) καὶ ἐν ἱππεῦσιν (»und mit Reitern«) nach ἐν ἐλέφασιν (»mit Elefanten«), was wohl als eine frühe Angleichung an 15,41 und 16,4f.7 zu interpretieren ist (vgl. 3,39; 4,1.28; 9,4; 10,77; 12,49; 15,13). Die Entscheidung, στόλος an dieser Stelle mit »Flotte« zu übersetzen (vgl. SyI z.St.), entspricht dem Zeugnis des Livius (*Ab urbe condita* XLV 12,7). Der griechische Begriff kann auch »Ausrüstung« bedeuten (vgl. 2 Makk 12,9; 14,1 sowie Polybios, *Hist.* V 68,1f.).

V 18: Der Satz ἔπεσον τραυματίαι πολλοί (»viele wurden verwundet und fielen«) bedeutet wörtl. »es fielen viele Verwundete« (vgl. 3,11; 9,17.40). Sollte die

Pluralform τραυματίαι hier als Wiedergabe von hebr. חללים zu verstehen sein (so Ri 9,40; 1 Sam 17,52; 1 Chr 10,1; Ez 31,18 u.ö.), ließe sich auch übersetzen: »und es fielen viele Erschlagene«.

V 20: Der Ausdruck ἀναβαίνω (»ziehen«; wörtl. »hinaufgehen«) entspricht hebr. עלה und bezeichnet in der LXX zumeist die religiös motivierte Reise zum Jerusalemer Tempel (vgl. 1 Sam 1,3; 1 Kön 12,27 u.ö.), wobei sowohl der räumliche Aspekt (Jerusalem liegt im judäischen Bergland) als auch die Vorstellung der Begegnung mit dem in der Höhe wohnenden Gott zum Ausdruck kommen.

V 24: Der Abschnitt καὶ ἐποίησεν φονοκτονίαν καὶ ἐλάλησεν ὑπερηφανίαν μεγάλην (»und er richtete ein Blutbad an und führte gottlose Reden«) wurde wohl sekundär nach 2 Makk 5,12–17 ergänzt. Die Wendung ἐλάλησεν ὑπερηφανίαν μεγάλην bedeutet ihrem Wortsinn nach »er redete großen Übermut« (vgl. Dan 11,36).

V 28: Die Präposition ἐπί mit folgendem Akkusativ entspricht hier hebr. על »wegen« (vgl. Rut 1,19). Die Person des Stammvaters Jakob repräsentiert traditionell das (hier genealogisch konnotierte) Volk Israel (vgl. Gen 49,7; Ps 78 [LXX 77],21; Jes 42,24; 43,28; 58,1; Mi 3,8f.; Hos 12,3).

Analyse und Auslegung

Im Mittelpunkt des Abschnitts stehen die Plünderung des Jerusalemer Tempels und die Ermordung vieler Bewohner der Stadt während eines grundlosen Angriffs durch Antiochos IV. Epiphanes. Gerahmt wird die ausführliche inventarartige Aufzählung seines kostbaren Beuteguts durch den vorangehenden Abriss einer militärischen Expedition des Seleukidenherrschers nach Ägypten und durch ein nachfolgendes kollektives Klagelied, das der tiefen Trauer des Volkes über die erfolgte Schändung des Heiligtums durch die Feinde Israels Ausdruck verleiht. Der Parallelbericht in 2 Makk 5,1–23 unterstreicht sowohl die aktive Beteiligung des Hohenpriesters Jason und seiner hellenisierten Parteigänger an dem Geschehen als auch die besondere Grausamkeit der Syrer (vgl. Josephus, Bell. I 32; Ant. XII 242–247).

Feldzug nach Ägypten

Die konzise Darlegung des Anlasses (Konsolidierung der Befehlsgewalt V 16–19
über das seleukidische Reich; vgl. 11,38; 1 Kön 2,12; 2 Chr 12,1), des Ziels (Bezwingung der ägyptischen Streitkräfte in ihrem eigenen Land) und der Motivation (politische Kontrolle über das ptolemäische Herrschaftsgebiet; vgl. 11,13) eines syrischen Überfalls auf Ägypten in V 16 schließt mittels der namentlichen Nennung des Seleukidenherrschers an V 10 an; die unmarkierte narrative Ellipse überbrückt hierbei den Zeitraum zwischen seiner Krönung und dem Ausbruch des sechsten Syrischen Krieges. In V 17f. wird wohl in hyperbolischer Weise auf den Vormarsch der Truppen des Antiochos IV. gegen das innenpolitisch geschwächte Ägypten (die Aufzählung des »großen Heers« der Syrer [vgl. Num 20,20], der mit Eisen verstärkten »Wagen« und der für den Kampf abgerichteten indischen »Elefanten« [vgl.

6,30] soll ihre militärische Überlegenheit hervorheben) und auf die vernichtende Niederlage der Ptolemäer in der Schlacht bei Pelusion (170 v. Chr.) Bezug genommen; in Folge dieses klaren seleukidischen Sieges über die – an Stelle seines Neffen, des jungen Ptolemaios VI. Theos Epiphanes (»Erscheinender Gott«; seit 179 v. Chr. P. VI. Philometor [»Mutterliebender«]; reg. 181–145 v. Chr.), kommandierenden – Reichsverweser Eulaios und Lenaios wurden weite Teile Ägyptens von Antiochos IV. besetzt (vgl. Dan 11,25–27). Die stereotype Bemerkung von der Plünderung des besiegten Landes (vgl. 5,3.22.28.35.57.68), die bei Polybios (*Hist.* XXX 26,9) erst im Zusammenhang mit einem zweiten Feldzug der Syrer (168 v. Chr.) Erwähnung findet, scheint der Verfasser des Buches irrtümlich bereits mit dem erfolgreichen ersten ägyptischen Feldzug verbunden zu haben.

V 20–24 Durch den Numeruswechsel des Subjekts, die namentliche Nennung des Königs und die explizite Datierung seines Sieges über die Ägypter (das Jahr 143 nach der [im 1. Makkabäerbuch zumeist für politische und militärische Ereignisse verwendeten] seleukidischen Herbstära des Jahres 312 v. Chr. beginnt im Jahre 170 v. Chr.; der Rückmarsch des seleukidischen Heers erfolgte wahrscheinlich im Spätsommer des Jahres 169 v. Chr.) als Neueinsatz der Erzählhandlung ausgewiesen, verlagert sich das Geschehen in V 20 nunmehr nach Jerusalem. Die erneute Erwähnung des »großen Heeres« (vgl. V 17), das überraschend nach Judäa zieht und Jerusalem grundlos angreift (vgl. 2 Makk 5,11; aus syrischer Perspektive könnte es hierbei um das Eintreiben von Tributen gegangen sein; vgl. V 29), verknüpft den Teilabschnitt mit dem vorangehenden Kontext. Unerhört für den Leser ist das (vom Erzähler ausdrücklich als Hybris bewertete) illegitime Betreten des Tempelgebäudes durch den syrischen König (vgl. 3 Makk 1,9–15 sowie Diodor XXXIV 1,3). Zutritt zum Heiligtum hatten eigentlich nur die diensthabenden Priester, die hier im geforderten Zustand ritueller Reinheit ihre Aufgaben versahen. Im Heiligtum, das dem Allerheiligsten vorgelagert war, befanden sich als bedeutende Kultgegenstände der mit Gold überzogene Räucheraltar (vgl. Ex 30,1–6), der goldene siebenarmige Leuchter (»Menora«; vgl. Ex 25,31–39) und der Tisch mit den zwölf Schaubroten (Brote, die vor das Angesicht Gottes gelegt wurden; vgl. Ex 25,30). Der frevelhafte Raub des Räucheraltars, des Leuchters, des Schaubrottisches und weiterer wertvoller Tempelgerätschaften, Verzierungen und Weihegeschenke (vgl. Ex 25,38 f.; 26,31–33; 37,24; 39,32–40; 1 Kön 6,28–32; 2 Chr 36,7; Esra 1,7; 5,14; Jer 52,17–19) versinnbildlicht die überhebliche Gottlosigkeit des fremden Königs und das unerhörte Ausmaß der aktuellen Bedrohung und Beschämung des Gottesvolkes Israel (vgl. Jer 52,17 sowie 4Q248, 6 f.), welche erst durch den siegreichen Kampf der Makkabäerbrüder und die Anfertigung neuer »heiliger Gerätschaften« (vgl. 4,49–57) abgewendet werden kann. Der am Ende der inventarartigen Aufzählung in V 23 erwähnte Tempelschatz (vgl. Josephus, Bell. II 175) diente der Bezahlung der täglichen

Überfall auf Jerusalem und seinen Tempel

Opfer, dem Unterhalt der am Tempeldienst beteiligten Personen und der Finanzierung kommunaler Aufgaben. Aufgrund seiner Funktion als Depositenbank (vgl. 2 Makk 3,10f.) wurde das im Jerusalemer Tempel gelagerte Geld noch um eingelagerte private Vermögen ergänzt. V 24a fasst den Raubzug des Königs zunächst abschließend zusammen und erwähnt den Rückzug seiner Truppen aus Judäa; V 24b resümiert sodann den anmaßenden Charakter seiner Gewaltaktionen (vgl. Dan 7,8.20.25; 11,36).

Die poetische Passage, ihrer Form nach ein kollektives Klagelied, enthält V 25–28
Klage um den Tempel
die zusammenfassende theologische Reflexion und Bewertung des bisherigen Geschehens durch den Erzähler. Mittels der intertextuellen Verknüpfung dieses Geschehens mit betont traditionellen, biblischen Bildern wird dabei der jeweilige Vollzug der Trauer verschiedener paradigmatischer Bevölkerungsteile (vgl. 2 Chr 26,17f.; Ps 148,12; Ez 9,5f.) über das schändliche Schicksal des Tempels in der Form des *Parallelismus membrorum* paarweise einander gegenübergestellt. Gleichsam als Themavers benennt V 25 die Vehemenz und die Ausdehnung der Totenklage um das geschändete Heiligtum (vgl. Ez 19,1; 26,17; 28,12; 32,2; Est 4,3). Die dreigliedrige Konstruktion in V 26 erwähnt nacheinander die Wehklage der (einstmals geehrten) »Oberhäupter und Ältesten« innerhalb des judäischen Ethnos (vgl. Klgl 1,19; 2,10), die Depression der (einstmals fröhlichen) »Mädchen und Jungen« (vgl. Klgl 1,4.18; 2,10.20f.), und die qualvolle Entstellung der (einstmals schönen) Frauen (vgl. Jer 7,29; Am 8,13). In gleicher Weise stellt das in V 27 begegnende Bild dem Leser den Klagegesang des (einstmals jubelnden) Bräutigams und die Enttäuschung der (einstmals hoffnungsvoll wartenden) Braut im Hochzeitsgemach vor Augen (vgl. Ps 19 [LXX 18],6; Jer 7,34; Joel 2,16; Bar 2,23). Am Ende des kollektiven Klagelieds gibt der Verfasser seiner vorbehaltlosen Überzeugung dichterischen Ausdruck, der Verrat der judäischen »Apostaten« (vgl. SyI.II z.St. sowie V 11–15) sei innerhalb des erzählten Geschehens sowohl als die unmittelbare Ursache der gegenwärtigen Katastrophe (vgl. 2 Sam 22,8; Ps 18 [LXX 17],8; Jer 51 [LXX 28],29) als auch als der Anlass der entehrenden Schande Israels (zur archaisierenden Bezeichnung »Haus Jakobs« vgl. Jes 46,3; Jer 2,4; Mi 3,9) zu betrachten (vgl. Ps 35 [LXX 34],26; 132 [LXX 131],18; Ijob 8,22).

Die Verwüstung und Besetzung der Stadt Jerusalem (1,29–40)

Text

Übersetzung

*29 Nach zwei Jahren sandte der König einen obersten Steuereintreiber in
die Städte Judas, und er kam mit einem großen Heer nach Jerusalem.
30 Und er sprach zu ihnen versöhnliche Worte mit Hinterlist, und sie ver-
trauten ihm. Plötzlich überfiel er die Stadt, versetzte ihr einen heftigen
Schlag und brachte viele aus Israel um. 31 Und er machte Beute in der
Stadt, steckte sie in Brand und riss ihre Häuser und die Mauern ringsum
nieder. 32 Und die Frauen und Kinder nahmen sie gefangen, und vom Vieh
ergriffen sie Besitz. 33 Und sie befestigten die Davidstadt mit einer hohen
und starken Mauer und mit festen Türmen, und sie wurde zu ihrer Burg.
34 Und sie stationierten dort ein sündhaftes Volk, Männer, die sich gegen
das Gesetz stellten, und sie setzten sich in ihr fest. 35 Und sie brachten
Waffen und Lebensmittel dorthin und verwahrten dort die in Jerusalem zu-
sammengeraffte Beute. Und sie wurden zu einem großen Fallstrick. 36 Und
sie wurde ein ständiger Hinterhalt für das Heiligtum und ein böser Wider-
sacher für Israel. 37 Rings um das Heiligtum vergossen sie unschuldiges
Blut, und sie entweihten das Heiligtum. 38 Und die Bewohner Jerusalems
flohen ihretwegen, und Jerusalem wurde zu einer Kolonie von Fremden,
und sie wurde ihrem eigenen Nachwuchs fremd, und ihre Kinder verließen
sie. 39 Ihr Heiligtum wurde völlig verwüstet, ihre Feste verwandelten sich
in Trauer, ihre Sabbate in Schande, ihre Ehrung in Geringschätzung. 40 So
groß ihr Ruhm einst war, häufte sich nun ihre Schande auf, und ihre Hoheit
wurde in Trauer verwandelt.*

Zu Text und Übersetzung

V 29: Die pleonastische Wendung μετὰ δύο ἔτη ἡμερῶν (wörtl. »nach zwei Jahren Zeit«) entspricht Gen 41,1 LXX. Die griech. Amtsbezeichnung ἄρχων φορολογίας (»oberster Steuereintreiber«) beruht vermutlich auf einer Fehlinterpretation von hebr. שר מסים »Mysarch« (d.i. »Anführer der Söldner aus Mysien«) bzw. einer Verwechslung des hebr. Ethnonyms מסים (»Mysier«) und der Pluralform מסים (»Steuern«). Dies wiederum hat zur Folge, dass der anonyme »Steuerbeamte« mit Apollonios, dem μυσάρχης (»Anführer der Mysier«; vgl. 2 Makk 5,24), identifiziert werden kann (vgl. 3,10).

V 31: Der Ausdruck ἐνέπρησεν πυρί (»er steckte in Brand«) imitiert eine hebr. (bzw. bibelgriech.) *Figura etymologica* (vgl. 5,28; 1 Sam 30,1.14).

V 33: Die ἄκρα (»Burg«) bezeichnet die von den Syrern zur militärischen Sicherung Jerusalems stark befestigte und mit bewaffneten Garnisonstruppen besetzte Wehranlage, die wohl südlich des Tempelareals in der Davidstadt gelegen haben dürfte.

V 36: Subjekt des Satzes ist die syrische Garnison in der Davidstadt.

V 39: Die Wendung ἠρημώθη ὡς ἔρημος (»es wurde völlig verwüstet«) scheint ebenfalls eine hebr. *Figura etymologica* zu imitieren.

Analyse und Auslegung

In ähnlicher Weise wie im vorangehenden Passus werden in dem Abschnitt, der durchweg formale Kennzeichen traditioneller hebräischer Dichtung aufweist, ein überraschender zweiter Überfall der Feinde Israels, die Verwüstung Jerusalems und die Errichtung einer syrischen Festung zur andauernden militärischen Kontrolle der Stadt durch die einleitende Notiz von der Entsendung eines seleukidischen Steuereintreibers in die Provinz und durch ein weiteres kollektives Klagelied gerahmt, in dem die Trauer über das geschilderte leidvolle Schicksal der Stadt poetische Gestalt gewinnt, und das die bösartige Anordnung des Antiochos IV. Epiphanes als negatives Gegenbild zum Verhalten eines idealen fremden Herrschers ausweist (vgl. Ps 72 [LXX 71],10–14). Der Parallelbericht in 2 Makk 5,24–27 verbindet den (hier an einem Sabbat erfolgenden) syrischen Angriff mit der Einführung des Judas Makkabaios in die Erzählhandlung (vgl. Josephus, Ant. XII 248–252).

Überfall der Feinde Israels

Die relative Datierung am Anfang von V 29 markiert eine explizite Ellipse im Verlauf der Erzählhandlung, mittels derer die faktische Unabhängigkeit des zweiten syrischen Überfalls von der bereits erfolgten Tempelplünderung durch Antiochos IV. Betonung erfährt. Die Nennung des »Königs« (vgl. V 20) und des nach Jerusalem entsandten »großen Heers« (vgl. V 17.20) stellen hingegen eine inhaltliche Verknüpfung des Teilabschnitts mit dem vorangehenden Kontext her. Der anonyme heimtückische »Steuereintreiber« (s. o.) scheint mit dem in 3,10 als militärischer Kontrahent des Judas Makkabaios genannten Apollonios identisch zu sein (vgl. 2 Makk 5,24). Bei Josephus begegnet dieser Apollonios in Ant. XII 261 als μεριδάρχης (»Meridarch« bzw. »Provinzgouverneur«) und in Ant. XII 287 als στρατηγός (»Strategos« bzw. »Militärgouverneur«) der Eparchie Samaria, zu der auch Judäa gehörte. Der parallele Aufbau der beiden Teilsätze in V 30 und die Wortwahl (»plötzlich«) unterstreichen den scharfen Kontrast zwischen den heuchlerischen »friedlichen Worten« des Syrers (vgl. Dtn 2,26) und seinen verbrecherischen Gewalttaten (vgl. 5,3; 7,22; 13,32; 15,29) und bringen dabei ein Motiv zur Sprache, das wie ein roter Faden die gesamte weitere Erzählhandlung des Buches durchzieht (vgl. 7,10–16; 10,46 f.; 12,43–48; 13,14–17.31 sowie 16,15). Es ist wahrscheinlich, dass die Erzählung hier Erinnerungen an die (wohl strategisch und politisch bedingte) syrische Besetzung Judäas im Anschluss an den (durch die gewaltsame Intervention Roms unterbrochenen) zweiten Ägyptenfeldzug des Seleukidenkönigs (168 v. Chr.) enthält (vgl. 2 Makk 5,1.11; Dan 11,29–31). Möglicher- V 29–32 weise hatte der – tatsächliche oder von den Syrern nur angenommene – Seitenwechsel der Judäer während dieser offensichtlichen Beeinträchtigung ihrer Machtposition die sofortige Bestrafung der Provinz nach Kriegsrecht bereits während ihres erzwungenen Rückzugs aus Ägypten provoziert. Die stereotype Schilderung sowohl der Plünderung, Verwüstung und Entfestigung der Stadt Jerusalem (vgl. 2 Kön 25,9) als auch der Versklavung eines Teils ihrer Bewohner in V 31 f. (V 32 markiert zugleich den vorderen Teil einer *Inclusio* um den Hauptteil der Erzählhandlung des Buches; vgl. 15,40) entspricht jedenfalls den durchaus erwartbaren Konsequenzen eines fehlgeschlagenen Versuchs des judäischen Ethnos, sich gegen die vermeintlich geschwächte seleukidische Oberherrschaft aufzulehnen.

V 33–35 Auch die Stationierung einer bewaffneten Garnison zur Sicherung der unruhigen Region gehörte zu den erwartbaren Folgen eines solchen lokalen Aufstands. Mit der Errichtung einer fortan von syrischen Soldaten bewohnten Festungsanlage (»Akra«) in oder in der unmittelbaren Nähe der südlich des Tempelareals gelegenen, alten Davidstadt (vgl. 2 Sam 5,7.9; 1 Kön 8,1; 1 Chr 11,5.7; Neh 7,2 sowie Arist 100–104), deren Existenz als fester Stützpunkt der seleukidischen Macht an diesem Ort die ebenso schändliche und provokante wie verunreinigende und verhängnisvolle Gegenwart der Feinde Israels in der direkten Nachbarschaft seines identitätstiftenden Heiligtums symbolisiert, setzt ein weiteres durchlaufendes Thema der Erzählhandlung des Buches ein (vgl. 3,45; 4,2.41; 6,18; 9,53 u.ö.). Die tatsächliche Position dieser Festung ist archäologisch nicht gesichert. Denkbar ist sowohl ihre Lokalisierung an der nordwestlichen Ecke des Tempelbergs an der Stelle, wo später die Burg Antonia errichtet wurde, als auch ihre Verortung an der südöstlichen Ecke des Tempelbergs oder aber südlich davon auf dem schmalen Höhenrücken (»Ophel«; vgl. 2 Chr 27,3) am Rande der Davidstadt. Die pejorative Kennzeichnung ihrer Bewohner als »sündhaftes Volk« (vgl. 2,48.62; 3,15) entspricht traditioneller biblischer Diktion (vgl. 1 Sam 15,18; Jes 1,4; Tob 13,6 sowie 1QM XV 9). Die Erwähnung des in der syrischen Festung gehorteten Proviants und der dort gelagerten Kriegsbeute dient der narrativen Vorbereitung des übergreifenden Themas der wiederholten Belagerung der Akra durch die frommen Rebellen (vgl. 4,41; 6,19–21; 11,20 f.; 12,36; 13,21.49 f.); der Erzählerkommentar in V 35b überträgt die konventionellen Attribute des alltagssprachlichen Begriffs παγίς, der eine »Fußangel« bezeichnet, wie sie bei der Jagd oder bei einem Hinterhalt verwendet wird (d.h. Hinterlist und die Unberechenbarkeit der Bedrohung; vgl. Sir 27,26; Weish 14,11), in poetisch evaluierender Weise auf die verhasste feindliche Garnison.

Die Akra

V 36–40 Das kollektive Klagelied über Jerusalem greift ebenso wie bereits V 25–28 auf traditionelle biblische Formen und Bilder zurück, um der Wehklage um die angegriffene und verwüstete Stadt (vgl. CD III 10; V 20) in den sozialen Kategorien von Scham und Schande Ausdruck zu verleihen. Zugleich ver-

Klage über die Stadt

bindet es den vorangehenden Erzählabschnitt mit dem nachfolgenden Kontext. In Entsprechung zu seiner literarischen Form und Funktion intendieren die in dem poetischen Abschnitt begegnenden persuasiven Metaphern durchweg die Lenkung der Bewertung des erzählten Geschehens durch die Emotionalisierung des Lesers. Während das erste Glied des synonymen *Parallelismus membrorum* in V 36 die unmittelbaren negativen Auswirkungen der Akra auf das Tempelheiligtum betont (vgl. 4,41; 6,18), enthält das zweite Glied eine Gleichsetzungsmetapher, welche die gesamte personifizierte Davidstadt mittels der Kopula ἐγένετο εἰς als διάβολος πονηρός (»bösen Widersacher«) bezeichnet. Dabei wird die unberechenbare Feindseligkeit des im juridischen Kontext begegnenden διάβολος (»Widersachers«; vgl. 1 Chr 21,1; Est 8,1; Ps 109 [LXX 108],6) auf den Stadtteil bzw. auf die dort in ihrer Festung lagernden Syrer als Bildempfänger projiziert. Die beiden parallelen Teilsätze in V 37 kommentieren V 30–35 und greifen dabei auf Ps 79 (LXX 78),1.3 und 106 (LXX 105),38 zurück (vgl. 2 Kön 21,16; 24,4; Ez 32,38 sowie 2 Makk 6,4 f.). In V 38 wird die Flucht eines (gottesfürchtigen und das »ganze« wahre Gottesvolk repräsentierenden) Teils der Bewohner Jerusalems mit Klgl 5,2 (»eine Kolonie von Fremden«; vgl. 2,7; 15,33) und Ps 89 (LXX 88),31 (»sie wurden ihrem Nachwuchs fremd«; Jer 5,7; Klgl 1,5) in Beziehung gesetzt, wo mittels ähnlicher Bilder der verhängnisvolle Abfall der Israeliten von Gott und seinem Gesetz umschrieben wird. Hierbei fungiert nicht nur die aufgrund ihrer sozialen Desintegration in ihrer Existenz bedrohte Familie als Bildspender, sondern auch der Anbau von Obst und Getreide, erkennbar daran, dass γένημα (»Nachwuchs«; vgl. 3,35; 11,34; 14,8) außerhalb poetischer Kontexte zumeist für die lebensnotwendigen Erzeugnisse des Feldes steht (vgl. Ri 9,11; Tob^{GI} 1,6 f.; Sir 1,21 u. ö.). Die vier Gegensatzpaare in V 39 alludieren ebenfalls auf die biblische Tradition (vgl. Ez 23,38; 33,28 f.; 35,3 f.; Am 8,10; Hos 4,7; Tob 2,6; Klgl 2,6.10; 5,15, Bar 4,34), verweisen dabei auf den nachfolgenden Kontext (vgl. V 54–61; 4,38) und bilden zusammen mit 15,33 zugleich eine weitere

Sabbat *Inclusio* um den Erzählinhalt des Buches. Von besonderer Bedeutung ist hier die bekenntnishafte Nennung des »Sabbats«. Der Sabbat als wöchentlicher Tabu- bzw. Ruhetag für alle Menschen und Haustiere findet sich bereits in den ältesten Bestandteilen der biblischen Festkalender (Ex 23,12; 34,21) und im Dekalog (Ex 20,8–11 [schöpfungstheologische Begründung]; Dtn 5,12–15 [Begründung durch Exoduserinnerung]). Für Juden in der hellenistisch-römischen Antike war der Sabbat generell ein Tag der Arbeitsruhe, des Torastudiums und des Gebets (vgl. 2 Makk 8,27; Neh 10,32; 13,15–22; Jdt 8,6; Jub 2,17–33; 50,6–13; Josephus, Bell I 145 f.; II 392.634). Entstanden ist der Sabbatfeiertag als Bundeszeichen und antiassimilatorisches Gruppenmerkmal wahrscheinlich zur Zeit des babylonischen Exils (vgl. Ex 31,12–17), wo er der jüdischen Gemeinde fernab der Heimat und des Tempels (ebenso wie die Beschneidung; vgl. Gen 17,11 f.) der Stiftung und Bewahrung ihrer religiösen und sozialen Identität diente. Das Klagelied endet in V 40 mit der zusammenfassenden Übertragung des kontrastiven sozialen Konzepts von hoheitlichem »Ruhm« und erniedrigender »Schande« auf die personifizierte Gottesstadt und ihre Bewohner, deren (durch die syrische Eroberung und Verunreinigung der Stadt unfreiwillig vollzogener) Statuswechsel in bildhafter Weise ihre katastrophale Situation markiert.

Die Verfolgung der »altgläubigen« Israeliten (1,41–64)

Text

Übersetzung

41 Und der König erließ ein Edikt in seinem ganzen Reich, dass alle zu
einem Volk werden sollten, 42 und dass jeder seine Gebräuche aufgeben
solle. Und alle Völker nahmen es an gemäß der Anordnung des Königs.
43 Auch viele aus Israel fanden Gefallen an seiner Verehrung und opferten
den Götzen und entweihten den Sabbat. 44 Und der König sandte Briefe
durch Boten nach Jerusalem und in die Städte Judas, dass sie sich nach
Gebräuchen, die dem Land fremd waren, richten sollten 45 und Brand-
opfer und Schlachtopfer und Trankopfer im Heiligtum einstellen, und
Sabbate und Festtage entweihen, 46 und Heiligtum und Heilige verunrei-
nigen, 47 und Altäre, Tempelbezirke und Götzenheiligtümer erbauen, und
Schweine und unreine Tiere opfern, 48 und ihre Söhne unbeschnitten las-
sen, damit sie sich mit jeder Art von Unreinheit und Gräuel befleckten,
49 sodass sie das Gesetz vergäßen und alle Gebote verkehrten. 50 Und wer
nicht nach der Anordnung des Königs handele, der solle sterben. 51 Dem
entsprechende Schreiben sandte er in sein ganzes Reich. Er setzte Aufseher
über das ganze Volk ein und befahl den Städten Judas, Opfer darzubringen,
in jeder einzelnen Stadt. 52 Und viele aus dem Volk schlossen sich ihnen an,
ein jeder, der vom Gesetz abfiel, und sie vollbrachten böse Taten im Land.
53 Und sie drängten Israel in Verstecke an jedem Ort, an dem sie Zuflucht
fanden. 54 Und am fünfzehnten Tag des Monats Chaseleu, im Jahre 145,
errichtete er den Gräuel der Verwüstung auf dem Brandopferaltar, in den
umliegenden Städten Judas aber errichteten sie Altäre. 55 Und vor den
Haustüren und in den Straßen brachten sie Räucheropfer dar. 56 Und alle
Bücher des Gesetzes, die sie fanden, zerrissen sie und verbrannten sie im
Feuer. 57 Und für jeden, bei dem ein Buch des Bundes gefunden wurde oder
der sich nach dem Gesetz richtete, bedeutete die Anordnung des Königs den
Tod. 58 Und sie gebrauchten ihre Gewalt gegenüber den Bewohnern Israels,

Monat für Monat in den Städten. 59 Und am fünfundzwanzigsten (Tag) des Monats brachten sie auf dem Altar, der sich über dem Brandopferaltar befand, Opfer dar. 60 Und gemäß dem Befehl töteten sie die Frauen, die ihre Kinder hatten beschneiden lassen. 61 Und sie hängten ihnen die Säuglinge an ihre Hälse, und sie töteten auch ihre Familien und die, die sie beschnitten hatten. 62 Aber viele vom Volk Israel wurden bestärkt und fassten den festen Entschluss, nichts Unreines zu essen. 63 Und sie nahmen es hin zu sterben, damit sie sich nicht durch Speisen befleckten und nicht den heiligen Bund entweihten. Und so starben sie. 64 Und ein gewaltiger Zorn kam über Israel.

Zu Text und Übersetzung

V 42: Zur Übersetzung von λόγος (»Anordnung«, wörtl. »Wort«) vgl. 2,55.

V 44: Der Ausdruck ἐν χειρί entspricht hebr. ביד »durch« (wörtl. »in der Hand von«; vgl. Gen 38,20; Lev 16,21; Num 4,28 u. ö. sowie Mt 3,12; Joh 3,35; Apg 7,35).

V 46: Wichtige lat. Textzeugen (La$^{L X G}$) lesen statt ἁγίους (»Heilige«) *sancta* (»heilige Dinge«).

V 47: Der Begriff βωμός (»Altar«) wird im 1. Makkabäerbuch nur zur Bezeichnung paganer Opferstätten verwendet (vgl. V 54.59; 2,23–25.45; 5,68). An Stelle von εἰδώλια (»Götzenheiligtümer«; vgl. 10,83 sowie 1 Kor 8,10) lesen einige Handschriften und Übersetzungen (A La$^{L G B V}$ SyI.II) εἴδωλα (»Götzenbilder«).

V 48: Die Wendung τὰς ψυχὰς αὐτῶν entspricht hebr. נפשותם »sich selbst« (wörtl. »ihre Seelen«; vgl. Lev 11,43; 20,25; Ez 14,20; Ps 106 [LXX 105],15). Im 1. Makkabäerbuch wird die traditionelle biblische Anthropologie, welche die menschliche Gesamtperson nicht in dichotomischer Weise, sondern als eine psycho-physische Lebenseinheit wahrnimmt, generell nicht in Frage gestellt.

V 49: Subjekt des Satzes sind die in V 44 implizit genannten Bewohner Jerusalems und Judas.

V 51: Die Formulierung κατὰ πάντας τοὺς λόγους τούτους entspricht der hebr. Wendung ככל הדברים האלה (vgl. 2 Sam 7,17; 1 Chr 17,15; Jer 38 [LXX 45],27). Der Ausdruck κατὰ πόλιν καὶ πόλιν (»in jeder einzelnen Stadt«) entspricht hebr. עיר ועיר (vgl. Esra 10,14).

V 52: Das Personalpronomen αὐτούς (»ihnen«) bezieht sich entweder auf die in V 42 genannten fremden Völker oder auf die in V 43 genannten judäischen »Apostaten«.

V 53: Subjekt des Satzes scheinen sowohl die Syrer als auch ihre judäischen Parteigänger zu sein, welche vom Erzähler hier mit dem wahren »Israel« kontrastiert werden. Der hier in unspezifischer Weise verwendete Begriff φυγαδευτηρίον (»Zuflucht«) bezeichnet in der LXX ansonsten die Institution der rettenden »Asylstadt« (vgl. 10,14; Num 35,9–15; Jos 20,2–9).

V 54: Χασελευ ist in der LXX die übliche griech. Wiedergabe des Monats »Kislew« (כסלו; November/Dezember). Subjekt des Satzes ist Antiochos IV. Epiphanes.

V 57: Der im 1. Makkabäerbuch nur an dieser einen Stelle begegnende Ausdruck σύγκριμα (»Anordnung«) ist ein Vorzugswort des griech. Danielbuches (vgl. Dan^{LXX} 5,7–9.12.16.26.30; DanTh 2,25; 4,17 f.24; 5,26).

V 58: Die ungewöhnliche Wendung τῷ Ισραηλ τοῖς εὑρισκομένοις (»gegenüber den Bewohnern Israels«) ist offenbar wörtl. Wiedergabe von hebr. לישראל הנמצאים (vgl. 2 Chr 30,21; 31,1; 35,17; Esra 8,25). Subjekt von V 58–61 sind die Syrer und ihre judäischen Parteigänger.

Analyse und Auslegung

Der Abschnitt thematisiert die Anordnung einer angeblich reichsweiten »Religionsverfolgung« durch Antiochos IV. Epiphanes und deren gewaltsame Durchsetzung zur Beseitigung des Unruheherds in Judäa. Eine solche innovative machtpolitische Maßnahme des Seleukidenherrschers ist historisch höchst unwahrscheinlich, da eine allgemeine Zwangshellenisierung zum einen im Widerspruch zur (angesichts der gewaltigen Ausdehnung ihres Herrschaftsbereichs notwendigen) generellen Toleranz der Syrer gegenüber regionalen Kulten und Gebräuchen stand, und ein solches Edikt zum anderen von keinem zeitgenössischen nichtjüdischen Autor erwähnt wird (zur späteren judenfeindlichen Rezeption vgl. Diodor XXXIV 1,3 sowie Tacitus, *Hist.* V 8,2). Der Erzähler stellt die gottesfürchtigen Gerechten, denen allein er den Ehrentitel »Israel« zugesteht (V 53.58.62; vgl. V 64), sowohl dem syrischen König als auch den hellenistisch geprägten fremden »Völkern« (V 41) und den modernistischen judäischen »Apostaten« (V 43.52) als gemeinsamen Exponenten des Bösen gegenüber (vgl. V 15). Auffällig ist dabei die gehäufte Verwendung von Pronomina, welche in kontrastierender Weise die Homogenität der einander gegenüberstehenden Gruppen betonen (vgl. 2,18 f.; Gen 11,6; Dan 3,1–7). Die besonders drastische Schilderung der syrischen Gewaltaktionen gegen das judäische Volk dient der (narrativ motivierenden und rechtfertigenden) Vorbereitung der im nachfolgenden Erzählkontext dargestellten »eifernden« Reaktion des Mattathias und seiner fünf Söhne (vgl. 2,15–28). In 2 Makk 6,1–7,42 werden die Angriffe gegen die frommen Judäer zum Anlass genommen, ihre unerschütterliche Glaubenstreue anhand einer Reihe individueller Martyrien in exemplarischer Weise zu veranschaulichen. In der Nacherzählung des Flavius Josephus (Ant. XII 253–256; vgl. Bell. I 34 f. sowie bRosch ha-Schana 18b; Sefer Josippon 13,20–29; 15,1 [*Flusser*]) wird der Erzählfaden des Buches nach 1,64 durch den Einschub des Samaritanerreferats (Ant. XII 257–264) unterbrochen.

V 41–43 Erneut verknüpft die anfängliche Nennung des »Königs« (vgl. V 20.29) den Abschnitt mit dem vorangehenden Kontext. Der rahmenden Notiz seines »reichsweiten« Edikts folgt die Wiedergabe dessen (den Bestrebungen der hellenistisch gesinnten Judäer entsprechenden; vgl. V 11–15) angeblichen Inhalts in indirekter Rede. Die chiastische Struktur der konzisen Darstellung des »Ausgangszustands« der makkabäischen Erhebung (bzw. des negativen Gegenbildes der später von den Hasmonäern erreichten Autonomie) in V 41 f. entspricht der Bedeutsamkeit der Aussage für den Erzähler; die dreifache Verwendung des Ganzheitsausdrucks πᾶς (»alles«) soll dabei das Heldentum der frommen Rebellen unterstreichen und zugleich die Totalität des von dem syrischen Monarchen in hybridem Stolz behaupteten, implizit »göttlichen« Machtanspruchs akzentuieren (vgl. Ez 36,23; 37,28;

39,23). Das harte Urteil in V 43 will in gleichsam dualistischer Weise beispielhaft deutlich machen, dass jede Hinwendung eines Judäers zur hellenistischen Denk- und Lebensweise (vgl. V 11–15) bzw. die mit dem Loyalitätserweis gegenüber dem fremden König einhergehende Relativierung des traditionell sämtliche Lebensbereiche betreffenden Geltungsanspruchs der Toragebote die illegitime kultische Verehrung fremder Götter (und Menschen; die Deutung des Ausdrucks λατρεία αὐτοῦ [»seine Verehrung«] als *Genitivus subjectivus* oder *Genitivus objectivus* erscheint hier absichtlich offen) und den schändlichen Bruch der (identitätstiftenden; vgl. V 39) Sabbatheiligung bedeutet und somit in unbedingter und unwiderruflicher Weise aus dem idealen »Israel« herausführt.

Der Teilabschnitt enthält den Inhalt des fiktiven königlichen Edikts (vgl. *Weitzman* 2004, 234), dessen ausführliche Wiedergabe der hohen Relevanz seines Inhalts im Rahmen des gesamten Erzählverlaufs entspricht. Einleitend gerahmt durch die Angabe von Verfasser, Vollzug der Sendung und Adressaten (vgl. V 51a; zum Motiv der reichsweiten Verbreitung des Schreibens vgl. Est 1,20.22; 3,12–15; Dan 3,1–7) enthält der eigentliche Briefinhalt eine katalogartige Auflistung von radikalen Bestimmungen hinsichtlich der erzwungenen Einführung »fremder« paganer Kultformen in Judäa und hinsichtlich des Verbots zentraler Merkmale der traditionellen jüdischen Religion (vgl. 10,34). Die in V 45 beginnende, detaillierte Aufzählung zahlreicher mit dem Jerusalemer Tempel verbundener Opferarten und Festtage, deren sofortige Abschaffung der gottlose König fordert, gibt kaum den zeitgenössischen syrischen Blickwinkel auf den Kult der Provinzbewohner wieder, sondern entspricht dem besonderen Kenntnisstand bzw. der Binnenperspektive sowohl des Erzählers als auch der von den Makkabäerbrüdern bekämpften syrerfreundlichen und hellenisierten Opposition, zu deren »Programm« offenbar die – bereits in V 11–15 thematisierte – Beseitigung aller abgrenzenden performativen Identitätsmerkmale des Judentums als Kultgemeinschaft gehörte (vgl. Dan 8,11; 9,27; 11,31). Angeführt werden zunächst das im Mittelpunkt des täglichen Opfergottesdienstes im Tempel stehende »Brandopfer« (hebr. עלה; vgl. Lev 1,1–17; 6,1–6), bei dem das Opfertier als Zeichen der Anerkennung der Macht Gottes ganz verbrannt wurde, ohne dass der Spender oder die Priester etwas davon bekamen (lediglich die Haut des Tieres fiel den Priestern zu; vgl. Lev 7,8; Josephus, Ant. III 227), die als Festopfer oder private Heilsopfer dargebrachten »Schlachtopfer« (hebr. זבח; vgl. Ex 18,12; Lev 17,8), von denen sowohl die opfernden Priester als auch die Spender als Zeichen ihrer Gemeinschaft mit Gott einen Großteil erhielten, um sie selbst zu verzehren, sowie das »Trankopfer« (hebr. נסך; vgl. Ex 29,40f.; Num 28,7–29,39) als ehrendes Zeichen der dankbaren rituellen Rückübereignung lebenswichtiger Gaben, die Gott dem Menschen zur Verfügung gestellt hat. Genannt wird sodann die vom Seleukidenherrscher geforderte Entweihung der jüdischen Festtage (ge-

V 44–50

Religionsedikt

meint ist hier das Verbot der rituellen Begehung der drei Wallfahrtsfeste, nämlich Pesach, das Wochenfest Schavuot und das Laubhüttenfest Sukkot [vgl. Ex 23,17; Dtn 16,16; Josephus, Ant. IV 203], der Neumondtage [vgl. Num 28,11–15; Jdt 8,6] und des Versöhnungstags Jom ha-Kippurim [vgl. Lev 16,1–34]) sowie der Sabbattage (vgl. V 39; Ez 20,12 f.16). In V 46 wird das königliche Verbot auf den gesamten traditionellen Tempelkult ausgedehnt (vgl. V 37); die Verwendung der beiden stammverwandten Substantive »Heiligtum« und »Heilige« (gemeint sind hier wahrscheinlich die Priester und Leviten; vgl. Lev 19,2; Num 16,5; 2 Chr 26,18; Sir 45,24) bringt die Totalität der von Antiochos IV. intendierten (und sämtliche notwendigen Kulthandlungen im Tempel unmöglich machenden) »Verunreinigung« zum Ausdruck. Die in V 47 f. aufgezählten Bestimmungen bedeuten die radikale Subversion der jüdischen Religion. Die Errichtung paganer »Altäre, Tempelbezirke und Götzenheiligtümer« in Judäa (die Trias betont die Totalität dieses Vorgangs) stellt einen eklatanten Verstoß gegen den unbedingten (mehrheitlich anikonischen) Monotheismus (vgl. Ex 20,3–6; Dtn 5,7–9) und gegen das deuteronomistische Gebot der Kultzentralisation dar (vgl. Dtn 12,2–18; Josephus, Ap. II 193). Die erzwungene Opferung von Schweinen (dem Erzähler schwebt hier wohl auch der Verzehr von Schweinefleisch bei Opfermahlzeiten vor) widerspricht in demonstrativer Weise dem Gebot von Lev 11,7 f. und Dtn 14,8 (vgl. Jes 66,3; sollte der gesamte Vers als Allusion auf dieses Prophetenwort zu verstehen sein, lassen sich die »unreinen Tiere« in V 47 als Hunde identifizieren [vgl. Lev 11,3 f.]). Von irgendwelchen auf diese widergesetzliche Weise wiederholt oder regelmäßig kultisch verehrten Gottheiten ist nicht die Rede; allein 2 Makk 6,2 gibt an, dass in Jerusalem und Samaria dem olympischen Zeus geopfert werden sollte (vgl. Hieronymus, *Comm. in Dan* 11,31). Mit der Nennung des expliziten Verbots der rituellen Beschneidung neugeborener Knaben, die im Judentum als identitätstiftendes Bundeszeichen gilt (vgl. V 15), kennzeichnet der Erzähler den literarischen Kulminationspunkt der destruktiven Bestimmungen des feindlichen Königs, welcher seinerseits die (gleichsam apotropäische) Wirkung des Beschneidungsritus unterbindet und so die Söhne Israels dem Abfall vom Bund und dem Verderben preisgibt (vgl. Lev 11,43; 20,25). Während V 49 in summarischer Weise die übergreifende Intention des seleukidischen Edikts zusammenfasst (vgl. Apg 6,14), enthält V 50 (dramatisierend hervorgehoben durch die Form der direkten Rede; vgl. 16,21) den abschließenden Hinweis auf die tödlichen Konsequenzen jeglicher Zuwiderhandlung, wodurch sowohl die besondere Glaubenstreue der judäischen Märtyrer (vgl. V 63) als auch der aktive Widerstand des Mattathias (vgl. 2,19–25) in ihrer beispielhaften Bedeutung qualifiziert werden.

Unreine Opfer

V 51–53 Zusammen mit dem formal und inhaltlich parallelen V 44 stellt V 51a eine *Inclusio* dar, die dem Leser die Bedeutsamkeit des fingierten syrischen Edikts signalisiert; der irreale Inhalt von V 51b ist indes als ausführliche narrative Vorbereitung von 2,15–28 zu betrachten (vgl. insbesondere 2,21). Die kurze Digression in V 52 f. konstatiert die verheerenden Auswirkungen des regionalen Edikts auf Judäa und trifft dabei wertende Aussagen über die (anonymen) syrerfreundlichen Hellenisten, welche aufgrund der von ihnen aktiv bewirkten Gesetzlosigkeit sowohl dem Land Judäa als auch den in ihm lebenden Gerechten als dem exklusiven »wahren« Gottesvolk Israel von innen heraus großen Schaden zufügen (vgl. V 9b) und deshalb diesem (nunmehr durch seine Orthopraxie definierten) Volk nicht mehr angehören. V 53b veranschaulicht die prekäre Lage derjenigen Frommen, die sich dem Willen des bösen Königs nicht beugen und deshalb vor seinen Helfershelfern fliehen müssen (vgl. Hebr 11,38). Der Vers stellt zugleich die erzählerische Grundlage von 2,29–41 dar.

V 54–58

Gräuel der Verwüstung

Die ausführliche Datierung in V 54 markiert den Beginn der Ausführung des königlichen Befehls in Judäa (vgl. V 47) und damit auch einen Höhepunkt der Bedrängnis seiner gottesfürchtigen Bewohner (vgl. LevR 13,5 zu 11,2). Der neunte Monat Kislew (hebr. כסלו) im Jahre 145 beginnt im Winter des Jahres 167 v. Chr.; die Datierung entspricht hier der babylonischen Jahreszählung nach der seleukidischen Ära (eine plausible Lösung der chronologischen Schwierigkeiten im 1. Makkabäerbuch besteht darin, insbesondere den Jerusalemer Tempel betreffende Ereignisse der judäischen Geschichte [vgl. 2,70; 4,52; 9,3.54; 10,21; 13,41.51; 14,27; 16,14] gemäß dieser im Ostteil des Seleukidenreiches gebräuchlichen, mit dem traditionellen babylonischen Neujahrsfest *nisannu akitu* synchronisierten und deshalb bereits im Frühjahr 312 v. Chr. beginnenden Zeitrechnung zu datieren; vgl. *Bringmann* 1983, 15–28). Die Errichtung des βδέλυγμα τῶν ἐρημώσεων (»Gräuels der Verwüstung«; der enigmatische griech. Begriff steht in Dan[LXX.Th] 9,27; 11,31; 12,11 [vgl. Mk 13,14; Mt 24,15] für hebr. שקוצים משמם [»verwüstendes Ekel«], kaum wahrscheinlich ist seine Deutung als Verballhornung von בעל שמם [»Himmelsbaal«]) repräsentiert vermutlich keine Installation einer anthropomorphen Kolossalstatue im Jerusalemer Tempel, sondern bedeutet die Errichtung eines architektonischen Aufsatzes zur Darbringung öffentlicher paganer Opfer auf dem umgewidmeten Brandopferaltar im Priestervorhof (*Hengel* 1988, 537 f.). Die Bemerkung von der Aufrichtung weiterer solcher Altäre in den Städten ringsum soll das Ausmaß der seleukidischen Zwangsmaßnahme anzeigen und verknüpft den Teilabschnitt mit seinem narrativen Kontext (vgl. V 51; 2,15–25). In V 55 wird die Darbringung paganer Räucheropfer als Verwirklichung der aufgehobenen Kultzentralisation (vgl. V 47) erwähnt; dabei spielt der Erzähler mittels des Ausdrucks »in den Straßen« auf Jer 44 [LXX 51],17–23 an, wodurch ein impliziter Kausalzusammenhang zwischen der aktuellen Notlage der Judäer und ihren illegitimen Kultpraktiken hergestellt wird (vgl. jedoch auch IMagn 100, col. b, Z. 38–42). V 56 f. realisiert V 49 f. und reflektiert dabei die (aus der »schriftgelehrten« Perspektive des Verfassers des Buches konstitutive) Bedeutung der Tora sowohl für die Gestaltung des gottgefälligen jüdischen Lebens als auch als Basis des Widerstands gegen die aufgezwungene neue Ordnung (der Begriff βιβλίον [»Buch«] bezeichnet hier eine »Buchrolle« [aus Papyrus, Pergament oder Leder]; »Bücher« aus zusammengebundenen und mit einem festen Einband versehenen Einzelblättern waren erst seit dem 1. Jh. n. Chr. und zunächst nahezu ausschließlich im Christentum in Gebrauch). Bemerkenswert ist an dieser Stelle die perspektivisch idealisierende, distinkte Wahrnehmung der Judäer als einer textzentrierten Gesellschaft, die sich durch den privaten Besitz der »Bücher des Bundes« (vgl. Ex 24,7; 2 Kön 23,2; 2 Chr 34,31; Sir 24,2) auszeichnet und die auch bereit ist, für diese Bücher zu sterben (vgl. Dan 11,33). In V 58 wird in summarischer Weise auf die umfassende lokale Verbreitung und auf die Permanenz der »Religionsverfolgung« in Judäa hingewiesen. Wahrscheinlicher als die Annahme einer hinter der Formulierung »Monat für Monat« steckenden erzwungenen monatlichen Loyalitätsbekundung (bzw. verehrenden Kulthandlung) zugunsten des Seleukidenherrschers (vgl. 2 Makk 6,7) oder gar regelmäßig mit diesem Termin verbundener öffentlicher Hinrichtungen erscheint hier die wörtliche Wiedergabe der hebr. Formulierung חדש וחדש (vgl. Est 2,11; 3,4), welche den iterativen Aspekt der Handlung betont (vgl. V 59).

V 59–61 Die zweite ausführliche Datierung innerhalb des Abschnitts in V 59 betrifft den eigentlichen Beginn des paganen Opferbetriebs im Jerusalemer Tempel (vgl. V 47.54). Der mittels des (hier nicht näherhin bestimmten) »Monats« gekennzeichnete, direkte Rückbezug auf V 54 dient der Hervorhebung des historischen Zeitpunkts dieser frevelhaften Aktion, deren (auf den Tag genau drei Jahre später gelungene und als jährlicher Gedenktag im jüdischen Festkalender verankerte) spätere Aufhebung durch die gottesfürchtigen Rebellen (vgl. 4,52–59) die andauernde Unterstützung und Bewahrung der Makkabäerbrüder sowie der nachmalig etablierten Hasmonäerdynastie durch den Gott Israels zum Ausdruck bringt. In V 60f. geht es um die Durchführung des Beschneidungsverbots (vgl. V 48–50 sowie Ex 4,25). Dabei wird dem Leser (in formaler Entsprechung zu V 56f.) die besondere Grausamkeit der gottlosen Feinde Israels mittels überaus drastischer Sprachbilder in grellen Farben vor Augen geführt (vgl. 2 Makk 6,10). Verfolgungen

V 62–64 Angesichts solcher tödlicher Konsequenzen der Weigerung, sich dem König zu fügen, leuchtet der Widerstand »vieler« aus dem Volk Israel nun umso heller hervor. Ihr Entschluss, nichts »Unreines« zu essen (V 62f.), hat freilich keinen Anhalt in dem seleukidischen Edikt, sondern entspricht dem verbreiteten Motiv des unbedingten Verzichts des jüdischen Frommen auf den Verzehr von Speisen, die gemäß den biblischen Bestimmungen (vgl. Lev 11,2–47; Dtn 14,3–21) als unrein gelten (zur hohen Bedeutung der Speisegebote als jüdisches Identitätsmerkmal vgl. 2 Makk 5,27; 6,19f.; 7,1f.; Dan 1,8–16; Jdt 12,1f.; Arist 139–171.181–186). Der lakonische Hinweis auf das »Sterben« dieser Frommen kehrt ihre unbeugsame Bereitschaft hervor, den »heiligen Bund« unter keinen Umständen zu missachten. Der bewertende Erzählerkommentar in V 64 markiert einen deutlichen Abschluss des Erzählabschnitts und greift dabei auf das deuteronomistische Motiv des verdienten »Zorns« Gottes (vgl. 2,49; 3,8; 2 Makk 5,20; 7,38; 8,5; Dtn 13,14–18; 29,21–27; Ri 2,11–14; 3,7f.; 2 Kön 3,27 sowie CD I 5) als einer theologischen Interpretation der dargestellten Notsituation Israels (*Schnocks* 2014, 115) zurück.

Der Aufstand gegen die Verfolger (2,1–70)

Aufbau und Kontext

Auch der kurze zweite Teil des Buches, dessen Inhalt sich als eine programmatische antithetische Gegenbewegung zum ersten Buchteil präsentiert, hat noch einleitende Funktion. Die Hauptperson des erzählten Geschehens ist hier Mattathias, der Vater der Makkabäerbrüder. Sein besonderer »Eifer« (vgl. V 24.26.27.50.54.58) für Tempel und Tora durchzieht dabei als durchgehender Leitbegriff und gleichsam als stellvertretende Verwirklichung des göttlichen Zorns (vgl. 1,64) sowohl die eigentliche Erzählhandlung als auch deren bewertende Deutung durch den Erzähler.

Der zweite Buchteil kann in fünf Abschnitte eingeteilt werden:

2,1–14: Mattathias und seine Söhne
2,15–28: Der Aufstand des Mattathias
2,29–41: Der Kampf am Sabbat
2,42–48: Erste Erfolge der Aufständischen
2,49–70: Vermächtnis und Tod des Mattathias

Schematisiert und kontrastreich dargestellt werden drei unterschiedliche Reaktionen der Judäer auf die im vorangehenden Teil behandelten Ereignisse, nämlich Apostasie (vgl. V 23), Rückzug (vgl. V 29–38) oder aktive Gegenwehr (vgl. V 42–48). Die Betonung des engen Konnexes zwischen der (durch letztere verdienstvolle Handlungsmöglichkeit positiv charakterisierten) gottesfürchtigen Rebellengruppe unter der Führung der todesmutigen Priesterfamilie und der Herkunft der späteren Hasmonäerherrscher fungiert hierbei als ein Mittel zur narrativen Fundierung der Herrschaftsrepräsentation dieser jüdischen Dynastie.

Mattathias und seine Söhne (2,1–14)

Text

Übersetzung

2,1 Zu jener Zeit trat Mattathias auf, Sohn des Johannes, des Sohnes Symeons, ein Priester von den Nachkommen Joaribs aus Jerusalem, und er ließ sich in Modeïn nieder. 2 Und er hatte fünf Söhne: Johannes, der den Beinamen Gaddi trug, 3 Simon, genannt Thassi, 4 Judas, genannt Makkabaios, 5 Eleazar, genannt Avaran, Jonathes, genannt Apphus. 6 Und als er die Lästerungen sah, die in Juda und Jerusalem geschahen, 7 sprach er: Ach, warum wurde ich dazu geboren, die Vernichtung meines Volkes zu sehen und die Vernichtung der so heiligen Stadt, und dort zu sitzen, während sie in die Hand der Feinde fiel, das Heiligtum in die Hand der Gegner? 8 Ihr Tempel ist wie ein verachteter Mann geworden, 9 ihre herrlichen Gerätschaften wurden als Beute weggebracht, ihre Kinder wurden auf ihren Straßen getötet, ihre jungen Männer durch das Schwert des Feindes. 10 Welches Volk erhielt nicht Anteil an ihrem Schatz und bemächtigte sich nicht ihrer Beute? 11 All ihr Schmuck wurde weggenommen; anstatt einer Freien wurde sie zur Sklavin. 12 Und siehe, was unser Heiligtum und unsere Schönheit und unser Ruhm war, das wurde verwüstet, und die Völker entweihten es. 13 Wozu sollten wir noch leben? 14 Und Mattathias und seine Söhne zerrissen ihre Gewänder, legten Bußkleider an und trauerten sehr.

Zu Text und Übersetzung

V 6: Subjekt des Satzes ist Mattathias.

V 7: Die von der Mehrzahl der Handschriften bezeugte attributive Wortstellung τῆς πόλεως τῆς ἁγίας (»der so heiligen Stadt«) fehlt bei א 311 und *Rahlfs*. Statt des Infinitivs καθίσαι lesen lat. und syr. Textzeugen sowie *Kappler* die finite Form ἐκάθισαν (»und sie saßen dort«).

V 8: Da im biblischen Hebräisch aus dem unmittelbaren Zusammenhang ohne Weiteres verständliche Satzteile mitunter ausgelassen werden können (vgl. 1 Sam 20,16; Jes 51,19 u.ö.), lässt sich ἐγένετο ὁ ναὸς αὐτῆς ὡς ἀνὴρ ἄδοξος (»ihr Tempel ist wie das Haus eines verachteten Mannes geworden«) als Wiedergabe von hebr. ביתה כ [בית] איש נבזה verstehen (anders SyI z.St.). Die Lesart λαὸς αὐτῆς (»ihr Volk«; so 93 311 La^{LXG}) ist eine sekundäre Angleichung an V 7.

Analyse und Auslegung

Mit dem Priester Mattathias und seinen fünf Söhnen werden in dem Abschnitt zunächst die wichtigsten Protagonisten der weiteren Erzählhandlung des Buches vorgestellt. In kontrastierender Weise akzentuiert die ausführliche feierliche Nennung ihrer Namen dabei sowohl ihre Äquivalenz gegenüber den in 1,1.10.18 genannten hellenistischen Herrschern als auch ihre Differenz gegenüber den in 1,11–15.52 (vgl. V 23) anonym erwähnten judäischen Apostaten. Sodann wird dem Vater der Makkabäerbrüder ein ausführliches Klagelied in den Mund gelegt, in welchem die perspektivische Wahrnehmung und Bewertung der über das Volk der Judäer hereingebrochenen Verfolgungen durch den Erzähler in bildhafter Weise zum Ausdruck gelangen. Beide Elemente des Abschnitts fehlen im 2. Makkabäerbuch und finden auch im Werk des Josephus (Bell. I 36; Ant. XII 265–267) nur knappe Erwähnung.

V 1–5 Das einleitende temporale Struktursignal in der traditionsgebundenen Diktion biblischer Geschichtswerke (»zu jener Zeit«) verbindet den Abschnitt in unbestimmter Weise mit dem vorangehenden Kontext und lenkt den Blick unvermittelt auf die Person des Mattathias (hebr. מתתיה bedeutet »Gabe JHWHs«), auf seine patrilineare Ahnenreihe, auf sein Priestertum und auf seinen Wohnort. Seine Einführung in V 1 bildet gemeinsam mit der Mitteilung seines Todes in V 70 einen Rahmen um das dazwischenliegende erzählte Geschehen. Die Angabe seiner familiären Herkunft (vgl. 14,29) reflektiert die hohe Bedeutung der Genealogie für die Beurteilung einer Person im antiken Judentum; wenn die (auf seine eigene Anerkennung zielende) Bemerkung des jüdischen Historikers Flavius Josephus über die herausragende Stellung der Priesterklasse Joarib (hebr. יהויריב [Jehojarib]; vgl. Josephus, Vit. 1 f. sowie 1 Chr 9,10; 24,7; anders Neh 11,10; 12,6.19 [vgl. auch *Spiro* 1953, 104–106 mit Anm. 29]) ihrem gesellschaftlichen Rang bereits zur Zeit der Entstehung des Buches entspricht, wird Mattathias hier durch seine Abstammung in legitimierender Weise als ein prominenter Angehöriger des Jerusalemer Priesteradels ausgewiesen, der allerdings nicht dem hohenpriesterlichen Geschlecht der Zadokiden angehört (anders der Targum zu Hld 6,6 f.). Der erst bei Josephus begegnende Familienname »Hasmonäer« (Bell. I 19; vgl. mMiddot I 6; bSchabbat 21b; bBava Qamma 82b) wird von dem antiken jüdischen Schriftsteller dadurch begründet, dass er Mattathias in Bell. I 36 als einen »Sohn des Asamonaios« bezeichnet (vgl. Ant. XII 265, wo er als Urenkel des des angeblichen Dynastiegründers Asamonaios [Hasmon] erscheint [wahrscheinlicher ist ein Zusammenhang mit dem Ort Cheschmon; vgl. Jos 15,27]; den Geschlechtsnamen »Makkabäer« kennt Josephus offenbar nicht). Die dynastische Bezeichnung »Hasmonäer« begegnet indes weder im 1. noch im 2. Makkabäerbuch. Die Nennung der (ca. 28 km nordwestlich von Jerusalem gelegenen) Siedlung Modeïn, von wo Mattathias zwei Mal im Jahr zur Verrichtung seines einwöchigen Priesterdienstes im Jerusalemer Tempel aufbricht (vgl. Lk 1,8 f.), stellt einen Vorverweis auf die hohe Bedeutung des später dort errichteten Sepulkraldenkmals der Hasmonäerdynastie als identitätstiftendes Memorialzentrum dar (vgl. 13,25–30), welches ihre andauernden Status- und Machtansprüche in legitimatorischer Weise veranschaulicht

Protagonisten

(vgl. 2,70; 9,19; 13,29f.). Zugunsten der Annahme, dass der Priester Mattathias im Kontext des 1. Makkabäerbuches eine fiktive Erzählfigur ist, kann angeführt werden, dass seine wichtigsten narrativen Funktionen hier in der grundlegenden Kennzeichnung der antihellenistischen Erhebung als einer »Familienaktion« und in der Vorbereitung der späteren dynastischen Sukzession des hasmonäischen Herrscherhauses bestehen, zumal weder das 2. Makkabäerbuch noch andere zeitgenössische Quellen etwas über ihn zu berichten wissen und auch die vielfach erweiterte Paraphrase des Josephus in diesem Punkt literarisch abhängig vom 1. Makkabäerbuch ist. Die Aufzählung der Söhne des Mattathias in V 2–5 scheint nach ihrem Lebensalter geordnet zu sein; sie entspricht sichtlich nicht der Abfolge ihres Erscheinens als Protagonisten der Erzählung. Jeder von ihnen wird sowohl mit seinem traditionellen Personennamen als auch mit seinem (besondere individuelle Taten und Eigenschaften wohl posthum würdigenden) Beinamen vorgestellt. Vorangestellt ist Johannes (vgl. 9,35–42; hebr. יוחנן bedeutet »JHWH ist gnädig«), dessen Beiname »Gaddi« vielleicht mit hebr. גדי (»mein Glück«; vgl. Gen 30,11; Num 13,11; 2 Kön 15,14.17) zusammenhängt. Besonders unklar ist Simons (vgl. 13,1–16,16; hebr. שמעון bedeutet »[Gott] hat erhört«) Beiname »Tassi«, der sich allenfalls aus hebr. תסי (Verschreibung von hebr. תמי »mein Vollkommener«) ableiten ließe. »Makkabaios«, der Beiname des Judas (vgl. 3,1–9,22; hebr. יהודה geht auf den Namensgeber des israelitischen Stammes Juda zurück [vgl. Gen 29,32–30,24]), welcher später auf die gesamte Hasmonäerfamilie und ihre Anhänger ausgeweitet wurde, leitet sich möglicherweise von hebr. מקבת oder aram. מקבא (»Hammer«) her (vgl. Sefer Josippon 15,56 [*Flusser*]: מכביי). Als spekulativ abzulehnen ist die Bezugnahme auf die hebräische Wortfolge der rhetorischen Frage מי כמכה באלם יהוה (»Wer ist wie du unter den Göttern, JHWH?«; vgl. Ex 15,11), deren Anfangsbuchstaben den Begriff מכבי ergeben. »Avaran«, der Beiname des Eleazar (vgl. 6,40–47; hebr. אלעזר bedeutet »Gott hat geholfen«), könnte auf hebr. חורן (»der Blasse«; vgl. Ez 47,16.18) oder auf hebr. עורן (»der Kampfbereite«; vgl. Num 26,36) beruhen; »Apphus« schließlich, der Beiname des Jonathes bzw. Jonathan (vgl. 9,23–12,53; hebr. יהונתן bedeutet »JHWH hat gegeben«), könnte mit hebr. חפוץ (»Liebling«) in Verbindung stehen.

Die negative Bewertung der in 1,11–24.39–35.41–63 erzählten Vorgänge V 6–13
Klage über Israel
durch Mattathias (vgl. Ez 35,12) leitet das folgende individuelle Klagelied über das Schicksal des (im 1. Makkabäerbuch durchweg ethnisch definierten) Gottesvolkes in motivierender Weise ein und verknüpft es zugleich mit dem vorangehenden Kontext. Die Formulierung »Juda und Jerusalem« lehnt sich offensichtlich an die biblische Tradition an (vgl. 2 Chr 20,17; 28,10; Esra 4,6; 5,1; Joel 4,1; Mal 3,4). Das Thema des in direkter Rede und (insbesondere in V 8–11) in gebundener Sprache in der poetischen Form des *Parallelismus membrorum* formulierten, ebenso bild- wie kon-

trastreichen Abschnitts sind die schlimmen Folgen der feindlichen Bedrohung der (hier als gedemütigte Frau personifizierten) Stadt und ihres Heiligtums für die gottesfürchtigen Bewohner Jerusalems (vgl. Klgl 1,1 ff.; Ps 74 [LXX 73],2–8; Jer 15,10–21; Nah 3,1–17 sowie 4 Esra 10,20–24). Die verwendeten Metaphern dienen durchweg der Evaluation des erzählten Geschehens im Verstehensprozess des gedachten Lesers; sie haben somit vor allem eine persuasive Funktion. Dabei korrespondieren zum einen die dem trauernden Mattathias in den Mund gelegte klagende Eröffnungsrede und seine folgende Vermächtnisrede (V 49–68) und zum anderen seine (die Anteilnahme des Lesers provozierenden) rhetorischen Fragen nach der Sinnhaftigkeit eines Lebens im Angesicht der gegenwärtigen Not in V 7 und 13 (vgl. Hiob 3,3). Der konventionelle bildhafte Vergleich des Heiligtums mit dem »Haus eines verachteten Mannes« (s. o.) überträgt das soziale Konzept der entehrenden Schande auf den Wirklichkeitsraum des Tempelkults (vgl. Jer 51,51). Während V 9a rückblickend auf die Beraubung des Heiligtums durch die Syrer Bezug nimmt (1,21–24; vgl. Ez 7,21 f.; Klgl 4,1 f.), beklagt V 9b in drastischen Worten die Ermordung zahlreicher Judäer (1,24.57–63; Jer 4,31; Ez 7,23; Klgl 2,11.21; 4,7–10). In Form einer weiteren rhetorischen Frage wird in V 10 der Überfall durch das polyethnische syrische Söldnerheer (vgl. 2 Makk 8,9) zum Sinnbild der umfänglichen Bedrohung des Gottesvolkes durch alle fremden Völker ringsum stilisiert. In V 11 wird der bildspendende Bereich von der fundamentalen Statusdifferenz zwischen der freien und der leibeigenen Frau bestimmt; ihre projizierten Attribute (Freiheit, Schönheit, Besitz) bzw. deren Verlust markieren die massive Statusreduktion der personifizierten Gottesstadt. Die Metapher enthält zugleich eine sinnstiftende Allusion auf Jer 2,31 f. und Klgl 5,16, wo das Gottesvolk mit einer geschmückten Braut und die Katastrophe der Zerstörung des Tempels mit dem selbstverschuldeten Verlust ihres kostbaren Schmucks verglichen werden (vgl. Ex 33,5 f.). Die in V 12 mit einer (Aufmerksamkeit erregenden) Interjektion eingeleitete, bilanzierende Aufzählung sämtlicher einschneidender Folgen der Entweihung des Heiligtums für das Gottesvolk (vgl. Jes 64,10 f.; Klgl 1,10; Dan 11,31–33; die dreimalige Verwendung des Possesivpronomens in der 1. Person plural involviert auch an dieser Stelle den Leser) mündet in die abschließende (ebenfalls in der 1. Person plural formulierte und eine negative Antwort implizierende) rhetorische Frage nach der Berechtigung, die beklagten Lästerungen weiter tatenlos mitanzusehen (vgl. V 7).

V 14 Die ausführliche narrative Darstellung der von Mattathias und seinen Söhnen im Anschluss an sein Klagelied gemeinsam vollzogenen Selbstminderungsriten (rituelles Einreißen der Bekleidung als Zeichen des unwiderbringlichen Verlustes; Anlegen eines schmucklosen und rauhen Obergewandes als demonstrativer Ausdruck der Demut vor Gott; vgl. Gen 37,29.34; 2 Sam 3,31; 1 Kön 21 [LXX 20],27; Neh 9,1–3; Jona 3,5 f.; Est 4,1) Trauer der Frommen dient der Veranschaulichung ihrer einmütigen Trauer über das Schicksal von Tempel, Stadt und Gottesvolk (vgl. 14,4–15). Sie ersetzt an dieser Stelle die am Ende eines Klagelieds übliche Bitte des Beters an Gott um sein rettendes Eingreifen, weist zurück auf V 1–5, unterstreicht die Handlungseinheit der Protagonisten in ihren festgelegten Rollen (vgl. V 16–18.20–22.28.49), und akzentuiert somit auch die in der nachfolgenden Erzählhandlung realisierte, unlösbare Verbindung zwischen der Hasmonäerdynastie und dem zähen Kampf um die Freiheit des Gottesvolkes.

Der Aufstand des Mattathias (2,15–28)

Text

Übersetzung

*15 Und die Gesandten des Königs, die den Abfall erzwingen wollten, kamen
in die Stadt Modeïn, damit die Bewohner Opfer darbrächten. 16 Und viele
von Israel gingen zu ihnen hin. Auch Mattathias und seine Söhne nahmen
an der Versammlung teil. 17 Und die vom König Gesandten erhoben die
Stimme und sprachen zu Mattathias: Du bist ein angesehener und einfluss-
reicher Oberster in dieser Stadt und wirst von Söhnen und Verwandten un-
terstützt. 18 Nun gehe als Erster hin und führe den Befehl des Königs aus,
wie es alle Völker und die Männer Judas und die in Jerusalem Gebliebenen
getan haben, und du und deine Söhne werdet zu den Freunden des Königs
gehören, und du und deine Söhne werdet mit Silber und Gold und vielen
Geschenken geehrt werden. 19 Mattathias aber antwortete und sprach mit
lauter Stimme: Auch wenn alle Völker, die sich im Bereich der Herrschaft
des Königs befinden, ihm gehorchen, indem jeder vom Gottesdienst seiner
Väter abfällt, und sie sich für seine Anordnungen entscheiden, 20 werden
ich und meine Söhne und meine Brüder im Bund unserer Väter wandeln.
21 Der Himmel bewahre uns davor, Gesetz und Gebote aufzugeben! 22 Den
Worten des Königs werden wir nicht gehorchen, dass wir von unserem Got-
tesdienst abwichen nach rechts oder links! 23 Aber kaum hatte er diese Re-
de beendet, da ging ein jüdischer Mann vor den Augen aller hin, um auf
dem Altar in Modeïn gemäß dem Befehl des Königs zu opfern. 24 Und Mat-
tathias sah es, und er ereiferte sich, seine Nieren erbebten und zu Recht ließ
er seinem Zorn freien Lauf. Er sprang vor und schlachtete ihn am Altar ab.
25 Zugleich tötete er den Mann des Königs, der das Opfer erzwingen wollte,
und riss den Altar nieder. 26 Und er ereiferte sich ebenso für das Gesetz, wie
es Phinees gegen Zambri, den Sohn Saloms, getan hatte. 27 Und Matta-*

thias rief mit lauter Stimme in der Stadt aus: Jeder, der sich für das Gesetz ereifern und den Bund aufrechterhalten will, folge mir nach! 28 Und er und seine Söhne flohen in das Gebirge und ließen alles, was sie besaßen, in der Stadt zurück.

Zu Text und Übersetzung

V 15: Zur Wendung οἱ παρὰ τοῦ βασιλέως (»die Gesandten des Königs«) vgl. 9,44.58 sowie Mk 3,21 und 1 Clem 12,4.

V 17: Die Wendung καὶ ἀπεκρίθησαν καὶ εἶπον (»und sie erhoben die Stimme und sprachen«) entspricht der hebr. Phrase ויענו ויאמרו (vgl. V 19; 8,19; 13,8; 15,33 sowie Sach 3,4; 4,6 u.ö.). Zur Übersetzung von ἀδελφοί (»Verwandte«; wörtl. »Brüder«) als Wiedergabe von hebr. אחים vgl. Gen 31,32; Ri 9,5.18; 2 Sam 19,13.

V 18: Innerhalb des vertikal ausdifferenzierten seleukidischen Hoftitelsystems, das der Verfasser des Buches allerdings nur ungenau zu kennen scheint, bezeichnet die Wendung φίλος τοῦ βασιλέως (»Freund des Königs«) einen hochrangigen Vertrauten des Königs mit beratenden und administrativen Aufgaben, dem diplomatische und (z.Zt. des Antiochos IV.) auch militärische Missionen übertragen werden konnten.

V 21: Zur kontextbedingten Übersetzung von ἵλεως (hier: »der Himmel [d.h. Gott] bewahre uns«) als Wiedergabe der hebr. Beteuerungsformel חלילה לי vgl. Gen 44,17; 1 Sam 14,25; 2 Sam 20,20; 23,17; 1 Chr 11,19 u.ö.).

V 24: Der Ausdruck κατὰ τὰ κρίμα (»zu Recht«) entspricht hebr. כמשפט (2 Kön 11,14; 17,33 f.; 2 Chr 4,7.20; 30,16; Neh 8,18). Die Übersetzung von σφάζω (hier: »abschlachten«) entspricht der bibl. Opferterminologie (vgl. 1,1; Gen 22,10; Ex 12,6; Lev 1,5; 17,3 u.ö.).

V 27: Die gemeinsame Nennung von νόμος (»Gesetz«) und διαθήκη (»Bund«) entspricht 2 Sam 8,15; 1 Kön 10,9; Jer 22,15; 23,5 (LXX 33,14); Ez 33,14 u.ö. Zu ἱστῶν διαθήκην (»den Bund aufrechterhalten«) als wahrscheinliche Entsprechung von hebr. הקים ברית vgl. Dtn 8,18; 9,5; Jer 34,18; Sir 44,20.

Analyse und Auslegung

In einer mittels kontrastierender Wechselreden und unter Verwendung traditioneller sprachlicher Formen erkennbar stilisiert gestalteten Szene, die anknüpfend an 1,51 f. von der Einzelaktion des Mattathias als eigentlichem Anlass und Ausgangspunkt der makkabäischen Erhebung erzählt, veranschaulicht der Abschnitt in bewertender Weise den unversöhnlichen Gegensatz zwischen dem ehrenwerten Mattathias, seinen Söhnen und seinen frommen Gefolgsleuten als »eifernde« Streiter (vgl. V 23) für Bund, Gesetz und Gottesdienst (bzw. für die traditionsgebundene Ideologie des exklusiven Monotheismus) auf der einen Seite und dem verdammungswürdigen Seleukidenkönig, seinen Mandataren und den judäischen »Apostaten« als ruchlose Förderer paganer Kultstätten und Kultpraktiken in Judäa (bzw. kultureller und religiöser Assimilation) auf der anderen Seite (vgl. Josephus, Ant. XII 268–271 sowie Hippolyt, *Comm. in Dan* 4,42). Mit V 28 (vgl. 2 Makk

5,27) setzt die parallele Darstellung der Geschehnisse im 2. Makkabäerbuch ein.

Die Einführung der Beauftragten des Antiochos IV. Epiphanes, die den Bewohnern Modeïns die – vom Erzähler als ἀποστασία (»Abfall«; vgl. 2 Chr 29,19; Jer 2,19 sowie Apg 21,21) gekennzeichnete – aktive Teilnahme an öffentlichen Opferdarbringungen zugunsten fremder Gottheiten abnötigen wollen, nimmt Bezug auf den im Vorangehenden angeführten Befehl des Seleukidenherrschers (vgl. 1,47.51) und leitet den folgenden Konflikt ein. Das Fehlen einer konkreten Beschreibung der paganen Kulthandlungen (bzw. der hierdurch verehrten Gottheiten) schafft dabei eine narrative Leerstelle, welche die Eintragung unterschiedlicher Ausdrucksformen und Objekte nichtjüdischer Religiosität durch den Leser ermöglicht. V 16 legt die Deutung des erzählten Geschehens als von den Syrern einberufene Versammlung der judäischen Einwohner Modeïns nahe; dabei werden »viele von Israel« (vgl. 1,43) und »Mattathias und seine Söhne« einander kontrastierend gegenübergestellt. Die an Mattathias gerichtete, in ihrer einleitenden Rahmung in V 17a als besonders eindringlich gekennzeichnete direkte Rede der syrischen Gesandten (V 17b.18) spricht zunächst dessen besondere soziale Stellung in Modeïn an, fordert ihn sodann dazu auf, es »allen« fremden Völkern (vgl. 1,41 f.) und den (nicht vor den Angreifern aus Jerusalem geflohenen; vgl. 1,53) »fremd gewordenen« judäischen Befürwortern der syrischen Hellenisierungspolitik gleichzutun und vorbildhaft zu opfern, und bietet ihm schließlich – im Falle seines Einverständnisses – seine statusrelevante öffentliche Erhebung in eine exklusive Position innerhalb der seleukidischen Provinzialverwaltung sowie zahlreiche wertvolle Geschenke als symbolhaften Ausdruck der Reziprozität bzw. der durch seine persönliche Kooperation begründeten Allianz an (vgl. 10,20.60–65.89; 12,43 f.; 15,26 f.; Dan 2,6 sowie 2 Makk 3,2; 7,24).

V 15–18

erzwungene Opfer

Die ebenfalls durchweg in direkter Rede formulierte, entschiedene Weigerung des Mattathias, auf die Offerte der Syrer einzugehen (zur einleitenden Rahmung vgl. V 27), kommt in der demonstrativen Zurückweisung der ihm angebotenen Ehrungen und Geschenke zum Ausdruck, was deren Geber sichtlich entehrt. Der programmatische Konzessivsatz in V 19 f. stellt Königsgebot und Gottesgesetz in unversöhnlicher Weise gegenüber (vgl. Jos 24,15; 2 Makk 7,30); wer dem Seleukidenherrscher und seinen Mandataren gehorcht, der fällt unweigerlich von der Religion der Väter ab und bricht den Bund, den Gott mit ihnen geschlossen hat (vgl. V 50; 4,10; 2 Makk 8,15). Während V 21 die Standhaftigkeit des Mattathias, seiner Söhne und seiner Anhänger mit ihrer Gewissheit des andauernden Beistands Gottes verbindet, spielt ihre (betont in der 1. Person plural formulierte) explizite Weigerung, der Anordnung des Königs Folge zu leisten (V 22), auf Dtn 5,32 f. an (vgl. Dtn 17,10 f.; Jub 23,16).

V 19–22

»Eifer«

Die erzählten Ereignisse folgen nun in rascher Abfolge aufeinander. Die

V 23–26

Bereitschaft eines (anonymen; vgl. 1,11–15.52) Judäers zur öffentlichen Opferhandlung auf dem in Modeïn errichteten Altar (vgl. 1,47.54) ist bereits dadurch als besonders verwerflich gekennzeichnet, dass sie unmittelbar an die Rede des Mattathias anschließt. Der in prompter Reaktion auf den Anblick dieser Apostasie entbrennende »Eifer« des Mattathias bezeichnet als Schlüsselbegriff des Kapitels (vgl. V 26f.50.54.58) keine bestimmte psychologische oder ethische Kategorie, sondern einen umfassenden Komplex von Gemütsregungen und Handlungen, der an dieser Stelle zudem mit traditioneller Gesetzesterminologie begründet wird. Das Bild vom »Erbeben der Nieren« bedeutet eine besondere affektive und mentale Erschütterung; das paarig angelegte Organ gilt in der biblischen Tradition als Sitz des Gewissens und des ethischen Urteilsvermögens (Ps 16 [LXX 15],7; 73 [LXX 72],21; Jer 12,2 u.ö.); dem konkreten Wirklichkeitsbereich des menschlichen Körpers wird hierbei nach dem Kriterium der Entsprechung ein abstrakter Affekt zugeordnet. Der positiv evaluierende Erzählerkommentar (»zu Recht«; vgl. V 37) stellt die unverzüglich folgende (durch die drastische Wortwahl [»abschlachten«; s.o.] als Spiegelstrafe ausgewiesene) Tötung des abtrünnigen Judäers und des namenlosen königlichen Gesandten (Josephus identifiziert ihn in Bell. I 36 als »Bakchides«, in Ant. XII 270 hingegen als »Apelles«) durch den Initiator des Widerstands (vgl. Dtn 5,7; 13,7–12; 17,2–7) sowie das Niederreißen des paganen Altars (vgl. Ex 34,13; Dtn 12,2f.; 2 Chr 14,4) als rechtmäßigen Ausdruck seines leidenschaftlichen Gesetzeseifers und zugleich als Ausgangspunkt des von seinen Söhnen fortgeführen Kampfes gegen alle inneren und äußeren Feinde des Gottesvolkes dar (vgl. V 44; 3,5–8; 9,73; 14,14). In V 26 werden dieser leidenschaftliche »Eifer« des Mattathias für Bund und Gesetz und (in narrativ vorbereitender Weise) auch das militärisch konnotierte Hohepriestertum seiner Söhne durch den Erzähler in beglaubigender Weise in die Heilsgeschichte Israels eingeordnet (vgl. *Hengel* 2011, 153–179), indem er ihn mit dem Priester Phinees (Phineas), dem Enkel Aarons, parallelisiert (vgl. V 54; tSoṭa VII 17 und bSoṭa 43a identifizieren die Makkabäerbrüder als Nachkommen des Phinees). Mittels der Nennung des Namens »Zambri, der Sohn Saloms« wird dabei eine biblische Geschichte aktiviert (Num 25,1–18), gemäß derer Phinees den abtrünnigen Simeoniter Zambri und die Midianiterin Kasbi auf ihrem gemeinsamen Bettlager mit seinem Speer durchbohrt und tötet, um die gravierende Bedrohung der Identität Israels durch solche illegitimen Verbindungen mit fremdreligiösen Partnern »vor den Augen Moses und der ganzen Gemeinde der Israeliten« abzuwehren, wodurch er zum einen den Zorn Gottes von Israel abwendet und zum anderen die Zusicherung ewiger Priesterwürde erfährt (vgl. die Geschichtsrückblicke in Ps 106 [LXX 105],28–31 und Sir 45,23–25).

27–28 Der augenblicklich nach Abschluss seiner gewaltsamen Aktion in direkter Rede formulierte Aufruf des Mattathias, nun mit ihm aus der Stadt zu flie- Flucht der Frommen hen, um gemeinsam das Gesetz zu bewahren und den Bund aufrecht zu erhalten, provoziert die Entscheidung sowohl der von ihm angesprochenen Erzählfiguren als auch des Lesers (vgl. Ex 32,26). Als Abschluss und Überleitung zum folgenden Erzählabschnitt schildert V 28 die Flucht der aufständischen Judäer ins Gebirge (vgl. V 29 sowie Mt 24,16); die Bemerkung, Mattathias und seine Söhne hätten ihre gesamte persönliche Habe in Modeïn zurückgelassen, betont die konsequente Entschiedenheit ihrer Widerstandsbereitschaft (vgl. ExR 15,6 zu 12,2).

Der Kampf am Sabbat (2,29–41)

Text

Übersetzung

29 Damals zogen viele, die Recht und Gerechtigkeit suchten, hinaus in die Wüste, um sich dort niederzulassen 30 mitsamt ihren Söhnen und ihren Frauen und ihrem Vieh, denn die schlimmen Taten gegen sie wurden zu hart. 31 Und es wurde den Männern des Königs und den Truppen, die sich in Jerusalem, in der Stadt Davids, befanden, gemeldet, dass die Männer, die die Anordnung des Königs verletzten, zu den Höhlen in der Wüste hinausgezogen waren. 32 Und viele eilten ihnen nach und bezogen, nachdem sie sie erreicht hatten, Stellung gegen sie, und an einem Sabbattag stellten sie sich gegen sie zum Kampf auf. 33 Und sie sagten zu ihnen: Nun reicht es! Kommt heraus und handelt gemäß der Anordnung des Königs, dann werdet ihr am Leben bleiben. 34 Sie aber sagten: Weder werden wir herauskommen noch werden wir die Anordnung des Königs ausführen, um den Sabbattag nicht zu entweihen. 35 Und sie gingen sofort zum Angriff über. 36 Sie aber antworteten ihnen nicht und schleuderten weder einen Stein gegen sie noch versperrten sie die Eingänge der Höhlen. 37 Sie sagten: Lasst uns alle in unserer Unschuld sterben! Himmel und Erde bezeugen für uns, dass ihr uns gegen jedes Recht umbringt. 38 Und sie schritten am Sabbat zum Kampf gegen sie, und sie starben mitsamt ihren Frauen und ihren Kindern und ihrem Vieh – etwa eintausend Menschen. 39 Und Mattathias und seine Anhänger erfuhren davon, und sie betrauerten sie sehr. 40 Und es sprach einer zum anderen: Wenn wir alle so handeln wollten, wie es unsere Brüder taten, und nicht gegen die Völker kämpfen, um unser Leben und unsere Rechtsordnungen, dann werden sie uns bald von der Erde vertilgt haben. 41 Und an jenem Tag beschlossen sie: Wir werden gegen jeden kämpfen, der uns am Sabbattag angreift, damit wir nicht alle sterben, wie unsere Brüder in den Höhlen starben.

Zu Text und Übersetzung

V 32: Der Ausdruck ἡμέρα τῶν σαββάτων (»Sabbattag«; vgl. V 34.38.41; 9,34.43 sowie 2 Makk 15,3) entspricht Ex 35,3; Lev 24,8; Num 15,32 f.; Jer 17,21 f.; Ez 46,1.4.

V 35: Subjekt der beiden Sätze sind die Truppen des Antiochos.

V 34: Subjekt des Satzes sind die geflohenen Judäer.

V 39: Der Ausdruck ἕως σφόδρα (»sehr«) entspricht hebr. עד מאד (vgl. 1 Kön 1,4).

V 40: Die Wendung εἶπεν ἀνὴρ τῷ πλησίον αὐτοῦ (»es sprach einer zum anderen«) scheint hebr. ויאמר איש אל רעהו nachgebildet (vgl. 3,43; Ri 6,29; 10,18; 2 Kön 7,3.9; Jdt 7,4). Die Wendung ὑπὲρ τῆς ψυχῆς ἡμῶν (»um unser Leben«; wörtl.: »um unsere Seele«) entspricht hebr. Diktion (vgl. 1,48).

Analyse und Auslegung

Als Einschub in die fortlaufende narrative Darstellung der makkabäischen Erhebung enthält der Abschnitt eine in sich abgeschlossene Märtyrererzählung (V 29–38), die ihrerseits den Beschluss der Aufständischen um Mattathias provoziert, sich fortan auch am Sabbat gegen ihre gottlosen Feinde zu verteidigen (V 39–41), und deren eigentliche Funktion in der Betonung der prinzipiellen Legitimität dieser halachischen Position im Hinblick auf den weiteren Kampf der gottesfürchtigen Rebellen zu bestehen scheint (vgl. Josephus, Ant. XII 272–277; 2 Makk 6,11; Hippolyt, *Comm. in Dan* 4,43 f.; Aphrahat, *Demonstr.* XIII 12).

V 29–30 Der durch das Pronominaladverb τότε (»damals«; vgl. V 42) eingeleitete und lose mit dem vorangehenden Kontext verbundene, neue Handlungszusammenhang schließt zwar durch die vorausgesetzte Fluchtsituation inhaltlich an V 28 an, bezieht sich aber auf eine andere Personengruppe als dieser (vgl. 1,53), was sowohl aus der differenten Zielangabe ihrer Flucht (»Wüste«; vgl. 1 Sam 22,1 f.; 23,14.19; 1 Kön 19,3 f.; Jer 2,2 sowie Hebr 11,37 f.) als auch aus der Erwähnung der Mitnahme ihrer Familien und ihres Viehs in V 30 hervorgeht. Die Charakterisierung der vor den »schlimmen Taten« der Syrer (vgl. 1,9) und ihrer judäischen Verbündeten (vgl. 1,52 sowie Jub 1,12; äthHen 90,7) fliehenden Frommen durch ihr eigentümliches Streben nach »Recht und Gerechtigkeit« (zum Wortpaar vgl. Jes 32,16; Jer 22,15; 23,5; Ez 18,5.27; 33,14.19, Ps 97 [LXX 96],2; Sir 38,33 sowie CD I 2.5; VIII 1 f.) entspricht ihrer Handlungsweise als Ausdruck einer besonders konservativen Auslegung bzw. strikten Observanz der Toragebote.

V 31–38 Der indirekte Botenbericht an die in der Davidstadt in Jerusalem befindliche, syrische Garnison (vgl. 1,33–35) nimmt die Perspektive der Feinde Israels ein und interpretiert die Flucht der frommen Judäer in die Höhlen in der unwegsamen Steinwüste am Westufer des Toten Meeres als strafwürdigen Widerstand gegen die Anordnung des Königs (vgl. 1,41–51.54–61). Kampf am Sabbat

V 32 f. leitet sodann über zum folgenden Aufeinandertreffen der Geflohenen und ihrer Verfolger. Die ausführliche Schilderung des raschen Heranrückens »vieler« feindlicher Soldaten (vgl. V 29) und ihrer Truppenformation dient als retardierendes Moment der Erzeugung von Spannung. Von zentraler Bedeutung für den Erzähler ist die Angabe, dass der Angriff an einem Sabbat stattfindet (vgl. V 34.38; 1,43.45), an dem gemäß der jüdischen Tradition keine Tätigkeiten verrichtet werden dürfen, die nach der geltenden Halacha als »Arbeit« zu definieren sind (vgl. Ex 16,29; 20,8–11; 23,12; 31,13–17; 34,21; 35,2; Dtn 5,12–15; Ez 20,20). Der in direkter Rede formulierte Dialog in V 33 f. dient der besonderen Betonung der unbedingten Bereitschaft der in den Höhlen eingeschlossenen Judäer, sich dem fremden König weder zu ergeben noch gegen seine Soldaten zu kämpfen, sondern in ihren Verstecken auszuharren, selbst in größter Todesgefahr auf jegliche Verteidigung während des Sabbattags zu verzichten, und schließlich in Treue zum Gesetz zu sterben. Eine solche radikale halachische Position hinsichtlich der Sabbatobservanz ist nur in einem Randbereich des antiken palästinischen Judentums belegt (vgl. Jub 50,12 f.; 1QM II 8 f.; CD XII 6 f.; AssMos 9,6 f. sowie Josephus, Ant. XII 4–6; Ap. I 209–211 und Mk 2,27; zum späteren rabbinischen Standpunkt vgl. tSchabbat XV 16; yJoma 45b, 19 ff.; bSchabbat 132a; bJoma 85a/b). Die Verse 35 und 36 enthalten ein weiteres retardierendes Moment (vgl. V 32) und stellen zugleich die aggressive Aktivität der Syrer der völligen Passivität der belagerten Judäer gegenüber. Deren Willensbekundung gewinnt in V 37 in einem emphatischen Aufforderungssatz, in dessen Mittelpunkt der positiv konnotierte Terminus ἁπλότης (»Unschuld«, »Redlichkeit«) steht (vgl. V 60; 1 Chr 29,17; Spr 19,1; Weish 1,1), und in der Exklamation des gottlosen (vgl. Dtn 4,25 f.; 30,19; 31,28; 32,1; Jes 1,2) und widerrechtlichen (vgl. 15,33) Charakters des feindlichen Angriffs Gestalt. Die knappe und nüchterne Notiz vom Angriff der syrischen Soldaten und vom Tod aller belagerten Judäer (vgl. V 30; zur stilisierten Zahlenangabe »eintausend« vgl. 9,49; Ri 9,49; 15,15 f.) schließt den literarischen Martyriumsbericht ab.

Beschluss der Aufständischen

V 39–41

Ein impliziter Botenbericht an Mattathias und seine Anhänger motiviert sowohl ihre solidarische Trauer über die in den Höhlen in der Wüste ermordeten »Brüder« (vgl. 1,25–27) als auch die (als direkte Rede und unter wiederholter Verwendung von Pronomina der 1. Person plural formulierte) Überlegung, dass deren radikale halachische Position keinesfalls als Vorbild eines generellen Verteidigungsverzichts am Sabbat zu betrachten sei, da ein solcher Verzicht das eigene Überleben unmöglich machen würde (vgl. *Batsch* 2005, 263–270). Diese dynamische Auslegung und aktualisierende Applikation der Tora wiederum mündet in den in V 41 formulierten Grundsatzbeschluss, das passive Sterben für den Glauben fortan abzulehnen und das Leben und die Rechtsordnungen des Gottesvolkes wenn nötig auch während des Sabbattags kämpferisch zu verteidigen (vgl. 9,43–49 sowie 2 Makk 15,1).

Erste Erfolge der Aufständischen (2,42–48)

Text

Übersetzung

42 Damals schloss sich ihnen die Gemeinschaft der Asidäer an, tapfere Männer von Israel, ein jeder willentlich dem Gesetz ergeben. 43 Und auch alle, die vor den schlimmen Taten flohen, schlossen sich ihnen an und brachten ihnen Verstärkung. 44 Und sie stellten ein Heer auf und erschlugen die Sünder in ihrer Wut und die Männer, die sich gegen das Gesetz stellten, in ihrem Zorn. Und wer übrig blieb, floh zu den Völkern, um gerettet zu werden. 45 Und Mattathias und seine Freunde zogen umher und rissen die Altäre nieder, 46 und unter Zwang beschnitten sie die Knaben, die noch unbeschnitten waren, so viele sie innerhalb der Grenzen Israels fanden, 47 und verfolgten die Hochmütigen, und das Werk ging unter ihrer Leitung glücklich voran. 48 Und sie bewahrten das Gesetz vor den Völkern und vor den Königen und ließen dem Sünder nicht die Oberhand.

Zu Text und Übersetzung

V 42: Die Wendung συνήχθησαν συναγωγή (»die Gemeinschaft schloss sich an«) imitiert eine hebr. (bzw. bibelgriech.) *Figura etymologica* (vgl. 7,12). Das Personalpronomen αὐτούς (»ihnen«) bezieht sich auf Mattathias und seine Gefährten. Der Ausdruck ἰσχυροὶ δυνάμει (»tapfere Männer«; ebenso ἄνδρες δυνατοί) kann als eine wörtliche Übersetzung von hebr. גבורי חיל bzw. גבורי כח betrachtet werden (vgl. 8,1; Ri 6,12; 1 Sam 9,1; 2 Kön 5,1; 15,20; 24,14; 1 Chr 5,24; 7,2.40; 9,13; 12,26.31; Ps 103 [LXX 102],20 u.ö.).

V 47: Die Bezeichnung der abtrünnigen Judäer als υἱοὶ τῆς ὑπερηφανίας (wörtl. »Söhne des Hochmuts«) ist keine Metapher, sondern entspricht dem Bibelgriechischen bzw. der Diktion des Hebräischen (בני הזדון). Das semantisch polyvalente hebr. Nomen בן bezeichnet hier die Zugehörigkeit (vgl. 4,2; Gen 17,12; Num 17,25; Dtn 25,2; Jer 48,45 u.ö.).

V 48: Zur kontextbedingten Übers. von κέρας (wörtl. »Horn«) vgl. 1 Sam 2,10; Ps 75 [LXX 74],11; 132 [LXX 131],17; Dan 8,20–22; Sir 47,5; 49,5.

Analyse und Auslegung

Der kurze Abschnitt berichtet zunächst vom beständigen Zustrom, den die Aufständischen um Mattathias erfahren, und vom hierdurch bedingten Entstehen einer breiten antiassimilatorischen Sammelbewegung (V 42f.). Im Anschluss daran schildert der Erzähler die ersten militärischen Erfolge der gottesfürchtigen Rebellen bei ihrer Verfolgung der judäischen »Apostaten« und bei der gewaltsamen Durchsetzung des Mosegesetzes in ganz Judäa (V 44–48; vgl. 2 Makk 8,6f.; Josephus, Bell. I 37; Ant. XII 278), wobei er ihren lobenswerten »Eifer« (vgl. V 26f.) in mehreren eingeschobenen poetischen Stücken preist (V 44.47f.).

V 42–44

Wie bereits V 29 durch die allgemeine Zeitbestimmung τότε (»damals«) eingeleitet und dadurch lose mit dem vorangehenden Kontext verbunden, notiert die Erzählung nun zunächst die Beteiligung einer als Ασιδαιοι (»Asidäer«; der Name geht höchstwahrscheinlich auf hebr. חסידים oder aram. חסידיא [»Fromme«] zurück; vgl. 1 Sam 2,9; Ps 12 [LXX 11],2; 16 [LXX 15],10; Ps 30 [LXX 29],5; 31 [LXX 30,]24; 79 [LXX 78],2f.; 149,1; Mi 7,2) bezeichneten Gruppe am gemeinsamen Kampf gegen die Seleukiden und ihre judäischen Parteigänger. Diese in ihrer Lebensführung wohl am biblischen Idealbild eines solchen israelitischen »Frommen« orientierte Gemeinschaft war sicher keine homogene und organisierte »fest umrissene jüdische Partei« (*Hengel* 1988, 319 [mit Verweis auf äthHen 90,6]), sondern eine angesehene, weil besonders gesetzestreue (vermutlich nichtpriesterliche; vgl. 7,13–16) Gruppe von »protopharisäisch« orientierten Judäern (*Nodet* 2007, 82; vgl. PsSal 17,16), die einerseits um eine strikte bzw. demonstrativ konservative Auslegung und Applikation der biblischen Tradition bemüht war, und sich andererseits nicht davor scheute, das eigene Leben im Kampf für diese Tradition aufs Spiel zu setzen (vgl. 2 Makk 14,6). V 43 notiert sodann den Zustrom all derer, die vor den »schlimmen Taten« (vgl. V 30; 1,9.52) der äußeren und inneren Feinde des wahren Gottesvolkes geflohen waren. Da die mit dem Vordringen des Hellenismus verbundene »Modernisierung« der Macht- und Sozialstrukturen in der syrischen Verwaltungseinheit vor allem von der armen bäuerlichen Landbevölkerung als eine deutliche Verschlechterung ihrer bisherigen Lebensverhältnisse wahrgenommen wurde (dies betrifft nicht nur den Verlust der inneren Autonomie und die kognitive Dissonanz zwischen der leidvollen Erfahrung der syrischen Suprematie und der Selbstwahrnehmung als erwähltes Gottesvolk, sondern auch die belastende Effizienz- und Ertragsoptimierung des seleukidischen Fiskalsystems), ist es wahrscheinlich, dass die Beweggründe, sich dem Aufstand der Makkabäerfamilie gegen die Syrer anzuschließen, nicht nur religiöser, sondern auch wirtschaftlicher Natur waren. In gebundener Sprache in der poetischen Form des *Parallelismus membrorum* preist V 44 (wohl in Anlehnung an Jes 13,9) sodann die (bereits geschehene) Ausrottung und Vertreibung der abtrünnigen Judäer durch die Aufständischen um Mattathias (vgl. CD I 12); das ihre »eifernden« Aktionen kennzeichnende Schlüsselwort ὀργή (»Zorn«) bezeichnet in Kap. 1–3 sonst nur den Zorn Gottes (V 49; 1,64; 3,8).

Die Aufständischen sammeln sich

V 45–48

Der Erzähler betont in dem Teilabschnitt die gelungene Aufhebung der wichtigsten provokanten Zwangsmaßnahmen des Seleukidenherrschers durch die gottesfürchtigen Rebellen. Während in V 45 von der Behebung der Verunreinigung des Landes durch das Niederreißen der in ihm errichteten paganen Altäre (vgl. 1,47) die Rede ist, führt V 46 die Beschneidung ausnahmslos aller seit Beginn der Fremdherrschaft über Judäa unbeschnitten gebliebenen Knaben an (vgl. 1,48 sowie Josephus, Ant. XIII 257f.318f.). Der (formal wie V 44 gestaltete) V 47, in dem der Erzähler der Gegenoffensive des Mattathias und der Verfolgung der »hochmütigen« Fremden (vgl. 1,4.21.24) nachträglich Beifall spendet (zum Verb κατευοδόω [»glücklich vorangehen«] vgl. Ps 1,3; 37 [LXX 36],7; 45 [LXX 44],5), und der mit ihm verbundene V 48, in dem die Aufhebung der Unterdrückung des Gesetzes (vgl. 1,49.56f.) poetisches Lob erfährt und die »Heiden« und ihre Könige in pauschalierender Weise mit Sündern gleichgesetzt werden, schließen gemeinsam den Abschnitt ab, indem sie den Leser von der Richtigkeit und Notwendigkeit der Hasmonäerherrschaft überzeugen.

Vermächtnis und Tod des Mattathias (2,49–70)

Text

Übersetzung

49 Und als für Mattathias die Zeit zu sterben nahte, sprach er zu seinen
Söhnen: Nun sind Hochmut und Zurechtweisung mächtig geworden, eine
Zeit der Verwüstung und ein grimmiger Zorn. 50 Nun, Kinder, eifert für das
Gesetz und gebt euer Leben für den Bund unserer Väter. 51 Erinnert euch
an die Werke unserer Väter, die sie zu ihrer Zeit vollbrachten, so werdet ihr
große Ehre und ewigen Ruhm empfangen. 52 Wurde nicht Abraham in der
Erprobung als treu erkannt, was ihm zur Gerechtigkeit angerechnet wurde?
53 Joseph hielt das Gebot in der Zeit seiner Bedrängnis, und er wurde zum
Beherrscher Ägyptens. 54 Unser Vater Phinees empfing den Bund ewigen
Priestertums, weil er großen Eifer bewies. 55 Josua wurde Richter in Israel,
weil er den Auftrag erfüllte. 56 Chaleb empfing Land zum Erbbesitz, weil er
in der Gemeinde Zeugnis ablegte. 57 David erbte den Thron des Königrei-
ches auf ewige Zeiten wegen seiner Frömmigkeit. 58 Elias wurde in den
Himmel erhoben, weil er großen Eifer für das Gesetz bewies. 59 Ananias,
Azarias, Misael wurden aus dem Feuer errettet, weil sie am Glauben fest-
hielten. 60 Daniel wurde aus dem Rachen der Löwen herausgezogen wegen
seiner Redlichkeit. 61 Und so bedenkt von Geschlecht zu Geschlecht, dass
alle, die auf ihn hoffen, nicht unterliegen werden. 62 Und fürchtet euch
nicht vor den Worten des Sünders, denn sein Ruhm verfällt der Fäulnis
und dem Gewürm. 63 Heute wird er erhoben und morgen wird er nicht
mehr gefunden, denn er kehrt zurück in seinen Staub, und sein Sinnen wird
zugrunde gehen. 64 Kinder, seid mannhaft und stark im Gesetz, denn in

ihm werdet ihr geehrt werden! 65 Seht, Symeon, euer Bruder – ich weiß,
dass er ein verständiger Mann ist. Auf ihn hört alle Zeit, er soll euch zum
Vater werden. 66 Und Judas Makkabaios ist ein tapferer Mann von seiner
Jugend an. Er soll euch zum Heerführer werden und den großen Kampf
gegen die Völker führen. 67 Ihr aber sammelt alle um euch, die nach dem
Gesetz handeln, und nehmt scharfe Rache für euer Volk. 68 Zahlt es den
Völkern heim und haltet fest an den Geboten des Gesetzes! 69 Und er seg-
nete sie und wurde zu seinen Vätern versammelt. 70 Und er starb im Jahre
146 und wurde in der Begräbnisstätte seiner Väter in Modeïn beigesetzt,
und ganz Israel hielt eine große Totenklage über ihn.

Zu Text und Übersetzung

V 49: Unter ἐλεγμός (»Zurechtweisung«) ist hier die erziehende Bestrafung durch Gott zu verstehen (vgl. 2 Kön 19,3 [Jes 37,3]; Ps 39 [LXX 38],12; 73 [LXX 72],14; 149,7;).

V 51: Bei einem Teil der Textüberlieferung (א V *l*) sowie bei *Rahlfs* fehlt das Possessivpronomen αὐτῶν (»unsere«) nach πατέρων (»Väter«). Die Wendung ὄνομα αἰώνιον (»ewiger Ruhm«; wörtl. »ewiger Name«) ist wohl Wiedergabe von hebr. שם עולם (vgl. Jes 55,13; 56,5; 63,12). Der Ausdruck δέξασθε δόξαν (»ihr werdet Ehre empfangen«) imitiert eine hebr. (bzw. bibelgriech.) *Figura etymologica* (vgl. PsSal 17,35).

V 54: Die Wendung ἐν τῷ ζηλῶσαι ζῆλον (»weil er großen Eifer bewies«) entspricht der hebr. *Figura etymologica* קנא קנאתי (vgl. V 58; 1 Kön 19,10.14).

V 55: Die griech. Schreibung des Namens Josua (Ἰησους) entspricht hebr. ישוע als Kurzform von יהושע. Zur kontextbedingten Übersetzung von λόγος (»Auftrag«, wörtl. »Wort«) vgl. 1,42 sowie 1 Kön 1,14; 2 Kön 9,5; 2 Chr 36,21; Jer 51 [LXX 28],59 und Kol 1,25.

V 57: Der Begriff ἔλεος (»Frömmigkeit«; vgl. 3,44) entspricht dem hebr. Nomen חסד, das »tätige Gemeinschaftstreue« bezeichnet (vgl. 2 Sam 22,21–25; Neh 13,14; Jer 2,2; Hos 6,6).

V 61: Die Wendung κατὰ γενεὰν καὶ γενεάν (»von Geschlecht zu Geschlecht«) entspricht hebr. לדר ודר (vgl. Ps 33 [LXX 32],11; 49 [LXX 48],12; 61 [LXX 60],7; 79 [LXX 78],13; Klgl 5,19 sowie Lk 1,50).

V 65: An Stelle der in 1 Makk üblichen, verkürzten Schreibung Σιμων (»Simon«; vgl. 2,3; 5,55; 9,19 u.ö.) begegnet allein im Kontext dieser poetischen Passage die vom Autor offenbar als besonders traditionell betrachtete Schreibung Συμεων (»Symeon«; vgl. Gen 29,33; Ex 1,2; 1 Chr 2,1 u.ö.).

V 66: Zum Begriff ἄρχων στρατιᾶς (»Heerführer«) vgl. hebr. שר צבא (vgl. 1 Kön 1,19; 11,15). An Stelle des Ausdrucks πολεμήσει πόλεμον λαῶν (»er soll den großen Kampf gegen die Völker führen«; wörtl. »er soll den Kampf gegen die Völker kämpfen«), der eine (den Verbalbegriff verstärkende) hebr. (bzw. bibelgriechische) *Figura etymologica* imitiert, lesen einige Handschriften (311 La^{V} SyII) πολεμήσει πόλεμον λαοῦ αὐτοῦ (»er soll den großen Kampf für sein Volk kämpfen«).

V 67: Der Ausdruck ἐκδικήσατε ἐκδίκησιν (»nehmt scharfe Rache«; wörtl. »rächt eine Rache«) imitiert ebenfalls eine hebr. *Figura etymologica*.

V 70: Auch die Wendung ἐκόψαντο κοπετὸν μέγαν (»sie hielten eine große Totenklage«) ist als Imitation einer hebr. *Figura etymologica* zu betrachten.

Analyse und Auslegung

Am Ende des ausführlichen Einleitungsteils steht eine lange, paränetisch motivierte Abschiedsrede des Mattathias an seine Söhne (vgl. 1,6–9), in welcher der Erzähler dem Sterbenden das programmatische Kondensat der Ideologie der makkabäischen Erhebung (und der hieraus hervorgehenden Hasmonäerdynastie) in den Mund legt. Vorausblickend und unter Heranziehung einer Reihe (durchweg selektierter und akzentuierter) biblischer Exempla, in denen die besonderen Haltungen und Handlungsweisen prominenter Identifikationsfiguren aus der erinnerten Heilsgeschichte Israels und ihr hieraus folgendes Ergehen (bzw. ihr verdienter göttlicher Lohn) zur Sprache kommen (vgl. Sir 44,1–49,16; 4 Makk 18,11–19 sowie Apg 7,2–53; Hebr 11,1–40; Aphrahat, *Demonstr.* XXIII 54 f.), kennzeichnet der Vater der Makkabäerbrüder die Handlungen und Zielsetzungen seiner Nachkommen durchweg als gottgewollt, gesegnet, schriftgemäß und nachahmenswert (vgl. Josephus, Bell. I 37; Ant. XII 279–285 [ohne biblische Exempla]). Deutlich zu erkennen ist der (gleichsam als Lektüreanweisung für die nachfolgenden Kapitel) legitimierende Zusammenhang zwischen den besonderen Tugenden, die Mattathias den Söhnen auf seinem Sterbebett einschärft (Gottvertrauen, Gehorsam, Bundestreue, Gesetzesfrömmigkeit, Eifer, Mut und Zuversicht), und der – aufgrund ihrer im weiteren Verlauf des Buches ausführlich dargestellten Verwirklichung im erfolgreichen Kampf gegen die Feinde des Gottesvolkes – von der Hasmonäerdynastie letztendlich erlangten und behaupteten Machtposition (Gerechtigkeit vor Gott, königliche und [streitbare] priesterliche Herrschaft; vgl. 14,41–48).

V 49–51 Die formalen Bestandteile des einleitenden Rahmens (vgl. V 69) der Abschiedsrede des Mattathias in V 49a (Todesankündigung, Nennung der Adressaten, Testamentsituation bzw. Versammlung der Söhne um den sterbenden Vater [vgl. Gen 47,29; 49,1 f.; Dtn 33,1; Jos 23,1 f.; 1 Kön 2,1; Tob 14,3 sowie Joh 13,1 f.]), der eine unbestimmte narrative Ellipse vorangeht (vgl. V 42–48), entsprechen der antiken Gattung »Testamentliteratur« (vgl. z. B. TestHiob; AssMos; 4Q 213 f.). Am eigentlichen Beginn der Abschiedsrede in V 49b stehen (in der poetischen Form des *Parallelismus membrorum*) vier negative Aspekte der gegenwärtigen Situation des – hinsichtlich seiner Bundestreue geteilten – Gottesvolkes, nämlich der »Hochmut« seiner Feinde (vgl. V 47; 1,4.21.24), die göttliche »Zurechtweisung« der judäischen Apostaten (s. o.), die »Verwüstung« des Landes, der Stadt und des Tempel durch die Syrer (vgl. 1,21–24.30 f.39) und der »grimmige Zorn« Gottes angesichts der Verfolgung seiner Gerechten (vgl. 1,64; 2,49; 3,8 sowie Num 12,9; 25,4; Klgl 2,3). Der imperativische Aufruf zum todesmutigen Eifer für Gesetz und Bund in V 50 (vgl. V 27 sowie Dtn 4,5–10) weist implizit auf das zukünftige Geschick der Makkabäerbrüder hin (vgl. 6,46; 9,18.36; 13,23; 16,16). Die Mahnung, sich an die tugendhaften »Werke unserer Vä- Abschiedsrede des Mattathias ter« zu erinnern (vgl. Dtn 32,7; Sir 44,1 f.; 3 Makk 2,6; 4 Makk 16,18; an den »Müttern« ist der Verfasser völlig desinteressiert), wird mit der Verheißung von großer Ehre und »ewigem« Ruhm begründet (der zweite der beiden Imperative bringt eine sicher eintretende Folge zum Ausdruck); letztere Metonymie (vgl. Sir 44,8–15 sowie Isokrates, *Philippos* 134 f.) weist auf die im nachfolgenden Makrokontext erzählten Erfolge der Makkabäerbrüder im Kampf gegen ihre Feinde hin (vgl. 5,57; 6,44; 9,10; 13,29) und entspricht zugleich dem dynastischen Herrschaftsanspruch der Hasmonäerfamilie.

Lob der Gerechten Israels

Die rhetorische Frage nach der Belohnung des Gottvertrauens Abrahams in V 52 thematisiert zunächst den vorbildlichen Glaubensgehorsams des Stammvaters Israels bei seiner Erprobung (Gen 22,1–12; vgl. Sir 44,19 f.; Jdt 8,25 f.; Jub 17,15–18) und verknüpft seine Bewährung sodann mit Gen 15,6 nach dem Text der LXX, wo die im Kontext mehrdeutige hebr. Verbform ויחשבה (»er rechnete an«) als *Passivum divinum* (ἐλογίσθη [»es wurde ihm angerechnet«]) übersetzt wird (zur gegenläufigen frühchristlichen Deutung dieser Verknüpfung vgl. Gal 3,6; Röm 4,1–12.22 f. mit Ps 32 [LXX 31],1 f.; Jak 2,23 sowie Mk 15,28par.; Irenäus von Lyon, *Adv. Haer.* IV 5,3–5). Als ein prägendes Vorbild gelebter Ergebenheit gegenüber Gott und seinen Geboten und als wichtige heilsgeschichtliche Identifikationsfigur, an deren Ergehen der Erzähler die unverbrüchliche Treue Gottes gegenüber seinem gottesfürchtigen Frommen aufzeigt (vgl. Neh 9,7 f.), wird Abraham zugleich zum Vorbild für Mattathias, der ebenso wie dieser dazu bereit ist, das Leben seiner eigenen Söhne zu opfern (vgl. 1,50; 2,17–22 sowie Cyprian, *Ad Quirinium* III 15). In V 53 werden die Makkabäerbrüder an den Gehorsam Josephs erinnert, der auch in seiner »Bedrängnis« (vgl. Dtn 28,53.55.57) die Gebote Gottes konsequent bewahrte (Gen 39,7–10; vgl. Jub 39,5–19; Josephus, Ant. II 41–52), und dadurch zu politischer Macht und Ansehen in Ägypten gelangte (Gen 41,40 f.). Die besondere Erwähnung »unseres Vaters« Phinees (vgl. V 26; Num 25,1–18; 4 Makk 18,12; Sir 45,23–25) im »makkabäischen Väterlob« (*Egger-Wenzel* 2006, 141) nimmt in V 54 eine bereits in die Erzählung eingeführte biblische Gestalt in den Blick, die zum einen Priesteramt und »eifernde« Gewaltausübung in prototypischer (und handlungsrelevanter) Weise miteinander verbindet (vgl. 10,15–21) und zum anderen die Machtansprüche der Hasmonäer als legitimer Erben des »Bundes ewigen Priestertums« begründet und rechtfertigt (vgl. Philon, *De spec. leg.* I 54 f.; LibAnt 47,7; zur frühchristlichen Deutung vgl. Apg 22,3; Gal 1,13 f.; Phil 3,5 f.). Die Erwähnung Josuas (der in der biblischen Tradition freilich an keiner Stelle »Richter« genannt wird) in V 55 unterstreicht den Kausalzusammenhang zwischen der treuen und vollständigen Erfüllung des göttlichen Auftrags (Num 27,18–23; Jos 1,1–9; vgl. Sir 46,1–7) und der im Hauptsatz mitgeteilten Einsetzung zum rechtmäßigen Herrscher über das Gottesvolk (vgl. 9,73). Der Name des Stammvaters der V 52–61

Kalebiter (V 56) steht für den engen Konnex von Zuversicht und Gottvertrauen gegen den Augenschein und der belohnenden Zusage dauerhaften Landbesitzes. Weil außer Josua nur der Kundschafter Kaleb sich den »murrenden« Israeliten entgegenstellte und das Volk zur Landnahme ermutigte (Num 14,6–9), bekam er einen exklusiven Landanteil bei Hebron zugesprochen (Num 14,24.30.38; vgl. Jos 14,13f.; Ri 1,20; Sir 46,7–9). Durch das Lemma »Erbe« mit dem Vorangehenden verbunden, assoziiert V 57 die Zusicherung des »ewigen« Bestands des davidischen Geschlechts durch Gott (2 Sam 7,11–16; vgl. Ps 89 [LXX 88],1–53; 132 [LXX 131],11f.; Sir 47,2–11; PsSal 17,4 sowie Hebr 11,32f.) in begründender Weise mit der herausragenden »Frömmigkeit« Davids (s.o.), welche sich ebenso in der gottgewollten Herrschaft der Makkabäerbrüder realisiert (vgl. 14,12–14), was auch ihre spätere Dynastiegründung als berechtigt erscheinen lässt. V 58 enthält eine deutliche Allusion auf Tun und Ergehen des Propheten Elija in 1 Kön 19,10 (vgl. 1 Kön 18,21.40; Sir 48,7f.) und 2 Kön 2,11 (vgl. Sir 48,9); auch hier begründet das verbindende Stichwort »Eifer« in aktualisierender Weise die Legitimation des Einsatzes von Gewalt gegen die Feinde Gottes, seines Gesetzes und seines Volkes (zur Identifikation Elijas mit Phinees vgl. LibAnt 48,1). Es ist auffällig, dass der göttliche Lohn Elijas für seinen Gesetzeseifer im 1. Makkabäerbuch nicht im Sinne der Auferweckungsvorstellung gedeutet wird (vgl. indes 2 Makk 7,14–36; 12,43–45; 14,46). Das Beispiel der wunderbaren Errettung der in Dan$^{LXX.Th}$ 3,12–90 (vgl. 3 Makk 6,6, Hebr 11,33f.) begegnenden »drei Männer im Feuerofen« in V 59 (im 1. Makkabäerbuch werden sie mit ihren griechischen Namen »Ananias«, »Azarias« und »Misael« bezeichnet [ebenso Dan^{LXX} 3,24; Dan$^{LXX.Th}$ 3,88; 4 Makk 16,21; 18,12; vgl. hingegen Dan$^{LXX.Th}$ 1,7; 3,12–20: »Schadrach«, »Meschach« und »Abed-Nego«]) soll ebenso wie die Erinnerung an das Schicksal Abrahams in V 52 anzeigen, dass Gott seinen Frommen, die ihrer Religion unter allen Umständen treu bleiben, selbst in einer ausweglos erscheinenden Situation (bzw. im Kampf gegen einen übermächtigen Feind; vgl. 3,17–22; 13,1–3) stets beisteht. Die Erwähnung der Rettungsgeschichte stellt die älteste bekannte Bezugnahme auf den Inhalt des biblischen Danielbuches dar, dessen wesentliches Anliegen ebenfalls die von Gott ins Werk gesetzte siegreiche Rückeroberung des Zion ist (*Mittmann-Richert* 2000, 37). Auch das Schicksal des gerechten Daniel selbst (seine Nennung in V 60 scheint aufgrund der Entsprechung in der Abfolge der genannten Personen und Ereignisse ebenfalls darauf hinzudeuten, dass der Inhalt des Danielbuches dem Verfasser des 1. Makkabäerbuches bereits bekannt war), der sich dem Alleinverehrungsanspruch des »babylonischen« Königs verweigert und deshalb den wilden Tieren zum Fraß vorgeworfen wird (vgl. V 37), wovor ihn das wunderbare Eingreifen Gottes rettet, auf den er selbst in der Löwengrube noch vertraut (Dan 6,2–29), präfiguriert am Ende der Aufzählung biblischer Glaubenshelden und ihres Gottvertrauens in der Abschiedsrede die begründete Hoffnung des sterbenden Mattathias auf den Fortbestand der unverbrüchlichen Bundestreue des Gottes Israels (vgl. Cyprian, *Ad Quirinium* III 53). Der summarische Appell in V 61 verbindet die erinnernde Vergegenwärtigung der beispielhaften Tugenden und Taten dieser vorbildlichen biblischen Gestalten mit der Zusicherung, dass alle, die solcherart auf Gott vertrauen (die Wendung ἐπ' αὐτόν [»auf ihn«] umschreibt die göttliche Präsenz), seines Beistands auch in Zukunft bzw. »von Geschlecht zu Geschlecht« gewiss sein können (vgl. Ps 146 [LXX 145],5 sowie Ps 9,6; 34 [LXX 33],10.23 und Sir 2,9f.).

Lohn und Strafe

In V 62 werden die Makkabäerbrüder und die Leser dazu ermuntert, sich nicht vor dem ἁμαρτωλός (»Sünder«; gemeint ist Antiochos IV.) zu fürchten, denn ἡ δόξα αὐτοῦ εἰς κόπρια καὶ εἰς σκώληκας (»sein Ruhm verfällt der Fäulnis und dem Gewürm«). Indem hier das Abstraktum δόξα (»Ruhm«) in kontrastiver Weise mit dem konkreten Verwesungsprozess eines Leichnams in Verbindung gesetzt wird, findet eine Übertragung der negativen Attribute »Gottferne«, »Bedeutungs- und Machtlosigkeit«, »Unreinheit« und »Schande« bereits zu Lebzeiten des Seleukidenherrschers statt (vgl. Ps 83 [LXX 82],11; Jes 66,24; Sir 10,10f. sowie Apg 20,23). Grundlegend für das Verständnis des Aussagegehalts der Metapher ist aber die biblische Tradition (vgl. Jes 14,11; Hiob 7,5; 21,26 u.ö.). In Verbindung mit dem – die drastische Aussage von V 62 fortführenden – freien Zitat von Ps 146 (LXX 145),4 im folgenden V 63, das anders als der griechische Psalmtext nicht das Futur ἐπιστρέψει εἰς τὴν γῆν αὐτοῦ (»er wird wieder in seine Erde zurückkehren«), sondern den Aorist ἐπέστρεψεν εἰς τὸν χοῦν αὐτοῦ (»er kehrt in seinen Staub zurück«; vgl. Gen 3,19) bietet, und somit die Ankündigung des Psalmisten in eine resultative Aussage umformt, was sie für den Leser als ausdrückliche Erfüllung des Schriftwortes bzw. als *Vaticinium ex eventu* ausweist, erscheint bereits die Prädikatsmetapher in V 62 als eine paränetisch-persuasiv motivierte Übertragung des weisheitlichen Tun-Ergehens-Zusammenhangs (vgl. Ps 37 [LXX 36],35f.) auf den exemplarischen Feind des Gottesvolkes (vgl. 2 Makk 9,8–11.28; Dan 11,19). Eingeleitet mit der Aufmerksamkeit heischenden Anrede τέκνα »Kinder!« (vgl. Bar 4,21.25.27 sowie Gal 4,19) verweist der rahmende V 64 einerseits noch einmal auf die anfängliche Aufforderung zum »Eifer« für das Gesetz in V 50a (vgl. Jos 1,9; 10,25) und begründet mit dieser erneuten Aufforderung zu Kampf und Einsatz (vgl. Jos 10,25; 1 Kön 2,2f.) andererseits die abschließende Verheißung zukünftiger δόξα (»Ehre«; vgl. V 18). V 62–64

Mit V 65 wendet sich die Abschiedsrede des Mattathias der Regelung seiner Nachfolge als Anführer der Rebellion in Judäa zu, was die unlösbare Verbindung des Kampfes für Israel mit seiner Familie konstituiert. In Entsprechung zu V 3f. (jedoch entgegen der Abfolge der folgenden Erzählhandlung) als erster genannt wird sein Sohn Simon; die archaisierende Langform seines Namens (»Symeon«; vgl. V 1 sowie 2 Petr 1,1) scheint V 65–66 der gewollten Feierlichkeit der Formulierung zu entsprechen. Begründet wird seine Einsetzung zum nachmaligen »Vater« der Aufständischen mit seiner besonderen »Klugheit« (vgl. Sir 32,18), was seinen zahlreichen diplomatischen Aktivitäten entspricht und seinen poetisch rühmenden Widerhall in 14,4–15 findet. Der parallel aufgebaute V 66 leitet die zukünftige Machtposition seines Bruders Judas als »Heerführer« der Judäer aus seiner außergewöhnlichen »Tapferkeit« ab, was seine Gestalt im Licht des jungen David erstrahlen lässt (vgl. 1 Sam 17,33; 18,13.16) und bereits in 3,2 in die Erzählhandlung eingetragen wird. Rätselhaft ist das Schweigen des Abschnitts nicht nur über die »kleinen« Makkabäerbrüder Johannes und Eleazar, sondern auch über Jonathan, dem der hasmonäische Hofhistoriograph anlässlich seines Todes (13,26) auch keine Eulogie widmet (vgl. hingegen 3,3–9; 14,4–15).

V 67–68 Der Aufruf des Sterbenden zum Vergeltungshandeln (vgl. Dtn 32,40–43; Jes 59,18) in den beiden chiastisch formulierten Versen impliziert den unbestrittenen Oberbefehl der Mattathiassöhne über das religiös und kultisch makellose Volk, kontrastiert dieses als das »wahre« Israel zugleich mit den gottlosen fremdstämmigen Feinden und den judäischen »Apostaten« und verweist am Ende des langen Redeteils noch einmal zurück auf V 50a. Aufruf zur Vergeltung

V 69–70 Der abschließende narrative Rahmen der Abschiedsrede weist die üblichen Formelemente dieser literarischen Gattung auf (Segensnotiz, Tod des Helden, Begräbnis, Trauer [vgl. 14,30; Gen 49,28–33; 50,10]; zur Formulierung »N.N. wurde zu seinen Vätern versammelt« als traditionelle Umschreibung des Todes vgl. Gen 25,8.17; Num 20,24; 27,13; 31,2; Dtn 32,50; Ri 2,11; 16,22; 2 Kön 22,20 sowie Apg 13,36). Dem durch seine Datierung (das Jahr 146 nach der seleukidischen Frühjahrsära des Jahres 312 v. Chr. beginnt im Jahre 167 v. Chr.) und durch die formale Gestaltung des Teilabschnitts *(Parallelismus membrorum)* als besonders bedeutsam ausgewiesenen Ableben des Mattathias folgen seine Bestattung in der Begräbnisstätte seiner Familie an deren Herkunftsort in Modeïn, der Keimzelle des Makkabäeraufstandes (vgl. 9,19; 13,25–27 sowie Ri 8,32; 16,31; 2 Sam 2,32) und die Totenklage »ganz Israels« (vgl. 4,39; 9,20; 13,26), was am Ende des Kapitels noch einmal den exklusiven Gebrauch dieses Ethnonyms für die gottesfürchtigen Rebellen und ihre Anhängerschaft in Judäa unterstreicht.

Die Taten des Judas (3,1 – 9,22)

Aufbau und Kontext

Der lange dritte Hauptteil des Buches handelt von den militärischen Erfolgen der Kämpfe sowohl gegen die Syrer als auch gegen feindliche Nachbarvölker unter der Führung des Judas Makkabaios und von der (durch das fortwährende Zusammenwirken seines Heldenmuts und des Beistands Gottes vollbrachten) Reinigung des Tempels und der Restitution des traditionellen Kultes in Jerusalem.

Der Buchteil kann in zwanzig Abschnitte eingeteilt werden:

3,1–9:	Das Loblied auf Judas
3,10–26:	Die Siege des Judas über Apollonios und Seron
3,27–37:	Die Kriegsvorbereitungen des Antiochos IV. Epiphanes
3,38–45:	Der Anmarsch der Truppen des Antiochos IV. Epiphanes
3,46–60:	Die Versammlung der Aufständischen in Massepha
4,1–25:	Der Sieg über Gorgias
4,26–35:	Judas Makkabaios besiegt Lysias
4,36–61:	Die Reinigung und erneute Weihe des Tempels
5,1–8:	Die Feldzüge gegen die Idumäer, Ammoniter und Baianiter
5,9–20:	Hilfe für die bedrängten Judäer im Ostjordanland
5,21–54:	Die Feldzüge der Makkabäerbrüder nach Gilead und Galiläa
5,55–68:	Die wahren Anführer Israels
6,1–17:	Das Ende des Antiochos IV. Epiphanes und die Thronbesteigung des Antiochos V. Eupator
6,18–54:	Das Heer des Lysias kämpft gegen die Judäer
6,55–63:	Antiochos V. Eupator gewährt Religionsfreiheit
7,1–25:	Demetrios I. Soter bestimmt Statthalter und Hohenpriester
7,26–50:	Der Angriff und die Niederlage des Nikanor
8,1–16:	Das Lob der Römer
8,17–32:	Der Bündnisvertrag mit den Römern
9,1–22:	Der Tod des Judas im Kampf gegen Bakchides

Im Mittelpunkt der ersten Hälfte des Buchteils stehen die siegreichen Auseinandersetzungen der gottesfürchtigen Rebellen mit Antiochos IV. Epiphanes sowie mit seinen Feldherrn Gorgias und Lysias (3,10–6,63); in der zweiten Hälfte geht es um die militärischen Konflikte zwischen Judas Makkabaios und dem syrischen König Demetrios I. Soter und seinen Generälen Bakchides und Nikanor (vgl. Hippolyt, *Comm. in Dan* 4,46 f.).

Das Loblied auf Judas (3,1–9)

Text

Übersetzung

3,1 Und an seine Stelle trat sein Sohn Judas, genannt Makkabaios. 2 Und es
unterstützten ihn alle seine Brüder und alle, die sich seinem Vater an-
geschlossen hatten, und sie führten den Kampf Israels mit Freude. 3 Weit
und breit erwarb er seinem Volk Ruhm und zog den Brustpanzer an wie ein
Held. Er legte seine Waffenrüstung an und führte Schlachten, indem er das
Heerlager schützte mit dem Schwert. 4 Er war einem Löwen gleich in sei-
nen Taten, und wie ein junger Löwe, der die Beute anbrüllt. 5 Er verfolgte
die Gesetzlosen und spürte sie auf, er verbrannte die, welche sein Volk ver-
wirrten. 6 Die Gesetzlosen sanken aus Furcht vor ihm in sich zusammen,
und alle, die gesetzlos handelten, wurden verstört. Es ging aber die Rettung
durch ihn gut voran. 7 Vielen Königen bereitete er bitteren Schmerz, Jakob
aber bereitete er Freude mit seinen Taten. Auf ewig wird sein Andenken
zum Segen gereichen. 8 Er durchzog die Städte Judas und rottete die Gott-
losen daraus aus, er wandte den Zorn von Israel ab. 9 Sein Name wurde
genannt bis an die Enden der Erde, und er sammelte die Verlorenen.

Zu Text und Übersetzung

V 2: Die Wendung ἐπολέμουν τὸν πόλεμον (»sie führten den Kampf«) scheint eine hebr. *Figura etymologica* zu imitieren (vgl. 2,66).

V 3: Der Begriff γίγας (»Held«) entspricht hier in seiner Bedeutung hebr. גבור (vgl. Jes 3,2; 49,25). Der Ausdruck σκεύη πολεμικά (»Waffenrüstung«) gibt wahrscheinlich hebr. כלי מלחמה wieder (vgl. Dtn 1,41; Ri 18,17; 1 Sam 8,12).

V 6: Der Ausdruck ἐν χειρὶ αὐτοῦ (wörtl. »in seiner Hand«) entspricht hebr. בידו »durch ihn« (vgl. 1,44).

V 7: Zu Ιακωβ (»Jakob«) vgl. 1,28.

V 8: Nach ὀργήν (»Zorn«) ist der *Genitivus subjectivus* θεοῦ (»Gottes«) zu ergänzen (vgl. 1,64).

V 9: Die Wörter καὶ συνήγαγεν ἀπολλυμένους (»und er sammelte die Verlorenen«) sind als Schreiberversehen zu tilgen (Dittographie; vgl. den folgenden V 10: καὶ συνήγαγεν Ἀπολλώνιος [»und Apollonios sammelte«]). Im Hintergrund könnte die Deutung des Satzes auf der Grundlage von Jes 27,13 stehen (vgl. 14,7).

Analyse und Auslegung

Der poetische Abschnitt (vgl. S. 47) verbindet das vorangehende Geschehen mit den nachfolgenden Ereignissen und bildet zusammen mit dem Loblied auf Simon (14,4–15) eine erzählerische Klammer um die Erzählung vom siegreichen Kampf der Aufständischen um die Befreiung Israels. Er entspricht dem vorangehenden Klagelied des Mattathias (2,7–13) zwar formal, wird mit ihm aber inhaltlich deutlich kontrastiert. Zugleich führt die heroisierend aufwertende Darstellung des Judas als geschichtswirksamer Held seine Charakterisierung als paradigmatischer Protagonist der Erzählung fort (vgl. 3,23–26). Schließlich entsprechen die Taten des Judas als Anführer der Rebellion dem Aufruf seines Vaters in dessen Abschiedsrede (2,65–68). Die preisende Aufzählung der militärischen Erfolge des Makkabäers nimmt zahlreiche wesentliche Gesichtspunkte des nachfolgenden Makrokontextes vorweg (die Eroberung und Reinigung des Jerusalemer Tempels werden hierbei erstaunlicherweise nicht erwähnt) und lässt sie – im Sinne der vom Erzähler intendierten Herrschaftslegitimation der zeitgenössischen Hasmonäerdynastie – zugleich als ein providenzielles Geschehen erscheinen. In 2 Makk 8,1–7 werden die Anfänge der erfolgreichen Widerstandsbewegung unter der Führung des Judas in geraffter Form als Gebet in indirekter Rede wiedergegeben.

Indem Judas an die Stelle seines Vaters tritt (vgl. 2,42–48), der in V 1 nur indirekt in Gestalt des doppelten Personalpronomens αὐτοῦ (»seines«) begegnet, werden ein bruchloser narrativer Übergang und zugleich die Legitimität der Nachfolgeregelung markiert (vgl. 9,30 f.; 13,3 f.8). Die wiederholte Nennung seines Beinamens »Makkabaios« (vgl. 2,4) und der in V 2 folgende Hinweis auf seine Unterstützung durch seine Brüder (vgl. 2,2–5) und alle gesetzestreuen Judäer (vgl. 2,29 f.) verfolgen dieselbe Absicht. Zur »Freude« als Zeichen der Gewissheit des Sieges über die gottlosen Feinde Israels aufgrund des Beistands Gottes vgl. Jes 14,5–7. V 1–2

Das Preisgedicht auf Judas ohne narrativen Rahmen, in seiner ursprünglichen hebräischen Textgestalt möglicherweise ein Akrostichon (*Burney* 1920, 324 f.), zählt in gebundener Sprache im *Parallelismus membrorum* im Voraus seine Heldentaten und Verdienste auf (vgl. äthHen 90,9–16). Das poetische Stück, das in V 3 und V 9 thematisch eingefasst wird, ähnelt formal dem Lobpreis vorbildlicher Gestalten der Vergangenheit im Lob der Väter (Sir 44,1–49,16). Das Stichwort »Schwert« in V 3 verweist dabei sowohl auf den unmittelbar nachfolgenden Erzählabschnitt (vgl. V 12) als auch auf das weitere Kampfgeschehen (4,15; 5,28.46.51). In V 4 wird der siegreiche Kriegsheld wie David gezeichnet (vgl. 1 Sam 17,34–39) und hinsichtlich seines Mutes und seiner Stärke in zweifacher Hinsicht mit einem Löwen verglichen. Hierbei sind die Prädikationen λεών (»Löwe«) und σκύμνος (»junger Löwe«) zum einen durch eine adverbiale Bestimmung und V 3–9

Preisgedicht auf Judas

einen Attributsatz in ihrer konventionalisierten Bedeutung determiniert (vgl. Gen 49,9; Num 23,24; 2 Sam 1,23; 17,10; 1 Chr 12,9 u.ö.) und zum anderen durch ὡμοιώθη (»er war gleich«) und ὡς (»wie«) explizit als Bestandteile eines heterogenen Vergleichs ausgewiesen. Offensichtlich rezipiert die poetische Wendung die rhetorischen Fragen des plerophorischen Prophetenwortes Am 3,4 (»Brüllt der Löwe im Wald, wenn er keine Beute hat? Lässt ein Junglöwe seine Stimme erschallen, ohne dass er einen Fang gemacht hat?«).

Mit V 5 beginnt eine Reihe von intratextuellen Verweisen auf den Erzählzusammenhang. Unter den »Gesetzlosen« sind nicht nur die Fremden (vgl. 3,24f.; 4,11f.; 5,5; 7,45 u.ö.), sondern auch die von der Tora abgefallenen Judäer (vgl. 1,11–15) zu verstehen; ihr »Verbrennen« (vgl. 5,5.44; 10,84; 11.4.48.61; 15,10) scheint hier zudem auf Ps 97 (LXX 96),3 anzuspielen (vgl. Jes 66,15; Obd 18). V 6 und 9b nehmen die militärischen Erfolge von 5,9–54 vorweg. In V 7 spielt die Dichtung auf die Seleukidenherrscher Antiochos IV. Epiphanes (3,27; 6,11–13), Antiochos V. Eupator (6,28) und Demetrios I. Soter (7,1) an (vgl. TJon zu 1 Sam 2,4; zur Form vgl. Spr 10,7); die Paronomasie (ἐπίκρανεν [»er bereitete Schmerz«] … εὔφρανεν [»er bereitete Freude«]) unterstreicht den Kontrast zwischen dem Gottesvolk und seinen Feinden. Die Bemerkung vom Abwenden des (göttlichen) Zornes durch den heldenhaften Anführer der Judäer in V 8 nimmt 1,64 auf und deutet sachlich auf den bürgerkriegsähnlichen Charakter der makkabäischen Erhebung hin (vgl. 1,11–15.34; 10,61; 11,21 sowie Dtn 13,13–15; Ri 19,22; 20,13; 2 Chr 13,7). Das Ethnonym »Israel« wird dabei in exklusiver Weise den gesetzestreuen Judäern unter der Führung des Judas vorbehalten, während ihre judäischen Gegner in repetitiver Weise als »Apostaten« und bundesbrüchige »Gottlose« erscheinen (vgl. 6,21; 7,5.9; 9,25.73; 14,11.14). In V 9 kennzeichnen die Verbreitung der Glorie des Judas unter den Völkern ringsum (vgl. 3,25f.; 5,1.63; 14.10) und bis nach Rom (vgl. 8,1–32) bzw. bis an die »Enden der Erde« (vgl. 1,3; 8,4; 14,10; Jes 48,20; 49,6; 62,11) sowie der (ebenfalls spätere Ereignisse vorwegnehmende) Lobpreis der durch ihn erfolgten Rettung und Heimführung bedrängter Judäer aus der palästinischen Diaspora (5,54; vgl. 5,23) den Höhepunkt und Abschluss des Preisgedichtes.

Die Siege des Judas über Apollonios und Seron (3,10–26)

Text

Übersetzung

10 Apollonios aber rekrutierte Völker und ein großes Herr aus Samaria, um gegen Israel zu kämpfen. 11 Als Judas das hörte, zog er ihm entgegen, schlug ihn und tötete ihn. Und viele wurden erschlagen und fielen, die Übrigen aber ergriffen die Flucht. 12 Und sie erbeuteten ihre Ausrüstung, und Judas nahm das Schwert des Apollonios und kämpfte mit ihm alle Tage. 13 Als Seron, der Befehlshaber des syrischen Heers, hörte, dass Judas eine Schar und eine Gemeinschaft von Getreuen versammelt hatte, die bereit waren, mit ihm auch in den Kampf zu ziehen, 14 sprach er: Ich will mir im Königreich einen Namen machen und Ruhm erwerben und gegen Judas und gegen die, welche bei ihm sind und die Anordnungen des Königs missachten, kämpfen. 15 Und wiederum zog ein gewaltiges Heer von Gottlosen mit ihm herauf, um ihm beizustehen und an den Israeliten Rache zu nehmen. 16 Und er rückte vor bis zur Steige von Baithoron. Judas aber zog zur Begegnung mit ihm in der Minderzahl hinaus. 17 Als sie das Heer erblickten, das ihnen entgegen zog, sprachen sie zu Judas: Wie können wir gegen eine so gewaltige Menge kämpfen, obwohl wir in der Minderzahl sind? Zudem sind wir erschöpft, da wir heute nichts gegessen haben. 18 Judas aber sprach: Es ist leicht, Viele durch Wenige einzuschließen, und es ist kein Unterschied vor dem Himmel, durch Viele oder durch Wenige zu retten. 19 Denn der Sieg im Kampf beruht nicht auf der Größe des Heers, sondern auf der Kraft, die vom Himmel kommt. 20 Sie ziehen gegen uns voller Hochmut und Gottlosigkeit, um uns und unsere Frauen und unsere Kinder zu vernichten und uns auszuplündern. 21 Wir aber kämpfen für uns und für unsere Gebräuche. 22 Und er selbst wird sie vor uns aufreiben, ihr aber fürchtet euch nicht vor ihnen. 23 Als er aber aufgehört hatte zu reden, stürzte er plötzlich auf sie los, und Seron und sein Heer wurden vor ihm aufgerieben. 24 Und sie verfolgten ihn vom Abhang von Baithoron bis in die Ebene, und fast achthundert Mann von ihnen fielen. Die Übrigen aber flohen in das Land der Philister. 25 Und es begann die Furcht vor Judas und seinen Brüdern zu herrschen, und die Angst befiel alle Völker in ihrem Umkreis. 26 Und sein Ruhm drang bis zum König, und von den Schlachten des Judas erzählte jedes Volk.

V 11b: Subjekt des Satzes sind die Soldaten des Apollonius. Zu Text und Übersetzung

V 13: Das substantivierte Adjektiv πιστός (»Getreuer«) dient in der LXX als Äquivalent der hebr. Begriffe אמון (Spr 13,17), נאמן (Num 12,7; 1 Sam 22,14) und צדיק (Ijob 17,9).

V 15: Die Wendung καὶ προσέθετο καὶ ἀνέβη (»und wiederum zog herauf«) ist vermutlich eine analoge Wiedergabe des hebr. Ausdrucks ויסף ויעל (vgl. 9,1; Gen 25,1; Dan 10,18; Ijob 36,1). Die Wortverbindung ποιεῖν τὴν ἐκδίκησιν ἐν (»Rache nehmen an«; vgl. 7,9) entspricht der hebr. Phrase עשות נקמה ב (vgl. Ps 149,7). Mit υἱοὶ Ισραηλ (»Israeliten«) wird hier wohl die hebr. Wendung בני ישראל wiedergegeben (vgl. Jos 7,1; Ri 1,1; 1 Sam 7,4 u.ö.).

V 17: Subjekt des Satzes sind die Anhänger des Judas.

V 18f.: Der Gottesname wird in 1 Makk generell nicht direkt genannt, sondern mit der Metonymie οὐρανός (»Himmel«) umschrieben. Der Ausdruck ἐν χερσὶν ὀλίγων (»durch wenige«; wörtl.: »durch die Hände weniger«) ist dem Hebräischen nachgebildet (vgl. 1,44).

V 21: Die Umschreibung des Reflexivpronomens περὶ τῶν ψυχῶν ἡμῶν (wörtl.: »für unsere Seelen«) entspricht ebenfalls dem Hebräischen (vgl. 1,48).

V 22: Das unbestimmte Personalpronomen αὐτός (»er«) bezieht sich hier auf den Gott Israels. Der bildhafte Ausdruck πρὸ προσώπου ἡμῶν (wörtl.: »vor unserem Angesicht«) entspricht hebr. לפנינו.

V 24: Das Ethnonym Φυλιστιιμ (»Philister«) ist eine Transliteration von hebr. פלשתים (vgl. Ex 13,17; Jos 13,2f.; Ri 10,6f.). Die Wendung ἀπ᾽ αὐτῶν (»von ihnen«) bezieht sich auf die fliehenden Söldner des Seron.

V 26: Statt πᾶν ἔθνος (»jedes Volk«) bietet eine Reihe von Textzeugen (א *L'* 311 La^{LXGB} SyII) sowie *Rahlfs* τὰ ἔθνη (»die Völker«).

Analyse und Auslegung

In dem Abschnitt werden die beiden ersten militärischen Auseinandersetzungen zwischen den aufständischen Judäern und den Syrern als erfolgreicher Verteidigungskrieg dargestellt, dessen narrative Legitimation sich vor allem aus den biblischen Traditionen vom gerechten »heiligen Krieg« speist. Das hier erzählte Geschehen behandeln auch Josephus, Bell. I 38; Ant. XII 287–292 sowie (in geraffter Form) 2 Makk 8,1–7.

V 10–12 Die Verse berichten in extremer durativer Raffung von der ersten siegreichen Schlacht des Judas (vgl. 9,40). Der hier offenbar als bekannt vorausgesetzte, da in V 10 unvermittelt und ohne nähere Erläuterung als militärischer Kontrahent eingeführte Heerführer Apollonios scheint mit dem in 1,29 erwähnten »Mysarchen« Apollonios (vgl. 2 Makk 5,24) identisch zu sein. Dieser begegnet bei Josephus, Ant. XII 261 als μεριδάρχης (»Meridarch« bzw. »Provinzgouverneur«) und in Ant. XII 287 als στρατηγός (»Strategos« bzw. »Militärgouverneur«) der Eparchie Samaria, zu der auch Judäa gehörte. Die von Apollonios im Ausland und im weithin hellenistisch geprägten Samaria für den unprovozierten Angriff rekrutierten Söldner- Erste Konflikte truppen (zum zeitgenössischen negativen »Image« Samarias vgl. Sir 50,26) entsprechen spiegelbildlich den freiwillig und allein für »Gotteslohn« kämpfenden Aufständischen in V 2. Indem Judas in der Schlacht das Schwert des Apollonios erbeutet, um fortan stets selbst mit ihm zu kämpfen (die Bemerkung durchbricht die fortlaufende Chronologie der Erzählung; hierzu vgl. 9,71), handelt er wie einst David, der nach seinem Sieg über Goliath dessen Schwert in Besitz nahm (1 Sam 17,51.54; 21,10).

Der implizite Botenbericht in V 13 motiviert die in V 14 folgende innere Rede Serons, des ἄρχων (»Befehlshabers«) des syrischen Heers (vgl. 2 Kön 5,1), der bei Josephus, Ant. XII 288 als στρατηγός (»Strategos«) der nördlich von Samarien gelegenen Eparchie Coilesyrien begegnet. Die ausdrückliche Nennung seines Ranges soll die hohe Bedeutung des Provinzaufstandes unterstreichen. Die direkte Rede in V 14 wiederum motiviert die nachfolgende Handlung und bereitet die vom Erzähler intendierte, spiegelbildliche Entsprechung des hochmütigen Ansinnens Serons, sich »einen Namen zu machen« (vgl. V 21), und des weltumspannenden Ruhmes des Judas (V 25 f.) vor. V 13–14

Die Notiz vom erneuten Aufmarsch der auf Rache für die erlittene Niederlage (V 11 f.) sinnenden Feinde Israels weist diese explizit als ἀσεβεῖς (»Gottlose«) aus, deren gewaltige Menge der geringen Truppenstärke des Judas übermächtig gegenübersteht. Ort des erzählten Geschehens ist die von Salomo als Festung ausgebaute Stadt Baithoron an der Straße von der Küstenebene nach Jerusalem (vgl. 7,39; Jos 10,10; 1 Kön 9,17; 2 Chr 8,5), deren Oberstadt durch eine abschüssige Steige mit ihrer Unterstadt verbunden ist (Jos 10,10 f.). V 15–16

Die Frage der erschöpften Kämpfer im Kriegslager des Judas im Angesicht der offensichtlichen Übermacht ihrer hochmütigen Gegner (zum Motiv der Übermacht vgl. Dtn 20,3 f.; Ex 14,6–12; 1QM XI 9 f.; zum Hochmut der Syrer vgl. 2 Kön 19,10–13 [Jes 37,10–13]) bereitet die bestärkende, direkte Rede ihres Anführers vor. Deren Kern besteht (als deutliches Echo von 1 Sam 14,6) in der Aussage, vor dem Gott Israels (vgl. Spr 21,31) sei es kein Unterschied, »durch Viele oder durch Wenige zu retten« (V 18). Implizit wird Judas hierbei mit Sauls Sohn Jonathan gleichgesetzt. V 19 f. will zeigen, dass Gott sich bei seiner rettenden Intervention in den Geschichtsverlauf der (ebenso frommen wie opferbereiten) Gerechten Israels bedient; ihre Stärke und ihre heldenhafte Verteidigung gegen die aggressiven Feinde Israels (V 21) entsprechen seinem Heilswillen. Unter Verwendung des Vorzugswortes συντρίβω (»aufreiben«; vgl. 4,10; 5,7; 7,42 f.; 8,4–6; 9,7 u. ö.) fundiert V 22 diese Siegesgewissheit erneut im Vertrauen auf Gottes Allmacht und Gerechtigkeit. V 17–22

(23–24) Wieder wird in betonter Nüchternheit und in starker durativer Raffung vom eigentlichen Kampfgeschehen berichtet. Nach dem überraschenden Angriff der Judäer fliehen die Söldner des Seron in die hellenisierten Städte in der südlichen Küstenebene am Mittelmeer. Deutlich erkennbar ist die Anlehnung der kurzen Erzählung an Josuas siegreiche Schlacht bei Gibeon gegen die Amoriterkönige (Jos 10,1–14).

V 25–26 Der Abschnitt endet mit einem plerophorischen Summarium der ruhmreichen Heldentaten des Judas in der poetischen Form des *Parallelismus membrorum,* das die grundlose Hybris des ruhmsüchtigen seleukidischen Strategos (V 14) konterkariert und die Bewertung des Geschehens durch den Erzähler noch einmal eindrücklich zur Sprache bringt. Anzumerken ist an dieser Stelle, dass nicht nur Seron, sondern auch alle anderen militärischen Gegner der aufständischen Judäer namentlich genannt nur als Anführer eines einzigen Feldzuges auftreten.

Die Kriegsvorbereitungen des Antiochos IV. Epiphanes (3,27–37)

Text

Übersetzung

27 Als aber Antiochos von diesen Ereignissen hörte, entbrannte sein Zorn, und er sandte Boten und versammelte alle Truppen seines Königreiches – ein gewaltiges Heer. 28 Und er schloss sein Schatzhaus auf, gab den Truppen Sold für ein Jahr und befahl ihnen, zu jedem Dienst bereit zu sein. 29 Er erkannte aber, dass das Geld in den Schatzkammern ausging, und dass die Steuern der Provinz wenige waren infolge des Aufruhrs und des Schlages, den er dem Land durch das Abschaffen der althergebrachten Gebräuche zugefügt hatte. 30 Und er befürchtete, bisweilen nicht genug für die Ausgaben und Geschenke zu haben, die er zuvor mit voller Hand gab, und durch die er die früheren Könige übertraf. 31 Und seine Seele wurde sehr verstört, und er beschloss, nach Persien zu ziehen, die Steuern der Provinzen einzutreiben und viel Geld zusammenzubringen. 32 Und er ließ Lysias, der ein angesehener Mann und aus dem Geschlecht des Königtums war, (als Verwalter) der Angelegenheiten des Königs vom Euphrat bis an die Grenzen Ägyptens zurück. 33 Und er sollte seinen Sohn Antiochos erziehen, bis er zurückkehrte. 34 Und er übergab ihm die Hälfte der Truppen und die Elefanten und unterrichtete ihn über alles, was er plante und über die Einwohner Judäas und Jerusalems. 35 Und er sollte eine Truppe gegen sie entsenden, um die Widerstandskraft Israels aufzureiben, den Überrest Jerusalems zu vernichten und ihr Andenken an dem Ort auszutilgen. 36 Und er sollte Fremde in ihrem gesamten Gebiet ansiedeln und ihr Land durch das Los verteilen. 37 Der König aber nahm die übrige Hälfte der Truppen und brach von seiner Hauptstadt Antiocheia auf im Jahre 147, überschritt den Euphrat und durchzog die oberen Provinzen.

Zu Text und Übersetzung

V 27: Im Zusammenhang der Wendung τοὺς λόγους τούτους (»von diesen Ereignissen«) wird λόγοι analog zu hebr. דברים (»Wörter, Sachen«) gebraucht.

V 29: Der Begriff ἀργύριον (»Geld«) bedeutet wörtl. »Silber«.

V 30: Der Satzteil καὶ ἐπερίσσευσεν ὑπὲρ τοὺς βασιλεῖς τοὺς ἔμπροσθεν (»und [durch die] er die früheren Könige übertraf«) bezieht sich inhaltlich auf τὰς δαπάνας καὶ τὰ δόματα (»die Ausgaben und Geschenke«) des Antiochos IV. Epiphanes. Zu ἅπαξ καὶ δίς (»bisweilen«) vgl. hebr. פעם ושתים (Neh 13,20).

V 32: Die Wendung ἀπὸ γένους τῆς βασιλείας (»aus dem Geschlecht des Königtums«) bezeichnet ursprünglich einen besonders hohen seleukidischen Hofrangtitel (vgl. 10,89; 11,31; 2 Makk 11,1). Eine mögliche hebr. Entsprechung wäre מזרע המלוכה (vgl. 1 Kön 11,14; 2 Kön 25,25; Jer 41 [LXX 48],1; Ez 17,13; Dan 1,3). Möglicherweise hat hier bereits die hebr. Vorlage den titularen Gebrauch des Begriffs »Verwandter (des Königs)« nicht mehr verstanden.

V 33: Die Infinitivform in dem Satzteil καὶ τρέφειν Ἀντίοχον τὸν υἱὸν αὐτοῦ (»und [er sollte] seinen Sohn Antiochos erziehen«) ist syntaktisch abhängig von einem zu ergänzenden Verb ἐνετείλατο (»er befahl«) (vgl. V 28).

V 35: Die Infinitivform ἀποστεῖλαι (»[er sollte] entsenden«) ist syntaktisch abhängig von einem zu ergänzenden Verb ἐνετείλατο (»er befahl«).

V 36: Die Infinitivform κατοικίσαι (»und [er sollte] ansiedeln«) ist ebenfalls syntaktisch abhängig von einem zu ergänzenden Verb ἐνετείλατο (»er befahl«). Der zusammengesetzte Ausdruck υἱοὶ ἀλλογενεῖς (»Fremde«; wörtl. »fremde Söhne« [vgl. V 45]) entspricht der hebr. Phrase בני נכר (vgl. 2 Sam 22,45; Ps 18 [LXX 17],45 f.; Jes 62,8).

Analyse und Auslegung

Der Abschnitt verknüpft den religiös motivierten Aufstand in Judäa mit anderen politischen Ereignissen im Seleukidenreich und wertet ihn dadurch in seiner historischen Bedeutung auf, wobei Antiochos IV. Epiphanes, der hier zum dritten Mal als Antagonist der Erzählung begegnet, eine ganze Reihe negativer Charaktereigenschaften zugeschrieben werden (Zorn [V 27], Unverstand [V 29], Verschwendungssucht [V 30], Geltungsdrang [V 30], Verlegenheit [V 31]). Das erzählte Geschehen begegnet auch bei Josephus, Ant. XII 293–297.

Ein impliziter Botenbericht schließt direkt an 3,26 an und veranlasst den Seleukidenherrscher, dessen mangelnde Affektkontrolle ihn in einem negativen Licht erscheinen lässt (vgl. 5,1; 6,28; 9,69; 11,22; 15,36), »alle Truppen seines Königreiches« in die Provinz zu entsenden, um die Lage wieder unter Kontrolle zu bringen. Der Erzähler lehnt sich hier vermutlich an das Prophetenwort vom Ansturm der Völker unter Gog aus Magog an (Ez 38,1– V 27–31

16; vgl. Jdt 5,1 f.). Das Adjektiv πάσας (»alle«) ist zudem als eine nochmalige Steigerung der in V 10 und 15 angegebenen Truppenstärken zu betrachten. Die Aussage, dass die syrischen Truppen im Voraus bezahlt werden müssen (zur Sache vgl. Plautus, *Miles gloriosus* 72–76), entspricht als Gegensatz V 1 f. und begründet die nachfolgende Handlung. Die Bemerkung über die ausbleibenden Steuern und Tribute (V 29) könnte dem geschichtlichen Umstand entsprechen, dass das von dem syrischen König erlassene Religionsedikt (vgl. 1,41–50) offenbar zu einer spürbaren Verringerung seiner Einnahmen und zu einer Destabilisierung seiner Herrschaft geführt hatte. V 30 führt die Geldknappheit des Antiochos IV. explizit auf seine (von Polybios [*Hist.* XXVI 1–14; XXVIII 20,11] als notorische Verschwendungssucht kritisierte, jedoch wohl überwiegend politisch bzw. diplomatisch motivierte) Freigiebigkeit zurück. Tatsächlich waren die ihm von seinem Vater hinterlassenen Zahlungsverpflichtungen gegenüber Rom aus dem »Friedensdiktat« von Apameia (188 v. Chr.; vgl. 8,7 sowie Polybios, *Hist.* XXI 17,4–6; Livius, *Ab urbe condita* XXXVIII 38,1–18) der Hauptgrund für seine finanzielle Misere. Möglicherweise reflektiert die Notiz des Erzählers auch die im Vorjahr (166 v. Chr.) von dem Seleukidenherrscher durchgeführten, öffentlichen Prunkumzüge und Feierlichkeiten in Daphne, einem Vorort der im Jahre 300 v. Chr. von Seleukos I. Nikanor gegründeten seleukidischen Residenzstadt Antiocheia (Antiochia) am Orontes (vgl. Polybios, *Hist.* XXX 25,1), deren Zweck die Herrschaftsstabilisierung mittels der sichtbaren Demonstration von Macht und Reichtum gegenüber den Bewohnern seines Herrschaftsbereichs war. Die vom Erzähler solcherart begründete *Anabasis* des Königs in die Provinzen des Seleukidenreiches östlich von Euphrat und Tigris (V 31) bereitet die narrative Einführung des Lysias als Antagonisten und zugleich die eingebettete Episode vom missglückten Tempelraub in Elymaïs (6,1–4) vor. Die wirklichen Gründe für die Reise des Antiochos IV. in die oberen Satrapien (Persien und Medien) sind unsicher. Wahrscheinlicher als ein Feldzug gegen das von Mithridates I. (ca. 195–139/38 v. Chr.) regierte Partherreich ist eine Expedition mit dem Zweck, sich der fortgesetzten Loyalität der (den Seleukiden niemals vorbehaltlos ergebenen) Provinzen zu versichern und dort zugleich rückständige Abgaben einzufordern.

Eingreifen des Seleukidenherrschers

V 32–36 Die Verse enthalten eine Reihe von bedeutenden Aufträgen des Königs an Lysias, den Bevollmächtigten über die syrischen Gebiete westlich des Euphrat (vgl. Polybios, *Hist.* XXXI 7,2), und (gemäß 2 Makk 11,1.35) Träger des höchsten seleukidischen Hofrangtitels συγγενής (»Verwandter [des Königs]«). Der Auftrag, als Vormund und Erzieher seines Sohnes Antiochos (um 173–162 v. Chr.) zu fungieren (V 33; vgl. 2 Makk 11,1; 13,2; 14,2; Appian, *Syr.* 46), versinnbildlicht die Machtübertragung aus dem Blickwinkel des Erzählers und dient als Vorverweis auf 6,17. Weiterhin soll Lysias als Oberbefehlshaber über die im Westen verbliebenen Truppen gebieten, die lästige Rebellion der gottesfürchtigen Judäer (zu deren exklusiver Ehrenbezeichnung als »Überrest Jerusalems« vgl. Jes 10, 22) gewaltsam niederschlagen und die Ruhe in der Region wiederherstellen (V 34 f.). Der königliche Befehl, »ihr Andenken an dem Ort auszutilgen«, soll deutlich machen, dass nun die bloße physische Existenz der Judäer auf dem Spiel steht. Auch die sicher übertriebene Angabe, Antiochos IV. hätte Lysias zu diesem Zweck die »Hälfte« seiner Truppen überlassen, soll auf das gewaltige Ausmaß der Bedrohung der frommen Aufständischen aufmerksam machen (Josephus, Ant. XII 295 spricht nur von einem »Teil« des Heers). Die in V 34 eigens erwähnten »Elefanten« (vgl. 1, 17) dienen als besonders eindrückliches *Pars pro toto* seiner Streitmacht. Der Auftrag an Lysias, nach der endgültigen Ausrottung der Rebellen (vgl. 1, 30.58–61; 2, 38) Fremde in der Provinz anzusiedeln und den Landbesitz ihrer ehemaligen jüdischen Bewohner durch das Los an die syrischen Militärsiedler und die judäischen »Apostaten« zu verteilen (V 36), spielt auf 2 Sam 22, 46 und insbesondere auf Ps 78 (LXX 77),55 an (vgl. Jer 17, 3).

Am Ende des Abschnitts wird der Aufbruch des Antiochos IV. zur *Anabasis* im Frühjahr 165 v. Chr. (gerechnet nach der seleukidischen Herbstära des Jahres 312 v. Chr.) konstatiert. Erst 6, 1 nimmt den Erzählfaden dieser Expedition des Königs in die oberen Provinzen wieder auf. V 37

Der Anmarsch der Truppen des Antiochos IV. Epiphanes (3, 38–45)

Text

Übersetzung *38 Und Lysias wählte Ptolemaios, den (Sohn) des Dorymenes, und Nikanor und Gorgias aus, angesehene Männer unter den Freunden des Königs.*
39 Und mit ihnen sandte er vierzigtausend Mann und siebentausend Reiter, um in das Land Juda zu ziehen und es gemäß der Anordnung des Königs zu verwüsten. 40 Und sie brachen mit ihrer ganzen Streitmacht auf, zogen heran und schlugen bei Ammaus in der Ebene ihr Lager auf. 41 Als die Kaufleute der Provinz von ihrem Ruf hörten, nahmen sie sehr viel Silber und Gold und Fußfesseln und kamen in das Heerlager, um die Israeliten als Sklaven zu kaufen. Auch eine Truppe aus Syrien und dem Philisterland schlossen sich ihnen an. 42 Judas und seine Brüder aber erkannten, dass die bösen Taten immer mehr wurden, und dass die Truppen (bereits) innerhalb ihrer Grenzen lagerten. Auch kannten sie die Anordnungen des

Königs, die er erlassen hatte, um das Volk vollends zu vernichten. 43 Und sie sprachen zueinander: Wir wollen unser vernichtetes Volk wieder aufrichten und für unser Volk und für das Heiligtum kämpfen. 44 Und die Gemeinschaft versammelte sich, um kampfbereit zu sein und um zu beten und um Gnade und Zuwendung zu flehen. 45 Jerusalem aber war unbewohnt wie eine Wüste, und von ihrem Nachwuchs ging keiner ein noch aus, das Heiligtum war niedergetreten und Fremde lebten in der Burg. (Jerusalem war) eine Unterkunft für Völker, weggenommen war die Freude von Jakob, verstummt Flöte und Leier.

Zu Text und Übersetzung

V 38: Die φίλοι τοῦ βασιλέως (»Freunde des Königs«) sind Träger eines hohen seleukidischen Hoftitels (vgl. 2,18).

V 41: Die Bedeutung von ὄνομα (»Ruf«) entspricht hebr. שם (wörtl. »Name«; vgl. 8,1; Spr 22,1; Koh 7,1 u.ö.). Die ausdrückliche Erwähnung einer δύναμις Συρίας (»Truppe aus Syrien«) ist auffallend (vgl. V 39). Möglicherweise wurden an dieser Stelle die hebr. Toponyme אד(ו)ם (»Edom« bzw. »Idumäa«; vgl. 4,15; 2 Sam 8,14; so 4 29 61) und ארם (»Syrien«; vgl. 2 Sam 8,13) verwechselt. Der Siedlungsraum der Philister wird hier als γῆ ἀλλοφύλων (»Land der Fremdstämmigen«) bezeichnet. Der Plural οἱ ἀλλόφυλοι bezeichnet in der LXX zumeist das in Palästina heimisch gewordene Volk der Philister (vgl. Ri 3,3; 14,4; 1 Chr 10,1 u.ö.).

V 42: Die Wendung ποιῆσαι τῷ λαῷ εἰς ἀπώλειαν καὶ συντέλειαν (»um das Volk vollends zu vernichten«) bedeutet wörtl. »um dem Volk Vernichtung und ein Ende zu bereiten«.

V 43: Die Formulierung εἶπαν ἕκαστος πρὸς τὸν πλησίον αὐτοῦ (»sie sprachen zueinander«) scheint hebr. ויאמרו איש אל רעהו nachgebildet (vgl. 2,40; Ri 6,29; 19,18; 2 Kön 7,3.9). Die Wendung τὴν καθαίρεσις τοῦ λαοῦ ἡμῶν (»unser vernichtetes Volk«) bedeutet wörtl. »die Vernichtung unseres Volkes«. Zur Wiedergabe der Pluralform (περὶ) τῶν ἁγίων (»[für] das Heiligtum«) vgl. Ex 39,1; Lev 5,15; Num 3,28 u.ö.

V 44: Zu ἔλεος (»Gnade«) vgl. 2,57. Nach οἰκτιρμούς (»Zuwendung«) ist sinngemäß θεοῦ (»Gottes«) zu ergänzen (vgl. 16,3).

V 45: Der griechische Wortverbindung υἱοὶ ἀλλογενῶν (wörtl. »Söhne von Fremden«; vgl. V 36) entspricht hebräischer bzw. bibelgriechischer Diktion. Grammatisches Subjekt des Ausdrucks κατάλυμα τοῖς ἔθνεσιν (»Unterkunft für Völker«) bleibt Jerusalem.

Analyse und Auslegung

Der von Lysias befohlene Aufmarsch der Truppen des Antiochos IV. Epiphanes und die Reaktion der widerständigen Judäer leiten die vermeintliche Entscheidungsschlacht zwischen der syrischen Streitmacht und den Rebellen in der Provinz ein. Der Parallelbericht in 2 Makk 8,8–12 betont besonders die Verantwortung des syrischen Befehlshabers Nikanor (vgl. Josephus, Ant. XII 298f.).

Nach einem Schauplatzwechsel werden in V 38 Ptolemaios (der Verwalter der großen Strategie Coilesyrien und Phönizien; vgl. 2 Makk 4,45 f.; 8,8 f.; 10,12), Nikanor (der Meridarch von Samaria; vgl. 2 Makk 8,9.34–36; Josephus, Ant. XII 261), und Gorgias (der Strategos von Idumäa; vgl. 2 Makk 8,9; 10,14; 12,32) als mit dem Feldzug gegen die Aufständischen betraute Heerführer eingeführt. Diese Häufung von namentlich genannten Antagonisten soll die hohe Bedeutung der Rebellion für die Seleukiden unterstreichen. Die gewaltige Anzahl der von Lysias mobilisierten Fußsoldaten und Reiter (V 39) ist der Erzählung von Davids Sieg über die Aramäer (1 Chr 19,16–19) entlehnt (vgl. 2 Makk 8,9 mit 2 Sam 10,6.18). Standort des syrischen Heerlagers ist die nordwestlich von Jerusalem gelegene (und strategisch wichtige, da an dem wichtigsten Handels- und Transportweg hinab zur Küstenebene liegende) judäische Stadt Ammaus (vgl. 9,50; ySchevi'it 38d, 69), die nicht mit dem in Lk 24,13 erwähnten Ort »Emmaus« verwechselt werden darf. Zur Dramatisierung des erzählten Geschehens bzw. als retardierendes Moment wird in V 41 f. das Erscheinen von zahlreichen Sklavenhändlern und Auxiliartruppen (vgl. V 2) im syrischen Heerlager angemerkt. V 38–41

Vorbereitungen zum Kampf

Ort des erzählten Geschehens ist nun wieder Jerusalem. Angesichts der Bedrohung durch ihre offensichtlich übermächtigen Gegner beraten sich die Aufständischen und machen sich sogleich kampfbereit. Dabei hebt V 42 sowohl die besondere Umsicht des Judas und seiner Brüder als auch den Ernst der Lage hervor (vgl. 1,9). Ihre als direkte Rede in der poetischen Form des *Parallelismus membrorum* gestaltete Willensbekundung in V 43 markiert eine für den Erzähler besonders wichtige Textaussage (vgl. 2,40), wobei das Verb ἀνίστημι (»aufrichten«) eine Allusion auf Am 9,11 darstellt, wo davon die Rede ist, dass Gott selbst die »verfallene Hütte Davids aufrichten« wird. Das Gebet der frommen Rebellen um Gottes Beistand im Kampf (die Formulierung ist um Wahrung seiner Transzendenz bemüht) ist wiederum 2 Chr 20,5–12 nachempfunden. V 42–44

Der Erzähler fügt an dieser Stelle unvermittelt (und nur mit einem schmalen narrativen Rahmen versehen) eine auf Jerusalem fokussierte, rekapitulierende Kommentierung des erzählten Geschehens in gebundener Sprache ein, die formal einem kollektiven Klagelied entspricht, zentrale Aussagen von 1,25–28.36–40 in geraffter Form aufnimmt und ebenso wie diese beiden poetischen Stücke inhaltlich durchweg auf eine Reihe biblischer Texte anspielt. So ist vom »unbewohnten« Jerusalem in Jes 5,9; 6,11; Jer 9,10 die Rede. Mit einer »Wüstung« wird die Stadt in Jes 64,9; Klgl 5,18 verglichen (vgl. CD III 10; V 20; das Stichwort verweist zudem zurück auf den Befehl des Lysias in V 39). Auf ihre (nur mit Gottes Beistand zu überwindende) »Verödung« verweist Jer 33 (LXX 40),10. Das »niedergetretene Heiligtum« begegnet in Jes 63,18; Ps 79 (LXX 78),1; Dan 8,13 (vgl. 3 Makk 2,18; PsSal 2,2; 17,22), die in der Stadt hausenden »Fremden« finden sich in V 45

2 Sam 22,45 f.; Ps 18 (LXX 17),45 f.; Ez 44,7–9. Die Bezeichnung der Stadt als »Unterkunft für die Völker« ähnelt Jes 1,7. Das »Wegnehmen der Freude« spielt auf Stellen wie Klgl 5,15; Jes 24,11; Hos 9,1 an, und das »Verstummen von Flöte und Leier« auf Jes 14,11; 24,8.

Die Versammlung der Aufständischen in Massepha (3,46–60)

Text

Übersetzung

46 Und sie versammelten sich und zogen nach Massepha gegenüber von Jerusalem, denn in Massepha war einstmals ein Gebetsort für Israel. 47 Und sie fasteten an jenem Tag, legten Bußgewänder an, (streuten) Asche auf ihr Haupt und zerrissen ihre Kleider. 48 Und sie rollten das Buch des Gesetzes auf, so wie die Völker die Bilder ihrer Götzen befragten. 49 Und sie brachten die Priestergewänder und die Erstlinge und die Zehnten herbei, und sie ließen die Naziräer auftreten, die die Tage (ihres Gelübdes) erfüllt hatten. 50 Und sie riefen laut zum Himmel mit den Worten: Was sollen wir mit diesen tun und wohin sollen wir sie führen? 51 Denn dein Heiligtum ist niedergetreten und entweiht, und deine Priester sind in Trauer und Erniedrigung. 52 Und siehe, die Völker haben sich gegen uns versammelt, um uns zu vernichten. Du weißt, was sie gegen uns vorhaben. 53 Wie soll es uns möglich sein, ihnen standzuhalten, wenn du uns nicht hilfst? 54 Und sie stießen in die Signaltrompeten und riefen mit lauter Stimme. 55 Daraufhin setzte Judas Anführer des Volkes ein, Befehlshaber über tausend und hundert und fünfzig und zehn. 56 Und er befahl denen, die Häuser gebaut oder Frauen geheiratet oder Weinberge gepflanzt hatten, und den Furchtsamen heimzugehen, ein jeder in sein Haus, gemäß dem Gesetz. 57 Und das Heer brach auf und sie lagerten sich südlich von Ammaus. 58 Und Judas sprach: Macht euch bereit und seid tapfer. Bereitet euch auf den Morgen vor, um gegen diese Völker dort zu kämpfen, die sich gegen uns versammelt haben, um uns und unser Heiligtum zu vernichten. 59 Denn es ist besser für uns, im Kampf zu sterben, als auf das Elend unseres Volkes und des Heiligtums zu blicken. 60 Doch wie es Wille im Himmel ist, so soll es geschehen!

Zu Text und Übersetzung

V 47: Der Ausdruck σποδὸν ἐπὶ τὴν κεφαλὴν αὐτῶν (»Asche auf ihr Haupt«) ist mit einer Reihe von Textzeugen (55 La^B SyI) um das Verb ἐπέθεντο (»sie streuten«) zu ergänzen.

V 48: Der schwer verständliche Satz περὶ ὧν ἐξηρεύνων τὰ ἔθνη τὰ ὁμοιώματα τῶν εἰδώλων αὐτῶν (»so, wie die Völker die Bilder ihrer Götzen befragten«) lässt sich als eine wörtl. Wiedergabe von hebr. על אשר דרשו הגוים את דמויות אלהיהם verstehen (vgl. Ex 32,35; Dtn 29,24; Jes 40,18) und könnte sich hier auf pagane divinatorische Praktiken beziehen (solche Praktiken waren im antiken Judentum völlig unüblich). Gegen die Übersetzungsvariante »worin die Völker Bilder ihrer Götzen gesucht hatten« spricht, dass in diesem Fall statt der Konjunktion περὶ ὧν wohl ἐν οἷς zu erwarten wäre. Einige Handschriften (55 74 242) bieten τοῦ ἐπιγράφειν ἐπ' αὐτῶν zwischen τὰ ἔθνη und τὰ ὁμοιώματα (»wonach die Völker gesucht hatten, um darauf die Bilder ihrer Götzen zu malen«), was möglicherweise seinen Grund in einer Verwechslung von חקר (»erforschen«) und חקק (»einritzen«) hat (vgl. Ri 5,14). Das Verb ἐκπετάννυμι (»aufrollen« bzw. »ausbreiten«) wäre in diesem Fall ähnlich wie in 2 Kön 19,14 (vgl. Jes 37,14) zu verstehen.

V 49: Die Verbform ἤγειραν (»sie ließen auftreten«) bedeutet wörtl. »sie richteten auf« (hebr. ויעמידו; vgl. Lev 16,7; 27,8.11 u.ö.). Die Formulierung πληρόω τὰς ἡμέρας (»die Tage erfüllen«) entspricht hebr. מלא ימים (vgl. Num 6,5.13). Gemeint sind die (dreißig; vgl. mNazir I 3) Tage des zeitlich begrenzten, mit einer Reihe von besonderen Reinheitsvorschriften und individuellen Kasteiungen verbundenen Nasiräatsgelübdes (vgl. Num 6,1–21), das z.B. zum Dank für die Errettung aus Not eingegangen wurde.

V 50: *Rahlfs* setzt das Fragezeichen irrtümlich nach V 51. Mit οὐρανός (»Himmel«) wird hier und in V 60 der Gottesname umschrieben (vgl. V 18).

V 51: Das καί am Satzanfang ist als *καί epexegeticum* mit (»denn«) wiederzugeben.

V 54: Der Ausdruck ἐσάλπισαν ταῖς σάλπιγξιν (»sie stießen in die Signaltrompeten«) imitiert eine hebr. (bzw. bibelgriech.) *Figura etymologica,* die den Verbalbegriff verstärkt (vgl. Jos 6,20; 2 Chr 13,14).

V 55: Der griech. Terminus λαός (wörtl. »Volk«) bezeichnet hier (ebenso wie hebr. מחנה [vgl. Jos 10,5; 11,4; Ri 4,5 u.ö.]) im militärischen Sinne eine Streitmacht oder einen Truppenteil (vgl. 4,17; 5,6.30 u.ö.).

V 56: Der sachliche Zusammenhang (vgl. Dtn 20,5–8) bedingt die Übersetzung der präsentischen Partizipien (οἰκοδομοῦσιν; μνηστευομένοις; φυτεύουσιν; δειλοῖς) als vorzeitig gegenüber dem übergeordneten Verb.

V 58: Die hebraisierenden bildhaften Wendungen περιζώσασθε (»macht euch bereit«) und γίνεσθε εἰς υἱοὺς δυνατούς (»seid tapfer«) bedeuten wörtl. »umgürtet euch« (vgl. 1 Sam 2,4; Jes 8,9; Lk 12,35) und »werdet zu tapferen Söhnen« (vgl. Dtn 25,2; 1 Sam 20,31; 2 Sam 2,7). Zum Aufruf γίνεσθε ἕτοιμοι εἰς πρωί (»bereitet euch auf den Morgen vor«) vgl. hebr. היו נכנים לבקר (Ex 19,15; 34,2). Die Wendung πολεμῆσαι ἐν (»um gegen [sie]zu kämpfen«) entspricht hebr. נלחם ב (vgl. Ri 12,1.3).

Analyse und Auslegung

Die ausführliche Schilderung der Versammlung der Aufständischen in Massepha (Mizpa) verbindet das Klagelied über das Geschick Jerusalems (V 43–45) und den siegreichen Kampf des Judas gegen die Syrer (4,1–25). Sie dient dem Erzähler an dieser Stelle zum einen zur Verdeutlichung der gottgewollten Bestimmung des Judas zum Retter seines bedrängten Volkes und zum Vollstrecker der gerechten Strafe über die Feinde Israels und zum anderen zur Bestätigung dessen Autorität als (ebenso frommer wie kluger und tapferer) Anführer der Rebellen. In der frei gestalteten Szene spiegelt sich durchweg archaisierendes (bereits in seinem Ursprung fiktiv-literarisches) deuteronomisches Kriegsrecht wider (vgl. Dtn 20,1–20). In dem Parallelbericht in 2 Makk 8,13–23 wird die Bedeutung Nikanors als Antagonist besonders unterstrichen (vgl. Josephus, Ant. XII 300–304).

V 46–49 Die örtliche Überleitung in V 46a schließt mittels des Stichwortes »versammeln« (vgl. V 44) an den vorangehenden Mikrokontext an. Der Erzählerkommentar in V 46b hebt die besondere Bedeutung des Ortes Massepha als traditioneller Versammlungs- und Gebetsort des Volkes Israel hervor und bietet damit einen wichtigen Verständnisrahmen für das folgende Geschehen. In der als Grenzfestung des Südreiches Juda angelegten Ortschaft ca. 12 km nördlich von Jerusalem (vgl. 1 Kön 15,22), die später als Residenz des Judäers Gedalja diente, welcher als Statthalter der Babylonier amtierte, eine Politik der Unterwerfung unter die Okkupationsmacht vertrat, und schließlich einem Attentat durch den Davididen Ismael ben Netanja zum Opfer fiel (vgl. 2 Kön 25,22–25.; Jer 40 [LXX 47],6–15; 41 [LXX 48],1–10), hatten gemäß der (nachexilischen) biblischen Überlieferung bereits während der Richterzeit wiederholt Versammlungen des gesamten Volkes stattgefunden. So wurden in Massepha von allen bewaffnet versammelten Israeliten gemeinsam drastische Strafmaßnahmen gegen die Sünder innerhalb des Stämmebundes beschlossen (Ri 20,1.3; 21,1.5.8). Begleitet von kollektiven Selbstminderungsriten wurde hier später auf Befehl Samuels gemeinschaftlich um Vergebung begangener Sünden vor Gott gebetet und die Erhörung dieser Gebete konstatiert (1 Sam 7,5–9; 10,17–25). Die in V 47 folgende Aufzählung der von den versammelten Aufständischen vollzogenen Selbstminderungs- und Trauerriten (vgl. 2,14; 2 Makk 10,25 sowie Gen 37,29.34; 2 Sam 3,31; 1 Kön 21 [LXX 20],27; Neh 9,1–3; Joel 2,12 f.; Jona 3,5 f.) angesichts der ernsten Bedrohung des gesamten Volkes (vgl. 2 Chr 20,3 f.; Jdt 4,9–15) dient ebenfalls der bestätigenden Verankerung des Geschehens in der biblischen Tradition (vgl. Ri 20,26; 1 Sam 7,6). Aufgrund der schlechten Textüberlieferung (s. o.) ist die Deutung des in V 48 vollzogenen und mit den (als insuffizient erachteten) paganen divinatorischen Praktiken kontrastierten »Aufrollen des Buches des Gesetzes« unsicher. Vermutlich wird bereits hier (vgl. V 58–60) auf Dtn 20,2–4 angespielt (vgl. 2 Makk 8,23; 1QM X 1–9), wo im Kontext einer »Kriegsansprache« die priesterliche Ermunterung der Kämpfer vor der Schlacht bzw. eine öffentliche Verlesung der Tora als Symbol der Gegenwart Gottes geboten wird (vgl. auch die Bezugnahme auf Dtn 20,5–8 in V 56). Die in V 49 der Volksversammlung (bzw. dem Leser) präsentierten »Priestergewänder« (vgl. Ex

Bittgottesdienst in Massepha

28,2–43; 1QM VII 11f.), »Erstlingsgaben« (vgl. Ex 23,19; Lev 23,10f.; Num 18,12–18; Dtn 26,2–4), »Zehntenabgaben« (vgl. Lev 27,30–32; Num 18,21–26) und (auszuweihenden) »Nasiräer« (vgl. Num 6,1–21; Apg 21,23f.26) haben miteinander gemeinsam, dass die Erfüllung der mit ihnen verbundenen Gebote ohne den gemäß der Tora vollzogenen Tempelkult unmöglich ist.

Die in V 50 einleitend als Gebet der bei Massepha versammelten Judäer V 50–54
ausgewiesene, ebenso wie ihre Begründung in V 51 als direkte Rede in der poetischen Form des *Parallelismus membrorum* gestaltete und hierdurch als besonders bedeutsam markierte, rhetorische Frage, was angesichts der aktuellen Entweihung des Tempels (vgl. V 45 sowie Joel 1,9; Klgl 1,4) mit den öffentlich ausgestellten Objekten und Personen zu tun sei, zeigt die zwingende Notwendigkeit auf, diesen unhaltbaren Zustand (vgl. V 45) zu beseitigen, um hierdurch den Willen Gottes erfüllen zu können (vgl. V 59). Die Anrufung Gottes in V 52f. weist hinsichtlich ihres Inhalts sowohl auf den vorangehenden (V 40f.) als auch auf den nachfolgenden Kontext (V 58) hin (vgl. 1QM XV 4–7). Der Verweis auf die unbedingte Notwendigkeit der »Hilfe Gottes« in dieser Notlage wiederum entspricht 2 Makk 8,23 (vgl. 1QM IV 13). Dem Gebet der Judäer folgen Trompetenstöße (V 54), welche die Anrufung Gottes unterstützen und seine Hilfe im Kampf bewirken sollen (vgl. 4,40; 5,31; 9,12f.; 16,8 sowie Num 10,9f.; Ri 3,27; 6,34f.; 7,18–22; 1 Sam 13,3; 1QM X 7f.).

Die in den Versen beschriebenen Kampfvorbereitungen des Judas unter- V 55–57
streichen seine positive Charakterisierung als frommer Streiter für sein Volk. Die von ihm befohlene Musterung und das »Einsetzen von Anführern« sowie seine Truppeneinteilung (V 55) entsprechen Ex 18,21.25; Dtn 1,15 (vgl. Num 31,48.52; 1 Sam 8,12; 2 Sam 18,2f.; 2 Kön 1,9–11 sowie 1QS II 19ff.; 1QM VIII 6; CD XIII 1f.). Die von ihm ausgesprochenen, begründeten Freistellungen vom Kriegsdienst in V 56 wiederum entsprechen Dtn 20,5–8 (vgl. Dtn 24,5; 28,30 sowie 2 Makk 8,13). Der Schauplatzwechsel in V 57 leitet über zur folgenden Ansprache des Judas bei Ammaus.

Die direkte Ermunterungsrede des Anführers der aufständischen Judäer V 58–60
entspricht in performativer und inhaltlicher Hinsicht Dtn 2,2–4 (vgl. V 48) sowie der Ansprache des (mit dem Geist Gottes begabten) Jahasiel ben Secharja vor der Schlacht gegen die Ammoniter und Moabiter (2 Chr 20,15–17). Indem Judas seine Männer dazu aufruft, sich auf den Kampf am nächsten Morgen vorzubereiten (V 58; vgl. 1QM XV 6–9), verbindet der Erzähler den Abschnitt als Wendepunkt der Handlung mit den nachfolgenden Ereignissen. In V 59 werden die todesmutige Opferbereitschaft der Kämpfer für Volk und Heiligtum, allen voran Judas, betont und das Geschehen dramatisiert. Bemerkenswerterweise begegnet an dieser Stelle keine Auferstehungshoffnung (vgl. 2 Makk 7,14; Dan 12,2f.). In V 60 schließlich erfährt der Leser, dass der Ausgang des nun folgenden Kampfgeschehens, welches

nun erstmalig nicht von den Syrern, sondern von den Aufständischen selbst initiiert wird, dem Willen des gerechten Gottes Israels entspricht.

Der Sieg über Gorgias (4,1–25)

Text

Übersetzung

*4,1 Und Gorgias nahm fünfhundert Mann und tausend ausgewählte Rei-
ter, und das Heer brach des Nachts auf, 2 um das Heer der Judäer zu über-
fallen und sie überraschend zu schlagen. Und die Bewohner der Burg dien-
ten ihm als Führer. 3 Als Judas das erfuhr, brachen auch er und die Tapferen
auf, um die Truppe des Königs in Ammaus zu schlagen, 4 solange die Trup-
pen noch kein geordnetes Heerlager waren. 5 Und Gorgias kam des Nachts
in das Heerlager des Judas und fand niemanden. Und er suchte sie in den
Bergen, weil er dachte: Sie fliehen vor uns! 6 Bei Anbruch des Tages er-
schien Judas mit dreitausend Mann in der Ebene. Allerdings hatten sie nicht
Rüstungen und Schwert, wie sie wünschten. 7 Und sie sahen das starke, mit
Brustpanzern gerüstete Heer der Völker. Reiter umgaben es ringsum, und
diese waren kampferfahren. 8 Judas aber sprach zu den Männern, die bei
ihm waren: Fürchtet nicht ihre Menge und fürchtet euch nicht vor ihrem
Ansturm! 9 Erinnert euch daran, wie unsere Väter im Roten Meer gerettet
wurden, als der Pharao sie mit einer Streitmacht verfolgte. 10 Und nun
wollen wir zum Himmel rufen, ob er uns geneigt ist und des Bundes der
Väter gedenken und dieses Heer heute vor unseren Augen vernichten will.
11 Und alle Völker werden erkennen, dass es einen gibt, der Israel erlöst
und rettet. 12 Als die Fremden ihre Augen erhoben und sahen, dass sie ge-
gen sie heranrückten, 13 zogen sie aus dem Heerlager zum Kampf, und die
Leute des Judas stießen in die Signaltrompeten. 14 Und sie stießen auf-
einander, und die Völker wurden geschlagen und flohen hinaus in die Ebe-
ne. 15 Die Hintersten aber fielen alle durch das Schwert. Und sie verfolgten
sie bis Geser und bis in die Ebenen von Idumäa und Azotos und Jamneia,
und es fielen von ihnen fast dreitausend Mann. 16 Als Judas mit der Streit-
macht von dieser Verfolgung zurückgekehrt war, 17 sprach er zum Volk:
Seid nicht begierig auf die Beute, denn uns steht noch ein Kampf bevor!
18 Gorgias und die Streitmacht sind nahe bei uns im Gebirge. Vielmehr
stellt euch jetzt unseren Feinden entgegen und bekämpft sie, und danach
nehmt in Ruhe die Beute. 19 Kaum hatte Judas dies vollendet, erschien eine
Abteilung, die aus dem Gebirge hervorkam. 20 Und sie erkannte, dass sie in*

die Flucht geschlagen waren und dass sie das Heerlager in Brand steckten, denn der Rauch, der zu sehen war, zeigte, was geschehen war. 21 Als sie dies sahen, erschraken sie sehr. Als sie aber auch das zur Schlacht bereite Heer des Judas in der Ebene sahen, 22 flohen sie alle in das Land der Philister. 23 Judas aber wandte sich der Beute des Heerlagers zu, und sie nahmen viel Gold und Silber und Gewänder von Hyazinth und Seepurpur und großen Reichtum. 24 Und als sie zurückkehrten, sangen sie Loblieder und Preisgesänge zum Himmel, dass er gütig ist, dass sein Erbarmen ewig währt. 25 Und an jenem Tag ist Israel großes Heil widerfahren.

Zu Text und Übersetzung

V 2: An Stelle von τῶν Ιουδαιων (»der Judäer«) bieten SyI.II und Josephus, Ant. XII 305 τοῦ Ιουδα (»des Judas«). Mit οἱ υἱοὶ τῆς ἄκρας (wörtl. »die Söhne der Burg«) ist die syrische Garnison in der Davidstadt gemeint. Die Wendung scheint hebr. בני החקרא zu entsprechen, wobei das semantisch polyvalente Nomen בן die Zugehörigkeit bezeichnet (vgl. 2, 47 sowie MegTaan II 5 [p. 355 Beyer]). Der Artikel οἱ fehlt in einigen griechischen Textzeugen (א V 55 62 74 381) sowie bei *Rahlfs*.

V 3: Zur Übersetzung von οἱ δυνατοί (»die Tapferen«) vgl. Jos 6, 2; 8, 3; 10, 7 u. ö.

V 7: Die Wendung διδακτοὶ πολέμου (»kampferfahren«) entspricht vermutlich hebr. מלמדי מלחמה bzw. למודי מלחמה (vgl. 1 Chr 5, 18; Hld 3, 8 sowie PsSal 15, 9).

V 6: An Stelle des Singulars μαχαίραν (»Schwert«) lesen einige Handschriften und Übersetzungen (א V 19 55 58 311 La) sowie *Rahlfs* den Plural μαχαίρας (»Schwerter«).

V 8: Das Verb δειλόομαι (»sich fürchten«) begegnet in der LXX nur hier, in V 21 sowie in 16, 6.

V 10: Hier und in V 24 (dort als Ersetzung der Gottesprädikation κύριος zwecks Vermeidung eines Anthropopathismus) dient der Ausdruck οὐρανός (»Himmel«) der Umschreibung des Gottesnamens (vgl. 3, 18 f.). An Stelle von διαθήκη πατέρων (»Bund der Väter«) liest SyII »früherer Bund«.

V 13: Das Verb ἐσάλπισαν (»sie stießen in die Signaltrompeten«) bedeutet wörtl. »sie trompeteten«.

V 15: Die Schreibweise des Toponyms Γαζηρα (»Geser«) scheint sich hier an 2 Sam 5, 25 anzulehnen (vgl. 9, 52). An Stelle von Ιδουμαια (»Idumäa«) lesen einige Handschriften und Übersetzungen (A 19 La^{B}) die in diesem Kontext geographisch ebenfalls passende Gebietsbezeichnung Ιουδαια (»Judäa«).

V 19: Die von sämtlichen Minuskelhandschriften gebotene und von einigen lateinischen und syrischen Übersetzungen ($\mathrm{La}^{L\,X\,G\,V}$ SyI.II) bezeugte Lesart λαλοῦντος (»gesagt«) an Stelle von πληροῦντος (»vollendet«) ist zwar als *lectio difficilior* vorzuziehen, scheint aber auf einer Verwechslung der hebräischen Wörter מלא und מלל zu beruhen.

V 20: Subjekt des Satzes ist die Truppe des Gorgias.

V 22: Die Gebietsbezeichnung γῆ ἀλλοφύλων (»Land der Fremdstämmigen«) steht hier für den Siedlungsraum der Philister (vgl. 3, 41).

V 24: Die poetische Formulierung ὅτι καλὸν ὅτι εἰς τὸν αἰῶνα τὸ ἔλεος αὐτοῦ (»dass er gütig ist, dass sein Erbarmen ewig währt«) ist der bibl. Psalmensprache entlehnt (Ps 136 [LXX 135],1; vgl. 106 [LXX 105],1; 118 [LXX 117],1.29). Die Wendung ὅτι καλόν ist als eine wörtl. Übersetzung von hebr. כי טוב zu betrachten (vgl. Ps 34 [LXX 33],9; 54 [LXX 53],8; 100 [LXX 99],5). Zu ἔλεος (»Erbarmen«) vgl. 2, 57.

Analyse und Auslegung

Der siegreiche Kampf der Aufständischen gegen die überlegene Streitmacht des Gorgias bietet dem Erzähler erneut Gelegenheit, Judas mit den Heldengestalten der biblischen Geschichte zu identifizieren. Von der Schlacht bei Ammaus berichten auch 2 Makk 8,23–29 und Josephus, Ant. XII 305–312.

V 1–7 Zu Beginn dieses Abschnitts werden zunächst der Ort und die Zeit der militärischen Reaktion des Königs auf die judäische Mobilmachung markiert und die primären Handlungsträger vorgestellt, mit deren Nennung auch die Anknüpfung des Geschehens an den unmittelbaren Kontext erfolgt. Dem Strategos von Idumäa (vgl. 3,38) und der Truppe des Königs stehen nun Judas und das Heer der Judäer gegenüber. Durchweg kontrastiert die Erzählung dabei die siegessichere syrische Streitmacht und die vermeintlich schwächeren Judäer (vgl. 3,18f.). So werden erstere in idealisierter Weise als erfahrene und ausgezeichnet bewaffnete Kämpfer beschrieben, die zahlenmäßig überlegen sind (vgl. 3,39), ortskundige Führer bei sich haben (die »Söhne der Burg« [gemeint sind Angehörige der syrischen Garnison in Jerusalem] verknüpfen das Textsegment mit dem vorangehenden Geschehen; vgl. 1,33; 3,45), in geordneter Formation (in breiter Front aufgestellt als ein dicht geschlossener und tief gestaffelter Verband von Lanzenträgern [Phalanx] und an beiden Flanken geschützt von der Reiterei) aufmarschieren (vgl. Ex 14,3–9) und zunächst meinen, bei ihrer nächtlichen Offensive das Überraschungsmoment auf ihrer Seite zu haben, während die nur mangelhaft ausgerüsteten Männer des Judas vor ihrer gewaltigen Übermacht fliehen. Diese Überlegenheit und Siegessicherheit markieren insbesondere die direkte innere Rede des Gorgias in V 5b und der Erzählerkommentar in der Parenthese in V 7b. Indes erscheinen die Judäer unbeschadet ihrer vermeintlichen Unterlegenheit (zur Zahl »3000« vgl. 7,40; 9,5 sowie 1 Sam 13,2; 24,3; 26,2) sowohl durch ihre Charakterisierung als »Tapfere« – der Begriff beschreibt in der LXX häufig die heldenhaften Streiter während der Frühzeit Israels (s.o.) – als auch durch ihren ebenso tapferen wie klugen Plan, das feindliche Heerlager überraschend anzugreifen, in einem positiven Licht. Die Zeitangabe »bei Anbruch des Tages« in V 6 kann als Allusion an Ex 14,24 betrachtet werden.

Kampf bei Ammaus

V 8–11 Die direkte Rede des Judas, in der er seinen Männern erneut Mut zuspricht (vgl. 3,58; 1QM XV 7–16 sowie mSoṭa VIII 1), indem er auf die göttliche Rettung ihrer »Väter« während des Auszugs aus Ägypten und insbesondere auf die Bewahrung des Volkes Israel und die Vernichtung seiner übermächtigen Gegner während des Schilfmeerdurchzugs verweist (Ex 14,1–31; Dtn 7,18f.; vgl. 1QM XI 9f.; das Exodusgeschehen gilt im Judentum bis heute als grundlegendes Heilsereignis), bezieht den Leser mit ein. Sowohl der Gebetsappell des Judas an ein ebensolches Vertrauen auf die (auch in dieser Zeit der Bedrängnis und des Abfalls vom Gesetz gegen den

Augenschein noch immer fortbestehende) einzigartige Bundestreue des Gottes Israels (vgl. Ex 19,4f.; Dtn 20,3f.; 2 Chr 20,15) als auch seine Zusicherung einer erlösenden Rettung im Angesicht aller fremden Völker ringsum (vgl. Ex 14,13f.) sind in deutlicher Anlehnung an Jos 4,23f. formuliert. Es ist bemerkenswert, dass dem Erzähler die Einfügung des Redestücks an dieser Stelle wichtiger ist als die Plausibilität der öffentlichen Ansprache der versammelten Streitmacht vor einem Überraschungsangriff.

Die knappe und nüchterne Schilderung des eigentlichen Kampfgeschehens ist bereits durch die Verknüpfung der Stichworte »die Augen erheben« und »erkennen« als eine Bestätigung des Gottvertrauens und der Erhörungsgewissheit des Judas ausgewiesen. Die Trompetenstöße der Leute des Judas sind wahrscheinlich nicht als ein Angriffssignal zu verstehen, sondern stellen eine Allusion auf Num 10,9 dar, wo von den Priestertrompeten die Rede ist, die der Anrufung Gottes zur Siegeshilfe im Krieg dienen (vgl. Jos, 6,4.16.20). Einer kurzen Siegesnotiz folgt die Schilderung der Verfolgung und Bekämpfung der syrischen Streitmacht durch die Judäer bis nach Geser (Gazara), Azotos (Aschdod) und Jamneia (Jabne) in der südlichen palästinischen Küstenebene; die dabei genannte Zahl der erschlagenen Feinde entspricht exakt der anfänglichen Truppenstärke des Judas (V 6), was ebenfalls den göttlichen Beistand zum Ausdruck bringt. V 12–15

Siegesbeute

Eine zweite direkte Figurenrede enthält den Aufruf des Judas an seine Männer, sich noch nicht der Siegesbeute zu bemächtigen, sondern abzuwarten, bis der Feind vollends geschlagen ist (vgl. Polybios, *Hist.* V 48,1–3). Die Funktion des kurzen Abschnitts, der an Jos 6,18f. anzuspielen scheint, besteht in der Betonung des frommen, besonnenen und vorausschauenden Charakters des Makkabäers. V 16–18

Bestätigt wird die Warnung des Judas durch das plötzliche Erscheinen eines bislang im Gebirge verborgenen syrischen Truppenteils, der jedoch ebenfalls die Flucht ergreift, als er die Auflösung ihres Hauptlagers und die Übermacht der Aufständischen erkennt. Der Hinweis auf das Erschrecken dieser versprengten Reste der überlegenen syrischen Streitmacht korrespondiert spiegelbildlich mit der – angesichts des göttlichen Beistandes eigentlich unnötigen – anfänglichen Furcht der Judäer (V 8). Die Notiz von der Flucht der Soldaten des Gorgias in die Philisterstädte entspricht 3,24. V 19–22

Die Inbesitznahme der reichen Siegesbeute durch Judas und ihre stereotypisierende Beschreibung, deren Aufzählung als Anspielung an Jos 7,24 betrachtet werden kann, leiten das Ende des Abschnitts und der Erzähleinheit ein. Neben Gold und Silber (vgl. 3,41) werden hier mit Hyazinth und Seepurpur gefärbte Stoffe genannt, was auch als eine erste narrative Vorbereitung der Wiederherstellung des toragemäßen Kultbetriebs im Tempel nach dem großen Sieg der Aufständischen verstanden werden kann (zu den kostbaren Tempelvorhängen aus Hyazinth und Seepurpur vgl. V 51; 1,22 sowie Ex 26,1–4; 2 Chr 3,14; zur Farbe des liturgischen Gewands des V 23–25

Hohenpriesters vgl. Ex 28, 6–8; 39, 2–8; Sir 45, 10). Das in indirekter Rede formulierte Gotteslob der Judäer bei ihrer Rückkehr nach Jerusalem, das ihrer Gebetsbitte bzw. Erhörungsgewissheit (V 10f.) entspricht, zitiert einen formelhaften Aufruf zum dankbaren Lobpreis Gottes (vgl. Ps 106 [LXX 105],1; 107 [LXX 106],1; 118 [LXX 117],1–4; 136 [LXX 135],1; Jer 33 [LXX 40],11; 1 Chr 16, 41; 2 Chr 20, 21) und unterstreicht so die eigentliche Bedeutung ihres Sieges als dessen Rettungstat. Der Wortlaut des abschließenden, zusammenfassend evaluierenden Erzählerkommentars (»großes Heil ist widerfahren«), der sich auf das gesamte in dem Abschnitt erzählte Geschehen bezieht, stellt Judas implizit in eine Reihe mit Samson (Ri 15, 18) und Jonathan (1 Sam 14, 45).

Judas Makkabaios besiegt Lysias (4, 26–35)

Text

Übersetzung

26 Diejenigen von den Fremden, die entkommen waren, kamen zu Lysias und meldeten ihm alles, was sich ereignet hatte. 27 Als er das hörte, wurde er bestürzt und niedergeschlagen, weil es Israel nicht so ergangen war, wie er wollte, und weil nicht ausgeführt wurde, was ihm der König befohlen hatte. 28 Und im folgenden Jahr rekrutierte er sechzigtausend ausgewählte Männer und fünftausend Reiter, um sie zu bekämpfen. 29 Und sie kamen nach Idumäa und lagerten sich in Baitsura, und Judas zog ihnen mit zehntausend Mann entgegen. 30 Und als er das gewaltige Heer sah, fing er an zu beten und sprach: Gepriesen bist du, der Retter Israels, der den Ansturm des Gewaltigen durch deinen Knecht David gebrochen hat, der das Heer der Philister in die Hände Jonathans, des Sohnes Sauls, und seines Waffenträgers übergeben hat. 31 Bedränge auch dieses Heer durch dein Volk Israel, und sie sollen mitsamt ihrer Streitmacht und ihrer Reiterei zuschanden werden. 32 Jage ihnen Furcht ein und lass ihren Übermut zerrinnen, und sie sollen durch ihre Niederlage erschüttert werden. 33 Wirf sie nieder durch das Schwert derer, die dich lieben, und alle, die deinen Namen kennen, sollen dich mit Lobliedern preisen. 34 Und sie stießen aufeinander, und vom Heer des Lysias fielen fast fünftausend Mann, sie fielen aber im Kampf Mann gegen Mann. 35 Und als Lysias sah, dass seine Schlachtordnung aufgelöst, die des Judas aber ermutigt worden war, und dass sie bereit waren, entweder ehrenhaft zu leben oder zu sterben, brach er nach Antiocheia auf und warb Söldner an, um mit aufgefülltem Heer nach Judäa zu kommen.

Zu Text und Übersetzung

V 28: Das Verb συλλοχάω (»rekrutieren«) begegnet in der LXX nur an dieser einen Stelle.

V 29: 2 Makk 11,5 sowie Josephus, Ant. XII 313 lesen Ιουδαια (»Judäa«) statt Ιδουμαια (»Idumäa«).

V 30: Subjekt des Satzes ist Judas. Die Übersetzung von ὁ δυνατός (»der Gewaltige«) entspricht 1 Sam 17,4, wo Goliath als ἀνὴρ δυνατός (»gewaltiger Mann«) bezeichnet wird. Die Wendung ἐν χειρί entspricht hier und im Folgenden V 31 hebr. ביד »durch« (wörtl. »in der Hand von«; vgl. 1,44). Der Plural οἱ ἀλλόφυλοι bezeichnet in der LXX zumeist die Philister (vgl. 3,41).

V 34: Die Formulierung ἐξ ἐναντίας αὐτῶν (»Mann gegen Mann«), die wörtl. »ihnen gegenüber« lautet, imitiert biblische Diktion (vgl. Ri 9,17; 1 Sam 17,2.8; 2 Sam 11,15).

V 35: Die zahlreichen Varianten in der Textüberlieferung des Satzes καὶ ἐξενολόγει πλεοναστὸν πάλιν παραγίνεσθαι εἰς τὴν Ιουδαίαν (»und er warb Söldner an, um mit aufgefülltem Heer nach Judäa zu kommen«) beruhen wohl auf Versuchen, die Wiedergabe der hebr. Vorlage (möglicherweise וישכר חרב הרבה והיסף לבוא אל יהודה; zur Rekonstruktion des hebr. Textes vgl. 1 Sam 7,13; 2 Kön 7,6; Jer 49 [LXX 29],14) zu verdeutlichen.

Analyse und Auslegung

Der Niederlage des Gorgias bei Ammaus gegen die Judäer folgt ein weiterer Feldzug, den Lysias nun persönlich anführt. Gemäß 2 Makk 11,1–12 fand diese Militäraktion gegen die Aufständischen erst nach dem Amnestieangebot des Antiochos IV. während der Zeit der Nachbarschaftskämpfe statt (vgl. Josephus, Ant. XII 313–315). Auffällig ist die Ähnlichkeit mehrerer Einzelzüge der Erzählung mit dem ausführlicher gestalteten Schlachtbericht in 6,28–54.

Kampf bei Baitsura — **V 26–29**

Die schlechten Nachrichten der entkommenen Soldaten des Gorgias für den Generalstatthalter des Westens und dessen betont affektive Reaktion motivieren die nachfolgenden Ereignisse und verknüpfen sie zugleich mit dem vorangehenden Mikrokontext (vgl. V 22) und Makrokontext (vgl. 3,35 f.). Die relative Zeitangabe in V 28 scheint sich auf 3,37 zu beziehen; nach der seleukidischen Herbstära von 312 v. Chr. entspricht das dem Jahr 165 v. Chr. V 29 lokalisiert die Begegnung zwischen Lysias und Judas bei der ca. 28 km südlich von Jerusalem auf einer Anhöhe gelegenen Grenzfestung Baitsura (Bet Zur; vgl. Neh 3,16). Ebenso wie in V 1 kontrastiert der Erzähler dabei die (gegenüber 3,39 nochmals gesteigerte) »weltliche« Überlegenheit der Syrer und den »himmlischen« Beistand der Aufständischen (vgl. 1 Chr 19,16–19).

V 30–33

Das in direkter Rede in der Form biblischer Psalmendichtung *(Parallelismus membrorum)* vorgetragene Gebet des Judas, das einem kollektiven Klagelied nachgebildet ist, bietet dem auktorialen Erzähler Gelegenheit, den unbestrittenen Anführer der aufständischen Judäer mit den Heroen der erinnerten Geschichte Israels gleichzusetzen, seine militärischen Erfolge gegen den überlegenen Gegner in legitimierender Weise als gerechte Vollstreckung des Willens Gottes zu charakterisieren und die Rettung Israels unlösbar mit der Hasmonäerdynastie zu verknüpfen (vgl. äthHen 90, 13–15). Dabei nimmt er explizit Bezug auf die Heldentaten Davids (1 Sam 17, 40–54; vgl. 1QM XI 1 f. sowie mSoṭa VIII 1) und Jonathans (1 Sam 14, 1–16). Das Ethnonym »Israel« in V 31 bezieht sich exklusiv auf diejenigen Judäer, die unter der Führung des Judas in den Kampf ziehen (vgl. 3, 8). Die beiden Schlüsselbegriffe »(Gott) lieben« in der Gebetsbitte und »(Gottes) Name« im abschließenden Lobversprechen (V 33) begegnen gemeinsam auch in Ex 20, 6 f. und Dtn 5, 10 f.; die Allusion soll hier wohl den Toragehorsam der gottesfürchtigen Rebellen anzeigen.

V 34–35 Die kurze Beschreibung des eigentlichen Schlachtverlaufs und die Schilderung des Rückzugs des syrischen Generals nach Antiocheia betonen die Entsprechung zwischen der unbedingten Glaubenstreue der Rebellen und ihrem militärischen Erfolg. Die Verluste der aufständischen Judäer bleiben dabei unerwähnt. Die abschließende Bemerkung über einen von Lysias beabsichtigten erneuten Angriff erhält die Spannung aufrecht und signalisiert dem Leser, dass auch die nun folgende Wiederinbesitznahme des Jerusalemer Tempels noch nicht den endgültigen Sieg über die Feinde Israels bedeutet.

Die Reinigung und erneute Weihe des Tempels (4, 36–61)

Text

Übersetzung

36 Judas und seine Brüder aber sprachen: Seht, unsere Feinde wurden vernichtet. Lasst uns hinaufziehen, um das Heiligtum zu reinigen und von Neuem zu weihen. 37 Und das gesamte Heer versammelte sich und zog hinauf zum Berg Zion. 38 Und sie sahen das Heiligtum verwüstet und den Altar entweiht und die Tore niedergebrannt und in Vorhöfen Gesträuch, das gewuchert war wie im Wald oder im Gebirge, und die Kammern zerstört.
39 Und sie zerrissen ihre Gewänder, erhoben ein großes Wehklagen und streuten Asche (auf ihr Haupt). 40 Und sie warfen sich aufs Angesicht auf den Boden nieder, stießen in die Signaltrompeten und riefen zum Himmel.
41 Sodann kommandierte Judas Männer ab, um die Bewohner der Burg zu

bekämpfen, bis er das Heiligtum gereinigt hatte. 42 Und er wählte makellose und gesetzestreue Priester aus. 43 Und sie reinigten das Heiligtum und trugen die Steine der Befleckung an einen unreinen Ort. 44 Und sie berieten hinsichtlich des entweihten Brandopferaltars, was sie mit ihm machen sollten. 45 Da fiel ihnen als guter Plan ein, ihn niederzureißen, damit es ihnen nicht zur Schande werde, dass ihn die Völker befleckt hatten. Und sie rissen den Altar nieder. 46 Und die Steine legten sie an einen geeigneten Ort auf den Tempelberg, bis ein Prophet käme, um über sie Bescheid zu geben. 47 Und sie nahmen unbehauene Steine gemäß dem Gesetz und erbauten einen neuen Altar, entsprechend dem vorhergehenden. 48 Und sie setzten das Heiligtum instand und weihten das Innere des (Tempel)hauses und die Vorhöfe. 49 Und sie fertigten neue heilige Gerätschaften an und brachten den Leuchter und den Räucheropferaltar und den Tisch in den Tempel hinein. 50 Und sie brachten auf dem Räucheropferaltar Opfer dar und zündeten die Lampen auf dem Leuchter an, und sie leuchteten im Tempel. 51 Und auf den Tisch legten sie Brote, und sie hängten die Vorhänge auf. Und als sie alle Arbeiten, die sie ausführten, vollendet hatten, 52 da erhoben sie sich am frühen Morgen des fünfundzwanzigsten (Tages) des neunten Monats – das ist der Monat Chaseleu – im Jahre 148, 53 und brachten auf dem neuen Brandopferaltar, den sie errichtet hatten, gemäß dem Gesetz ein Opfer dar. 54 Zu derselben Zeit und an demselben Tag, an dem ihn die Völker entweiht hatten, wurde er von Neuem geweiht mit Lobliedern und Zithern und Leiern und Zimbeln. 55 Und das ganze Volk warf sich unterwürfig aufs Angesicht und sang Preisgesänge zum Himmel, der ihnen den Weg bereitet hatte. 56 Und acht Tage lang begingen sie die Einweihung des Altars, brachten mit Freude Brandopfer dar und opferten ein feierliches Opfer des Danks und des Lobes. 57 Und sie schmückten die Vorderseite des Tempels mit goldenen Kränzen und Schilden, stellten die Tore und Kammern wieder her und versahen sie mit Türen. 58 Beim Volk aber war die Freude sehr groß, denn die Schande der Völker war beseitigt. 59 Und Judas und seine Brüder und die gesamte Gemeinde Israel bestimmten, dass die Tage der Einweihung des Altars alljährlich zu ihrer Festzeit acht Tage lang vom fünfundzwanzigsten (Tag) des Monats Chaseleu an mit Freude und Jubel gefeiert würden. 60 Zu jener Zeit befestigten sie den Berg Zion ringsum mit hohen Mauern und festen Türmen, damit die Völker nicht wiederkämen und sie niederträten, wie sie es schon einmal getan hatten. 61 Und er stationierte dort eine Truppe, um ihm Schutz zu gewähren. Ebenso befestigte er Baitsura, um ihm Schutz zu gewähren, damit das Volk eine Festung gegen Idumäa habe.

Zu Text und Übersetzung

V 37: Der ὄρος Σιων (»Berg Zion«) ist der Tempelberg (vgl. Ps 2,6; Jes 24,23; Joel 3,5; Sach 1,14).

V 38: Die παστοφόρια (»Kammern«) sind die an den Mauern des Tempelhofes befindlichen Vorratskammern für die Hebeopfer, Erstlinge und Zehnten (vgl. Neh 12,44; 13,5 ff.).

V 39: Hinter καὶ ἐπέθεντο σποδόν (»und sie streuten Asche«) ist sinngemäß »auf ihr Haupt« zu ergänzen (vgl. 2,14).

V 40: Der Ausdruck ἐσάλπισαν ταῖς σάλπιγξιν (»sie stießen in die Signaltrompeten«) imitiert eine hebr. (bzw. bibelgriech.) *Figura etymologica* (vgl. 3,54).

V 42: Der Ausdruck θελετὴς νόμου (»gesetzestreu«) entspricht hebr. חפצי בתורה (vgl. Ps 1,2; 40 [LXX 39],9).

V 46: Die umschreibende Ortsbezeichnung ἐν τῷ ὄρει τοῦ οἴκου (wörtl. »auf dem Berg des Hauses [JHWHs]«) bezieht sich auf den Jerusalemer Tempelberg (vgl. Jer 26 [LXX 33],18; Jes 2,2; Mi 3,12).

V 48: Mit τὰ ἐντὸς τοῦ οἴκου (»das Innere des [Tempel]hauses«) ist das aus dem Heiligen (היכל) und dem Allerheiligsten (קדש הקדשים) bestehende Tempelhaus im Jerusalemer Tempel gemeint.

V 51: Entgegen der Satzzäsur bei *Rahlfs* gehört der Abschnitt καὶ ἐτέλεσαν πάντα τὰ ἔργα ἃ ἐποίησαν (»und als sie alle Arbeiten, die sie ausführten, vollendet hatten«) aufgrund der Entsprechung des parataktischen Erzählstils in der hebräischen Vorlage zum folgenden V 52.

V 54: Der Begriff καιρός (wörtl. »Zeitpunkt«) bezieht sich hier auf den Monat. Unter κιθάρα (»Zither«) ist ein Saiteninstrument aus der Familie der Leiern zu verstehen (vgl. Ps 33 [LXX 32],2; 2 Chr 9,11 u.ö.), unter κύμβαλον (»Zimbel«) ein beckenähnliches Metallophon (vgl. 13,51; Ps 150,5; 1 Chr 13,8 u.ö.). Zu κινύρα (»Leier«) vgl. 3,45; 13,51. In 2 Makk 10,1–8 wird keine Musik während der Einweihungsfeierlichkeiten erwähnt.

V 55: Der Ausdruck οὐρανός (»Himmel«) dient hier der Umschreibung des Gottesnamens (vgl. V 10).

V 56: Die Wendung ἔθυσαν θυσίαν σωτηρίου καί αἰνέσεως (»sie opferten ein feierliches Opfer des Danks und des Lobes«) imitiert formal eine hebr. *Figura etymologica* und bezieht sich sachlich auf die verschiedenen Schelamimopfer (זבחי שלמים; vgl. 2 Chr 33,16).

V 58: Die Wortverbindung ὀνειδισμὸς ἐθνῶν (»Schande der Völker«) ist hier als *Genitivus subjectivus* zu verstehen. Gemeint ist die dem Volk Israel seitens der Völker zugefügte Schande.

V 59: Die ungewöhnliche Formulierung ἐνιαυτὸν κατ' ἐνιαυτόν (»alljährlich«) entspricht hebr. שנה שנה (vgl. Dtn 14,22; 1 Sam 7,16).

V 60: Das Verb ᾠκοδόμησαν (»sie befestigten«) bedeutet wörtl. »sie erbauten«.

V 61: Wahrscheinlich ist die Wendung αὐτὸ τηρεῖν (»um ihm Schutz zu gewähren«) im zweiten Satz des Verses durch das Versehen eines Abschreibers (Dittographie) in den Text eingedrungen.

Analyse und Auslegung

Mit der Besetzung Jerusalems, dem Wiederaufbau des Tempels und seiner erneuten Weihe haben die aufständischen Judäer das ursprüngliche Ziel ihrer Revolte, nämlich die Annullierung des seleukidischen »Religionsedikes« erreicht. Der Aufbau des Abschnitts entspricht der Abfolge der Erzählelemente in 13,49–53; zusammen bilden die beiden »Reinigungsgeschichten« eine innere narrative Klammer in Entsprechung zu der äußeren Rahmung des erzählten Geschehens durch 3,3–9 und 14,4–15. Gemäß 2 Makk 10,1–8 findet die Tempelreinigung erst nach dem Tod des Antiochos IV. statt (vgl. Josephus, Bell. I 39; Ant. XII 316–326).

V 36–40

Der Schauplatz des erzählten Geschehens ist nun Jerusalem. Der in wörtlicher Rede gestaltete, adhortative Aufruf der Makkabäerbrüder zur Reinigung und erneuten Weihe des Tempels (vgl. 2 Kön 18,1–6; 2 Chr 7,1–10; 29,15 ff.; 34,3 ff.) markiert ihren (sowohl politischen als auch religiösen) Führungsanspruch und zugleich die Einleitung eines wichtigen Handlungshöhepunktes. Das Verb ἀναβαίνω (»hinaufziehen«; hebr. עלה) verweist in diesem Kontext auf Ps 24 (LXX 23),3; 122 (LXX 121),4. Die aufzählende Beschreibung der absichtlichen Verwüstungen auf dem Tempelberg (vgl. 2 Makk 1,8), ein in eine Erzählung umgesetztes kollektives Klagelied (zur Textgestaltung vgl. Ps 74 [LXX 73],2–8; Mi 3,12; Jes 34,13–15), stellt einen narrativen Rückbezug auf die Schilderung der bisherigen Untaten des Antiochos IV. dar (vgl. 1,21–24.31.37–39.54.59; 2,12) und bereitet zugleich der folgenden detaillierten Darstellung des Wiederaufbaus den Boden. Die ausführliche Beschreibung der Selbstminderungsriten zum demonstrativen Ausdruck von Klage und Trauer unterstreicht die hohe Bedeutung des Tempels für den Erzähler und scheint in V 40 an Jer 4,5 angelehnt.

V 41–46

Wiederaufbau und Reinigung des Tempels

Der Abschnitt konstatiert zunächst die umsichtigen und unter konsequenter Beachtung der Tora erfolgenden Maßnahmen des Judas zur Vorbereitung der Arbeiten am Tempel und konzentriert sich sodann auf die »Steine der Befleckung«. Die vorbeugende Militäraktion des Judas gegen die syrische Besatzung der Akra (V 41) bildet zusammen mit den durch ihn veranlassten Sicherungsmaßnahmen (V 60 f.) einen Rahmen um die Schilderung des Wiederaufbaus und der Einweihung des Tempels. Die »Makellosigkeit« der Priester bezieht sich auf ihre rituelle Reinheit bzw. Tauglichkeit zur Verrichtung des Tempeldienstes (vgl. Lev 21,17–23; 2 Sam 22,24.31; Ps 15 [LXX 14],2; 18 [LXX 17],24; 119 [LXX 118],1). Ihre Gesetzestreue entspricht der hohen kultischen Relevanz, die der Erzähler der Tora zuweist (vgl. V 47 und V 53). Beides betont den Kontrast zwischen dem durch die Syrer profanierten und dem neugeweihten Tempel. Der zusammengesetzte Ausdruck »Steine der Befleckung« in V 43 bezieht sich auf die Bestandteile des über dem jüdischen Brandopferaltar errichteten paganen Altars (vgl. 1,54; 13,50), dessen Beseitigung gemäß Ex 20,25 und Dtn 27,5 f. eine Bedingung der notwendigen Restitution des korrekt vollzogenen Tempelkults darstellt. Der Ausdruck μίασμα (»Befleckung«) dient in der LXX zur Bezeichnung illegitimer Opfer (Lev 7,18), Kultbilder (Jer 32 [LXX 39],34) und Verhaltensweisen (Ez 33,31). Der »unreine Ort«, an dem die Steine deponiert werden, meint einen Müllplatz wie im Kidrontal östlich Jerusalems am Fuße des Ölbergs (vgl. 2 Kön 23,12 sowie Dtn 23,13 f.). Der

Bericht vom Niederreißen des (durch seine Aufbauten und die paganen Opfer ebenfalls verunreinigten) Altars (V 45 f.) bereitet dessen Neubau durch die Aufständischen in V 47 narrativ vor, welcher seinerseits für den umfassenden Neubeginn der toragemäßen Kulthandlungen auf Betreiben des Judas steht. Die Bemerkung, die Altarsteine seien an einem »geeigneten Ort« verwahrt worden (mMiddot I 6 lokalisiert diesen Ort in der nordöstlichen Kammer des Erwärmungsraumes der Priester auf der Nordseite des Tempelhofes), bis ein Prophet über sie Bescheid gebe (vgl. 9,27; 14,41), bezieht sich an dieser Stelle auf den bereits V 37 f. bestimmenden Ps 74 (LXX 73),9 (vgl. 9,27; 14,41 sowie Dtn 18,18; Mal 3,22–24; 1QS IX 9–11; LibAnt 26,12).

V 47–51a Zu den Vorbereitungen der erneuten Inbetriebnahme des Tempels als »Repräsentation des Gott geheiligten Volkes« (*Keel* 2007, 1231) gehört zunächst die Errichtung eines neuen Brandopferaltars im Priestervorhof. Der Erzähler unterstreicht hierbei ausdrücklich, dass die Verwendung »unbehauener (d.h. nicht mit Eisen bearbeiteter) Steine« gemäß der Tora erfolgt (vgl. Ex 20,25; Dtn 27,6). mMiddot III 4 erklärt dieses Gebot durch die Verwendung des Eisens zur Herstellung von Kriegswaffen, die mit der lebenstiftenden Bedeutung des Altars unvereinbar ist. Die Anfertigung neuer Tempelgeräte (aufgezählt werden hier der Leuchter, der Räucheropferaltar, der Tisch für die Schaubrote und die Tempelvorhänge) verweist zurück auf die anfängliche Schilderung der Tempelplünderung durch die Syrer (1,21–23). Die erneuten Kulthandlungen im Heiligtum (eine erneute Einsetzung des Kultpersonals wird nicht erwähnt) leiten nunmehr den Neubeginn des täglichen Opfergottesdienstes im Jerusalemer Tempel ein.

V 51b-59 Die feierliche Neuweihe des Tempels (vgl. Neh 12,27–43) und der Vollzug des erstmaligen Tamidopfers »gemäß dem Gesetz« nach seiner Renovierung (vgl. Ex 29,38–42; Num 28,3–7) wird mit einer ausführlichen Zeitangabe eingeleitet, deren Funktionen darin bestehen, erstens die zentrale Bedeutung dieses historischen Zeitpunktes abschließend hervorzuheben, zweitens die göttliche Lenkung des Geschehens zu betonen, und drittens die Ätiologie eines jährlichen Tempelfestes sicherzustellen. Der 25. Kislew im Jahre 148 der (hier mit einer im Frühjahr beginnenden Monatszählung verbundenen) seleukidischen Ära von 312 v.Chr. liegt am Ende des Jahres 165 v.Chr. Die Bemerkung, dieser Zeitpunkt liege auf den Tag genau drei Jahre (2 Makk 10,3 spricht hier von zwei Jahren) nach der Entweihung des Tempels durch Antiochos IV. (1,59; 2 Makk 6,7), will in tröstender Weise hervorheben, dass letztendlich auch dieser katastrophale Termin (ähnlich wie später der 9. Av) dem umfassenden Geschichtsplan Gottes untergeordnet ist. Auch das Dankgebet »des ganzen Volkes« in V 55 (der Erzähler unterstreicht an dieser Stelle die Einheit aller Judäer) weist auf die Bedeutung des unerwarteten Sieges über die Feinde Israels als Rettungstat Gottes hin. Der »Schande der Völker« wird in V 59 der siegreiche Judas gegenübergestellt, der gemeinsam mit seinen Brüdern und der »gesamten Gemeinde Is-

Neuweihe

rael« (vgl. V 55) bestimmt, dass der Tempelweihe von nun an mit einem jährlichen Fest gedacht wird, das hier ἐγκαινισμός (τοῦ θυσιαστηριοῦ) (»Einweihung [des Altars]«) genannt wird, während es in 2 Makk 10,5 καθαρισμός (»Reinigung«), bei Josephus, Ant. XII 325 τὰ φῶτα (»Lichter«), in Joh 10,22 ἐγκαίνια (»Erneuerung« bzw. »Weihe«) und in der (in ihrem aram. Kern dem 1. Jh. n. Chr. entstammenden) Aufzählung jüdischer Festtage MegTaan IX 23 (p. 357 *Beyer*) חנוכתה (»Einweihung«) heißt (in den Texten vom Toten Meer finden sich keinerlei Bezugnahmen auf dieses Fest). Die achttägige Dauer der Feierlichkeiten (vgl. 2 Makk 10,6) entspricht 1 Kön 8,65 f. und 2 Chr 29,17.

Befestigung von Stadt und Land

Der abschließende kurze Bericht von der Befestigung des Tempelbergs und dem Ausbau der Grenzfestung Baitsura (der Name des Ortes begegnet im 1. Makkabäerbuch sowohl als Neutrum plural der o-Deklination [vgl. 4,29; 6,49; 10,14] als auch als Feminin singular der a-Deklination [vgl. 6,7.26.50; 14,33]; zum archäolog. Befund vgl. *Kuhnen* 1990, 49 f.) lenkt den Blick erneut auf Judas als Initiator der vorbeugenden Verteidigungsmaßnahmen und als ebenso kluger wie entschiedener Retter seines Volkes (vgl. V 41). Die beiden Verse signalisieren den Fortbestand der Bedrohung durch die Syrer und ihre jüdischen Verbündeten und deuten zugleich die zukünftigen Komplikationen und Konflikte an. Bemerkenswert ist hier das Fehlen einer persuasiv motivierten poetischen Passage (vgl. 1,25–28.38–40; 2,47 f.; 3,45), die das erzählte Geschehen aus der Perspektive des auktorialen Erzählers zusammenfasst und deutet.

V 60–61

Exkurs: Chanukka

Chanukka

Das am 25. Kislew beginnende (vgl. 2 Makk 1,18) und am 2. Tevet endende Chanukkafest wurde im Judentum sukzessive zum Fest der vergewissernden Erinnerung an die religiöse Selbstbehauptung und das rettende Eingreifen Gottes bei der Restitution des von Antiochos IV. Epiphanes profanierten Jerusalemer Tempels durch Judas Makkabaios. Die bekannteste der von den Rabbinen ausgestalteten Festlegenden (bSchabbat 21b) erzählt davon, dass nach der Eroberung Jerusalems durch die Makkabäer ein einziger mit dem Siegel des Hohenpriesters versehener Ölkrug zum Befüllen des siebenarmigen Leuchters im Tempelheiligtum übrig gewesen sei, der nur soviel Öl enthielt, um einen Tag zu brennen. Obwohl der rituell reine Inhalt dieses Kruges nur für einen einzigen Tag ausreichte, brannten die Lampen der Menora durch ein Wunder dennoch acht Tage lang, bis neues reines Öl gepresst worden war. Im frühen Mittelalter wurde das Buch Judith (wohl aufgrund der Vergleichbarkeit der Antagonisten Antiochos IV. und Nebukadnezzar) Bestandteil der synagogalen Chanukkaliturgie.

Das Chanukkafest ist eines der jüngsten Feste im jüdischen Festzyklus (vgl. bMegilla 30b). Seine Nähe zum Wintersolstitium könnte auf die ursprüngliche Bedeutung des vom Judentum übernommenen und in der Heilsgeschichte Israels verankerten Festtermins als altorientalische Feier der Wintersonnenwende (bzw. der wieder zunehmenden Sonne) hindeuten. Es wird im Judentum als ein kleineres Fest

Chanukkia-Leuchter

ohne Arbeitsverbot an den Werktagen begangen und ist heute ein beliebtes Familienfest. Zentrales Gebot von Chanukka ist das rituelle Anzünden der Festlichter; das Aufstellen des Chanukkaleuchters (»Chanukkia«) eröffnet die achttägige Festzeit. Der sichtbar am Fenster aufzustellende Leuchter mit acht Armen und einem zusätzlichen dienenden Licht (»Schammasch«) zum Entzünden der anderen Lichter ist in seiner Form zumeist der siebenarmigen Menora nachempfunden. Durchgesetzt hat sich die Tradition, an jedem Tag des Festes von links nach rechts ein weiteres Öllämpchen (seit dem Mittelalter finden zumeist Kerzen Verwendung) anzuzünden und dabei eine Reihe von Benediktionen zu sprechen. Hierzu ist auch die jüdische Frau verpflichtet, die ansonsten von allen zeitlich gebundenen Geboten befreit ist.

Die Feier des Chanukkafestes in Haus und Gemeinde hat vor allem im aschkenasischen Raum, wo Juden über die Jahrhunderte im alltäglichen und unmittelbaren Kontakt mit Christen lebten, unbeschadet seiner ursprünglichen Bedeutung als Siegesfeier der Frommen über andersgläubige Fremde und assimilatorische Tendenzen innerhalb der eigenen Gemeinschaft Bräuche aufgenommen, die ihrerseits Ausdruck einer kulturellen Assimilation an die Umwelt sind. Neben gemeinsamem Singen und Rätseln gehört seit der frühen Neuzeit das Glücksspiel mit dem »Dreidel« zur häuslich-familiären Chanukkafeier. Der Dreidel ist ein kleiner Drehkreisel, dessen Seiten mit vier hebräische Schriftzeichen (ש – ה – ג – נ) bezeichnet sind. Diese Schriftzeichen stehen im ursprünglichen, außerjüdischen Kontext des Glücksspiels um einen Einsatz für die deutschen Wörter »Nichts«, »Ganz«, »Halb« und »Stellen«. Erst nachträglich wurden die Buchstaben auf die Initialen des hebräischen Satzes »Ein großes Wunder ist dort geschehen« (hebr. נס גדול היה שם) – und somit auf die religiöse Festlegende – bezogen. In der Neuzeit verstärkte sich die Parallelisierung der Chanukkafeier mit dem Brauchtum des nahezu termingleichen, christlichen Weihnachtsfestes mit Geschenken für Kinder (»Chanukkageld«), »Chanukkaspielen« und dem Aufstellen von Chanukkaleuchtern im öffentlichen Raum. Durch die zionistische Bewegung wurde der Sinngehalt des Chanukkafestes als Gedenktag der makkabäischen Erhebung im modernen Staat Israel bald mit einem starken nationalpolitischen Akzent versehen und mit der Affirmation des jüdischen Strebens nach religiöser und politischer Eigenständigkeit verbunden.

Die Feldzüge gegen die Idumäer, Ammoniter und Baianiter (5,1–8)

Text

Übersetzung

5,1 Und es geschah, als die Völker ringsum hörten, dass der Altar erbaut und das Heiligtum wieder geweiht sei wie zuvor, da gerieten sie in großen Zorn. 2 Und sie beschlossen, das Geschlecht Jakobs, das in ihrer Mitte lebte, zu vernichten, und fingen an, im Volk zu morden und zu rauben. 3 Und Judas kämpfte in Idumäa und Akrabattene gegen die Söhne Esaus, denn sie belagerten Israel von allen Seiten, und er brachte ihnen eine schwere Niederlage bei, demütigte sie und machte Beute bei ihnen. 4 Und er erinnerte sich an die Bosheit der Söhne Baians, die dem Volk zum Fallstrick und zur Fußangel geworden waren, indem sie ihnen auf den Wegen auflauerten. 5 Und sie wurden von ihm in die Wehrtürme eingeschlossen, und er belagerte sie und vollstreckte den Bann an ihnen, indem er ihre Türme mit allen, die darin waren, in Brand steckte. 6 Und er zog gegen die Söhne Ammons und fand eine starke Macht und viel Volk und Timotheos als ihren Anführer vor. 7 Und er führte viele Kämpfe gegen sie, und sie wurden vor seinen Augen aufgerieben, und er schlug sie. 8 Und er eroberte Jazer und die Ansiedlungen ringsum und kehrte nach Judäa zurück.

Zu Text und Übersetzung

V 3: Die Ortsangabe Ακραβαττήνη (»Akrabattene«) bezieht sich entweder auf den ca. 30 km südwestlich am Rand des Toten Meeres gelegenen Bergaufstieg aus der Araba in den Negev (מעלה עקרבים »Skorpionenstiege«; vgl. Num 34,4; Jos 15,3; Ri 1,36), was durch die Akkusativkonstruktion nahegelegt wird, oder auf die gleichnamige Toparchie im nördlichen Judäa, was inhaltlich besser zu passen scheint (vgl. V 6 und 65). Das archaisierende Ethnonym υἱοὶ Ησαυ (»Söhne Esaus«) bezeichnet die transjordanische Bevölkerungsgruppe der Idumäer (Edomiter; Gen 36,1–43; Jer 49,8–10 [LXX 30,2–4]). Die hebraisierende Wendung ἐπάταξεν αὐτοὺς πληγὴν μεγάλην (»er brachte ihnen eine schwere Niederlage bei«) bedeutet wörtl. »er versetzte ihnen einen gewaltigen Schlag« (vgl. Jos 10,10; Ri 11,33; 1 Sam 6,19 u. ö.).

V 4: Die an anderer Stelle nicht belegten υἱοὶ Βαιαν (»Söhne Baians«) sind möglicherweise mit dem Ort Baal Meon im Gebiet Ruben in Verbindung zu bringen (vgl. Num 32,3 LXX).

V 6: Der archaisierende Ausdruck υἱοὶ Αμμων (»Söhne Ammons«) bezeichnet die ostjordanische Ethnie der Ammoniter (vgl. Gen 19,38; Num 21,24; Dtn 2,37 u.ö.). Der Ausdruck χεὶρ κραταιά (»starke Macht«) entspricht hebr. יד חזקה (vgl. Dtn 6,21; 7,9; 9,26; Ps 136 [LXX 135],12) und bezeichnet hier den heftigen Widerstand der Ammoniter (vgl. 11,15; 15,25).

V 7f.: Subjekt der Sätze ist Judas.

V 8: Die auffällige Wendung τὰς θυγατέρας αὐτῆς (»die Ansiedlungen ringsum«; wörtl. »Töchter[siedlungen]«; d.h. Filialsiedlungen einer befestigten Stadt) entspricht hier hebr. בנותיה (vgl. Num 21,25; Ri 1,27; 1 Chr 2,23) und ist zugleich in inhaltlicher Entsprechung zu Num 21,32 (Μωυσῆς κατασκέψασθαι τὴν Ιαζηρ καὶ κατελάβοντο αὐτὴν καὶ τὰς κώμας αὐτῆς [»und Mose schickte aus, um Jazer auszukundschaften, und sie nahmen es ein mit den dazugehörigen Dörfern«]) formuliert.

Analyse und Auslegung

1 Makk 5,1–68 unterbricht den fortlaufenden Handlungsstrang der Erzählung. Nachdem die Rebellen ihr ursprüngliches Ziel, die Wiederherstellung des traditionellen Tempelkults in Jerusalem, erreicht haben (4,1–61), und bevor Antiochos IV. in Persien von der Niederlage des Lysias Kenntnis erhält (6,1–7), wird nun in rascher Aufeinanderfolge der Ereignisse (und unter sichtlicher Vermeidung jeglicher absoluter Datierung) von einer Reihe von gewaltsamen Auseinandersetzungen mit den nichtjüdischen Bewohnern des Umlandes berichtet. Der Erzähler modelliert auch hier die Gestalt des Judas durchweg nach dem Vorbild der Glaubenshelden in der erinnerten Geschichte Israels. Sämtliche Einzelaktionen der Judäer gegen ihre nichtjüdischen Nachbarn werden von ihm dabei in erkennbar stilisierter Weise in zeitlicher Hinsicht zwischen der Tempelweihe und dem Tod des Seleukidenherrschers eingefügt und in räumlicher Hinsicht den vier Himmelsrichtungen zugeordnet (vgl. die bezüglich der Abfolge der Ereignisse stark abweichende Darstellung in 2 Makk 10,1–12,31). Von den im ersten Teilabschnitt der narrativen Digression in V 1–8 als »gerechte« Vergeltung für gewaltsame Verfolgungen von Judäern in der palästinischen Diaspora knapp und summarisch dargestellten siegreichen Kämpfen gegen die Idumäer und Ammoniter als Auftakt eines umfänglichen Expansionskriegs des Judas erzählt auch 2 Makk 10,14–38 (vgl. 2 Makk 8,30–33; Josephus, Ant. XII 327–329; äthHen 90,16).

V 1–2 Obwohl er inhaltlich auf 4,42–58 zurückgreift, markiert V 1 gegenüber dem Vorangehenden durch einen Wechsel des Subjekts, des Ortes und des Erzählinhalts sowie durch die einleitende Wendung »und es geschah« (vgl.

Kämpfe gegen Idumäer und Ammoniter

Ri 1,1; 2 Sam 1,1; 1 Kön 8,1 u.ö.), die an dieser Stelle wohl speziell auf Jos 9,1 f. und Neh 2,10.19; 3,33; 4,1 (vgl. Esra 4,1) anspielt, einen deutlichen Neueinsatz. V 2 bereitet die folgenden ersten drei Kampfhandlungen mit drastischen Worten (»vernichten«, »morden«, »rauben«) narrativ vor und bewertet sie zugleich unausgesprochen als notwendige Reaktion auf grundlose (bzw. allein durch die Wiederaufnahme des Tempelkults in Jerusalem provozierte) Pogrome, in denen die gleichsam wesenhafte Feindschaft der nichtjüdischen Völker im Land gegen das »Geschlecht Jakobs« (vgl. 1,28) ringsum zum Ausdruck kommt.

Ein Orts- und Perspektivenwechsel lenkt den Blick auf die Aktionen des Judas außerhalb der Grenzen Judäas. Ebenso wie dereinst David (vgl. 2 Sam 8,13 f.) greift auch der Nichtdavidide Judas die Idumäer und Ammoniter an, was der Erzählerkommentar in V 3 mit deren feindseligen Handlungen begründet. Der Passus findet seine inhaltliche Entsprechung in V 65 f. und bildet gemeinsam mit diesen einen Rahmen um die dazwischen liegenden Ereignisse; das Toponym »Idumäa« weist zurück auf 4,61. Die gewollt archaisierende, mit dem »Geschlecht Jakobs« in V 2 korrespondierende Bezeichnung der Edomiter als »Söhne Esaus« (vgl. Gen 36,1–43) dient der Verankerung der Darstellung der vollzogenen »Demütigung« (vgl. Dtn 28,29–69) der Erzfeinde Israels (vgl. 1 Kön 11,14–16; Jdt 7,8–15) durch Judas in der biblischen Tradition. Der an ihnen vollstreckte »Bann« (V 5; vgl. V 28.35.44.51) bzw. ihre »Vernichtungsweihe« gemäß fiktivem deuteronomischem Kriegsrecht (חרם Dtn 7,2–5; 20,16–18) ist im literarischen Kontext der Landnahmetraditionen (vgl. Jos 6–11) und der Ammoniterkriege (1 Sam 15,3–8) die vom Gott Israels gebotene Ausrottung der fremdreligiösen Kriegsgegner. Zum »Verbrennen der Türme« vgl. Ri 9,49. Die Erwähnung von boshaften Nachstellungen durch die (ansonsten unbekannten) Baianiter (vgl. 1,35) verknüpft das Geschehen mit Ps 69 (LXX 68),23 (vgl. auch Röm 11,9). V 3–5

Die von Judas bekämpften Ammoniter im Ostjordanland (ihre hebraisierende Bezeichnung als »Söhne Ammons« entspricht biblischer Diktion) gelten ebenfalls traditionell als »Erzfeinde« Israels (vgl. 2 Sam 10,6–14; Am 1,13–15; Jer 49,2–6 [LXX 30,18–21]; Ez 25,2–7; Zef 2,8–10). Ihr Anführer Timotheos (vgl. V 11) begegnet in 2 Makk 12,2 als Strategos von Ammon und Gilead. Die Eroberung der im Grenzgebiet zum ammonitischen Territorium gelegenen, ostjordanischen Levitenstadt Jazer durch Judas (vgl. Num 32,35; Jos 13,25; 21,39 sowie 2 Makk 10,32: »Geser«) entspricht der Einnahme des Ortes durch Mose (vgl. Num 21,32). Mit der überleitenden Notiz von der Rückkehr des siegreichen Anführers der Aufständischen nach Judäa endet der Abschnitt. V 6–8

Hilfe für die bedrängten Judäer im Ostjordanland (5, 9–20)

Text

Übersetzung

9 Und die Völker in Gilead versammelten sich gegen die Israeliten, die in-
nerhalb ihrer Grenzen lebten, um sie zu vernichten, und sie flohen in die
Festung Dathema. 10 Und sie sandten einen Brief an Judas und seine Brü-
der mit den Worten: Die Völker, die rings um uns leben, haben sich versam-
melt, um uns zu vernichten. 11 Und sie machen sich bereit zu kommen und
die Festung einzunehmen, in die wir geflohen sind, und Timotheos führt
ihre Truppe an. 12 Also komm nun, um uns aus ihrer Hand zu retten, denn
viele von uns sind bereits gefallen. 13 Und alle unsere Brüder, die (inner-
halb der Grenzen) von Tob lebten, sind getötet worden, und man hat ihre
Frauen und ihre Kinder und den Besitz weggeführt, und man hat dort von
den Männern fast eine Tausendschaft ermordet. 14 Siehe, noch während sie
den Brief verlasen, kamen weitere Boten aus Galiläa, die die Gewänder zer-
rissen hatten, und machten mit den folgenden Worten Meldung: 15 Die aus
Ptolemaïs, Tyros und Sidon und das ganze Galiläa der Fremden haben sich
gegen sie versammelt, um uns auszurotten. 16 Als aber Judas und das Volk
diese Meldungen hörten, wurde eine große Volksversammlung abgehalten,
um zu beraten, was sie für ihre Brüder tun sollten, die in Bedrängnis gera-
ten waren, und die von ihnen bekämpft wurden. 17 Und Judas sprach zu
seinem Bruder Simon: Wähle dir Männer aus und geh und rette deine Brü-
der, die in Galiläa sind. Ich aber und mein Bruder Jonathan werden nach
Gilead gehen. 18 Und er ließ Joseph, den (Sohn) des Zacharias, und Azarias
als Anführer des Volkes mit der restlichen Streitmacht zur Sicherung in
Judäa zurück. 19 Und er befahl ihnen: Steht an der Spitze dieses Volkes,
aber lasst euch vor unserer Rückkehr auf keinen Kampf mit den Völkern
ein! 20 Und Simon wurden dreitausend Mann zugeteilt, um nach Galiläa
zu ziehen, Judas aber für Gilead achttausend Mann.

Zu Text und Übersetzung

V 9: Der Singular Ισραηλ (»Israel«) bezeichnet hier das judäische Volk.

V 13: Die Wendung ὡσεὶ μίαν χιλιαρχίαν ἀνδρῶν (»fast eine Tausendschaft von den Männern«) entspricht hebr. כאלף איש (Ri 9, 49).

V 15: Der Ausdruck πᾶσαν Γαλιλαια ἀλλοφύλων (»ganz Galiläa der Fremden«) reflektiert die multiethnische und multireligiöse Zusammensetzung der Bevölkerung des nördlichen Landesteils Galiläa bereits in seleukidischer Zeit (vgl. Jes 8, 23). Der von *L'* La$^{L X V}$ gebotene Genitiv πάσης Γαλιλαιας ἀλλοφύλων gleicht die Gebietsangabe an die vorangehende Aufzählung an und erleichtert dadurch die Satzkonstruktion.

V 16: Das Personalpronomen αὐτῶν bezieht sich auf die syrischen Truppen.

V 17: An Stelle von ἀδελφούς σου (»deine Brüder«) lesen 55 64 La^{B} den Plural ἀδελφούς ὑμῶν (»eure Brüder«).

V 18: Passender als der Singular ἡγούμενον (»Anführer«) erscheint hier der von 46 55 56 58 La^{V} SyI.II gebotene Plural ἡγούμενοι (vgl. V 56).

Analyse und Auslegung

Der Abschnitt erzählt von gewaltsamen Verfolgungen der judäischen Diaspora im Norden und Osten des Landes und von ihrer Bitte um Beistand, die Judas dazu veranlasst, seinen bedrängten Landsleuten mit einer militärischen Rettungsaktion zu Hilfe zu kommen. Der Erzähler, der sich in den beiden internen Analepsen durchweg an die biblische Erzählung von der ammonitischen Aggression gegen Jabesch und dem Eingreifen Sauls anlehnt (vgl. 1 Sam 11,1–15), unterstreicht den Ernst ihrer Lage und die Dringlichkeit ihrer Rettung, indem er gehäuft Verben wie »vernichten« (V 10), »fällen« (V 12), »töten« (V 13), »ermorden« (V 13) und »ausrotten« (V 15) gebraucht (vgl. Josephus, Ant. XII 330–333).

Rettung der judäischen Diaspora

Die Gegenüberstellung von »Völkern« und »Israeliten« entspricht V 1 f. V 9
Indem der Erzähler von der Flucht der mit ihrer Auslöschung bedrohten Judäer, die in Gilead (dem mittleren Teil des Ostjordanlandes; vgl. Dtn 3,10; 2 Kön 10,33), als Teil einer multiethnischen und multireligiösen Mischbevölkerung leben, in eine (nicht zu lokalisierende und möglicherweise überhaupt nicht existente) »Festung Dathema« berichtet (vgl. V 29), scheint er einen Teilaspekt des erzählten Geschehens in Analogie zu der Schilderung der Flucht der Bewohner von Tebez vor dem Angriff Abimelechs (vgl. Ri 9,51) zu gestalten.

Die als Brief gekennzeichnete direkte Rede ist hier Aufmerksamkeitssig- V 10–13
nal, entspricht inhaltlich 1 Sam 11,4, nimmt V 9 auf, und scheint mittels der namentlichen Erwähnung des »Timotheos« (vgl. V 6) auch einen übergreifenden Zusammenhang zwischen den verschiedenen regionalen judenfeindlichen Pogromen nahelegen zu wollen. Der Raub von »Frauen, Kindern und Besitz« der Judäer im Gebiet von Tob im nordöstlichen Transjordanien (Ri 11,3; 2 Sam 10,6; vgl. 2 Makk 12,17) weist auf Jos 1,14 hin.

Ein synchroner zweiter Botenbericht bringt die tödliche Bedrohung der in V 14–15
Galiläa als Minderheit lebenden Judäer durch ihre nichtjüdischen Nachbarn zum Ausdruck und motiviert gemeinsam mit dem vorausgehenden Brief das Eingreifen des Judas (vgl. Ijob 1,13–19). Die »zerrissenen Gewänder« ihrer Boten (V 14) versinnbildlichen entweder ihren weiten und beschwerlichen Weg (vgl. Jos 9,3–15) oder die klagende Gebetsbitte um Gottes Beistand (vgl. 4,39 sowie 1 Sam 11,4). Mittels der Aufzählung der ihnen feindlich gesonnenen Bevölkerungsgruppen aus den weithin hellenisierten

Hafenstädten Ptolemais (dem biblischen Akko; vgl. 12,48; Ri 1,31), Tyros (vgl. Jos 19,29; 2 Sam 24,7; Jes 23,1–18; Ez 28,1–19) und Sidon (vgl. Gen 10,15; Jos 13,6; 1 Kön 5,20; Ez 28,21 f.) sowie aus dem von einer Mischbevölkerung besiedelten oberen Galiläa (die Gebietsbezeichnung »Galiläa der Fremden« [V 15] scheint Jes 8,23 entlehnt [vgl. Mt 4,15]) wird auf die dringliche Notwendigkeit ihrer Unterstützung hingewiesen.

V 16–17 Die wiederholte Nennung der drei Makkabäerbrüder (Judas, Simon, Jonathan) und des versammelten Volkes als Akklamationsinstanz (vgl. 3,46) bei der narrativen Darstellung des gemeinsamen Entschlusses zur tätigen Hilfe für die verfolgten Brüder und Schwestern, die hinsichtlich ihres Inhalts 1 Sam 11,9–11 widerspiegelt, unterstreicht die bleibende Autorität der Hasmonäer und sichert deren Rezeption; Judas wird auch hierbei als unbestrittener Anführer und klug planender Stratege gezeichnet.

V 18–19 Mit der namentlichen Nennung der »Anführer des Volkes« Joseph und Azarias und der ihnen von Judas persönlich erteilten, in direkter Rede formulierten Direktive, sich keinesfalls eigenmächtig am Kampfgeschehen zu beteiligen, bereitet ein kurzer Einschub in den fortlaufenden Erzählzusammenhang die mit den beiden verbundene, lehrhafte Episode in V 55–62 narrativ vor.

V 20 Die direkt an V 17 anschließende Notiz von der Aufteilung und der – gegenüber der Schlacht bei Ammaus (4,6) deutlich angewachsenen – Anzahl der judäischen Kämpfer (die Passivformen sollen die Legitimation des Vorhabens hervorheben) schließt den Teilabschnitt ab und leitet mittels eines Schauplatzwechsels zum folgenden Bericht von den Rettungsexpeditionen der Judäer über.

Die Feldzüge der Makkabäerbrüder nach Gilead und Galiläa (5,21–54)

Text

Übersetzung

21 Und Simon ging nach Galiläa und bestritt viele Angriffe gegen die Völker, und die Völker wurden vor ihm aufgerieben. 22 Und er verfolgte sie bis zum Tor von Ptolemaïs, und von den Völkern fielen fast dreitausend Mann, und er machte Beute bei ihnen. 23 Und er nahm die Leute aus Galiläa und Arbatta mitsamt den Frauen und den Kindern und all ihrer Habe, und brachte sie mit großer Freude nach Judäa. 24 Und Judas, der Makkabäer, und Jonathan, sein Bruder, überschritten den Jordan und zogen drei Tages-

märsche weit in die Wüste. 25 Und sie trafen auf die Nabatäer; die aber kamen ihnen friedlich entgegen und erzählten alles, was ihren Brüdern in Gilead zugestoßen war, 26 und dass viele von ihnen in Bosora und Bosor in Alemois, Chaspho, Maked und Karnain gefangen seien; alle diese Städte seien befestigt und groß. 27 Auch in den übrigen Städten in Gilead seien Eingeschlossene, für morgen aber hätten sie Aufstellung genommen, die Festungen zu belagern und einzunehmen und alle diese an einem Tag zu vernichten. 28 Da marschierte Judas mit seinem Heer plötzlich zurück in die Wüste nach Bosora, und er nahm die Stadt ein, tötete alles, was männlich war, mit der Schärfe des Schwertes, erbeutete ihre gesamte Habe und setzte sie in Brand. 29 Und des Nachts brach er von dort auf, und sie zogen bis zur Festung. 30 Als sie frühmorgens ihre Augen erhoben, siehe, da war so viel Kriegsvolk, dass man es nicht zählen konnte. Sie trugen Sturmleitern und Belagerungsmaschinen herbei, um die Festung einzunehmen, und sie begannen sie zu bekämpfen. 31 Und Judas sah, dass der Kampf begonnen hatte. Und der Lärm in der Stadt stieg bis zum Himmel, sowohl Trompetenschall als auch großes Geschrei. 32 Und er sprach zu den Männern der Streitmacht: Kämpft heute für unsere Brüder! 33 Und er fiel ihnen mit drei Kampfgruppen in den Rücken, und sie stießen in die Signaltrompeten und beteten laut. 34 Als das Heer des Timotheos erkannte, dass es der Makkabäer war, flohen sie vor ihm, und er brachte ihnen eine schwere Niederlage bei, und an jenem Tag fielen von ihnen fast achttausend Mann. 35 Und er wandte sich nach Maapha, bekämpfte es, nahm es ein, tötete alles, was männlich war, machte Beute bei ihm und setzte es in Brand. 36 Und von dort aus brach er auf und eroberte Chaspho, Maked, Bosor und die übrigen Städte in Gilead. 37 Nach diesen Begebenheiten rekrutierte Timotheos ein anderes Heer und lagerte vor Raphon jenseits des Bachtals. 38 Und Judas sandte Spione, um das Heerlager auszukundschaften, und sie meldeten ihm: Die Völker, die rings um uns leben, sind bei ihm versammelt; eine sehr große Streitmacht. 39 Auch Araber haben sie zu ihrer Unterstützung angeworben, und sie lagern jenseits des Bachtals, bereit zum Angriff gegen dich. Und Judas marschierte ihnen entgegen. 40 Als sich aber Judas und sein Heer dem Wasserlauf im Bachtal näherten, sprach Timotheos zu den Obersten seiner Streitmacht: Wenn er zuerst gegen uns hinüberzieht, dann werden wir ihm nicht standhalten können, sondern er wird uns sogleich überwältigen. 41 Wenn er jedoch feige ist und jenseits des Flusses lagert, dann werden wir gegen ihn hinüberziehen und ihn überwältigen. 42 Als Judas zum Wasserlauf im Bachtal vorrückte, ließ er die Bediensteten des Volkes beim Bachtal Aufstellung nehmen und befahl ihnen: Lasst niemand sich lagern, sondern alle sollen in den Kampf ziehen! 43 Und er zog als Erster gegen sie hinüber, das ganze Kriegsvolk hinter ihm her, und die Völker wurden vor ihnen aufgerieben, warfen ihre Waffen fort und flohen zum Tempelbezirk in Karnain. 44 Sie aber nahmen die Stadt ein und setzten den

Tempelbezirk mitsamt allen, die in ihm waren, in Brand, und Karnain wurde zugrunde gerichtet, und sie konnten Judas nicht länger standhalten. 45 Und Judas versammelte ganz Israel, das in Gilead lebte, Jung und Alt, und ihre Frauen und ihre Kinder und den Besitz, ein sehr großes Heer, um ins Land Juda zu ziehen. 46 Und sie kamen bis Ephron, dies war eine große, befestigte Stadt an dem Pass. Es war nicht möglich, sie rechts oder links zu umgehen, sondern man musste den Weg durch sie hindurch nehmen. 47 Doch die Bewohner der Stadt versperrten ihnen den Weg und verbarrikadierten die Tore mit Steinen. 48 Und Judas sandte (Boten) mit einer friedlichen Botschaft zu ihnen: Wir wollen durch dein Land ziehen, um in unser Land zu kommen; niemand will euch ein Leid antun, wir wollen nur zu Fuß hindurchziehen. Aber sie wollten ihm nicht öffnen. 49 Und Judas ordnete an, im ganzen Heer auszurufen, ein jeder solle sich an seine Position begeben. 50 Und die Männer der Streitmacht begannen die Belagerung. Den ganzen Tag und die ganze Nacht hindurch kämpften sie die Stadt nieder, und die Stadt wurde ihm übergeben. 51 Und er tötete alles, was männlich war, mit der Schärfe des Schwertes, zerstörte sie bis auf den Grund, machte Beute bei ihr und zog durch die Stadt über die Getöteten hinweg. 52 Und sie überschritten den Jordan und kamen in die weite Ebene gegenüber von Baitsan. 53 Und Judas sammelte die Nachzügler auf und ermutigte das Volk während des ganzen Weges, bis es ins Land Juda kam. 54 Und mit Freude und mit Jubel zogen sie zum Berg Zion hinauf und brachten Brandopfer dar, denn nicht einer von ihnen war gefallen, bis sie wohlbehalten zurückgekehrt waren.

Zu Text und Übersetzung

V 23: Die Lokalisierung des Ortes Arbatta ist nicht sicher. Möglich ist auch eine Verschreibung (**ΕΚΝΑΡΒΑΤΤΑ > ΕΝΑΡΒΑΤΤΑ**) der Wiedergabe von מנרבתא (»aus Narbatta«; vgl. Josephus, Bell. II 291.509; 2 Kön 17,24).

V 25: Die Ναβαταίοι (»Nabatäer«) bezeichnen den in hellenistisch-römischer Zeit über die multiethnische Bevölkerung des nabatäischen Reiches herrschenden (ursprünglich nomadisch lebenden und tribal organisierten) arabischen Stamm im südlichen Ostjordanland, dessen Haupterwerb im internationalen Warenhandel insbesondere entlang der »Weihrauchstraße« von Südarabien zum Mittelmeer bestand.

V 27: Das Verb τάσσω (»Aufstellung nehmen«) ist hier ein militärischer *Terminus technicus* (vgl. 12,26; 14,10)

V 26: Der Wechsel der Präposition (εἰς **Βοσορρα** καὶ **Βοσορ** ἐν Αλεμοις) weist darauf hin, dass das inhaltlich nicht näher bestimmbare Toponym »Alemois« der näheren Bezeichung Bosors dient.

V 28: Hier und in V 51 ist der Ausdruck ἐν στόματι ῥομφαίας (»mit der Schärfe des Schwertes«; wörtl. »in den Mund des Schwertes«) vermutlich Wiedergabe der bildhaften hebr. Wendung לפי חרב (Gen 34,26; Ex 17,13; Num 21,24 u.ö.; vgl. Lk 21,24; Hebr 11,34 sowie Homer, *Il.* X 8 [πτολέμοιο στόμα]; vgl. XIX 313; XX 359). Das Objekt des Satzes καὶ ἐνέπρησεν αὐτὴν πυρί (»und er setzte sie in Brand«), der eine hebr. *Figura etymologica* imitiert (vgl. 1,31), ist die Stadt Bosora.

V 30: Die Pluralform μηχανές (»Maschinen«) wird hier als unspezifische Bezeichnung von Belagerungsgeräten wie z.B. Rammböcke und Belagerungstürme gebraucht. Die ingressivische Übersetzung der Imperfektform ἐπολέμουν (»sie begannen zu bekämpfen«) entspricht der im Koinegriechischen gelockerten Bindung der narrativen Tempora an den Aspekt in der Erzählung.

V 33: Die Wendung ἐξῆλθεν ἐξόπισθεν αὐτῶν (»er fiel ihnen in den Rücken«) bedeutet wörtl. »er zog hinaus hinter ihnen«. Die Gebrauch von ἀρχή (»Kampfgruppe«; wörtl. »Anfang«) entspricht hebr. ראש (vgl. Ri 7,16; 1 Sam 11,11; 13,17; Hiob 1,17). Der Ausdruck ἐσάλπισαν ταῖς σάλπιγξιν (»sie stießen in die Signaltrompeten«) imitiert eine hebr. (bzw. bibelgriech.) *Figura etymologica* (vgl. 3,54).

V 35: Das Toponym Μααφα (»Maapha«) ist vielleicht eine Verschreibung von Μασσηφα »Massepha« (Ri 10,17; 11,11.34). Die Lesart der Minuskel 19 (Αλεμα; vgl. die Minuskelgruppe *L*, SyI 93 311 sowie *Rahlfs*) scheint aus V 26 hergeleitet.

V 37: Die einleitende Phrase μετὰ τὰ ῥήματα ταῦτα (»nach diesen Begebenheiten«) entspricht hebr. אחר הדברים האלה (vgl. Gen 15,1; 1 Kön 17,17; 21,1).

V 40: Die Ortsbezeichnung χείμαρρος τοῦ ὕδατος (»Wasserlauf im Bachtal«; wörtl. »Bachtal des Wassers«) ist hier und in V 42 Wiedergabe von hebr. נחל מים (Dtn 8,7;10,7; Jer 31 [LXX 38],9). Die Wendung δυνάμενος δυνήσεται (»er wird sogleich überwältigen«) ahmt die hebr. *Figura etymologica* יכל יוכל nach (vgl. 2 Chr 32,13).

V 42: In der LXX ist γραμματεύς (»Bediensteter«; wörtl. »Schreiber«) häufig Entsprechung von שטר, was einen öffentlichen Beamten mit zum Teil militärischen Aufgaben bezeichnet (vgl. Dtn 20,5–9; Jos 1,10; 3,2; 23,2; 24,1 sowie 1QM VII 1).

V 43: An Stelle von τὰ ἔθνη (»die Völker«; so א 19–93 111 La^{LB} SyI.II) lesen die übrigen griechischen Codices sowie La^{XGV} πάντα τὰ ἔθνη (»alle Völker«). Durch die Wortwahl (τέμενος [»Tempelbezirk«]) wird der illegitime Charakter des Tempels in Karnain hervorgehoben (vgl. 1,47).

V 44: Die Passivform ἐτροπώθη (»wurde zugrunde gerichtet«) bedeutet wörtl. »wurde in die Flucht geschlagen«.

V 45: Die Phrase ἀπὸ μικροῦ ἕως μεγάλου (»Jung und Alt«) entspricht hebr. מקטן ועד גדול (vgl. Gen 19,11; 1 Sam 5,9; 2 Kön 25,26; Jer 8,10; 42 [LXX 49],1).

V 46: Die Übersetzung von (»an dem Pass«; wörtl. »an dem Weg«) ist kontextbedingt. Ein Teil der Textzeugen und Übersetzungen zu 2 Makk 12,27 (311 La^{PLXM} Arm Sy) lokalisiert den Amtssitz des Lysias in der im Ostjordanland an einem schmalen Pass gelegenen, befestigten Stadt Ephron.

V 48: An Stelle von διὰ τῆς γῆς σου (»durch dein Land«) lesen 55 La^{LBV} SyI διὰ τῆς γῆς ὑμῶν (»durch euer Land«).

V 51: Die bildhafte Wendung ἐξερρίζωσεν αὐτήν (»er zerstörte sie [d.h. die Stadt Ephron] bis auf den Grund; wörtl. »er entwurzelte sie«) entspricht hebr. שרשם (Ps 52 [LXX 51],7; vgl. 2 Makk 12,7) oder עקרם (vgl. Zef 2,4; Koh 3,2).

Analyse und Auslegung

Nacheinander kommen eine Reihe erfolgreicher Rettungsexpeditionen des judäischen Freiwilligenheers unter der Führung des Judas und seiner Brüder Simon und Jonathan in den Norden (Galiläa) und in den Osten des Landes (Gilead) zur Darstellung. Die einzelnen Aktionen sind erkennbar an die biblische Tradition angelehnt und folgen mehrheitlich einem stereotypen Schema, das nacheinander vom provozierten Angriff, vom raschen Sieg ohne eigene Verluste, von der Verfolgung der Feinde, von reicher Kriegsbeute und von der Rettung der bedrängten Glaubensgenossen erzählt. Von den Kämpfen im Ostjordanland, die dort als Vergeltungsmaßnahmen der Judäer charakterisiert sind, erzählt auch 2 Makk 12,10–31 (vgl. Josephus, Ant. XII 334–349). Auffällig sind die sachlichen Analogien zwischen den hier berichteten Ereignissen und den von Josephus (Ant. XIII 254–258) festgehaltenen militärischen Erfolgen des Johannes Hyrkanos I.

V 21–23 Eingeleitet von einer summarischen Notiz über die erfolgreichen Vorstöße Simons nach Galiläa erzählt der Abschnitt als glorreicher Abschluss des Kampfgeschehens von der Verfolgung der Aggressoren bis in die nördliche Küstenebene und von der Rückführung der judäischen Diaspora (vgl. V 45.52; 10,33), die ihrerseits als gegenwärtige Erfüllung der alten prophetischen Heilsverheißungen der erhofften Wiederherstellung des nationalen und territorialen Idealzustandes für Israel entspricht (vgl. Jes 9,2 LXX [hierzu *Hanhart* 1999, 105 f.]; 11,11 f.; Ez 37,21 f.; Jer 31 [LXX 38],7 f.).

Vorstöße nach Galiläa

V 24–27 Erheblich ausführlicher als der kurze Bericht über die Erfolge Simons, der hier erstmals als autonom agierende Erzählfigur begegnet, sind die mit V 24 einsetzenden Ausführungen hinsichtlich des Bezwingens der Feinde Israels durch Judas und seinen (in Kap. 5 nur hier namentlich erwähnten) Bruder Jonathan. Ihr Vorstoß in die vegetationsarme felsige Hochebene im südlichen Ostjordanland leitet die Begegnung der Protagonisten mit Angehörigen des Stammes der Nabatäer ein, deren Erwähnung die grundsätzlich freundschaftliche Haltung der Judäer gegenüber allen friedliebenden Völkern andeutet. Die Nabatäer fungieren hier zugleich als textinterne Erzähler, deren externe Analepse und Situationsschilderung in indirekter Rede die folgenden Rettungsaktionen der Judäer motiviert. Die Rede von ihrem dreitägigen Marsch in die Wüste (zum Überqueren des Jordan vgl. Jos 2,7) entspricht biblischer Diktion (vgl. Ex 3,18; 5,3; 8,23; Num 33,8). Topographische Details wie die Aufzählung der ostjordanischen Zufluchtsorte der von ihren Feinden eingeschlossenen Diasporajudäer in Bosora (Bozra; vgl. Gen 36,33), Bosor in Alemois (vgl. Dtn 4,43; Jos 20,8; 21,36), Chaspho (Kaspo), Maked und Karnain (vgl. Gen 14,5; Am 6,13; das hebr. Toponym קרנים bedeutet wörtl. »Hörner«) in V 26 sollen die Glaubwürdigkeit und Realitätsnähe des Erzählten unterstreichen. Der Ausdruck »in den übrigen Städten« (Gileads) drückt unbestimmte Vollzähligkeit aus und macht auf das Ausmaß der Bedrohung aufmerksam; die hyperbolische Ausdruckweise am Ende von V 27 (»alle diese an einem Tag«) hat zudem ihre inhaltliche Entsprechung in Est 3,13, wo von einem geplanten Pogrom gegen alle Juden im Perserreich die Rede ist.

V 28–34 Der von seinem unmittelbaren Kontext isolierte Inhalt von V 28 provoziert einen literarkritischen Eingriff. Während er an dieser Stelle der Erzähllogik bzw. den topographischen Gegebenheiten zu widersprechen scheint, würde seine Position hinter V 35 zum einen den mittels des Stichwortes »Festung« markierten, direkten Anschluss des (durch den Schauplatzwechsel zum Hauptthema des Teilabschnitts, dem Kampf um Dathema [vgl. V 9] überleitenden) V 29 an V 27 ermöglichen und zum anderen gemeinsam mit V 35 f. der Aufzählung der belagerten Zufluchtsorte in V 26 entsprechen. Das Adjektiv »plötzlich« soll vermutlich auf die Fähigkeiten des Judas als kluger Taktiker verweisen. Seine Entscheidung, bereits während der Nacht anzumarschieren (V 29), ist ebenso wie der Entschluss, seine Krieger in drei Gruppen aufzuteilen und den Feind aus dem Hinterhalt anzugreifen (V 33), dem Vorgehen biblischer Heroen (Ri 7,16–22; 1 Sam 11,11) nachgebildet. In V 30 f. nimmt der Erzähler die Wahrnehmungsperspektive der Judäer (bzw. des Judas) ein, wobei das »unzählbare« feindliche Kriegsvolk Ri 7,12 entlehnt ist. Die Interjektion »siehe!« (hebr. הנה) unterstreicht die feindliche Übermacht. V 31a lenkt die Aufmerksamkeit des Lesers sodann auf den Anführer der Aufständischen; V 31b und 33 stellen Klage und Gebet der Judäer und das Signal ihrer Trompeten (vgl. 3,54 sowie Ri 7,18–22) in chiastischer Anordnung als Ausdruck ihrer Hoffnung auf den Beistand Gottes dar. Indem der von den beiden Sätzen eingerahmte V 32 den (als Imperativ in direkter Rede formulierten) Kampfaufruf des Judas enthält, wird der Gott Israels implizit als die eigentliche Machtinstanz hinter ihm und allen seinen Erfolgen bezeichnet. Die kurze Schilderung seines Sieges über die Belagerer unter der Führung des Timotheos (vgl. V 11), deren Furcht allein mit dem Anblick des »Makkabäers« begründet wird, dient der Bestätigung dieser zentralen Aussage.

Rettung der Judäer in Gilead

V 35–36

Die (gegenüber dem vorangehenden Geschehen in starker durativer Raffung erzählte) Rettung der Judäer in sämtlichen Siedlungen Gileads und die Vernichtung ihrer Gegner (vgl. V 5) bildet gemeinsam mit V 26 f. einen narrativen Rahmen um die Befreiung Dathemas und deutet eine abschließende Handlungszäsur an.

V 37–44

Die formelhaft einleitende Wendung »nach diesen Begebenheiten« signalisiert einen narrativen Neueinsatz. Die ausführliche Schilderung des Kampfes gegen die Truppen des syrischen Strategos in einem Bachtal zwischen dem (kaum zu lokalisierenden) Ort Raphon und der Stadt Karnain (vgl. V 26) zeigt dem Leser, dass Judas die Seleukiden nun auch außerhalb des judäischen Mutterlandes zu besiegen vermag. Das von Timotheos rekrutierte »andere Heer« verweist zurück auf V 11. Die von Judas ausgesandten Spione berichten ihm von der umfassenden Bedrohung durch die nichtjüdischen Völker ringsum (vgl. Joel 4,11–13 sowie äthHen 90,11; zu den feindseligen »Arabern« vgl. 11,17.39; 12,31; 2 Makk 5,8; 12,10 f.); unmittelbar an ihre ausführliche direkte Rede schließt der Erzähler in kontrastierender Weise die knappe Aussage an, dass Judas ihnen furchtlos entgegenzieht (V 38 f.). Die durch einen Schauplatzwechsel eingeleiteten direkten Reden des Timotheos (V 40f.) und des Judas (V 42), in denen die beiden ihre taktischen Erwägungen bzw. Entscheidungen zum Ausdruck bringen, scheinen 1 Sam 14,7–10 nachgebildet. In V 43 erweist sich der Entschluss des Judas als der glücklichere; wieder erfährt der Leser dabei vom außergewöhnlichen Mut des Anführers der Judäer, der »als Erster« in den Kampf zieht (vgl. 16,6). Die Flucht der im Bachtal vernichtend geschlagenen Gegner zum Tempelbezirk in Karnain bereitet die in V 44 beschriebene Zerstörung dieser paganen Kultstätte und die Tötung der Feinde Israels (vgl. Ri 9,46–49) als konsequente Erfüllung des Vernichtungsgebots von Dtn 7,5 narrativ vor. Tatsächlich befand sich in Karnain eine Kultstätte der kanaanäischen Fruchtbarkeits- und Muttergöttin Astarte (»Aschera«; vgl. Dtn 16,21; Ri 6,26.28; 1 Kön 15,13 u.ö.), die während der hellenistisch-römischen Zeit mit der ebenfalls autochthonen Kriegsgöttin Anat zu einer Gottheit Atargatis verschmolz und auch Dea Syria genannt wurde. Ihre kultische Verehrung war vor allem in den Küstenstädten Palästinas populär (vgl. Diodor II 4,2f.; 2 Makk 12,26). Mit dieser gewaltsamen Maßnahme, in welcher der offensiv und gewaltsam verwirklichte, exklusive Monotheismus der Protagonisten der Erzählung zum Ausdruck gelangt, gehen die Aktionen der schlagkräftigen judäischen Rebellen über das ursprüngliche Ziel ihrer Erhebung hinaus.

V 45–51 Die Heimführung der Diasporajudäer aus dem Osten ins Mutterland durch Judas (V 45) entspricht in überbietender Weise der Rettungsaktion seines Bruders Simon (vgl. V 23), verflicht die Heldentaten des Makkabäers mit denen Sauls (1 Sam 11,1–11) und leitet über zu der folgenden, durch einen Schauplatzwechsel eingeleiteten Episode von der unmotivierten Feindseligkeit der Bewohner Ephrons und dem Angriff der Aufständischen, in welcher sowohl die unbedingte Erfüllung des Kriegsgesetzes von Dtn 20,10–15 durch Judas als auch die Verbindung zwischen ihm und Moses (vgl. Num 20,14–19; 21,21–25 sowie Ex 10,13) narrativ vergegenständlicht werden (zur »Übergabe« Ephrons vgl. Gen 14,20; Dtn 3,3). Als Verstehensvoraussetzung des Aussagegehalts der Prädikatsmetapher (»er entwurzelte sie«) in V 51, welche die dem Bildfeld der Landwirtschaft entstammende Beobachtung, dass jede Pflanze verdorrt und abstirbt, wenn ihr Wurzelwerk ausgerissen und nicht mehr vom Erdboden ernährt wird, auf die endgültige Zerstörung einer menschlichen Ansiedlung überträgt, ist vor allem auf die Verwendung des Verbs ἐκριζόω (»entwurzeln«) als häufige Wiedergabe von hebr. שרש oder עקר in der biblischen Tradition hinzuweisen; als Einzelbeispiele zu nennen sind insbesondere Zef 2,4 und Jer 1,10, wo es um die Zerstörung der Wohnorte der Feinde Gottes und seines Volkes geht (vgl. noch DanTh 7,8; Sir 3,9; 2 Makk 12,7). In persuasiver Weise dargestellt wird also die Übereinstimmung der gewaltsamen hasmonäischen Expansionspolitik mit dem bereits zuvor prophetisch geoffenbarten Willen Gottes.

V 52–54 Der Zug des Judas durch den Jordan (vgl. Jos 3,1ff.), durch die Jesreelebene zwischen Galiläa und dem samaritanischen Gebirge (vgl. 12,49), und vorbei an der südlich des Sees Genezareth gelegenen Stadt Skythopolis (vgl. Ri 1,27 [LXX]; Jdt 3,10), dem biblischen Baitsan (Bet Schean; vgl. 1 Sam 31,10–12; 1 Kön 4,12), leitet den abschließenden, gemeinsamen Aufstieg der an der Expedition beteiligten Kämpfer und der geretteten Diasporajudäer zum Jerusalemer Tempel ein. Die Notwendigkeit, das Volk auf dem Weg in das Mutterland zu »sammeln« (vgl. Dtn 25,18; Ps 68 [LXX 67],7.23) und es fortwährend zu »ermutigen« (V 53), dient der kontrastiven Verstärkung der – in V 54 mit »Freude und Jubel« (vgl. Jer 48 [LXX 31],33; Joel 1,5.16; Weish 8,16 sowie Est 9,17–22) und einem (hier nur beiläufig erwähnten) Brandopfer gefeierten – Wundertat Gottes, ausnahmslos alle Judäer vor dem Tod durch die Feinde Israels bewahrt zu haben.

Die wahren Anführer Israels (5,55–68)

Text

Übersetzung

55 In jenen Tagen aber, als Judas und Jonathan im Land Gilead waren, und sein Bruder Simon in Galiläa gegenüber von Ptolemaïs, 56 hörten Joseph, (Sohn) des Zacharias, und Azarias, die Befehlshaber der Streitmacht, von den Heldentaten und dem Kampf, die sie vollbracht hatten. 57 Und sie sprachen: Auch wir wollen uns einen Namen machen und losziehen, um die Völker zu bekämpfen, die ringsum uns leben. 58 Und sie gaben den Männern der Streitmacht, die bei ihnen war, den Befehl und zogen gegen Jamneia. 59 Gorgias und seine Männer aber rückten zum Treffen und zum Kampf mit ihnen aus der Stadt aus. 60 Und Joseph und Azarias wurden in die Flucht geschlagen und bis an die Grenze Judäas verfolgt. An jenem Tag fielen vom Volk Israel fast zweitausend Mann. 61 So erlitt das Volk eine große Niederlage, weil sie nicht auf Judas und seine Brüder hörten, sondern meinten, Heldentaten vollbringen zu können. 62 Sie waren eben nicht aus dem Geschlecht jener Männer, durch die Israel Rettung zuteil werden sollte. 63 Der Held Judas und seine Brüder aber wurden hoch geehrt von ganz Israel und allen Völkern, wo immer man ihren Namen hörte. 64 Und sie versammelten sich bei ihnen und brachten Glückwünsche dar. 65 Und Judas und seine Brüder zogen hinaus und bekämpften die Söhne Esaus in dem Land, das in Richtung Süden liegt, und er schlug Hebron und die Ansiedlungen ringsum, schleifte seine Festungen und setzte ihre Türme ringsum in Brand. 66 Und er brach auf, um ins Land der Fremden zu ziehen, und durchzog Marisa. 67 An jenem Tag fielen Priester im Kampf, die Heldentaten vollbringen wollten, indem sie unüberlegt in den Kampf zogen. 68 Und Judas wandte sich nach Azotos ins Philisterland und riss ihre Altäre nieder, brannte die Schnitzbilder ihrer Götter nieder, machte bei den Städten Beute und kehrte ins Land Juda zurück.

Zu Text und Übersetzung

V 62: Subjekt des Satzes sind Joseph und Azarias. Der Ausdruck ἐκ τοῦ σπέρματος (»aus dem Geschlecht«) bedeutet wörtl. »vom Samen« (hebr. מזרע; vgl. Lev 21,21; Num 17,5; 1 Kön 11,14 u.,ö.). Die Wendung διὰ χειρὸς αὐτῶν (»durch die«; wörtl. »durch deren Hand«) entspricht hebr. ביד (vgl. 1,44).

V 63: Das durch den Artikel determinierte griech. Nomen ὁ ἀνήρ (»der Held«; wörtl. »der Mann«) entspricht hebr. האיש (vgl. Ex 11,3; 32,1; Num 12,3; 1 Sam 1,21; 1 Kön 11,28 u.ö.).

V 65: Die υἱοὶ Ησαυ (»Söhne Esaus«) bezeichnen die Edomiter (vgl. V 3). Die Richtungsangabe πρὸς νότον (»in Richtung Süden«) bedeutet wörtl. »nach Süden hin«. Als konventionalisierte Metapher bezeichnet der Begriff θυγάτερ (»Tochter«) Filialsiedlungen ringsum eine befestigte Stadt. (vgl. V 8). Das Possessivpronomen αὐτῆς (»ihre«) bezieht sich auf die Stadt Hebron.

V 66: Die unspezifische Gebietsbezeichnung γῆ ἀλλοφύλων (»Land der Fremdstämmigen«) scheint an dieser Stelle nicht für den Siedlungsraum der Philister in der palästinischen Küstenebene zu stehen (3,41; 4,22), sondern für Idumäa (vgl. V 68). Das Toponym Μαρισα (»Marisa«) entspricht der lat. Texttradition ($La^{L\ X\ G\ B}$) sowie 2 Makk 12,35 und Josephus, Ant. XII 353. Sämtliche griech. Textzeugen lesen stattdessen Σαμαρ(ε)ια (»Samaria«), was der Erzähllogik widerspricht bzw. sachlich unmöglich ist, da es vom Weg von Hebron hinab an die Mittelmeerküste weit entfernt liegt.

V 68: Die Verbform ἐξέκλινεν (»er wandte sich«) bedeutet wörtl. »er bog ab«.

Analyse und Auslegung

Am Ende von Kap. 5 wird zunächst eine zum zentralen Handlungsstrang des Buches parallele (vgl. V 36) Episode eingefügt, mittels derer die exklusive Legitimität des hasmonäischen Führungsanspruchs narrativ veranschaulicht wird. Danach schließen weitere Berichte von der Würdigung des – eifernden und erwählten – Kriegshelden Judas und von seinen erfolgreichen Vorstößen in südliche und westliche Richtung die umfangreiche Darstellung der Auseinandersetzungen der aufständischen Judäer mit ihren nichtjüdischen Nachbarn ab. Das in 2 Makk 12,32–37 erzählte Geschehen weist nur wenige inhaltliche Übereinstimmungen mit dem Abschnitt auf (vgl. Josephus, Ant. XII 250–253).

V 55–62 Der traditionsgebundene Neueinsatz der narrativen Einführung (vgl. 1,11; Ri 18,1; Neh 6,17; 13,23; Dan^{Th} 11,20) und die ungewöhnlich ausführliche Zeitbestimmung, die sämtliche an diesem verhängnisvollen Ge- Joseph und Azarias schehen unbeteiligten Söhne des Mattathias anführt, betont formal und inhaltlich die Eigenmächtigkeit der in Judäa verbliebenen »Anführer des Volkes« (vgl. V 18). Die beiläufige Erwähnung der Heldentaten und Siege des Judas und seiner Brüder (V 56) begründet die verhängnisvolle Entscheidung des Joseph und des Azarias, es ihnen (gegen den ausdrücklichen Befehl des Judas; vgl. V 19) gleich zu tun und hierdurch Ruhm zu erlangen. Die Episode, die starke Ähnlichkeit mit Num 14,40–45 aufweist, ermöglicht dem Erzähler zugleich die Separation der (von seinen Adressaten möglicherweise erinnerten) Misserfolge der Aufständischen in Judäa von den Protagonisten des erzählten Geschehens. Der Willensbekundung der unbefugten Freiheitskämpfer in direkter Rede (V 57) folgt die Erteilung des eigenmächtigen Befehls, die Fremden bei Jamneia (Jabne) anzugreifen, wo Judas die Truppen des Gorgias bereits zuvor besiegt, in die Flucht geschlagen, verfolgt und ihnen hohe Verluste zugefügt hatte (4,15); der Erzähler gestaltet die erfolglose Aktion in V 59 f. geradezu als vorhersehbares Gegenteil des an gleicher Stelle gelungenen Feldzuges ihres legitimen Anführers. Sein evaluierender Kommentar in V 61 f. (V 62 bildet durch die ehrende Bezugnahme auf die Makkabäerbrüder zusammen mit V 55 zugleich einen Rahmen um die Episode) nennt als das zentrale Kriterium jeglichen militärischen Erfolges die Erwählung durch den Gott Israels (vgl. 14,7) und verbindet diesen Erfolg sogleich mit dem – durch göttliche Vorsehung erwählten – priesterlichen »Geschlecht« des Judas und seiner Brüder (vgl. Num 17,5). Er bringt damit in deutlicher Weise einen grundlegenden Aspekt seiner exklusiven Bewertung der Hasmonäerdynastie als Werkzeug Gottes und berufener (weltlicher und geistlicher) Führer des Volkes zum Ausdruck. Indem die Rettung Israels nämlich allein »durch die Hand« dieses erwählten Geschlechtes erfolgt (V 62), entspricht sein Tun dem Tun Gideons (Ri 6,36), Samsons (Ri 15,18) und Davids (2 Sam 3,18), wodurch die mangelnde genealogische Legitimation des Herrscherhauses einen Ausgleich erfährt. Als *Passivum divinum* umschreibt die Passivform ἐδόθη (wörtl. »es wurde gegeben«) das Erwählungshandeln Gottes; der griech. Terminus σωτηρία (»Rettung«) hat an dieser Stelle zudem eine eschatologische Konnotation (Jes 45,17; 46,13; 52,10; Hab 3,8.13).

Triumph des Judas

V 63–64 Die Verse nehmen den Erzählfaden von V 54 wieder auf und bringen ihn zu einem vorläufigen Abschluss. Dem gescheiterten Unternehmen des Joseph und des Azarias wird nun die öffentliche Ehrung des »Helden« Judas (vgl. Ex 11,3; 21,1; 1 Kön 11,28; Jes 14,16) durch das Volk Israel und »alle Völker ringsum« (vgl. Jer 33 [LXX 40],9; Joel 4,11–13; 1 Chr 16,24; Ps 96 [LXX 95],3) direkt gegenübergestellt (vgl. 3,9.26).

V 65–68 Kurze Berichte von erneuten Expeditionen des Judas nach Idumäa und hinab in die Küstenebene markieren einen Umschwung in der Motivation seiner erfolgreichen (weil den Willen Gottes exekutierenden) Feldzüge, die nun nicht mehr in der bloßen Verteidigung oder Rettung von bedrohten

Glaubensgenossen besteht, sondern auch die Vertreibung der Fremden bzw. Vergeltung und Expansion anstrebt. Eine Integration der unterworfenen Völker liegt vollends außerhalb des Blickfeldes des Erzählers. Wie Josua (Jos 10,36f.) vollstreckt Judas bedingungslos den Heerbann an der idumäischen Festungsstadt Hebron (zum archaisierenden Ethnonym »Söhne Esaus« vgl. V 3); wie der judäische König Asa (2 Chr 14,8–11; vgl. Mi 1,15) besiegt er mit der Hilfe Gottes die übermächtigen Feinde bei der Festung Marisa. Als Einschub erscheint die kurze Digression in V 67, dessen (sachlich dem genealogischen Argument in V 55–62 entsprechender und hier implizit die Beschränkung der Priesterschaft auf ihre kultischen Funktionen fordernder) Inhalt in 2 Makk 12,35.39f. in stark abweichender Gestalt und bei Josephus, Ant. XII 353 überhaupt nicht erzählt wird. Am Ausgang des Kapitels wird in V 68 zunächst von der Eroberung der philisteischen Küstenstadt Azotos (Aschdod; vgl. SyI z.St.) berichtet, wo Judas in Erfüllung des biblischen Gebots (vgl. Ex 34,13; Dtn 7,5.25; 12,5; 1 Chr 31,1; 2 Chr 34,3–7) und als erzählerischer Vorverweis auf die Zerstörung des dortigen Tempels des kanaanäischen Fruchtbarkeitsgottes Dagon (vgl. 1 Sam 5,1–7) durch seinen Bruder Jonathan (vgl. 10,83f.) sämtliche paganen Kultstätten vernichtet, bevor er in seine Heimat zurückkehrt.

Das Ende des Antiochos IV. Epiphanes und die Thronbesteigung des Antiochos V. Eupator (6,1–17)

Text

Übersetzung

6,1 Der König Antiochos aber durchzog die oberen Provinzen und hörte, dass Elymaïs in Persien eine für ihren Reichtum, Silber und Gold berühmte Stadt sei, 2 und dass das Heiligtum, das sich in ihr befand, sehr reich sei, und dass sich dort goldene Rüstungen und Brustpanzer und Waffen befänden, die Alexander, der (Sohn) des Philippos, der makedonische König, der als erster König über die Griechen herrschte, dort zurückgelassen habe.
3 Und er rückte an und versuchte, die Stadt einzunehmen und sie zu plündern, aber es gelang ihm nicht, weil der Plan den Bewohnern der Stadt bekannt geworden war. 4 Und sie traten gegen ihn zum Kampf an, und er musste fliehen und brach tief gekränkt von dort auf, um sich nach Babylon zurückzuziehen. 5 Und ein Bote kam nach Persien und meldete ihm, dass die Heere, die in das Land Juda gezogen waren, in die Flucht geschlagen worden seien. 6 Und Lysias sei an der Spitze einer starken Streitmacht los-

gezogen, aber er habe sich vor ihnen zurückgezogen, und sie seien durch Waffen und Truppen und große Beute stark geworden, die sie den Heeren, die sie vertrieben hatten, abgenommen hätten. 7 Und sie hätten den Gräuel niedergerissen, den er auf dem Brandopferaltar in Jerusalem errichtet hatte, und das Heiligtum und auch seine Stadt Baitsura wie zuvor ringsum mit hohen Mauern versehen. 8 Und es geschah, als der König diese Meldungen hörte, da wurde er zutiefst erschreckt und erschüttert, und vor Kummer wurde er bettlägerig und krank, weil es ihm nicht so ergangen war, wie er es beabsichtigt hatte. 9 Und dort blieb er viele Tage, weil ihn immer wieder großer Kummer überfiel, und er erkannte, dass er sterben werde. 10 Und er rief alle seine Freunde und sprach zu ihnen: Der Schlaf hält sich von meinen Augen fern, und mein Herz ist vor Sorge verfallen. 11 Und ich sprach zu mir: Bis in welche Bedrängnis bin ich geraten, und wie groß ist der Seesturm, in dem ich nun bin? Ich war doch gütig und beliebt, solange ich herrschte. 12 Nun aber erinnere ich mich der schlimmen Taten, die ich in Jerusalem vollbracht habe. Ich nahm die silbernen und die goldenen Gerätschaften, die sich in ihr befanden, und verbreitete den Befehl, die Bewohner Judas grundlos zu vernichten. 13 Ich habe erkannt, dass wegen dieser Dinge solches Unheil über mich gekommen ist, und siehe, ich sterbe vor großem Kummer in einem fremden Land. 14 Und er rief Philippos, einen seiner Freunde, und setzte ihn ein über sein ganzes Königreich. 15 Und er gab ihm das Diadem und seinen Mantel und den Ring, damit er seinen Sohn Antiochos leite und zur Königsherrschaft erziehe. 16 Und dort starb der König Antiochos im Jahre 149. 17 Als Lysias erfuhr, dass der König gestorben war, setzte er seinen Sohn Antiochos, den er während seiner Jugend erzogen hatte, an seiner Stelle als König ein und gab ihm den (Bei)namen Eupator.

Zu Text und Übersetzung

V 1: Eine Stadt namens Ἐλυμαΐς ἐν τῇ Περσίδι (»Elymaïs in Persien«; so auch Josephus, Ant. XII 354) ist unbekannt. In der LXX steht das Toponym für das biblische Elam (עילם) in der Nähe des späteren Persepolis; vgl. Jes 22,6; Jer 25 [LXX 32],25; 49,34–39 [LXX 25,14–20]). In Dan 8,2 (vgl. Tob 2,10) ist Ἐλυμαΐς (»Elymaïs«) eine Satrapie des persischen Reiches. Gegen die Vermutung, dass der Übersetzer hier versehentlich hebr. מדינה (»Amtsbezirk«) durch πόλις (»Stadt«) wiedergegeben hat (vgl. Dan 11,14), spricht vor allem der Kontext in V 2 f.

V 4: Die Verbform ἔφυγε (»er musste fliehen«) bedeutet wörtl. »er floh«.

V 6: In der LXX ist die Pluralform δυνάμει (»Truppen«) häufig Wiedergabe von hebr. צבאות (Ex 7,4; 12,51; Num 1,3 u.ö.). Als Subjekt der Wendung καὶ ἐπίσχυσαν (»sie seien stark geworden«) kommen nur Judas und seine Anhänger in Frage.

V 7: Subjekt von ᾠκοδόμησεν (»er hatte errichtet«) ist Antiochos IV.

V 10: Mit φίλοι αὐτοῦ (»seine Freunde«) sind hier und in V 14 die Träger des seleukidischen Hoftitels »Freund des Königs« gemeint (vgl. 2,18; 3,38).

V 11: Der Ausdruck τῇ καρδίᾳ μου (»ich«; wörtl. »in meinem Herzen«) entspricht hebr. לבי (vgl. Neh 5,7; Koh 1,16).

V 15: Der Begriff διάδημα (»Diadem«) bezeichnet eine Stirnbinde aus Stoff oder

Metall als Zeichen der königlichen Würde (vgl. 1, 9). Das δακτύλιον (»Ring«) ist ein Siegelring, der die personale Macht und Autorität seines Besitzers figuriert (vgl. Gen 41, 42; Est 3, 10; 8, 2).

V 17: Die Wörter ἀντ᾽ αὐτοῦ (»an seiner Stelle«) fehlen in einem Teil der Textüberlieferung (א *L′* La$^{X\,G\,V}$ SyI) sowie bei *Rahlfs*. Die Wendung ἐκάλεσεν τὸ ὄνομα αὐτοῦ (»er gab ihm den Namen«) entspricht hebr. ויקרא את שמו (vgl. Gen 35, 10; 2 Sam 12, 25; 1 Chr 7, 23 sowie Mt 1, 21).

Analyse und Auslegung

Miteinander verknüpfte Hauptthemen des Abschnitts sind erstens der unmittelbare Einfluss der wechselhaften Begebenheiten in der Provinz sowohl auf die politischen Ereignisse im Seleukidenreich als auch auf die Person des Antiochos IV. Epiphanes und zweitens die problematische Übertragung der Macht vom sterbenden König an seinen designierten Nachfolger. Das erzählerisch breit ausgestaltete Ableben des bösen Widersachers der Judäer in einem fernen Land (seine vierte und letzte Erwähnung als Antagonist der Erzählung) wird dabei als gerechte Strafe des allmächtigen Gottes Israels für seine begangenen Untaten dargestellt (vgl. Sefer Josippon 17, 14–29 [*Flusser*]). Die versuchte Tempelplünderung durch den Seleukidenherrscher, sein Tod und der folgende Regierungswechsel begegnen auch in 2 Makk 1, 13–17; 9, 1–29 und 10, 10 f. (vgl. Josephus, Bell. I 40; Ant. XII 354–361).

V 1–2 Der durch einen Wechsel des Subjekts, des Ortes und der Handlung von der vorangehenden, langen Digression in Kap. 5 abgegrenzte, narrative Neueinsatz (zur diesbezüglichen Funktion der Junktur καὶ ἤκουσεν [»und er hörte«] vgl. 9, 43; 10, 2) schließt an das in 3, 31–37 erzählte Geschehen an und erzählt zunächst von einem Raubzug des Königs in die oberen Provinzen jenseits des Tigris. Die ausführliche hyperbolische Schilderung des sagenhaften Reichtums der persischen Stadt Elymaïs dient der Motivation der folgenden Handlung und verweist zugleich zurück an den Buchanfang (1, 1–3), wo im Rahmen eines einleitenden Geschichtsüberblicks die gewaltsamen Eroberungen Alexanders d. Gr. aufgezählt werden. Die unzutreffende Bezeichnung Alexanders d. Gr. als »ersten Königs über die Griechen« (dies war sein Vater Philippos II.; vgl. 1, 1 sowie Dan 8, 21) entspricht der judäozentrischen Perspektive des Erzählers (Alexander hatte Palästina im Jahre 332 v. Chr. auf seinem Weg von Issos nach Ägypten relativ problemlos erobert). Als formales Struktursignal fällt die Entsprechung von ὁ βασιλεὺς Αντιοχος (»König Antiochos«) in V 1 und Αντιοχος ὁ βασιλεύς (»Antiochos, der König«) in V 16 ins Auge, die als chiastische *Inclusio* den dazwischenliegenden Text einrahmt.

Der misslungene Versuch der Tempelplünderung und der erzwungene Rückzug bringen das Scheitern der Unternehmungen des gottlosen Königs zum Ausdruck und entsprechen einem Topos der polemischen Diskreditierung von Kritikern und Gegnern in der griechischen und hellenistisch-römischen Rhetorik und Geschichtsschreibung (vgl. Platon, *Res publica* VIII 568d; Herodot, *Hist.* V 102). Von einem Versuch des Antiochos IV., einen Tempel in der Persis zu plündern, berichten auch Polybios, *Hist.* XXXI 9,3 und Appian, *Syr.* 66 (vgl. Dan 11,24), wobei beide antike Geschichtsschreiber das Geschehen mit dem unmittelbar nachfolgenden Tod des Herrschers verbinden. V 3–4

Antiochos IV. stirbt

Die als Botenbericht an den König gestaltete interne Analepse fasst die zwischen 3,37 und 5,1 erzählten militärischen Erfolge und Maßnahmen der Judäer zusammen, welche hier ihrerseits als Außerkraftsetzung seiner persönlichen Anordnungen angelegt sind (vgl. 1,54; mit der Bezeichnung βδέλυγμα [»Gräuel«] wird dem syrischen Boten die jüdische Position in den Mund gelegt). Die interne Analepse bereitet die im Folgenden dargestellte Reaktion des Seleukidenherrschers dahingehend vor, dass in den erfolgreichen Feldzügen des Judas und in der durch sie ausgelösten Betrübnis seines Widersachers zum Tode gleichermaßen die vergeltende Macht Gottes zum Ausdruck kommt. V 5–7

Die Bedeutung der dem König von seinem Boten gemeldeten Ereignisse und ihr dramatischer Effekt werden vom Erzähler stark übertrieben (vgl. Dan 11,44 f.); in Wirklichkeit scheinen die Vorgänge in der aufständischen Provinz am Rande des Seleukidenreiches vor dem Hintergrund seiner immensen Ausdehnung von den Syrern wohl als relativ unbedeutend betrachtet worden zu sein. Die deutlichen Parallelen zwischen V 8 f. und der Schilderung des Todes Alexanders d. Gr. (vgl. 1,4 f.) provozieren einen wertenden Vergleich zwischen den beiden fremden Königen. V 8–9

Die knapp gerahmte direkte Rede in der poetischen Form des *Parallelismus membrorum* bringt in bilanzhafter Weise die (viel zu späte) Erkenntnis des sterbenden Antiochos IV. zum Ausdruck, dass die eigentliche Ursache für seinen nahenden Tod in seinen unrechten Taten gegen die gottesfürchtigen Judäer zu suchen ist (vgl. 1,21–24; 3,34 f.). In der Erschütterung und im Sterben des Seleukidenherrschers bewahrheitet sich die in der Abschiedsrede des Mattathias angekündigte, spiegelrechtliche Bestrafung (vgl. V 12 f. [»schlimme Taten« ... »Unheil«]) des übermütigen Frevlers durch Gott (2,62 f.). Während V 10b sich in seiner Wortwahl möglicherweise an Gen 31,40 anlehnt, scheint das Bild vom κλύδων (»Seesturm«; vgl. Jona 1,4.11 f.), der großes Unglück bedeutet, der Metaphorik der Psalmen zu entsprechen (vgl. Ps 46 [LXX 45],4). Das »Beziehungsorgan« Herz (V 10) begegnet in der biblischen Tradition durchweg als Zentrum der Person, als treibende Kraft des Denkens und Planens und als Sitz der Emotionen (vgl. Jer 4,19; 23,9; 48 [LXX 31],41 u. ö.). Die solcherart dargestellte, in negativer V 10–13

Weise selbstbewertende Emotion der Scham signalisiert dem Leser die von Antiochos IV. selbst empfundene Bloßstellung, Demütigung und Entmachtung als gerechte Konsequenz seines fortgesetzten Verstoßes gegen den normativen Heilswillen Gottes. Dass der König in einem fremden Land stirbt, unterstreicht zudem implizit die besondere Schwere seines Vergehens bzw. seiner Bestrafung (vgl. Amos 7,17; Dan 11,45; Bar 3,10).

V 14–17 Der Teilabschnitt konstatiert den Tod des Antiochos IV. und legt zugleich einen Konflikt zwischen zwei antagonistischen Erzählfiguren an. Die Machtübergabe an Philippos, ein hochrangiges Mitglied der seleukidischen Reichsadministration (vgl. 2 Makk 5,22; 6,11; 8,8; 9,29), als Verwalter des gesamten Königreiches und als Vormund des jungen Thronfolgers (vgl. hingegen 2 Makk 13,1) weist diesem nun den gleichen Rang und die gleichen Aufgaben zu wie dem »Verwandten (des Königs)« Lysias, dem Stellvertreter des Antiochos IV. im Westen während seiner *Anabasis* (vgl. 3,32f.). Die Aufzählung der königlichen Insignien unterstreicht hierbei die symbolische Übertragung personaler Autorität. Eine derartige unmotivierte Änderung der Nachfolgeregelung durch den Seleukidenherrscher, von der keiner der nichtjüdischen Geschichtsschreiber etwas weiß und der zudem sowohl 2 Makk 9,29; 13,23 als auch Josephus, Ant. XII 379–386 widersprechen, ist wahrscheinlich eine Fiktion des Erzählers. Der in V 16 angegebene Zeitpunkt des Todes des Antiochos IV. in der Persis (vgl. Dan 8,25; 11,45) gegen Ende des Jahres 164 v. Chr. (gerechnet nach der seleukidischen Herbstära des Jahres 312 v. Chr.), also ein knappes Jahr nach der Neueinweihung des Jerusalemer Tempels (vgl. 2 Makk 9,28), wird bestätigt durch eine babylonische Liste der seleukidischen Könige von Seleukos I. bis Antiochos IV.,[1] gemäß derer der Tod dieses Herrschers im Dezember des Jahres 164 v. Chr. in Babylon bekannt wurde. Die in V 17 erfolgende Nennung des Lysias und die Bemerkung von der durch ihn erfolgenden Einsetzung des unmündigen (vgl. Appian, *Syr.* 66) Antiochos V. Eupator (»von einem edlen Vater«) zum König deutet bereits die zukünftigen Auseinandersetzungen zwischen den beiden Vertrauten des verstorbenen Seleukidenherrschers an.

Machtübergabe

[1] British Museum, Inv. Nr. 35603 *verso*, Z. 10–15 (vgl. *Sachs/Wiseman* 1954, 202–212).

Das Heer des Lysias kämpft gegen die Judäer (6,18–54)

Text

Übersetzung

18 Und die Besatzung der Burg versperrte Israel das Heiligtum von allen
Seiten und versuchte, ihnen überall Unheil zuzufügen und den Völkern eine
Verstärkung zu sein. 19 Judas aber beschloss, sie zu vernichten, und er rief
das ganze Volk zusammen, um sie zu belagern. 20 Und sie kamen alle zu-
sammen und belagerten sie im Jahre 150, und er ließ Belagerungspodeste
und Belagerungsmaschinen herstellen. 21 Manche von ihnen aber entka-
men der Belagerung, und einige von den Gottlosen aus Israel schlossen sich
ihnen an. 22 Und sie gingen zum König und sprachen: Wie lange noch
willst du nicht Recht schaffen und unsere Brüder rächen? 23 Wir sind be-
reit, deinem Vater zu dienen und uns nach dem, was er sagt, zu richten und
seinen Befehlen zu gehorchen. 24 Und sie belagerten sie. Die Söhne unseres
Volkes sind uns deswegen auch fremd geworden. Außerdem wurden alle
von uns getötet, die entdeckt wurden, und unser Erbbesitz geplündert.
25 Aber nicht gegen uns allein streckten sie die Hand aus, sondern auch
gegen alle angrenzenden Länder. 26 Und siehe, heute bilden sie eine Bela-
gerungslinie gegen die Burg in Jerusalem, um sie einzunehmen, und das
Heiligtum und Baitsura haben sie befestigt. 27 Und wenn du ihnen nicht
bald zuvorkommst, dann werden sie noch Schlimmeres tun als dies, und
du wirst sie nicht mehr aufhalten können. 28 Als er das hörte, geriet der
König in Zorn und versammelte alle seine Freunde, die Obersten seiner
Streitkräfte und die Befehlshaber der Reiterei. 29 Auch aus anderen König-
reichen und von den Inseln des Meeres kamen Söldnertruppen zu ihm.
30 Und die Zahl seiner Truppen betrug hunderttausend Fußsoldaten und
zwanzigtausend Reiter und zweiunddreißig für den Kampf abgerichtete
Elefanten. 31 Und sie zogen durch Idumäa und belagerten Baitsura und
bekämpften es viele Tage lang und stellten Belagerungsmaschinen her. Sie
aber machten einen Ausfall und steckten sie in Brand und kämpften hel-
denhaft. 32 Und Judas brach von der Burg auf und lagerte bei Baitzacharia
gegenüber dem Lager des Königs. 33 Und der König erhob sich am frühen
Morgen und ließ das Heer eilends in Richtung Baitzacharia aufbrechen,
und die Truppen stellten sich zum Kampf auf und stießen in die Signaltrom-
peten. 34 Und den Elefanten gaben sie Saft von Weintrauben und Maul-
beeren zu trinken, um sie auf den Kampf vorzubereiten. 35 Die Tiere aber
teilten sie den Gliedern der Schlachtordnung zu und stellten für jeden der
Elefanten tausend Mann ab, die mit Kettenbrustpanzern ausgerüstet waren
und bronzene Helme auf ihren Köpfen hatten, und für jedes Tier waren
fünfhundert ausgewählte Reiter abkommandiert. 36 Diese waren schon zu-
vor dort, wo auch immer das Tier stand, und wohin es ging, gingen auch sie

und trennten sich nicht von ihm. 37 Und auf jedem Tier war ein stabiler hölzerner Turm mit Vorrichtungen befestigt, die Schutz gewährten, und auf jedem befanden sich vier Männer der Truppe, die auf ihnen kämpften, und sein indischer Führer. 38 Und die übrigen Reiter stellte er zu beiden Seiten an den beiden Flügeln des Heers auf, um (den Gegner) zu demoralisieren und um die Glieder der Schlachtordnung zu decken. 39 Als sich nun die Sonne auf den goldenen und bronzenen Schilden spiegelte, glänzten die Berge und strahlten wie Feuerfackeln. 40 Eine Abteilung des Heers des Königs breitete sich über das Bergland aus, andere aber über die Niederungen. Und sie rückten geordnet und geschlossen an. 41 Und es erbebten alle, die den Lärm ihrer Menge und den Anmarsch der Massen und das Klirren der Waffen hörten, denn das Heer war überaus groß und stark. 42 Auch Judas und sein Heer rückten geordnet zur Schlacht vor, und vom Heer des Königs fielen sechshundert Mann. 43 Als Eleazaros Avaran sah, dass eines der Tiere königlichen Panzerschmuck trug und alle anderen Tiere überragte, meinte er, dass auf ihm der König sei, 44 und er opferte sich, um sein Volk zu retten und sich ewigen Ruhm zu sichern. 45 Und er stürmte kühn mitten durch die Glieder der Schlachtordnung hindurch und teilte nach rechts und nach links tödliche Schläge aus und auf beiden Seiten wichen sie vor ihm zurück. 46 Und er kroch unter den Elefanten, erstach ihn von unten her und brachte ihn um. Der aber fiel über ihm zu Boden, und er starb dort. 47 Sie aber sahen die Stärke des Königreiches und den Ansturm der Truppen und wichen vor ihnen zurück. 48 Und die Truppen des Königs zogen ihnen nach Jerusalem hinterher, und der König lagerte sich gegen Judäa und gegen den Berg Zion. 49 Und er schloss Frieden mit den Bewohnern von Baitsura. Sie aber verließen die Stadt, denn es gab dort keine Nahrungsmittel, um in ihr eingeschlossen zu sein, da das Land Sabbat hatte. 50 Und der König nahm Baitsura ein und stationierte dort eine Garnison, um es zu bewachen. 51 Und er belagerte das Heiligtum viele Tage lang und stellte Wurfmaschinen und Belagerungsmaschinen und Feuerwerfer und Steinkatapulte und Skorpione zum Werfen von Pfeilen und Schleudermaschinen auf. 52 Aber auch sie stellten Maschinen gegen ihre Maschinen her, und sie kämpften viele Tage lang. 53 Doch die Nahrungsmittelvorräte in den Gefäßen gingen aus, weil es ein Siebentjahr war, und weil die vor den Völkern nach Judäa Geflüchteten den Rest des Vorrats verzehrt hatten. 54 Und da sich der Hunger ihrer bemächtigte, blieben nur wenige Männer im Heiligtum, und sie zerstreuten sich ein jeder in seine Heimat.

Zu Text und Übersetzung

V 18: Die Wendung ζητεῖν κακά (»Unheil zufügen«) scheint hebr. בקש רעה zu entsprechen (vgl. Num 35,23; 1 Sam 25,26; Est 9,2).

V 20: Der Ausdruck βελόστασις bezeichnet hier und in V 51 f. keine »Bollwerke« (so Ez 17,17; 21,27; vgl. Ez 4,2), sondern (»[hölzerne] Belagerungspodeste«; wörtl. »Podeste für Wurfmaschinen«). Die Pluralform μηχανάς (»Maschinen«) bezeichnet hier und in V 31 und 51 unterschiedliche, nicht näher zu bestimmende Belagerungsgeräte wie z. B. Rammböcke und Belagerungstürme.

V 22: Subjekt von ἐπορεύθησαν (»sie gingen«) sind die judäischen »Apostaten« (vgl. 23 f.). Die Wendung ποιεῖν τὴν κρίσιν (»Recht schaffen«) ist vermutlich Wiedergabe der hebr. Wortverbindung עשה משפט (vgl. 8,32; Gen 18,25; Dtn 10,18; 2 Sam 8,15; Ps 99 [LXX 98],4 u. ö.).

V 24: Der Satzteil καὶ περιεκάθηντο ἐπ' αὐτήν (»und sie belagerten sie«) ist aus V 20 (περιεκάθισαν ἐπ' αὐτήν) über eine Randbemerkung nachträglich in den Text eingedrungen.

V 25: Die Wendung ἐπὶ πάντα τὰ ὅρια αὐτῶν (»gegen alle angrenzenden Länder«) bedeutet wörtl. »gegen alle ihre Grenzen« (vgl. Jdt 3,8). Die lat. Handschriften bieten hier an Stelle des Pronomens αὐτῶν (»ihre«) entweder *nostros* (»unsere«; so La^{V}) oder *suos* (»deine«; so $La^{L X G}$).

V 28: Die φίλοι (»Freunde«) des Königs sind Träger eines hohen seleukidischen Hoftitels (vgl. 2,18). Der militärische *Terminus technicus* οἱ ἐπὶ τῶν ἡνιῶν (»Befehlshaber der Reiterei«) bedeutet wörtl. »die [Befehlshaber] über die Zügel« (SyI: »über die Streitwagen«; zur hebr. Konstruktion vgl. Gen 43,16; 2 Kön 10,22; 1 Chr 28,1). Vgl. die ähnliche Metonymie in 12,45 (οἱ ἐπὶ τῶν χρειῶν [»Steuerbeamte«]).

V 29: Die νῆσοι θαλασσῶν (»Inseln des Meeres«) sind Zypern, Rhodos und Kreta.

V 31: Subjekt von ἐξῆλθον (»sie machten einen Ausfall«; wört. »sie kamen heraus«) sind die in Baitsura eingeschlossenen Judäer. Vgl. die erklärende Lesart οἱ υἱοὶ Ισραηλ (»die Israeliten«) in 55 311 La^{B}.

V 32: Die ἄκρα (»Burg«) bezeichnet die zur militärischen Sicherung Jerusalems stationierte, bewaffnete syrische Garnison in der Davidstadt (vgl. 1,33).

V 33: Die kausative Übersetzung der aktiven Verbform ἀπῆρεν (»er ließ aufbrechen«) reflektiert die Tatsache, dass der König als Subjekt des Satzes diese Handlung nicht selbst ausübt. Das Verb διασκευάζω (»sich zum Kampf aufstellen«) begegnet in der LXX nur hier und in Jos 4,12. Der Ausdruck ἐσάλπισαν ταῖς σάλπιγξιν (»sie stießen in die Signaltrompeten«) imitiert eine hebr. *Figura etymologica* (vgl. 3,54).

V 34: Die sachlich unpassende Verbform ἔδειξαν (»sie zeigten«) scheint auf einer Verwechslung der hebr. Hifilformen הרוו (hier: »sie gaben zu trinken«) und הראו (»sie zeigten«) zu beruhen. Die Bezeichnung αἷμα σταφυλῆς (»Saft von Weintrauben«; wörtl. »Blut von Weintrauben«) ist wohl Wiedergabe von hebr. דם ענבים (vgl. Gen 49,11; Dtn 32,14). Die Vorstellung, dass Wein oder Most Elefanten aggressiv macht, begegnet auch bei Aelian, *De natura animalium* XIII 8 (vgl. 3 Makk 5,2 sowie Josephus, Ap. II 53).

V 35: Die φάλαγγες (»Phalangen«) sind dichtgeschlossene und tief gestaffelte Infanterieformationen mit schwerer Offensivbewaffnung (vgl. V 38 u. 45). Der technische Ausdruck ἐν ἁλυσιδωτοῖς (»mit Kettenbrustpanzern«) entspricht 1 Sam 17,5.

V 37: Die Mehrzahl der Textzeugen und Übersetzungen gibt als Anzahl der Kämpfer auf einem Kriegselefanten δύο καὶ τριάκοντα (»zweiunddreißig«; so z. B. A V 46 56 58 106 340 La^{V}) oder τριάκοντα (»dreißig«; so z. B. א 55 311 $La^{L X G B}$ SyI. II) an. Beide Zahlenangaben scheinen absurd hoch (vgl. Plinius, *Nat. hist.* VIII 7). Möglicherweise ist die Zahl δύο καὶ τριάκοντα (»zweiunddreißig«) hier aufgrund eines Schreiberversehens aus V 30 eingedrungen. Denkbar ist aber auch eine Verwechslung von hebr. שנים שלשה (»zwei oder drei«; vgl. 2 Kön 9,32; Jes 17,6) und שנים ושלשים (»zweiunddreißig«; vgl. Num 31,40; 1 Chr 19,7) durch den Übersetzer, oder eine Fehlinterpretation von hebr. שנים שלשים (»zwei Offiziere«; vgl. Ex 14,7; 1 Kön 9,22; 2 Chr 8,9). Die hier gebotene Übersetzung folgt der Konjektur von *Rahlfs* (1934), der eine Verwechslung der griech. Zahlzeichen Λ' (τριάκοντα; »dreißig«) und Δ' (τέσσαρες; »vier«) annimmt. Das Wort Ἰνδός (»Inder«) bezieht sich hier nicht auf die Herkunft des Lenkers eines Kriegselefanten, sondern verweist auf den geographischen Ursprung des Einsatzes dieser Tiere als »Abschreckungswaffe«.

V 38: Das Objekt von κατασείω (»erschüttern« bzw. »demoralisieren«) sind die feindlichen Kämpfer.

V 39: Das Verb ἔστιλβεν (»spiegelte sich«) bedeutet wörtl. »glänzte«.

V 40: Die Gebietsbezeichnung τὰ ὑψαλα ὄρη (»Bergland«) bedeutet wörtl. »die hohen Berge«.

V 44: Die Wendung ἔδωκεν ἑαυτόν (»opferte sich«) bedeutet wörtl. »gab sich hin«; die Wendung ὄνομα αἰώνιον (»ewiger Ruhm«; wörtl. »ewiger Name«) ist wahrscheinlich Wiedergabe von hebr. שם עולם (vgl. 2,51 sowie Jes 56,5; 63,12).

V 45: Das gemäß seinem unmittelbaren Kontext übersetzte Verb ἐθανάτου (»teilte tödliche Schläge aus«) bedeutet wörtl. »tötete«.

V 46: Zur Übersetzung der Wendung ὑπέθηκεν αὐτῷ (»erstach ihn von unten her«; wörtl. »griff ihn von unten her an«) vgl. Ex 27,5. Subjekt von ἀπέθανεν ist Eleazaros Avaran.

V 47: Subjekt des Satzes sind die Truppen des Judas.

V 48: Der ὄρος Σιων (»Berg Zion«) ist der Jerusalemer Tempelberg (vgl. 4,37). Die Wendung οἱ ἐκ τῆς παρεμβολῆς (»die Truppen«) bedeutet wörtl. »die vom Heer«.

V 49: Subjekt des Satzes ist Lysias. Der von א A V 55 58 381 La^L gebotene Singular ἐξῆλθεν (»er verließ«) beruht sicher auf einem Schreiberversehen.

V 51: Die Ausdrücke πυροβόλον (»Feuerwerfer«) und λιθοβόλον (»Steinwerfer«) bezeichnen ein Katapult für brennende Wurfgeschosse bzw. Feuerlanzen und eine Vorrichtung zum Schleudern schwerer Steine oder Bleikugeln (vgl. Polybios, *Hist.* VIII 5,2.6. Die Diminutivform σκορπίδιον (wörtl. »kleiner Skorpion«) bezeichnet ein transportables Gerät zum halbautomatischen Abschuss von Langpfeilen (vgl. Vitruv, *De architectura* X 15).

V 52: Subjekt des Satzes sind die belagerten Truppen des Judas in Jerusalem.

V 54: Die Wendung εἰς τὸν τόπον αὐτοῦ (»in seine Heimat«; wörtl. »an seinen Ort«) entspricht hebr. למקומו (vgl. Gen 18,33; Ri 7,7; 1 Sam 2,20; 5,11 u.ö.).

Analyse und Auslegung

Der lange Abschnitt handelt von den Auseinandersetzungen der aufständischen Judäer mit der syrischen Besatzung der Akra, mit den judäischen »Apostaten« und mit der gewaltigen seleukidischen Streitmacht. Die durch deren erdrückende Übermacht (und auch durch das konsequente Festhalten der Rebellen an der Befolgung der Toragebote) hervorgerufene Krisensituation stellt den überaus bedrohlichen Hintergrund dar, von dem sich sowohl der vorangehende, gerechte Straftod des Antiochos IV. Epiphanes als auch das im nachfolgenden Abschnitt dargestellte, rettende Eingreifen Gottes in den Geschichtsverlauf leuchtend abheben. Der detailreichere und inhaltlich stark abweichende Parallelbericht in 2 Makk 13,1f.9–26 (vgl. Josephus, Bell. I 41–46; Ant. XII 362–378) datiert den zweiten Feldzug des Lysias und des Antiochos V. Eupator bereits im Jahre 149, was schwerlich mit der seleukidischen Ära von 312 v. Chr. zu vereinbaren ist (vgl. V 16.20 sowie 7,1; 2 Makk 14,1).

Kampf um die Akra

Der Orts- und Subjektwechsel in V 18 leitet ein neues Teilstück der Erzählung ein. Die explizit gegen das Heiligtum gerichteten, feindseligen Aktionen der syrischen Besatzung der Akra (vgl. 1,33–36) provozieren die Reaktion des Anführers der Aufständischen, die rücksichtslosen Gegner ihrerseits zu belagern und anzugreifen. Die Nennung des Datums (163 v. Chr., gerechnet nach der seleukidischen Ära des Jahres 312 v. Chr.) soll die Bedeutung des Geschehens unterstreichen. Die gelungene Flucht eines Teils der syrischen Garnison und »einiger« sich ihnen anschließender judäischer »Apostaten« (vgl. 1,11) aus der von Judas und seinen Anhängern nun wieder kontrollierten Stadt leitet den folgenden Botenbericht an den Seleukidenherrscher ein, welcher erst in V 55 wieder namentlich genannt wird. Das nur in V 21 und in 3,2 begegnende Verb κολλάομαι (wörtl. »anhaften«) scheint den diametralen Gegensatz zwischen den frommen Anhängern des Judas und den Verderben über das Volk bringenden »Gottlosen aus Israel« zu unterstreichen (vgl. 2 Makk 13,3). Deutlich zu erkennen ist auch das Bemühen des Erzählers, mittels seiner Wortwahl gleich zu Beginn des Abschnitts den Gegensatz zwischen der Geschlossenheit des frommen »wahren« Gottesvolkes Israel im ganzen Land (»von allen Seiten«; »ihnen überall Unheil zufügen«; »das ganze Volk«; »sie kamen alle zusammen«) und der verhängnisvollen Häresie der abtrünnigen Minderheit (»manche«; »einige«; vgl. 1,11; 7,5; 10,61) der hellenisierten Nutznießer der von Antiochos IV. verhängten Maßnahmen, die vom Glauben ihrer Väter abgefallen waren, gegenüberzustellen. V 18–22a

Inhalt der direkten Rede der zunächst in die Akra und von dort nach Antiocheia geflohenen, judäischen Kollaborateure ist eine als rhetorische Frage formulierte Aufforderung an den König zum raschen Eingreifen (V 22b; zur Formulierung vgl. Ps 13 [LXX 12],1f.; Ps 74 [LXX 73],10; Ps 94 [LXX 93],3), deren Begründung in der schweren und umfassenden Bedrängnis seiner loyalen Untertanen in der Provinz (V 23f.; vgl. 2,44; 3,8) und in der durch die Rebellen verursachten Bedrohung des Friedens überall im Seleukidenreich (V 25; vgl. 5,1–68) besteht. Die in dem Abschnitt gehäuft begegnenden Personalpronomina dienen der Betonung der prinzipiellen Differenz zwischen den gottesfürchtigen Aufständischen und ihrer hellenisierten Opposition. Zugleich schreibt der Erzähler letzteren die eigentliche Verantwortung für die nachfolgenden syrischen Angriffe zu. In V 24 wird angedeutet, dass das Land, das Antiochos IV. konfisziert, und das er nicht nur an syrische Militärsiedler verteilt, sondern mit dem er auch als loyal geltende V 22b-27

Überläufer ausgestattet hatte (vgl. 3,36), von Judas nach dem Rückzug des Lysias wieder enteignet und in Besitz genommen wurde (zur Vorstellung vom Land als unantastbarem Eigentum des Gottes Israels vgl. 15,33 f.; Ps 68 [LXX 67],10; Jer 16,18). In V 26 f. werden, eingeleitet mit der (die Aufmerksamkeit des Lesers einfordernden) Appellinterjektion »und siehe«, die hohe Bedeutung der gegenwärtigen Situation in Jerusalem und Judäa (vgl. 19 f. 60 f.) für das zukünftige Schicksal des gesamten Reiches und die Dringlichkeit des unverzüglichen königlichen Handelns angesichts der gewaltigen militärischen Erfolge der antiseleukidischen Rebellen bekräftigt.

V 28–31 Die affektive Reaktion des Königs veranlasst die Mobilmachung seiner Streitkräfte und Auxiliartruppen (die »anderen Königreiche« sind die von Rom noch unabhängigen, kleinasiatischen Mittelstaaten Pergamon, Bithynien, Pontus und Kappadokien; zu den »Inseln des Meeres« s.o.) und gibt dem Erzähler Gelegenheit, ihre überwältigende Übermacht zu beschreiben und zugleich an den vorangehenden Kontext anzuknüpfen (vgl. 4,35 sowie äthHen 90,11). Der erneute Angriff der königlichen Truppen auf die Grenzfestung Baitsura folgt der gleichen Strategie wie die erste syrische Offensive (vgl. 4,28–35). Die hyperbolischen Truppenstärken (vgl. Jdt 7,2) und die Klimax zwischen V 28 und V 31a kontrastieren die militärische Überlegenheit der angreifenden Syrer (den Besitz von Kriegselefanten hatte Rom den Syrern im »Friedensdiktat« von Apameia [188 v. Chr.] eigentlich verboten; vgl. Polybios, *Hist.* XXI 42,12) mit dem Heldenmut der in der Festung eingeschlossenen und sich tapfer verteidigenden Judäer in V 31b.

V 32–38 Der Kontrast zwischen der syrischen Übermacht vor Baitsura und dem Todesmut der nahe der Siedlung Baitzacharia (Bet Sacharja) anrückenden Aufständischen wird vom Erzähler auch in der Beschreibung der beiderseitigen (in V 32 f. in parallelisierender Weise dargestellten) Vorbereitungen zu ihrem Aufeinandertreffen in der offenen Feldschlacht signalisiert (zum Aufbruch »am frühen Morgen« vgl. 11,67; 16,5). Die sachlich kaum nachvollziehbare, aktive Beteiligung des unmündigen »Königs« Antiochos V. Eupator am Kampfgeschehen (V 33; vgl. V 17) bezieht sich entweder auf die Entscheidungen und Handlungen seines Vormunds Lysias (vgl. V 48–62) oder bereitet, ebenso wie die extensive Beschreibung der schweren Panzerung, Bewaffnung und schützenden Begleitung der syrischen Kampfelefanten und ihrer Besatzung (wohl durch Kataphrakten [schwere Panzerreiter]), deren »bronzene Helme« den Leser an Goliath erinnern sollen (1 Sam 17,5), die nachfolgend eingeschobene Erzählung vom Todesmut des Makkabäerbruders Eleazaros Avaran narrativ vor (vgl. V 43).

Angriff bei Baitzacharia

V 39–42 Der ausführlichen, hyperbolischen Beschreibung der heranmarschierenden seleukidischen Truppen (V 39–41; vgl. Polybios, *Hist.* XI 9,1 f.) steht die konzise Notiz vom Aufmarsch der kaum ausgerüsteten und zahlenmäßig weit unterlegenen Rebellen unter der Führung des Judas gegenüber, welcher der Erzähler die Angabe allein der syrischen Verluste folgen lässt (V 42).

Die Form von V 39f. lehnt sich an die biblische Psalmendichtung an (*Parallelismus membrorum* und heterogener bildhafter Vergleich zum Zwecke der Steigerung der Eindringlichkeit [vgl. auch 1 Kön 10,16f.]).

Eleazaros Avaran

V 43–46

Eine den Erzählfluss unterbrechende Digression fokussiert ein Einzelschicksal, nämlich das martyriumsähnliche Selbstopfer (vgl. 2 Makk 14,37–46; Herodot, *Hist.* VII 207–228) des als Heroen stilisierten Eleazaros Avaran, eines jüngeren Bruders des Judas (vgl. 2,5; dort ohne die »moderne« gräzisierende Endung -ος). Sein (strategisch fragwürdiger) Versuch, sein bedrohtes Volk unter Einsatz des eigenen Lebens (zur Vorstellung des Selbstopfers vgl. Ri 16,27–30; zur Wortwahl vgl. Gal 1,4; Tit 2,14; 1 Tim 2,6) zu retten, indem er das vermeintliche Reittier des seleukidischen Königs angreift (vgl. 2 Makk 13,15; Diodor XVII 88,4), um diesen zu töten, realisiert das von seinem Vater Mattathias in seiner Abschiedsrede geforderte und die Autorität der Hasmonäerdynastie begründende, bedingungslose Eintreten für den »Bund unserer Väter« (vgl. 2,50f. sowie Sefer Josippon 23,12–16 [*Flusser*]; die Wendung »ewiger Ruhm« begegnet im 1. Makkabäerbuch allein an diesen beiden Stellen sowie in 13,29 im Kontext der ausführlichen Beschreibung des hasmonäischen Familiengrabs).

V 47–50

Mit V 47 wendet sich der Erzähler wieder dem Gesamtgeschehen zu. Die vom Erzähler beschönigend als »Zurückweichen« dargestellte (vgl. Num 20,21; Dtn 20,3), erste militärische Niederlage der antiseleukidischen Rebellen und ihr erzwungener Rückzug nach Jerusalem (die Ereignisse werden in 2 Makk 13,15–17 als Sieg der Judäer dargestellt) entsprechen sprachlich V 39f. Auch die Kapitulation der belagerten Judäer in der Grenzfestung Baitsura wird in euphemistischer Weise als »Hinausgehen« bezeichnet (vgl. 1 Sam 11,3; 2 Kön 18,31 [vgl. Jes 36,16]; 24,12; Jer 38 [LXX 45],17) und dadurch begründet, dass das Land ein »Sabbatjahr« hatte (zur »Hungersnot« vgl. V 53f.; 9,24; 13,49). In einem solchen (auch zur Zeit der Seleukidenherrschaft mit dem älteren Herbstjahresanfang beginnenden) Sabbatjahr durfte das Land innerhalb der Grenzen Israels in Analogie zur Woche mit sechs Arbeitstagen gemäß der Bestimmung der Tora (Ex 23,10f.; Lev 25,1–7; vgl. Dtn 15,1–3) im siebenten Jahr weder bearbeitet noch abgeerntet werden. Dem Leser soll hierdurch die gewissenhafte Observanz der Toragebote durch die frommen Aufständischen, selbst während dieser Zeit der aktuellen Not und Bedrängnis vor Augen geführt werden (vgl. V 53).

Angriff auf den Tempelberg

V 51–54

Der Angriff der Syrer auf den Jerusalemer Tempelberg, den Judas in kluger Voraussicht hatte befestigen lassen (vgl. 4,60), geschieht unter Aufbietung sämtlicher zur Verfügung stehender Belagerungsmaschinen, deren explizite Aufzählung in V 51 (vgl. 2 Chr 26,15) die besondere Tapferkeit der auf dem Berg Zion eingeschlossenen Verteidiger des Heiligtums unterstreicht; es fällt auf, dass Judas selbst in diesem letzten Teilabschnitt des Erzählstücks keine Erwähnung mehr findet. Wie bereits in V 49 betont der erklärende Erzählerkommentar in V 53, dass die Niederlage der Judäer untrennbar mit ihrer selbstlosen Fürsorge für die bedrohte judäische Diaspora (vgl. 5, 23.45.53 f.), ihrer konsequenten Frömmigkeit und ihrem unbedingten Gottvertrauen auch in der Zeit der Krise verbunden ist. Die Vorstellung des Erzählers, dass die Belagerer die judäischen Rebellen hätten unbehelligt ziehen lassen (V 54), dient der narrativen Einbettung der von ihm intendierten Bezugnahme auf die abschlussartige biblische Formulierung, ein jeder von ihnen sei »in seine Heimat« abgewandert (vgl. Jos 24, 28; 1 Sam 10, 25).

Antiochos V. Eupator gewährt Religionsfreiheit (6, 55–63)

Text

Übersetzung

55 Als Lysias hörte, dass Philippos, den der König Antiochos noch zu Lebzeiten eingesetzt hatte, damit er seinen Sohn Antiochos zur Königsherrschaft erziehe, 56 mitsamt den Truppen, die mit dem König ausgerückt waren, aus Persien und Medien zurückgekehrt sei und danach trachtete, die Regierung zu übernehmen, 57 ließ er sich keine Zeit, drängte zum Abzug und sprach zum König, zu den Offizieren, zur Streitmacht und zu den Soldaten: Täglich werden wir weniger; unser Proviant ist gering, der Ort, den wir belagern, ist befestigt, und die Regierung des Königreiches lastet auf uns. 58 Lasst uns nun diesen Menschen die Hand reichen und mit ihnen und mit ihrem ganzen Staatsvolk Frieden schließen. 59 Wir wollen ihnen erlauben, wie zuvor nach ihren Gebräuchen zu leben, denn wegen ihrer Gebräuche, die wir verletzt haben, sind sie in Zorn geraten und haben all dies getan. 60 Der Rat fand die Billigung des Königs und der Offiziere, und er sandte (Boten) zu ihnen, um ihnen Frieden anzubieten, und sie willigten ein. 61 Und der König und die Offiziere schworen ihnen einen Eid. Daraufhin kamen sie aus der Festung heraus. 62 Und der König zog auf dem Berg Zion ein. Aber als er die Befestigung des Ortes sah, brach er den Eid, den er geschworen hatte, und befahl, die Mauer ringsum niederzureißen. 63 Und er brach eilends auf, kehrte nach Antiocheia zurück und fand Philippos als Herrn der Stadt vor. Und er kämpfte gegen ihn und nahm die Stadt mit Gewalt ein.

Zu Text und Übersetzung

V 56: Die verkürzte Wendung τὰ τῶν πραγμάτων (»die Regierung«) bedeutet wörtl. »die Gesamtheit der Angelegenheiten«.

V 57: Die Wendung κατέσπευδε (»er ließ sich keine Zeit«) bedeutet wörtl. »er eilte«; der Begriff ἄνδρες (»Soldaten«) bedeutet wörtl. »Männer«.

V 58: Der Begriff δεξιά (»Hand«) bedeutet wörtl. »Rechte«.

V 59: Die adhortative Aoristform στήσωμεν (»wir wollen erlauben«) bedeutet wörtl. »wir wollen festlegen«. Der *Pluralis majestatis* »wir« begegnet im 1. Makkabäerbuch zumeist nur am Anfang der (mündlichen oder brieflichen) förmlichen Willensbekundung hochrangiger Aktanten (vgl. 10,3.16.19; 11,26–28; 12,22 f. [anders 13,37–40 und 15,9]).

V 60: Die eigentümliche Wendung ἤρεσεν ἐναντίον (»fand Billigung bei«) ist möglicherweise Wiedergabe des hebr. Ausdrucks ויישר בעיני (vgl. 2 Chr 30,4).

V 62: Der ὄρος Σιων (»Berg Zion«) ist der Tempelberg in Jerusalem (vgl. 4,37). An Stelle von ἐνετείλατο καθελεῖν (»er befahl niederzureißen«; so א V 311 La^{LXG} SyI sowie *Rahlfs*) lesen A, die Mehrzahl der Minuskeln, SyII sowie *Kappler* ἐνετείλατο καὶ καθεῖλε, was hebr. ויצו ויפרץ entspricht (vgl. Gen 42,25; 1 Kön 5,31).

Analyse und Auslegung

Nachdem im vorangehenden Abschnitt die zunehmend prekäre Lage der aufständischen Judäer geschildert wurde, wendet sich der Erzähler nun den politischen Vorgängen im Seleukidenreich zu, um den durch sie notwendig gewordenen Kompromissfriedensschluss und die politisch motivierte Aufhebung des von Antiochos IV. Epiphanes erlassenen Religionsediktes (vgl. 1,44–58) an dieser Stelle als Ausdruck des rettenden Eingreifens Gottes auf der Seite der gottesfürchtigen Rebellen unter der Führung des Judas erscheinen zu lassen. In 2 Makk 11,13–38 (vgl. Josephus, Ant. XII 379–386) folgt der (als direkte Friedensverhandlung zwischen Lysias und den Judäern dargestellte) Waffenstillstand bereits auf den ersten Feldzug des Lysias und ist nicht durch die seleukidischen Thronstreitigkeiten (2 Makk 13,23) ausgelöst.

Der durch Subjekt- und Schauplatzwechsel deutlich markierte Neueinsatz beginnt mit einem Botenbericht in indirekter Rede (V 55 f.), der als interne Analepse den bereits in V 14–17 angedeuteten Konflikt zwischen Lysias und dem aus den oberen Satrapien zurückgekehrten Philippos zum Anlass erklärt, ersteren umgehend nach der Hauptstadt Antiocheia aufbrechen lassen zu wollen, bevor letzterer dort die Regierung übernehmen kann. Der narrative Rahmen der folgenden direkten Rede des Lysias akzentuiert die hervorgehobene Machtposition des Lysias nicht nur gegenüber seinen Untergebenen, sondern auch gegenüber dem jungen Antiochos V. V 55–57a

Waffenstillstand

Die Kernaussage der Lysiasrede besteht in der Einsicht, dass angesichts der unsicheren politischen Lage in der Hauptstadt des Seleukidenreiches eine Fortführung der kräftezehrenden Expedition in die aufrührerische Provinz unvernünftig erscheint und deshalb auch die Aufhebung der von Antiochos IV. erlassenen Religionsedikte für die Judäer (vgl. MegTaan XI 27 [p. 358 *Beyer*]), die vom Erzähler an dieser Stelle als politische Gemein- V 57b-59 schaft (ἔθνος [»Staatsvolk«]; vgl. 8,23–27; 10,25; 11,30 u.ö.) bezeichnet werden, sinnvoll ist. Das frühere Einlenken des Lysias (vgl. 4,25) wird dabei ignoriert.

V 60–63 Im letzten Teilabschnitt des Kapitels werden zunächst das Friedensangebot der Syrer und seine Annahme durch die Rebellen angeführt. Sodann ist die Rede von einem Eid, den der syrische König und seine Offiziere schwören. Zum einen stellt der Erzähler die Aufständischen in der Provinz hier als gleichberechtigte Verhandlungspartner des Seleukidenherrschers dar, und zum anderen bereitet er dessen unmittelbar folgenden Eidbruch vor (vgl. 7,9), der dem Leser die (bereits in 1,30 demonstrierte) Hinterhältigkeit und Niedertracht der Syrer aufzeigt. Diese treulose Unredlichkeit deutet bereits den Fortbestand des Konfliktes in Jerusalem und Judäa an. Die hieran angefügte Notiz vom Aufbruch des Königs in seine Hauptstadt Antiocheia und den militärischen Auseinandersetzungen zwischen ihm (bzw. Lysias) und Philippos, der von nun an im 1. Makkabäerbuch nicht mehr erwähnt wird (vgl. indes 2 Makk 9,29 sowie Josephus, Ant. XII 386), beschließt den Abschnitt, dessen wesentliche Funktion in der Demonstration der stets bewahrenden Fürsorge des allmächtigen Gottes Israels besteht, durch die sein Volk – auch gegen den Augenschein – geschützt und bewahrt wird, indem er in das Weltgeschehen eingreift.

Demetrios I. Soter bestimmt Statthalter und Hohenpriester (7,1–25)

Text

7,1 Im Jahre 151 entkam Demetrios, der (Sohn) des Seleukos, aus Rom und Übersetzung
landete mit wenigen Männern in einer Küstenstadt und rief sich dort zum
König aus. 2 Und es geschah, als er in den Palast seiner Väter einzog, da
ergriffen die Truppen den Antiochos und den Lysias, um sie vor ihn zu brin-
gen. 3 Als ihm die Sache bekannt wurde, sprach er: Zeigt mir nicht ihre
Gesichter! 4 Und die Truppen töteten sie. Demetrios aber bestieg den Thron
seines Königreiches. 5 Und alle gesetzlosen und gottlosen Männer aus Is-
rael kamen zu ihm, und Alkimos, der den Priesterdienst versehen wollte,
führte sie an. 6 Und sie beschwerten sich beim König über das Volk: Judas
und seine Brüder haben alle deine Freunde umgebracht und uns aus unse-
rem Land vertrieben. 7 Sende nun einen Mann, dem du vertraust! Er soll
hingehen und sich das ganze Ausmaß der Zerstörung ansehen, die sie uns

und dem Land des Königs angetan haben, und er soll sie und alle, die sie unterstützen, bestrafen. 8 Und der König wählte den Bakchides aus, einen der Freunde des Königs, der jenseits des Flusses die Befehlsgewalt hatte, im Königreich angesehen und dem König treu ergeben war. 9 Und er sandte ihn und den gottlosen Alkimos, dem er das (Hohe)priesteramt zugestand, und befahl ihm, an den Israeliten Rache zu nehmen. 10 Und sie brachen auf und kamen mit einer großen Streitmacht ins Land Juda. Voller Hinterlist schickte er Boten mit einer friedlichen Botschaft zu Judas und seinen Brüdern. 11 Aber sie achteten nicht auf ihre Botschaft, denn sie sahen, dass sie mit einer großen Streitmacht angerückt waren. 12 Bei Alkimos und Bakchides aber versammelte sich eine Gruppe von Schriftgelehrten, um Recht zu suchen. 13 Die Asidäer aber waren die ersten von den Israeliten, die sie um Frieden ersuchten, 14 denn sie dachten: Ein Priester aus dem Geschlecht Aarons ist mit der Truppe gekommen, der wird uns kein Unrecht tun. 15 Und er überbrachte ihnen eine friedliche Botschaft und schwor ihnen einen Eid: Wir haben gegen euch und eure Freunde nichts Böses vor. 16 Und sie vertrauten ihm. Er aber ergriff sechzig Mann von ihnen und tötete sie an einem Tag gemäß dem Wort der Schrift: 17 »Das Fleisch deiner Frommen und ihr Blut vergossen sie rings um Jerusalem, und sie hatten niemanden, der sie bestattete.« 18 Und Furcht und Schrecken vor ihnen befiel das ganze Volk, so dass sie sprachen: Bei denen gibt es weder Wahrheit noch Recht, denn sie haben die Vereinbarung und den Eid, den sie schworen, gebrochen. 19 Und Bakchides brach von Jerusalem auf und lagerte in Bet Zait. Und er sandte aus und ergriff viele von den Männern, die auf seine Seite übergelaufen waren und einige vom Volk und warf sie in die große Zisterne. 20 Und er unterstellte das Land dem Alkimos und ließ zu seiner Unterstützung eine Truppe zurück. Und Bakchides kehrte zum König zurück. 21 Alkimos aber kämpfte um das Amt des Hohenpriesters. 22 Und bei ihm versammelten sich alle, die ihr Volk beirrten, und sie bemächtigten sich des Landes Juda und brachten Israel eine schwere Niederlage bei. 23 Und Judas sah alle schlimmen Taten, die Alkimos und seine Anhänger unter Israeliten vollbrachten – schlimmer noch als die Völker –, 24 und er zog hinaus in alle an Judäa angrenzenden Gebiete ringsum und übte Rache an den Männern, die übergelaufen waren, und sie wurden daran gehindert, in das Land zu ziehen. 25 Als Alkimos aber sah, dass sich Judas und seine Anhänger festgesetzt hatten, und er erkannte, dass er gegen sie nicht standhalten könne, kehrte er zum König zurück und beschwerte sich boshaft über sie.

Zu Text und Übersetzung

V 1: Das Verb ἀνέβη (»er landete«) bringt hier den (judäischen) Standpunkt des Erzählers zum Ausdruck (vgl. V 33). Die ingressivische Aoristform ἐβασίλευσεν (»er rief sich zum König aus«; wörtl. »er wurde König«) entspricht 1,10.

V 2: Die Ortsangabe οἶκος βασιλείας (»Palast«; wörtl. »Haus des Königtums«) ist vermutlich Wiedergabe von hebr. בית (ה)מלכות (vgl. Est 1,9; 2,16; 5,1 sowie Dan 4,27 [aram.]).

V 7: Die von wichtigen Textzeugen und Übersetzungen (א A V 46 58 340 La SyI) an Stelle des Imperativs κολασάτω (»er soll bestrafen«) gebotene Aoristform ἐκολάσατο (»er hat bestraft«) erscheint hier kontextwidrig.

V 8: Die φίλοι τοῦ βασιλέως (»Freunde des Königs«) sind Träger eines hohen seleukidischen Hoftitels (vgl. 2,18).

V 9: Mit dem Begriff ἱερωσύνη (wörtl. »Priesteramt«) wird hier das Hohepriesteramt des Alkimos bezeichnet (vgl. 1 Chr 29,22). Syntax und Wortgebrauch sprechen dafür, dass Alkimos auch Objekt des Verbs ἐνετείλατο (»er befahl«) ist (anders *Borchardt* 2014, 87 f.). Zum Ausdruck ποιεῖν τὴν ἐκδικήσιν ἐν (»Rache nehmen an«) vgl. 3,15. Die υἱοὶ Ισραηλ (»Israeliten«) entsprechen hier sowie in V 13 und 23 hebr. בני ישראל (vgl. 3,15).

V 12: Anders als in 5,24 meint der Begriff γραμματεύς hier den torakundigen »Schriftgelehrten« (vgl. Esra 7,6.11; Neh 8,4). Die Wendung ἐπισυνήχθησαν συναγωγή (»eine Gruppe versammelte sich«) imitiert eine hebr. (bzw. bibelgriech.) *Figura etymologica* (vgl. 2,42).

V 13: Die Ασιδαῖοι (»Asidäer«) sind eine besonders toratreue Gemeinschaft innerhalb des Judentums (vgl. 2,42). Die wörtliche Übersetzung der Ordinalzahl πρῶτοι (»die ersten«; vgl. Num 10,13 f.; Jes 11,14) erscheint hier passender als ihr übertragener Gebrauch (»die ranghöchsten«; vgl. 1 Chr 18,17; Est 1,14).

V 14: Das Verb εἶπαν (»dachten«) bedeutet wörtl. »sprachen«. Die Amtsbezeichnung ἄνθρωπος ἱερεύς (»Priester«; wörtl. »ein priesterlicher Mensch«) ist Entsprechung von hebr. איש כהן (vgl. Lev 21,9).

V 15: Der Satz καὶ ἐλάλησε μετ' αὐτῶν λόγους εἰρηνικούς (»und er überbrachte ihnen eine friedliche Botschaft«) lautet wörtl. »und er redete mit ihnen friedliche Worte«. Subjekt von ἐλάλησε (»er redete«) ist Alkimos (vgl. V 14). Zur Wendung ἐκζητεῖν κακά (»Böses vorhaben«) vgl. 6,13.15.

V 16: Subjekt von ἀπέκτεινεν (»er tötete«) ist Alkimos. An Stelle der einführend vorangestellten Zitationsformel τὸν λόγον ὃν ἔγραψεν αὐτόν (»gemäß dem Wort der Schrift«; wörtl. »das Wort, dass er [sc. der Psalmist] geschrieben hat«) bieten die Kleinhandschriften 19 93 311 542, die Minuskelgruppe *L* sowie SyI τὸν λόγον ὃν ἔγραψεν ὁ προφήτης (»das Wort, dass der Prophet geschrieben hat«).

V 17: Die poetische Klage σάρκας ὁσίων σου καὶ αἷμα αὐτῶν ἐξέχεαν κύκλῳ Ιερουσαλημ καὶ οὐκ ἦν αὐτοῖς ὁ θάπτων (»Das Fleisch deiner Frommen und ihr Blut vergossen sie rings um Jerusalem, und sie hatten niemand, der sie bestattete«) ist Ps 78,2 f. LXX nachgebildet.

V 18. Zur Wendung παραβαίνω τὴν στάσιν (»den Eid brechen«) vgl. hebr. עבר את ברית (Jos 7,11); zur Wendung ἀλήθεια καί κρίσις (»Wahrheit und Recht«) vgl. hebr. אמת ומשפט (Ps 111 [LXX 110],7).

V 19: Das Verb ἔθυσεν (»er warf«) bedeutet wörtl. »er opferte«, was einen Bedeutungsaspekt von hebr. שחט aufnimmt (vgl. Ri 12,6; 1 Kön 18,40).

V 24: Der Ausdruck πάντα τὰ ὅρια τῆς Ιουδαιας (»alle an Judäa angrenzenden Gebiete«; wörtl. (»alle Grenzen Israels«) entspricht hebr. בכל גבול ישראל (vgl. Ri 19,29; 1 Sam 11,3.7; 27,1; 1 Kön 1,3 u.ö.). Die Wendung ἐκπορεύεσθαι εἰς τὴν χώραν (»in das Land zu ziehen«) umschreibt hier das Verbot der Freizügigkeit innerhalb der Landesgrenzen Judäas.

Analyse und Auslegung

Der Abschnitt verknüpft die seleukidischen Thronstreitigkeiten in Antiocheia und die Auseinandersetzungen der toratreuen judäischen Rebellen in Jerusalem mit ihren hellenisierten Gegnern, indem er zum einen von einer vom syrischen König befohlenen Strafexpedition in die Provinz unter der Führung des Bakchides erzählt und zum anderen mit dem oppositionellen Hohenpriester Alkimos eine zweite Gegnergestalt einführt, deren (sich im folgenden Abschnitt fortsetzende) rundum negative Beschreibung (»gesetzloser Frevler« [V 5]; »Verräter des eigenen Volkes« [V 6 f.]; »gottlos« [V 9]; »hinterlistig« [V 10]; »heimtückischer Mörder« [V 15 f.]; »vertragsbrüchig und verlogen« [V 18]; »Verursacher allen Unheils« [V 22 f.]; »feige« [V 25]) sie aufgrund ihres prosyrischen (und vermutlich auch prohellenistischen) Engagements in geradezu holzschnittartiger Weise zum Antitypen der Makkabäerbrüder als legitimer Anführer ihres Volkes werden lässt (vgl. 1,11–15). Die negative Charakterisierung des Alkimos scheint dem Erzähler ein vordringliches Anliegen zu sein, denn weder erwähnt er in dem Buch bis zur Erlangung der hohenpriesterlichen Würde durch Jonathan (10,15–21) irgendeinen weiteren Hohenpriester, noch gesteht er an anderer Stelle seines (auch in diesem Punkt gleichsam als »Siegergeschichtsschreibung« erscheinenden) Werkes einem sekundären Antagonisten einen ebenso starken Anteil am Handlungsverlauf zu. In 2 Makk 14,1–10 (vgl. Josephus, Ant. XII 389–401) leitet die Entsendung der seleukidischen Streitmacht durch Demetrios I. Soter (hier angeführt nicht von Bakchides, sondern von Nikanor) den Abschluss der pathetischen Geschichtsdarstellung ein.

Demetrios I. Zu Beginn des Abschnitts wird mit Demetrios I. Soter (»Retter«) der erste von zwei antagonistischen Hauptcharakteren der folgenden Erzähleinheit vorgestellt und zugleich eine Verbindung zwischen den Ereignissen in der Provinz und dem politischen Geschehen in Antiocheia hergestellt. Der durch eine Datumsangabe (die ersten drei Monate des Jahres 151 nach der seleukidischen Herbstära von 312 liegen im Jahre 162 v. Chr.) markierte Neueinsatz der Erzählhandlung referiert in starker durativer Raffung die Flucht des Demetrios aus Rom (vgl. Polybios, *Hist.* XXXI 2,1–13), seine Ankunft an der syrischen Küste und seine dortige Ausrufung als König. Neun Jahre nach dem Tod des Antiochos III. und der Machtergreifung seines Bruders Seleukos IV. Philopator (187 v. Chr.) war dessen ältester Sohn Demetrios im Jahre 178 v. Chr. als Ersatzgeisel für seinen jüngeren Vetter Antiochos nach Rom gesandt worden (vgl. 1,10), um an dessen Stelle die andauerende Loyalität und Zahlungsbereitschaft der Seleukiden sicherzustellen. Auch nachdem dieser nach der Ermordung des Seleukos IV. im Herbst des Jahres 175 v. Chr. als Antiochos IV. die Herrschaft im Seleukidenreich erlangt hatte, musste Demetrios weiterhin als Geisel in Rom bleiben. Als rechtmäßiger Thronerbe widersetzte er sich nach einigen Jahren V 1–4 der römischen Politik und beanspruchte nun gegenüber dem von Lysias eingesetzten Antiochos V. Eupator, dem minderjährigen Sohn seines Vetters (3,33; 6,17), die Königswürde (vgl. Polybios, *Hist.* XXXI 11,1–15,13; Appian, *Syr.* 47). Antiochos und sein Vormund Lysias werden von den loyalen Soldaten des Demetrios in Antiocheia gefangen und getötet (V 2 f.; die direkte Rede in V 3b dient der Verlebendigung der Erzählung; der königliche Befehl scheint die demonstrative Aberkennung des bisherigen Status seiner Rivalen zum Ausdruck zu bringen), worauf dieser selbst den Thron des Seleukidenreiches besteigt (V 4).

V 5–7 In V 5 lenkt der Erzähler den Blick in (ab)wertender Weise auf die judäischen Gegner der Aufständischen (vgl. 1,34; 3,5), deren Absonderung vom wahren Gottesvolk mittels des Adjektivs πάντες (»alle«) und der Präposition ἐξ (»aus« [Israel]; vgl. 1,11; 6,21; 10,61; Ex 12,15; Num 19,13; Dtn 17,12; Ri 20,13) akzentuiert wird. Als Anführer der judäischen »Apostaten«, die eine Petition an den neuen Herrscher über Judäa richten, wird mit dem Aaroniden Alkimos (vgl. V 14), der von den Aufständischen zuvor aus dem Hohenpriesteramt verdrängt worden zu sein scheint (vgl. 2 Makk 14,7.13.26), der zweite antagonistische Hauptcharakter des folgenden Geschehens eingeführt. Die direkte Rede der syrerfreundlichen Judäer in V 6 f. unterstreicht erneut die prinzipielle Differenz zwischen ihnen und »Judas und seinen Brüdern«, den Anführern des wahren Gottesvolkes; sachlich nimmt die Klage auf 3,23; 4,14 f.34 und 6,24 Bezug (vgl. 3,8; PsSal 17,18). Die Bitte der gegenüber dem Seleukidenherrscher loyalen Provinzbewohner um militärischen Beistand im Kampf gegen die Rebellen motiviert sodann die folgende Entsendung des Bakchides.

Alkimos

V 8–11 Die Reaktion des Seleukidenherrschers und die ausführliche Vorstellung des von ihm mit der Strafexpedition betrauten Feldherrn Bakchides (vgl. 2 Makk 8,30 sowie Josephus, Bell. I 35 f.) in V 8 als ebenso angesehenen wie loyalen »Freund des Königs« und Befehlshabers über die syrischen Gebiete vom Euphrat bis zur Grenze Ägyptens (vgl. 11,60; 1 Kön 5,4; Jes 8,7 Esra 5,6 u.ö.) bringen die Ereignisse in Gang. Mit seinem wertenden Kommentar »gottlos« und der Formulierung »dem er das Priesteramt zugestand« (V 9) will der Erzähler die Illegitimität des Hohenpriestertums des (den syrischen Feldherrn auf seinem Rachefeldzug begleitenden) Alkimos zum Ausdruck bringen. Die Notiz vom Eintreffen der mächtigen seleukidischen Streitmacht in Judäa (V 10 f.) nutzt er erneut zur direkten Gegenüberstellung des verschlagenen Anführers der hellenisierten Judäer und der umsichtigen Makkabäerbrüder (vgl. die kontrastierende Entsprechung seiner Vergehen und der Herrschaft Simons in 14,4–15).

V 12–18 Die narrative Digression handelt von einer Gruppe torakundiger Schriftgelehrter (vgl. Esra 7,6.11; Neh 8,4 sowie Sir 38,33), darunter Angehörige der frommen Ασιδαιοι (»Asidäer«; vgl. 2,42), die Alkimos aufsuchen (d.h. als genealogisch legitimierten Hohenpriester anerkennen; vgl. Josephus,

Ant. XII 387) und ihn um Frieden bitten (vgl. 2,29), von ihm jedoch betrogen und schließlich ermordet werden. V 12 f. scheint anzudeuten, dass die antihellenistische Sammelbewegung unter der Führung der Makkabäerbrüder mittlerweile auseinandergefallen war. Nach dem Friedensschluss zwischen den Aufständischen und den Seleukiden (vgl. 6,55–61) hatte wohl ein Teil der Judäer das ursprüngliche Ziel des Aufstands als erreicht betrachtet, während Judas und seine Gefolgschaft im Namen Gottes weiterkämpften. Der Position dieser Fraktion entspricht die in Bar 2,34 f.; 4,18.21–34.30–35 formulierte Erwartung einer vollständigen Restitution Israels nicht durch menschliches Handeln, sondern allein durch das souveräne Eingreifen Gott. Für den Erzähler haben die einfältigen Asidäer hier jedenfalls exemplarische Funktion (vgl. 1QpHab XII 4 f.), denn ihr (in V 14 als Paralepse in direkter Rede formulierter) Irrtum, der sie schließlich das Leben kostet, besteht in der unzutreffenden Annahme, durch tadellose Abstammung begründetes Ansehen könne an die Stelle von Autorität treten, die auf Toragehorsam und Todesmut fußt. Der in V 15 in direkter Anrede an die Asidäer (bzw. an den Leser) formulierte Eid, den Alkimos in Erfüllung seines Auftrags (vgl. V 9) sofort wieder bricht, weist (insbesondere vor dem Hintergrund des Problems der fehlenden genealogischen Legitimation der hasmonäischen Hohenpriester) eindrücklich warnend auf die unheilvollen Konsequenzen eines solchen Fehlverhaltens hin (vgl. 1,30). Die verkürzte Anführung des (durch die vorangestellte Formulierung mit Signalwirkung κατὰ τὸν λόγον ὃν ἔγραψεν αὐτόν [»gemäß dem Wort der Schrift«] ausdrücklich als explizites »Prophetenwort« und normativer Text gekennzeichneten bzw. mit autoritativer Geltung versehenen) kollektiven Klagelieds Ps 79 (LXX 78),2 f. (vgl. 1,36–40; 3,45) bringt die Analogie des grausamen Geschicks der Asidäer und des – hier als vorzeitige Ankündigung des sich in ihm erfüllenden Geschehens verstandenen bzw. göttlich inspirierten und deshalb autoritativen – Psalmwortes über die im Jerusalemer Tempel getöteten »Frommen« (hebr. חסידים; vgl. V 13) sowie dessen Kontext (vgl. Ps 79 [LXX 78],1) in der poetischen Form des synthetischen *Parallelismus membrorum* in bestätigender Weise zum Ausdruck (Eusebius von Caesarea [*Praeparatio Evangelica* X 1,12] und Theodoret von Cyrus [*Interpretatio in Ps.* 79,1] deuten den gesamten Psalm als sich während der makkabäischen Krise erfüllende Prophezeiung). Das Heiligtum selbst wird in dem verkürzten Zitat in V 17 an keiner Stelle erwähnt (vgl. äthHen 98,13). Der in V 18 in gleichsam poetischer Form als direkte Rede unter Verwendung der drei Wortpaare »Furcht und Schrecken« (vgl. Jes 8,13), »Wahrheit und Recht« (vgl. Ps 111 [LXX 110],7) sowie »Vereinbarung und Eid« zusammenfassend zum Ausdruck gebrachte Hinweis auf die verheerenden Konsequenzen des unbegründeten Vertrauens auf Alkimos und seine Anhänger ist verbunden mit einem umfassenden perspektivischen Urteil auch über alle abtrünnigen Judäer, die eben nicht zum »ganzen Volk« (Israel) gehören, weil sie sich nicht den toratreuen Aufständischen um Judas und seine Brüder angeschlossen haben.

V 19–20 Der Wechsel des Schauplatzes markiert einen Neueinsatz der Handlung. Ebenso wie die Ermordung der Asidäer durch Alkimos soll auch die (mittels biblischer Motive ausgestaltete; vgl. V 16; Jer 41 [LXX 48],7) Tötung zahlreicher (erneut dem »Volk« gegenübergestellter) Überläufer und einiger gottesfürchtiger Judäer in dem ca. 6 km nördlich von Baitsura gelegenen, befestigten Ort Bet Zait die unberechenbare Grausamkeit des Bakchides zum Ausdruck bringen. V 20 leitet mittels der Erwähnung der Übergabe der Befehlsgewalt in der Provinz an Alkimos und der Rückkehr des Bakchides nach Antiocheia über zur folgenden narrativen Gegenüberstellung der beiden verfeindeten Judäer und ihrer Anhänger. Ermordung der Überläufer

V 21–25 Ebenso wie in V 5 und V 9 findet das Hohepriestertum des Alkimos in V 21 nur indirekt Erwähnung. Der *Parallelismus membrorum* in V 22 bringt die Bewertung der bürgerkriegsähnlichen Zustände in der Provinz als Angriffe der Gottlosen gegen das gottesfürchtige »Israel« (vgl. V 23) durch den Erzähler in bilanzierender Weise zum Ausdruck (vgl. Ps 66 [LXX 65],11; Jer 16,18). Die Kombination des Substantivs πληγή (hier: »Niederlage«) und des Verbs κατακρατέω (»sich bemächtigen«) betont die Unrechtmäßigkeit ihrer Übergriffe (vgl. 15,28 f.). Die Reaktion darauf besteht in einem erfolgreichen Rachefeldzug des Judas (vgl. V 9) gegen die abtrünnigen Judäer innerhalb und außerhalb der Provinzgrenzen; die Parenthese in V 23 enthält einen wertenden Erzählerkommentar, der die Angemessenheit seines Vorgehens unterstreicht. In V 25 wird ein vorläufiger Ruhepunkt im Handlungsverlauf erreicht, wobei die Beschwerde des vor der Übermacht des Judas zu Demetrios I. Soter nach Antiocheia geflohenen Alkimos bereits auf den zukünftigen Konflikt hindeutet und so den Spannungsbogen der Erzählung aufrecht erhält.

Der Angriff und die Niederlage des Nikanor (7,26–50)

Text

26 Und der König sandte Nikanor, einen seiner besonders angesehenen Offiziere, der Israel abgrundtief hasste, und er befahl ihm, das Volk zu vernichten. 27 Und Nikanor kam mit einer großen Streitmacht nach Jerusalem. Voller Hinterlist sandte er (Boten) mit einer friedlichen Botschaft nach Jerusalem zu Judas und seinen Brüdern: 28 Zwischen mir und euch soll kein Krieg sein. Ich will mit nur wenigen Männern kommen, um fried- Übersetzung *lich mit euch zu verhandeln. 29 Und er kam zu Judas, und sie begrüßten einander friedlich, aber die Feinde waren bereit, Judas zu ergreifen. 30 Judas aber wurde zugetragen, dass er voller Hinterlist zu ihm gekommen war, und er erschauderte vor ihm und wollte nicht mehr mit ihm verhandeln. 31 Als Nikanor merkte, dass sein Plan aufgedeckt worden war, zog er hinaus nach Chapharsalama, um Judas im Kampf zu begegnen. 32 Und von Nikanors Leuten fielen fast fünfhundert Mann, und sie flohen in die Davidstadt. 33 Nach diesen Ereignissen aber zog Nikanor herauf zum Berg Zion, und es kamen einige von den Priestern aus dem Heiligtum und von den Ältesten des Volkes, um ihn friedlich zu begrüßen und ihm das Brandopfer zu zeigen, das zugunsten des Königs dargebracht wurde. 34 Er aber verspottete sie und lachte über sie und befleckte sie und führte lästerliche Reden. 35 Und im Zorn schwor er einen Eid: Wenn Judas nicht mitsamt seinem Heer sofort in meine Hände übergeben wird, dann werde ich dieses Haus in Brand stecken, sobald ich wohlbehalten zurückgekommen bin. Und in heftigem Zorn ging er hinaus. 36 Und die Priester gingen hinein und traten vor den Altar und das Tempelhaus und weinten und beteten: 37 Du hast dieses Haus erwählt, damit dein Name über ihm genannt werde und es für dein Volk ein Haus des Gebets und des Bittens sei. 38 Übe Rache an diesem Menschen und an seinem Heer, und sie sollen durch das Schwert fallen. Gedenke ihrer Lästerungen und gib ihnen keinen bleibenden Aufenthalt. 39 Und Nikanor zog aus Jerusalem ab und lagerte in Baithoron, und eine Truppe aus Syrien schloss sich ihm an. 40 Judas aber lagerte mit dreitausend Mann in Adasa. Und Judas begann zu beten und sprach: 41 Als die vom König Gesandten lästerlich redeten, kam dein Engel und erschlug von ihnen hundertfünfundachtzigtausend Mann. 42 Zerschlage auch dieses Heer heute vor unseren Augen, damit die Übrigen erkennen, dass er gegen dein Heiligtum gelästert hat, und richte ihn, wie es seine Bosheit verdient. 43 Und am dreizehnten (Tag) des Monats Adar stießen die Heere zur Schlacht aufeinander, und das Heer des Nikanor wurde aufgerieben, und er selbst fiel als Allererster im Kampf. 44 Als sein Heer aber sah, dass Nikanor gefallen war, warfen sie die Waffen fort und flohen. 45 Sie aber verfolgten sie einen Tagesmarsch weit von Adasa bis in die Nähe von Geser und stießen bei ihrer Verfolgung in die Signaltrompeten. 46 Und aus allen Dörfern Judäas ringsum kamen sie und griffen ihre Flanken an. Diese aber traten gegen jene zum Kampf an und fielen alle durch das Schwert. Kein Einziger von ihnen blieb übrig. 47 Und sie nahmen die Beute und die Verpflegung und schlugen dem Nikanor den Kopf und die rechte Hand ab, die er in lästerlicher Weise ausgestreckt hatte, und brachten sie nach Jerusalem und stellten sie dort aus. 48 Und das Volk war voller Jubel, und sie feierten jenen Tag als einen großen Freudentag. 49 Und sie bestimmten, dass dieser Tag jährlich am dreizehnten (Tag) des Adar gefeiert werde. 50 Und das Land Juda hatte für kurze Zeit Ruhe.*

Zu Text und Übersetzung

V 26: Der drastische Ausdruck »er hasste abgrundtief« entspricht dem Pleonasmus καὶ μισοῦντα καὶ ἐχθραίνοντα (wörtl. »er hasste und feindete an«).

V 28: Die Wendung ἵνα ἴδω ὑμῶν τὰ πρόσωπα μετ᾽ εἰρήνης (»um friedlich mit euch zu verhandeln«; wörtl. »damit ich euer Gesicht mit Frieden sehe«) entspricht hier und in V 30 hebr. ראה פנים (»das Gesicht sehen«; d.i. »persönlich aufsuchen« [vgl. Ex 10,28]).

V 30: Subjekt von ἦλθεν (»er war gekommen«) ist Nikanor.

V 32: Der Ausdruck οἱ παρὰ Νικανορος (»Nikanors Leute«) bedeutet wörtl. »die des Nikanor«. Die Anzahl der gefallenen Syrer wird von V 46 56 62 La^V mit 5000 angegeben.

V 33: Der ὄρος Σιων (»Berg Zion«) ist der Jerusalemer Tempelberg (vgl. 4,37), was auch den Ausdruck ἀναβαίνω (»hinaufgehen«) bedingt.

V 34: Die Wendung ἐλάλησεν ὑπερηφάνως (»er führte gottlose Reden«) bedeutet ihrem Wortsinn nach »er redete mit großem Übermut« (vgl. 1,24).

V 35: Die ungewöhnliche Konstruktion des Konditionalsatzes καὶ ἔσται ἐὰν ἐπιστρέψω ἐν εἰρήνῃ ἐμπυριῶ τὸν οἶκον τοῦτον (»ich werde dieses Haus in Brand stecken, wenn ich wohlbehalten zurückkomme«) entspricht hebr. Syntax (והיה אם ... ואשרף; vgl. Num 15,24; 21,9; Dtn 8,19 u.ö.). Der Ausdruck ἐν εἰρήνῃ (»wohlbehalten«) entspricht hebr. בשלום (vgl. Ri 11,31; 2 Sam 3,21–23; 1 Kön 22,27 f. u.ö.).

V 36: Die Verbform εἶπον (»beteten«) bedeutet wörtl. »sprachen«.

V 37: Zur Wendung ἐπικαλέω τὸ ὄνομά σου ἐπ᾽ αὐτοῦ (»deinen Namen über ihm nennen«) vgl. hebr. קרא שמך עליו (vgl. 1 Kön 8,43; 2 Chr 6,20).

V 42: Der Ausdruck κατὰ τὴν κακίαν αὐτοῦ (»wie es seine Bosheit verdient«) bedeutet wörtl. »gemäß seiner Bosheit«.

V 43: Αδαρ (vgl. V 49) ist in der LXX die übliche griech. Wiedergabe des Monats »Adar« (אדר; Februar/März). Die Entfernungsangabe ἕως τοῦ ἐλθεῖν εἰς (»bis in die Nähe von«; wörtl. »bis zum Kommen nach«) ist wohl Wiedergabe von hebr. עד לבא (vgl. Num 13,21).

V 45: Subjekt des Satzes sind die Truppen des Judas. Die Wendung ὀπίσω αὐτῶν (»bei ihrer Verfolgung«) bedeutet wörtl. »hinter ihnen her«.

V 46: Das Demonstrativpronomen οὗτοι (»diese«) bezeichnet hier die fliehenden Truppen Nikanors; das Demonstrativpronomen τούτους (»jene«) die ihnen nachstellenden Judäer.

V 47: Das Verb ἐξέτειναν (»sie stellten aus«) bedeutet wörtl. »sie streckten aus«.

V 50: Die Wendung ἡσύχασεν ἡ γῆ (»das Land hatte Ruhe«) entspricht hebr. שקטה הארץ (vgl. 9,57; 14,4; Jos 11,23; Ri 3,11.30; 5,31; 8,28; 2 Chr 14,5). Das archaisierende Toponym γῆ Ιουδα (»Land Juda«; vgl. 9,57; 10,30.33) ist in der biblischen Tradition häufig religiös konnotiert (vgl. 1 Sam 30,16; 1 Kön 4,18; 12,32; 23,24; 2 Chr 15,8 u.ö.). Die Zeitangabe ἡμέρας ὀλίγας (»für kurze Zeit«) lautet wörtl. »einige Tage«.

Analyse und Auslegung

Die Darstellung der zweiten syrischen Strafexpedition unter der Führung des syrischen Feldherrn Nikanor gegen die judäischen Aufständischen lehnt sich hinsichtlich ihres (durchgehend von direkter Rede, Dialogen, Gebeten und kontrastierenden Beschreibungen geprägten) Aufbaus und Inhalts grob an den vorangehenden Abschnitt an und weist zudem eine chiastische Struktur auf (vgl. »er kam« [V 27] und »sie flohen« [V 44], »sie kamen heraus« [V 33] und »sie gingen hinein« [V 36], die Gotteslästerung des Nikanor [V 34] und das Gebet des Judas [V 40–42], sowie die beiden Niederlagen Nikanors in V 32 und 43), in deren Mitte in V 37 die bedeutsamen Begriffe »Tempel«, »Name (Gottes)« und »Volk (Israel)« erscheinen. In der parallelen Wiedergabe der Ereignisse in 2 Makk 14,15–36; 15,1–36 ist anfänglich die Rede von einem Gewissenskonflikt des mit Judas befreundeten Nikanor (vgl. Josephus, Ant. XII 402–412).

Angriff des Nikanor

Der von Demetrios I. Soter mit der Niederwerfung des Aufstands und der Befriedung Judäas beauftragte Feldherr namens Nikanor (in 2 Makk 14,12 erscheint er als »Strategos« von Judäa) wird vom Erzähler gleich zu Beginn des Abschnitts als schlimmer Feind des Gottesvolkes charakterisiert. Dieser Träger des verbreiteten Namens »Nikanor« scheint mit dem in 3,38 erwähnten, gleichnamigen Meridarchen von Samaria nicht identisch zu sein (vgl. V 29; 2 Makk 14,18–25; Josephus, Ant. XII 402; Polybios, *Hist.* XXXI 14,4). Mit V 27 verlagert sich der Ort der Handlung nach Jerusalem, wobei von irgendwelcher Gegenwehr der Judäer während des syrischen Anmarschs nicht die Rede ist. Nikanors Botschaft an Judas und seine Brüder in V 28 ist durch die durchweg negative Charakterisierung des syrischen Feldherrn in V 26 f. bereits ausdrücklich als hinterhältiger Plan entlarvt, bevor der Erzähler von seiner Begegnung mit dem ahnungslosen Judas berichtet (vgl. 12,42–49). V 26–28

Das Vorwissen des Lesers über das wahre Wesen der von Nikanor angestrebten Friedensverhandlungen lenkt die Aufmerksamkeit auf die glückliche Aufdeckung des Mordplans durch Judas; welche wiederum auf das Eingreifen Gottes zugunsten des gottesfürchtigen Helden hinweisen soll (vgl. 16,21 f.; Neh 6,1–14). Gekennzeichnet als unmittelbare Reaktion auf die missglückte Ermordung des Judas folgt nun ein knapper Bericht über die erste militärische Begegnung der feindlichen Armeen bei der ca. 10 km nordnordöstlich von Jerusalem an der Straße nach Bet Horon gelegenen Siedlung Chafarsalama (vgl. Joh 3,23), aus der Judas als Sieger hervorgeht, während sich die Soldaten Nikanors vor ihren Verfolgern in die Akra (vgl. 1,33) retten müssen (anders Josephus, Ant. XII 405). V 29–32

Der durch die formelhafte Wendung »nach diesen Ereignissen« (vgl. 5,37) eingeleitete Tempelbesuch Nikanors wird von den beiden Kämpfen gegen die aufständischen Judäer eingerahmt, was mit dem Vorwissen des Lesers korrespondiert, mit dem Verhalten der seleukidenfreundlichen »Priester und Ältesten« (vgl. 1,26) in V 33 jedoch im Widerspruch steht. Der fromme Erzähler platziert ihre Begegnung mit dem syrischen Feldherrn außerhalb des eigentlichen Tempelareals, um dessen Profanierung zu vermeiden. Das beiläufig erwähnte Opfer zugunsten des Königs (wahrschein- V 33–38 lich ließ das Tempelritual Raum für solche Opfer und Gebete für andere Völker und Herrscher; vgl. Esra 6,9f.; Jer 29 [LXX 36],7; 3 Esra 6,30 sowie Philon, *De spec. leg.* II 167; Josephus, Bell. II 197.409f.; 1 Tim 2,1f.) soll anzeigen, dass die gottesfürchtigen Rebellen aktuell keinen Zugriff auf den Tempel mehr haben. Die Verspottung der Priester in V 34 (vgl. V 36–38) entspricht Ps 44 [LXX 43],14; Ps 80 [LXX 79],7; Joel 2,17; ihre »Befleckung« scheint als Anspeien vorgestellt (vgl. Jes 50,6; Ijob 30,10). In direkter Rede gibt V 35 den Wortlaut des Racheschwurs Nikanors wieder, der indes durch das Stichwort »Hände« bereits auf seine gerechte Bestrafung (V 47) verweist. Das folgende, in direkter Rede in der poetischen Form des *Parallelismus membrorum* formulierte Bittgebet der Priester spielt auf das Gebet Salomos in 1 Kön 8,23–53 (insbesondere 1 Kön 8,32f.43–45; vgl. Jes 56,7) an, wo verheißen wird, dass die Anrufung Gottes im Jerusalemer Tempel sowohl die Bewahrung seines Volkes vor seinen Feinden als auch deren vergeltende Bestrafung bewirkt (zur »Nennung des Namens [Gottes]« als Manifestation seiner schützenden Präsenz vgl. Dtn 28,10; 1 Kön 8,43; 2 Chr 6,33; 7,14; Am 9,12; zum Vergeltungsgedanken vgl. Ps 5,11; 58 [LXX 57],7–11; Jer 11,20; 15,15 sowie Röm 12,19; Hebr 10,30f.). Beachtenswert ist die Auslassung des in 1 Kön 8,43 erwähnten Gebets der gottesfürchtigen »Völker«, die damit zu tun haben könnte, dass der Verfasser des Buches diese (mittlerweile eschatologisch konnotierte; vgl. Jes 56,6f.) Verheißung als unvereinbar mit der Betonung seiner strikten Ablehnung jeglicher Koexistenz von Judäern und Fremden im Mutterland betrachtete.

V 39–42 Die durch einen Schauplatzwechsel eingeleiteten Vorbereitungen zur zweiten militärischen Begegnung zwischen Judas und seinem Gegenspieler Nikanor sind, ebenso wie die folgende Schilderung der eigentlichen Schlacht, durchzogen von Anspielungen auf die ausführliche biblische Erzählung von der missglückten Belagerung Jerusalems durch den Assyrerkönig Sanherib (2 Kön 18,17–19,37; vgl. Jes 36,1–37,38). Die Beschreibung des Zusammentreffens des Feldherrn mit den aus Antiocheia eingetroffenen, syrischen Auxiliartruppen bei Baithoron (vgl. 3,16) und des Kriegslagers des Judas in der ca. 8 km nördlich von Jerusalem auf einer Anhöhe an der Straße nach Baithoron gelegenen Siedlung Adasa (zur Anzahl der judäischen Kämpfer vgl. 4,6) bildet den Erzählhintergrund für das in V 41f. folgende, in direkter Rede formulierte Bittgebet des Anführers der gottesfürchtigen Rebellen vor ihrem Kampf. Die unmarkierte Bezugnahme des Gebets auf 2 Kön 19,35 (vgl. Jes 37,36), wo von einem Rettungswunder die Rede ist, durch das Jerusalem sogleich vor der Eroberung durch Sanherib bewahrt wird (vgl. 2 Makk 15,22–24), soll innerhalb des erzählten Geschehens den Gott Israels dazu bewegen, seinen bedrängten Getreuen in gleicher Weise zu Hilfe zu kommen, indem er erneut seinen mächtigen »Engel« (bzw. seinen bevollmächtigten Glaubenshelden Judas) schickt, um ihnen beizustehen. Das krasse Missverhältnis der Truppenstärke des Makkabäers

Bittgebet des Judas

(»dreitausend«) und der Anzahl der kampfbereiten Männer im Lager Sanheribs (»hundertfünfundachtzigtausend«) unterstreicht die Notwendigkeit der göttlichen Bewahrung Israels vor seinen übermächtigen Feinden. Die an Gott gerichtete Bitte um Sieg und Vergeltung in V 42 spielt auf 2 Kön 19,6 f. (vgl. Jes 37,6 f.) an.

V 43–46

Die stereotypisierte (und zumindest partiell an biblische Schlachtendarstellungen angelehnte) Schilderung des Kampfgeschehens (vgl. 4,14–16; 5,43) beginnt mit einer besonders ausführlichen Zeitangabe (der dreizehnte Tag im letzten Monat [Adar] des Jahres 151 [vgl. V 1] liegt im Frühjahr des Jahres 161 v. Chr.), deren Funktion nicht nur in der erzählerischen Hervorhebung des Triumphs der judäischen Rebellen besteht, die ihren Erzfeind

Nikanortag

auf seinem Rückweg nach Jerusalem überfallen, sondern vor allem in der kalendarischen Fixierung des »Nikanortages« (vgl. V 49) zu suchen ist. Dem eigentlichen Kampfgeschehen widmet der Erzähler nur wenige nüchterne Worte; dabei wird die Geschehensfolge (Nikanor als »erster« Gefallener, rasche Niederlage seines Heers, Flucht und Verfolgung der Angreifer) als deutliche Entsprechung der Gebetsbitten von V 38 und 42 gestaltet. Die Anmerkung des Erzählers, die fliehenden Syrer hätten »ihre Waffen fortgeworfen« (V 44; vgl. 5,43), entspricht der Tatsache, dass die bis zu vier Meter langen Langlanzen der seleukidischen Phalanx als Defensivwaffen auf dem Rückzug völlig untauglich sind. Die recht ausführliche Darstellung ihres vergeblichen Versuchs, auf dem Weg hinab in die Küstenebene den Männern des Judas zu entkommen, welche ihrerseits die dortige Bevölkerung durch Signale auf das Eintreffen der Feinde aufmerksam machen (V 45 f.), weist Berührungspunkte mit der älteren biblischen Überlieferung auf (vgl. Jos 10,10; 1 Sam 14,31) und mündet in eine formelhafte Feststellung des Vollzugs ihrer Vernichtung in der Diktion der deuteronomistischen Vorstellung vom gerechten JHWHkrieg (vgl. Jos 8,22; 10,30; 11,8).

V 47–50

In epilogartiger Weise berichten die letzten Verse des Kapitels von der Erbeutung der syrischen Vorräte (vgl. 3,12) und von der (von Josephus [Ant. XII 410 f.] ausgelassenen) öffentlichen Ausstellung der abgeschlagenen rechten Hand und des Kopfes Nikanors, was zum einen der entehrenden Behandlung Goliaths durch den siegreichen David entspricht (1 Sam 17,51–54 [vgl. Jdt 13,8; 14,1.11]) und zum anderen – formal verdeutlicht durch die Kongruenz von ἐξέτεινεν (»er streckte aus«) und ἐξέτειναν (»sie stellten aus«) – die spiegelrechtliche Bestrafung seiner beabsichtigten und ausgeführten Aktionen gegen Gottesvolk und Tempel (V 35) versinnbildlicht (vgl. Sefer Josippon 23,66–68 [*Flusser*]). An Stelle eines poetischen Stückes zur Zusammenfassung der Bedeutung des erzählten Geschehens findet sich in V 48 f. die narrative Darstellung der Einführung eines jährlichen Festtages zum Gedenken an den Sieg der Judäer über Nikanor, dessen Verankerung im Festkalender nicht nur der Stärkung und Erneuerung ihrer Gruppenidentität dient, sondern auch die Institutionalisierung der Hasmonäerherrschaft unterstützt. Der »Nikanortag« wurde im antiken Judentum als Festtag begangen, an dem weder Fasten noch Trauern erlaubt ist (vgl. Josephus, Ant. XII 412; MegTaan XII 30 [p. 358 *Beyer*]; yMegilla 70c, 51–57; yTaanit 66a, 12–18; bTaanit 18b), bis er später durch das im jüdischen Jahreskreis angrenzende Purimfest (vgl. Est 9,17) verdrängt wurde. Die abschließende Synekdoche »das Land hatte Ruhe« konstatiert in biblischer Diktion (s. o.) den gottgewollten Sieg Israels; die Ergänzung der refrainartigen Phrase durch die Einschränkung »für kurze Zeit« weist als Aufmerksamkeitssignal den Leser indes darauf hin, dass dieser Sieg noch immer nicht endgültig ist (vgl. 9,1–18).

Das Lob der Römer (8,1–16)

Text

Übersetzung

8,1 Und Judas hörte vom Ruf der Römer, dass sie tapfere Männer seien und an allen Gefallen hätten, die sich ihnen anschließen, und all denen Freundschaft gewährten, die zu ihnen kämen, und dass sie tapfere Männer seien.
2 Und sie erzählten ihm von ihren Kriegen und ihren Heldentaten, die sie gegen die Galater vollbracht hätten, und dass sie sie besiegt hätten, und dass sie sie tributpflichtig gemacht hätten, 3 und was sie in der Provinz
Spanien vollbracht hätten, indem sie sich der dortigen Silberminen und Goldminen bemächtigt hätten. 4 Sie hätten sich durch ihre Klugheit und
Ausdauer sowohl des gesamten Gebietes – und das Gebiet ist sehr weit von ihnen entfernt – als auch der Könige bemächtigt, die von den Enden der Erde gegen sie herangezogen waren, und sie schließlich besiegt und ihnen eine schwere Niederlage beigebracht; die übrigen aber entrichteten ihnen alljährlich Tribut. 5 Philippos und Perseus, den König der Kitier, und
alle, die sich gegen sie erhoben hatten, hätten sie in der Schlacht besiegt und sich ihrer bemächtigt. 6 Antiochos der Große, König über die Asia, der ge-
gen sie in den Kampf gezogen war und hundertundzwanzig Elefanten und Reiter und Kriegswagen und eine sehr große Streitmacht besessen habe, sei von ihnen aufgerieben worden. 7 Sie hätten ihn lebendig ergriffen und be-
stimmt, dass er und seine Nachfolger ihnen einen großen Tribut entrichten, Geiseln stellen und Land abtreten müssten, 8 nämlich das Gebiet Indien
und Medien und Lydien, einige ihrer besten Gebiete, und sie hätten sie ihm abgenommen und dem König Eumenes gegeben, 9 und die Bewohner
Griechenlands hätten beschlossen, zu kommen und sie zu vernichten.

10 Aber ihr Plan sei ihnen bekannt geworden, und sie hätten einen Feldherrn gegen sie ausgesandt. Und sie hätten gegen sie gekämpft, aber viele von ihnen seien erschlagen worden und gefallen. Und sie hätten ihre Frauen und ihre Kinder gefangengenommen und Beute gemacht und von ihrem Land Besitz ergriffen und ihre Festungen geschleift und sie bis auf den heutigen Tag dienstbar gemacht. 11 Alle übrigen Königreiche aber und die Inseln, die gegen sie angetreten seien, hätten sie verwüstet und unterjocht. 12 Mit ihren Freunden und Verbündeten aber hielten sie Freundschaft. Sie hätten sich der Könige in nah und fern bemächtigt, und alle, die ihren Namen hörten, würden sich vor ihnen fürchten. 13 Diejenigen, die sie unterstützen und zum König einsetzen wollten, herrschten, diejenigen aber, die sie nicht wollten, die setzten sie ab. Und sie würden äußerst geachtet. 14 Und bei alledem hätte nicht einer von ihnen ein Diadem angelegt und ein Purpurgewand angezogen, um darin angesehen zu erscheinen, 15 vielmehr hätten sie für sich einen Rat eingesetzt, und täglich berieten dreihundertundzwanzig Ratsherren über die Angelegenheiten des Volkes, um es stets gut zu regieren. 16 Und sie anvertrauten alljährlich einem Menschen, sie zu regieren und über ihr ganzes Land zu herrschen, und alle gehorchten dem einen, und es herrschte weder Neid noch Eifersucht unter ihnen.

Zu Text und Übersetzung

V 1 Zur Übersetzung von ὄνομα (»Ruf«) vgl. 3,41. Der Passus καὶ ὅτι εἰσὶ δυνατοὶ ἰσχύι (»und dass sie tapfere Männer seien«) ist durch das Versehen eines Abschreibers (Dittographie) aus V 1aβ an dieser Stelle eingedrungen. *Kappler* ordnet den Satz V 2 zu, *Rahlfs* hingegen V 1. Der Ausdruck δυνατοὶ ἰσχύι (»tapfere Männer«; vgl. 2,42) entspricht hierbei hebr. גבורי חיל oder גבורי כח (vgl. 1 Chr 12,31; Ps 103 [LXX 102],20); der Ausdruck εὐδοκεῖν ἐν (»Gefallen haben an«) entspricht hebr. חפץ ב (vgl. 1 Sam 18,22; 1 Kön 10,9; 2 Chr 9,8 u.ö.).

V 2: Die Γαλαται (»Galater«) sind die von Rom unterworfenen und tributpflichtigen italischen oder kleinasiatischen Gallier.

V 3: Das Toponym Σπανια (»Spanien«) bezeichnet die von Rom nach Vertreibung der Karthager (218–206/5 v. Chr.) unterworfene und kulturell stark beeinflusste iberische Halbinsel.

V 4: Der Begriff βουλή (»Klugheit«) bedeutet wörtl. »Plan« (vgl. Spr 8,12; Sir 35,10). Zur Übersetzung von τόπος (vgl. hebr. מקום) vgl. 1 Sam 12,8; Jer 16,2 f.

V 7: Der Ausdruck οἱ βασιλεύοντες μετ᾽ αὐτόν (»seine Nachfolger«) bedeutet wörtl. »die nach ihm als Könige Herrschenden«.

V 10: Subjekt des Satzes sind die siegreichen Römer. Der Satz ἔπεσον ἐξ αὐτῶν τραυματίαι πολλοί (»viele von ihnen wurden verwundet und fielen«) bedeutet wörtl. »es fielen von ihnen viele Verwundete« (vgl. 1,18). Die Wendung ἕως τῆς ἡμέρας ταύτης (»bis auf diesen Tag«) ist vielleicht Wiedergabe von hebr. עד היום הזה (vgl. 13,30; Gen 26,33; Jos 4,9; Ri 1,21 u.ö.).

V 12: Die Wendung οἱ ἐπαναπαυομένοι αὐτοῖ (»ihre Verbündeten«) bedeutet wörtl. »die sich ihnen Anvertrauenden«. Das Verb ἐπαναπαύομαι gibt hier wie in Mi 3,11 hebr. נשען wieder (vgl. Röm 2,17).

V 14: Der Begriff διάδημα (»Diadem«) bezeichnet eine kunstvoll gearbeitete Stirnbinde aus Stoff oder Metall (vgl. 1,9). Gemeinsam mit dieser versinnbildlicht und signalisiert die πορφύρα (»Purpurgewand«; wörtl. der kostbare, leuchtstarke Naturfarbstoff »Purpur«) sowohl in der biblischen (vgl. Ri 8,26; Est 1,6; 8,15 u.ö. sowie Mk 15,17; Lk 16,19) als auch in der griechischen und römischen Tradition (vgl. Xenophon, *Cyr.* VIII 3,13 f.; Cicero, *Pro Scauro* 45h; Vergil, *Georgica* II 495 u.ö.) königlichen Status sowie Macht und Würde. Der Infinitiv ἁδρυνθῆναι (»erscheinen«) bedeutet wörtl. »heranwachsen«.

V 15: Als ursprüngliches Adjektiv der Zugehörigkeit bezeichnet der Begriff βουλευτήριον (»Rat« bzw. »Senat«) hier und in V 19 sowohl den Ort des Zusammentreffens der βουλή als auch die (römische) Senatsversammlung.

Analyse und Auslegung

Die begeisterte Schilderung der Großtaten Roms (*»laus Romanorum«*) und die Darstellung des Abschlusses eines Bundesgenossenschaftsvertrags zwischen den angesehenen, mächtigen und unüberwindlichen Römern und den aufständischen Judäern in Kap. 8 unterbricht (gleichsam als »Kampfpause«) den fortlaufenden chronologischen Haupthandlungsstrang der Erzählung. Die Beobachtungen, dass 9,1 inhaltlich unmittelbar an 7,43–49 anschließt, dass die dargestellten (undatierten) Bündnisverhandlungen sich kaum in den rekonstruierbaren Verlauf der Ereignisse einordnen lassen, dass das Elogium auf Rom und die vereinbarte Allianz dem fremdenfeindlichen Grundton des Buches sichtlich widersprechen, und dass der Vertrag und die expliziten römischen Willensbekundungen (vgl. 31 f.) keinerlei Auswirkungen auf den weiteren Verlauf des Konflikts zwischen den Seleukiden und den Rebellen zu haben scheinen, lässt einige Ausleger an den nachträglichen Einschub einer späteren Redaktion in den Grundtext des Buches denken (*Borchardt* 2014, 102 f.). Indes sind im weiteren Erzählverlauf mehrere inhaltliche Anknüpfungen an Kap. 8 zu erkennen (12,1–4.16; 14,16.24.40; 15,15–24). Ebenso erscheint der Abschnitt als ein positives Komplement zu 1,1–4. Zudem hat sein Inhalt, der aus dem Blickwinkel eines jüdischen Lesers zur Zeit des Johannes Hyrkanos I. oder seiner Nachfolger die Anerkennung der »virtuell autonomen« (*Smallwood* 1981, 4) Hasmonäerherrschaft durch Rom als mittlerweile stärkste Macht im östlichen Mittelmeerraum hervorhebt, an dieser Stelle der Erzählung die zweifache narrative Funktion, zum einen den strategischen Weitblick des Judas angesichts seiner massiven Provokation der Seleukiden (7,43–49) zu zeigen und zum anderen die Bedeutung seines Todes im Kampf gegen die Feinde Israels (9,18) partiell zu kompensieren. Setzt man die Abfassung des Buches über einen gewissen Zeitraum voraus, kann Kap. 8 als eine wohlüberlegte Erweiterung der vorläufigen Grunderzählung durch ihren Autor selbst betrachtet werden.

In V 1–16 wird ein durch zahlreiche Ungenauigkeiten und Übertreibungen geprägtes, umfassendes Idealbild von der herausragenden Tapferkeit,

Stärke, Staatsform und Politik Roms aus der bewundernden, die historische Wirklichkeit vernachlässigenden bzw. alle kritischen Punkte durchweg ausblendenden Außenperspektive des judäischen Verfassers gezeichnet (beispielsweise wurden die Erzfeinde der Judäer, sowohl Antiochos IV. als auch Demetrios I., in Rom erzogen). Dabei wird mit den Römern ein angeblicher Bündnispartner aus den »Völkern« positiv aufgebaut, obwohl diese ansonsten durchweg negativ charakterisiert sind. Ihr idealisierendes Lob dient hier vor allem der vorbereitenden Legitimation des Bündnisses der Judäer mit der »guten« fremden Großmacht, welche dem Gebot der Tora eigentlich zuwider läuft (vgl. Ex 32,23–33). Bei Josephus begegnet die hyperbolische, in positiver Weise wertende Beschreibung der Dominanz Roms in stark verkürzter Form in Ant. XII 414.

V 1–4

Lob der Römer

Zu Beginn des besonders ausführlichen indirekten Botenberichts an Judas werden zunächst zwei Aspekte der lobenden Darstellung der Römer und ihrer Geschichte herausgehoben, die vom Erzähler im Folgenden in V 2–11 (Tapferkeit und Macht) und V 12f. (Interesse an Freundschaft) vertieft werden. Der Terminus φιλία (lat. *amicitia;* »Freundschaft«) ist dabei politisch konnotiert (vgl. Plutarch, *Vit. par.* [*Sulla*] XXII 10). Die Aufzählung der Triumphe der Legionen Roms über seine Angreifer im Westen (vgl. 1QpHab II 12f.; zu den »Enden der Erde« vgl. 1,3; 3,9; 14,10) beginnt mit dem Sieg über die Galater (entweder in Norditalien [190 v. Chr.] oder in Kleinasien [189 v. Chr.]) und führt sodann die römische Eroberung der für ihre Gold- und Silberminen bekannten (vgl. Plinius, *Nat. hist.* XXXIII 4; Diodor V 35,1) iberischen Halbinsel (»das gesamte Gebiet«) – tatsächlich nur die Annexion der spanischen Besitzungen Karthagos – zwischen 206 und 195 v. Chr. an (vgl. SibOr 3,175–178). Die Parenthese »und das Gebiet ist sehr weit von ihnen entfernt« soll die Bedeutung dieser außergewöhnlichen Eroberung verstärken (vgl. 1QpHab III 5f.10f.; VI 6–8). Vor diesem Hintergrund ist es auch möglich, die in V 4 genannten »Könige« mit den karthagischen Feldherren Hasdrubal (270–221 v. Chr.) und Hannibal (um 247–183 v. Chr.) zu identifizieren. Letzterer wurde von Scipio d. Ä. im sog. »zweiten Punischen Krieg« endgültig geschlagen (202 v. Chr.), wodurch die römische Herrschaft über das Westbecken des Mittelmeeres dauerhaft gesichert wurde.

V 5–11

Mit V 5 wendet sich der Blick des Erzählers den antirömischen Aggressoren im Osten zu. Das durchweg negative Griechenbild (vgl. 1,1–4) entspricht der bei den Römern verbreiteten Überzeugung von der Unterlegenheit der griechischen Zivilisation und Kultur. Namentlich hervorgehoben werden der 197 v. Chr. von Rom geschlagene makedonische (»kitäische«; vgl. 1,1 sowie 1QM I 2.4.6.9.12) König Philippos V. (reg. 221–179 v. Chr.) und der 168 v. Chr. besiegte Antigonide Perseus, der letzte makedonische König (reg. 179–168 v. Chr.). Eine römische Provinz wurde Griechenland allerdings erst im Jahre 146 v. Chr. Ausführlich sind die Beschreibungen sowohl des römischen Sieges über den Beherrscher der »Asia« (d. h. des Seleukidenreiches), Antiochos III. Megas (vgl. 1,10), und seine (hier hyperbolisch beschriebene; vgl. 1 Chr 12,37; 2 Chr 28,6 sowie Livius, *Ab urbe condita* XXXVII 39,7–13) Streitmacht in der Schlacht bei Magnesia im Jahre 190 v. Chr. (V 6–8) als auch der hohen römischen Forderungen (insgesamt fünfzehntausend euböische Talente Silber, die innerhalb von zwölf Jahren abzuliefern waren [vgl. Polybios, *Hist.* XXI 17,4 f.]; ein euböisches Talent entspricht dem gebräuchlicheren attischen Talent und wiegt ca. 26,2 kg) im anschließenden »Friedensdiktat« von Apameia (188 v. Chr.; vgl. zu 3,29 f.; 2 Makk 8,10). Über eine Gefangennahme des besiegten Antiochos III. schweigen sämtliche antiken Quellen; möglicherweise liegt hier eine Verwechslung mit dem Schicksal des Makedoniers Perseus vor, den Rom nach der Schlacht von Pydna (168 v. Chr.) bis an sein Lebensende inhaftieren ließ. Zur Auslieferung syrischer Geiseln an Rom vgl. 1,10 und 7,1. Die von den Römern erzwungene Abtretung ehemals seleukidischer Territorien wie Karien und Lykien an Eumenes II. Soter (»Retter«), den König von Pergamon (reg. 197–160/59 v. Chr.), erstreckte sich indes nicht über Kleinasien hinaus. Medien war zu keiner Zeit römisch beherrscht, und auch Lydien nahm Rom erst nach dem Tod des Attalos III. (133 v. Chr.) in Besitz. Ebenso hat niemals irgendein Teil des indischen Subkontinents zum Syrerreich gehört. In V 9–11 werden in anachronistischer Weise die Niederlage und Entmachtung des (demokratisch organisierten, die römische Forderung nach Ausscheiden von Korinth, Argos und Sparta zurückweisenden und sich gegen die Weltmacht erhebenden) achäischen Städtebundes und die Zerstörung und Plünderung Korinths durch die Legionäre des Konsuls Lucius Mummius (146 v. Chr.) erwähnt (vgl. 1QpHab IV 5 f.; VI 10 f.). Zur (die Authentie des Erzählten bekräftigenden) Wendung »bis auf den heutigen Tag« in V 10 vgl. 13,30. Die folgende summarische Aufzählung weiterer von Rom unterworfener (ungenannter) Länder unterstreicht erneut, dass sämtliche Versuche, die gereizte Großmacht zu bezwingen, chancenlos sind.

V 12–16 Am Ende des lobenden Römerreferats gerät die Staatsverfassung der Republik und ihr Verhalten gegenüber ihren Freunden in den Blick. Dass die ebenso mächtigen wie allseits geachteten Römer ihre Zusagen gegenüber ihren Verbündeten stets einhalten (V 12a; vgl. V 28; 14,40), steht im Widerspruch zum fortgesetzten Fehlverhalten der hinterlistigen Seleukiden (vgl. 6,62; 7,15 f.; 10,46; 11,52 f.; 13,19; 15,27). V 12b und 13 betonen erneut die militärische Überlegenheit der Römer, die es ihnen gestattet, loyale Klientelkönige wie z. B. Eumenes II. von Pergamon (s. o.) oder Ariarathes V. von Kappadokien (reg. 163–150 v. Chr.) zu unterstützen (vgl. 1QpHab III 4 f.; IV 2 f.7 f.). Deutliche Kritik an den statusrelevanten Herrschaftsinsignien des absolutistisch regierten Seleukidenreiches (vgl. 1,9; 6,15; 11,13.54; 12,39; 13,32) kommt in der Bemerkung zum Ausdruck, kein Römer habe jemals »Diadem und Purpurgewand« gemeinsam angelegt (V 14; vgl. 10,20). Rom wird somit zum grundsätzlichen »Gegenbild zu den hellenistischen Reichen« (*Eckhardt* 2013, 214 f.). Die Bemerkung deutet zugleich auf die Entstehung des Buches unter Johannes Hyrkanos I. bzw. vor 104 v. Chr. hin, da sich dessen Sohn und Nachfolger Aristobulos I. in diesem Jahr erstmalig zum König des Hasmonäerreiches krönen ließ (vgl. Josephus, Bell. I 70; Ant. XIII 301). In der verzerrten Schilderung des römischen Senats in V 15 f. (vgl. 1QpHab IV 10–13) ist ein Bemühen des Erzählers zu erkennen, sowohl die monarchische Herrschaft der Hasmonäer (vgl. 14, 47) als auch die judäische Institution der γερουσία (»Ältestenrat«), der aristokratischen politischen Vertretung des hasmonäischen Tempelstaates (12, 6; 2 Makk 1, 10; 11, 27; vgl. Josephus, Ant. XII 138) durchscheinen zu lassen. Entgegen der Darstellung in V 16 amtierten (außer in Notzeiten) stets zwei Konsuln als für ein Jahr bestimmte, oberste Mitglieder der römischen Regierung. Idealisierend ist schließlich auch die hyperbolische Bemerkung von »täglichen« Zusammenkünften des Senats. In Wirklichkeit tagten die dreihundert (Cicero, *De re publica* II 20) römischen Senatoren üblicherweise nur an den Kalenden, Nonen und Iden eines jeden Monats sowie zu den Festterminen (vgl. Cicero, *Epist. ad Quintum fratrem* II 13). Auch ihre beispielhafte Einmütigkeit ist eine Fiktion, welche vor allem ihren Unterschied zu den intriganten Seleukidenherrschern zeigen soll (vgl. 7, 1–4).

Der Bündnisvertrag mit den Römern (8,17–32)

Text

Übersetzung

17 Und Judas wählte den Eupolemos, den Sohn des Johannes, (den Sohn) des Akkos, und Jason, den Sohn des Eleazaros, aus und sandte sie nach Rom, damit sie Freundschaft und militärischen Beistand vereinbarten,
18 und damit sie sie von ihrem Joch befreiten, wenn sie sähen, dass das Königreich der Griechen Israel knechte. 19 Und sie reisten nach Rom – der Weg war sehr weit – und betraten den Rat; sie erhoben die Stimme und sprachen: 20 Judas mit dem Beinamen Makkabaios und seine Brüder und das Volk der Judäer haben uns zu euch gesandt, um mit euch militärischen Beistand und Frieden zu vereinbaren, und damit wir als eure Bundesgenossen und Freunde verzeichnet werden. 21 Und der Antrag fand ihre Billigung. 22 Und dies ist die Abschrift des Vertrags, den sie auf bronzene Tafeln schrieben und nach Jerusalem sandten, damit er dort bei ihnen ein

Denkmal des Friedens und des militärischen Beistands sei. 23 Heil sei den Römern und dem Staatsvolk der Judäer zu Wasser und zu Lande in Ewigkeit! Schwert und Feind sei fern von ihnen! 24 Wenn zuerst Rom oder einem seiner Bundesgenossen in ihrem gesamten Herrschaftsbereich 25 Krieg bevorsteht, dann wird das Staatsvolk der Judäer von ganzem Herzen militärischen Beistand leisten, wie es die Situation erfordert, 26 und den Kriegsgegnern Getreide, Waffen, Geld oder Schiffe weder geben noch verschaffen, wie Rom es beschlossen hat, und sie sollen die Vereinbarungen ohne jede Gegenleistung einhalten. 27 Ebenso aber, wenn zuerst dem Staatsvolk der Judäer Krieg bevorsteht, dann werden die Römer bereitwillig militärischen Beistand leisten, wie es die Situation erfordert. 28 Und denen, die militärischen Beistand leisten, werden sie weder Getreide, Waffen, Geld noch Schiffe geben, wie Rom es beschlossen hat, und sie sollen die Vereinbarungen ohne Hinterlist einhalten. 29 Gemäß diesen Bestimmungen schließen die Römer mit der Bürgerschaft der Judäer in dieser Weise einen Vertrag. 30 Wenn aber, nachdem diese Bestimmungen getroffen sind, diese oder jene etwas hinzuzufügen oder zu streichen beschließen, dann sollen sie es (nur) in Übereinkunft tun, und was sie hinzufügen oder streichen, soll gültig sein. 31 Und wegen der Übeltaten, die der König Demetrios an ihnen verübt hatte, schrieben wir ihm: Warum hast du unseren Freunden und Bundesgenossen, den Judäern, dein Joch aufgezwängt? 32 Wenn sie weiterhin gegen dich Klage führen, dann werden wir ihnen Recht schaffen und dich zu Wasser und zu Lande bekämpfen.

Zu Text und Übersetzung

V 18: Der Ausdruck καταδουλοῦν δουλείαν (»knechten«; wörtl. »zur Knechtschaft dienstbar machen«) verstärkt den Verbalbegriff durch die Imitation einer hebr. *Figura etymologica* (העביד עבדה).

V 19: Zur Wendung καὶ ἀπεκρίθησαν καὶ εἶπον (»sie erhoben die Stimme und sprachen«) als mögliche Entsprechung der hebr. Phrase ויענו ויאמרו vgl. 2,17.

V 21: Subjekt des Satzes ist der römische Senat.

V 22: Der Ausdruck δέλτοι (»Tafeln«) begegnet in der LXX nur an dieser Stelle und in 14,18.26.48.

V 24: Die beiden Personalpronomen αὐτῶν beziehen sich auf die Römer.

V 25: Der Ausdruck καρδίᾳ πλήρει (»von ganzem Herzen«) ist Wiedergabe der hebr. Wendung בלבב שלם (vgl. 2 Kön 20,3; 1 Chr 29,9; 2 Chr 16,9 u. ö.).

V 26: Das Partizip πολεμοῦντες (»Kriegsgegner«; wörtl. »Kriegführende«) bezieht sich hier auf die Feinde der Römer (vgl. SyI z.St.). Der einer *Figura etymologica* ähnelnde Ausdruck φυλάξονται τὰ φυλάγματα (»sie sollen die Vereinbarungen einhalten«) ist möglicherweise Wiedergabe der hebr. Wendung ישמרו (את)משמרת (vgl. Lev 8,35; 22,9; Mal 3,14). Der Begriff οὐθὲν λαβόντες (»ohne Gegenleistung«) bedeutet wörtl. »ohne etwas zu nehmen«.

V 27: Der Konjunktiv συμβῇ (»bevorsteht«) bedeutet wörtl. »zustößt«. Zum Ausdruck ἐκ ψυχῆς (»bereitwillig«) vgl. hebr. בנפש (vgl. Jes 58,10; Ez 25,6.15).

V 28: Die Mehrzahl der Handschriften und Übersetzungen bietet τοῖς συμμαχοῦσιν (»denen, die militärischen Beistand leisten«). Die abweichende Lesart τοῖς πολεμοῦσιν (»denen, die [das Volk der Judäer] bekämpfen«; so 55 La[G] [SyI]) ist abhängig von V 26.

V 29: Die Formulierung κατὰ τοὺς λόγους τούτους (»gemäß diesen Bestimmungen«) entspricht der hebr. Wendung ככל הדברים האלה (vgl. den folgenden V 30 sowie 1,51). Der Begriff δῆμος (»Bürgerschaft«) unterstreicht hier die Differenz zu λαός (»Volk«; vgl. 4,55; 5,16.30 u.ö. sowie 2 Makk 11,34). Die unpassende Aoristform ἔστησαν (»sie schließen [einen Vertrag]«; wörtl. »setzen fest«) beruht wahrscheinlich auf der Fehlübersetzung einer hebr. Perfektform (שים o.ä.).

V 30: Die Formulierung ἐξ αἱρέσεως αὐτῶν (»in Übereinkunft«) bedeutet wörtl. »nach ihrer Überzeugung«.

V 31: Der bildhafte Ausdruck βαρύνειν τὸν ζυγόν (»ein Joch aufzwängen«) entspricht hebr. הכביד שוט oder הכביד עול (vgl. 2 Chr 10,10.14; Jes 47,6).

V 32: Zur Wendung ποιεῖν τὴν κρίσιν (»Recht schaffen«) vgl. 6,22.

Analyse und Auslegung

In dem Abschnitt begegnet ein neues Verfahren zur Begründung der Legitimität der Hasmonäerherrschaft, nämlich die literarische Darstellung der »internationalen Anerkennung« der Makkabäerbrüder. Der Wortlaut eines Bündnisvertrags zwischen der Großmacht und den Aufständischen, welcher an dieser Stelle diese Anerkennung des Judas (bzw. der Hasmonäer) als rechtmäßige und autonome Leitungsinstanz dokumentieren und im Akt des Lesens die Illusion von Realität erzeugen soll, wird durch die Reise zweier Abgesandter des Judas nach Rom narrativ gerahmt. Erhebliche Abweichungen des in diesem Zusammenhang angeführten Dokuments vom üblichen Formular (s.u.) sowie der Umstand, dass die (an sich fragwürdige) römische Anerkennung einer politischen Splittergruppe in der seleukidischen Provinz eigentlich keiner offiziellen, förmlichen und bindenden Verpflichtung zur gegenseitigen Hilfeleistung bedurft hätte, lassen an seiner Authentie zweifeln. Zudem ist im gesamten weiteren Erzählverlauf von keiner militärischen Unterstützung durch die Römer die Rede. Ein eigenes Problem stellt der Tatbestand dar, dass der vorliegende Text im Falle der Echtheit des Allianzvertrags eine griechische Übersetzung einer hebräischen Übersetzung eines lateinischen Originals wäre. Durchaus plausibel ist indes die Aufnahme von strategisch motivierten Kontakten der Römer, die ihren außenpolitischen Einfluss auszubauen bestrebt waren, mit den Rebellen in der feindlichen Provinz, deren Unterstützung sowohl die Seleukiden zu schädigen als auch einen loyalen (bzw. abhängigen) Vorposten im östlichen Mittelmeerraum zu schaffen vermochte. In 2 Makk 11,34–38 ist von einem aktiven Eingreifen Roms in den lokalen Konflikt bereits zur Zeit des Antiochos V. Eupator die Rede. Während Josephus in Ant. XII 415–419 eine verkürzte Paraphrase von V 17–30 im Rahmen einer vergleichbaren

Chronologie der Ereignisse bietet, setzt er das erste Freundschaftsbündnis des Judas mit Rom in Bell. I 38 noch zur Zeit des Antiochos IV. Epiphanes an.

V 17–21 Judas wird hier gleich zu Beginn als legitimer Vertreter der Judäer und als Initiator der diplomatischen Kontakte mit Rom dargestellt. Die ausführliche Nennung der (griechischen) Namen und der vornehmen Abstammung seiner beiden Gesandten (vgl. 1 Chr 24,10; Esra 2,61; Neh 3,4.21; 7,63) soll, ebenso wie der bemühte Kanzleistil des folgenden Erzähltextes und die Parenthese »der Weg war sehr weit« (vgl. V 4), die Glaubwürdigkeit des Geschehens untermauern. Spekulativ ist die Annahme, der hier genannte Eupolemos (vgl. 2 Makk 4,11) sei identisch mit dem gleichnamigen jüdisch-hellenistischen Historiker (so *Hengel* 1988, 169–175). Als Ziel des Bündnisvertrags wird in V 18 die Befreiung vom »Joch« der Seleukiden genannt, was bildhaft auf Bedrückung der Aufständischen durch die Syrer (und ihrer judäischen Gefolgsleute) verweist (7,1–35) und die erwartete Hilfe durch Rom zugleich als Erfüllung des Gotteswillens deutet (vgl. Gen 27,40; Lev 26,13; Ps 2,2f.; Jes 9,3; Jer 28 [LXX 35],2.4; Ez 34,27). Die (offenbar als Schifffahrt vorgestellte) Gesandtschaftsreise lässt sich innerhalb der Chronologie der Ereignisse auf den Sommer des Jahres 161 v. Chr. ansetzen (vgl. 7,1.43; 9,3). Die direkte Rede der judäischen Gesandten, die inhaltlich den Wortlaut des nachfolgenden Dokuments teilweise aufnimmt, stellt den Anführer der antiseleukidischen Partei (vgl. 2,4) und seine Brüder unmittelbar dem »Volk der Judäer« voran (zur prononcierenden Redeeinleitung vgl. 2,19; 13,8; 15,33); weitere entscheidungs- bzw. repräsentationsbefugte Gremien (vgl. 7,33; 12,6.35; 14,20.28) werden nicht erwähnt. Kurz und bündig konstatiert V 21 die zustimmende Reaktion der Römer (vgl. 6,60), durch welche die Rebellen fortan, gleichsam als Gegengewicht zur Unterstützung der Ansprüche des Alkimos durch die Syrer (7,9), militärischen Beistand erfahren sollen.

Bündnisvertrag mit Rom

V 22–30 Der Erzählerkommentar in V 22 leitet den eigentlichen Wortlaut des Vertragsdokuments ein, das zwar Ähnlichkeiten mit zeitgenössischen römischen Bündnisverträgen aufweist,[2] dessen Glaubwürdigkeit aber mit einer Reihe von Problemen belastet ist. Die vorangestellte Erwähnung sowohl der Gravur seiner Abschrift (vgl. 11,37; 12,5.19; 14,20; 15,24) in – als besonders haltbar geltende – »bronzene Tafeln« (vgl. 14,18.26.48 sowie Polybios, *Hist.* III 26,1) als auch deren zukünftige Memorialfunktion als »Denkmal« der Neutralitäts- und Defensivallianz sollen die Zuverlässigkeit und andauernde Bedeutung seines Inhalts hervorheben (vgl. V 23). Tatsäch-

[2] Deutliche Übereinstimmungen bestehen mit einem Bündnisvertrag Roms und der ägäischen Insel Astypalaia aus dem Jahre 105 v. Chr. (*Sherk* 1969, 94–99 Nr. 16). Allerdings ist von diesem antiken Vertragstext allein die unsichere Abschrift einer im Jahre 1797 zerstörten Inschrift erhalten.

lich waren die Anfertigung und Übersendung einer solchen Bronzekopie für einen (zumal inferioren und abhängigen) Vertragspartner Roms völlig unüblich (Josephus, Ant. XII 416 scheint seine Vorlage in diesem Punkt zu korrigieren). Zudem hätte der Senat den judäischen Gesandten wohl nur ein (für Rom unverbindliches) Vertragsangebot in der Rechtsform des »Senatsbeschlusses« *(senatus consultum)* ausgehändigt, das eigentlich erst nach beiderseitiger Beratung, Beeidigung und Zustimmung der Volksversammlung rechtskräftig werden konnte (*Fischer* 1980, 114). Vermutlich wurden Reminiszenzen an ein solches römisches Vertragsangebot vom Erzähler nachträglich zur Grundlage für die Rechtmäßigkeit und Autonomie der Hasmonäerherrschaft über Judäa umstilisiert. Im Präskript des solcherart fingierten Bundesgenossenschaftsvertrags in V 23 verschmelzen die übliche lateinische Freundschaftsbestimmung *(»Quod bonum, faustum, felixque sit populo Romano et N.N.«)* und die traditionelle biblische Grußformel »Heil dir!« (vgl. Ri 6,23; Esra 4,17; DanTh 10,19). Der Terminus ἔθνος (hier: »Staatsvolk«), der im 1. Makkabäerbuch vor allem im Kontext der Ausübung, Legitimation und Rezeption von Herrschaft begegnet (vgl. 6,58; 10,25; 13,36; 15,2), ist hier außenperspektivischer Komplementärbegriff zu dem theokratischen Ethnonym »Israel« (vgl. 1,11.25.29 u.ö.). Als erster Teil der eigentlichen Friedens- und Bundesstipulation führt V 24–26 aus der judäozentrischen Perspektive des Erzählers die Beistandsverpflichtungen der Provinzbewohner im Fall eines Angriffs Dritter nicht nur gegen Rom, sondern auch gegen einen seiner Alliierten an; eine solche Erweiterung der Beistandsklausel hat indes keine Parallelen in vergleichbaren Urkunden. Die Erwähnung von »Schiffen« (bzw. die Vorstellung judäischer Häfen und Werften) in V 26 spiegelt spätere Verhältnisse wider (vgl. 13,29; 14,5). Der parallel gestaltete zweite Teil der Bundesstipulation in V 27f. nennt die entsprechenden Obliegenheiten der Römer. V 29 resümiert die durch den Bundesgenossenschaftsvertrag begründeten, wechselseitigen Verpflichtungen, wobei der Begriff δῆμος (»Bürgerschaft«) die römische Perspektive kennzeichnen soll (vgl. 15,17). Die Abänderungsklausel in V 30, welche als unerlässliche Voraussetzung jeglicher (ihrerseits der Anpassungsfähigkeit und Flexibilität der bilateralen Beziehungen dienenden) Modifizierungen des Bündnisvertrags durch Hinzufügungen oder Streichungen die einvernehmliche Zustimmung beider Vertragspartner nennt, ist Teil des für den Erzähler in Reminiszenzen gegenwärtigen, römischen Bündnisvertragsformulars (vgl. Dionysios von Halikarnassos, *Antiq. Rom.* VI 95,1f.) und betont zugleich implizit noch einmal die angebliche Gleichrangigkeit der judäischen Vertragspartner der Weltmacht Rom.

Die letzten beiden Verse des Kapitels geben sich als kommentierte Abschrift bzw. Zusammenfassung eines kurzen Schreibens der Römer an den Seleukidenherrscher Demetrios I. Soter aus, in dem dieser in direkter Rede vor weiteren Verfolgungen der aufständischen Judäer, die nunmehr unter V 31–32 dem Schutz Roms stehen, gewarnt wird. Mittels des Stichwortes »Joch« (vgl. V 18) wird dabei der Erfolg der diplomatischen Mission des Judas markiert. Die abschließende (wirkungslose) Drohung an den militärisch unterlegenen Seleukidenherrscher disqualifiziert seine zweite Expedition, deren Verlauf im Folgenden erzählt wird, als Ausdruck seiner politischen Unvernunft und Hybris.

Der Tod des Judas im Kampf gegen Bakchides (9,1–22)

Text

Übersetzung

9,1 Als Demetrios hörte, dass Nikanor und seine Truppen in der Schlacht
gefallen waren, sandte er Bakchides und Alkimos erneut in das Land Juda,
und den rechten Flügel des Heers mit ihnen. 2 Und sie zogen nach Gilgal
und belagerten Maisaloth, das bei Arbela liegt, nahmen es ein und brachten
viele Menschen ums Leben. 3 Und im ersten Monat im Jahre 152 belager-
ten sie Jerusalem. 4 Und sie brachen auf und trafen mit zwanzigtausend
Mann und zweitausend Reitern in Bereth ein. 5 Judas aber hatte in Elasa
das Heerlager aufgeschlagen, und dreitausend ausgesuchte Männer waren
bei ihm. 6 Als sie aber sahen, wie gewaltig die Masse der Truppen war, ge-
rieten sie in große Furcht, und viele flohen aus dem Heerlager, sodass nur
achthundert Mann von ihnen zurückblieben. 7 Als Judas sah, dass sein
Heer floh, der Kampf aber unausweichlich war, wurde er zutiefst besorgt,
weil er keine Zeit hatte, sie zu sammeln. 8 Und in seiner Besorgnis sprach er
zu den Übriggebliebenen: Auf, lasst uns gegen unsere Feinde ziehen und
versuchen, sie niederzukämpfen. 9 Aber sie weigerten sich und sprachen:
Wir können nicht, sondern wollen uns jetzt retten und mit unseren Brüdern
zurückkehren und gegen sie kämpfen, denn wir sind zu wenige! 10 Und
Judas sprach: Vor ihnen zu fliehen – ein solches Verhalten sei fern von mir!
Wenn unsere Zeit gekommen ist, dann wollen wir für unsere Brüder mit
Heldenmut sterben und keinen Beweggrund hinterlassen, an unserem
Ruhm zu zweifeln. 11 Die Streitmacht aber brach aus dem Heerlager auf,
und sie stellten sich zum Treffen mit ihnen in Schlachtordnung auf. Die
Reiterei verteilte sich auf die zwei Flügel, und die Schleuderer und die Bo-
genschützen rückten in die erste Reihe der Streitmacht vor, ebenso alle star-
ken Vorkämpfer. 12 Bakchides war auf dem rechten Flügel. Und die
Schlachtreihen rückten von beiden Seiten vor, und sie gaben Signale mit
den Trompeten. Und auch die Leute des Judas stießen in die Signaltrompe-

ten. 13 Und die Erde erbebte vom Lärm der Heere. Die Schlacht dauerte vom Morgen bis zum Abend. 14 Und Judas sah, dass Bakchides und das Herzstück des Heers auf dem rechten Flügel waren, und mit ihm rückten alle vor, die beherzt waren. 15 Und der rechte Flügel wurde von ihnen aufgerieben, und er verfolgte sie bis zu den Bergen von Azotos. 16 Aber als die Leute auf dem linken Flügel sahen, dass der rechte Flügel aufgerieben worden war, wandten sie sich um und bedrängten Judas und die Männer, die bei ihm waren, von hinten. 17 Und der Kampf wurde heftig, und auf beiden Seiten wurden viele verwundet und fielen. 18 Schließlich fiel auch Judas, die Übrigen aber flohen. 19 Und Jonathan und Simon trugen ihren Bruder Judas fort und setzten ihn in der Begräbnisstätte seiner Väter in Modeïn bei. 20 Und ganz Israel beweinte ihn und hielt eine große Totenklage über ihn, und sie trauerten viele Tage und sprachen: 21 Wie ist der Tapfere gefallen, der Retter Israels. 22 Die sonstigen Erzählungen über Judas und die Kämpfe und die Heldentaten, die er vollbrachte, und seine Größe sind nicht aufgezeichnet worden, denn sie waren zu zahlreich.

Zu Text und Übersetzung

V 1: Die Verbform προσέθετο (wörtl. »er fügte hinzu«) ist hier vermutlich Wiedergabe von hebr. יסף mit folgendem Infinitiv zum Ausdruck eines wiederholten Vorgangs (vgl. 3,15). Der Ausdruck καὶ τὸ δεξιὸν κέρας μετ᾽ αὐτῶν (»und den rechten Flügel des Heers mit ihnen«) bezieht sich entweder auf den in der Nähe von Judäa stationierten Teil der seleukidischen Truppen oder ist ein sekundärer Einschub auf der Grundlage von V 12–14.

V 2: Das Toponym Γαλγαλα (»Gilgal«) bezeichnet hier wahrscheinlich nicht den Ort Gilgal (hebr. גלגל) im Jordangraben östlich von Jericho (Jos 5,9; 9,6), sondern entweder ein (unbekanntes) anderes Gilgal oder aber ganz Galiläa (hebr. גליל), was dem Kontext am ehesten zu entsprechen scheint (vgl. Jos 12,23; Josephus, Ant. XII 421). Auch die Lokalisierung einer Ortschaft Maisaloth bei Arbela in Untergaliläa ist unsicher (vgl. Josephus, Vit. 188; yBerachot 2c, 41). Plausibler erscheint hier die Wiedergabe des topographischen hebr. Begriffs מעלות »Stufen«, »Terrassen« durch Μαισαλωθ (א V) bzw. Μεσαλωθ (A).

V 5: Der (unbekannte) Ortsname Elasa (ΕΛΑΣΑ; vgl. den Text der Minuskeln 46 und 311 [ΑΔΑΣΑ] und L^B [Edesa], 7,40.45 sowie 1 Chr 2,39f.; 8,37; 9,43) scheint auf einem Schreiberversehen zu beruhen.

V 6: Subjekt des Satzes sind Judas und seine Männer.

V 7: Die Verbform ἔθλιβεν (»es war unausweichlich«; wörtl. »es drängte«) scheint hier Wiedergabe von hebr. צרר zu sein (vgl. Ri 10,9). Auch die Wendung συνετρίβη τῇ καρδίᾳ (»er wurde zutiefst besorgt«; wörtl. »er wurde im Herzen zerschmettert«) entspricht wohl hebr. נשבר לבו (vgl. 6,10; Jer 23,9).

V 9: Der Ausdruck ἀπέστρεφον αὐτόν (»sie weigerten sich«) bedeutet wörtl. »sie lehnten ihn ab«. Die Umschreibung des Reflexivpronomens τὰς ἑαυτῶν ψυχάς (wörtl. »unsere Seelen«) entspricht dem Hebräischen (vgl. 1,48).

V 10: Die Wendung μή μοι γένοιτο ποιῆσαι τὸ πρᾶγμα τοῦτο (»ein solches Verhalten sei fern von mir«) entspricht hebr. חלילה לי מעשות זאת (vgl. Gen 44,17 sowie Jos 22,29; 24,16; 1 Kön 21 [LXX 20],3; Gal 6,14).

V 11: Subjekt des ersten Satzes ist vermutlich die Streitmacht des Bakchides. Subjekt des zweiten Satzes sind entweder ebenfalls die syrischen Truppen oder aber ihre judäischen Gegner.

V 12: Der Singular ἤγγισεν (»sie rückte vor«) ist hier sinngemäß als Plural zu übersetzen. Der Begriff ἐφώνουν (»sie gaben Signale«) bedeutet wörtl. »sie tönten«.

V 14: Subjekt des zweiten Teilsatzes ist Judas. Die Wendung οἱ εὔψυχοι τῇ καρδίᾳ (»die beherzt waren«) bedeutet wörtl. »die Mutigen im Herzen«.

V 15: Subjekt des Satzes sind Judas und seine Kämpfer. Die Wendung ἐδίωκεν ὀπίσω (»er verfolgte«) entspricht hebr. רדף אחרי (vgl. Gen 31,23; Jos 8,16; Ri 8,12; 2 Sam 20,6). Die Lokalisierung des Toponyms Αζωτος (»Azotos«) ist nicht sicher (vgl. Josephus, Ant. XII 429 [»Eza«]). Dagegen, dass hier Aschdod in der Küstenebene gemeint ist (vgl. 5,68), spricht die Tatsache, dass es dort keine Berge gibt. Dagegen, dass vom Gipfelpunkt des ephraimitischen Berglandes Baal-Hazor (2 Sam 13,23) die Rede ist, ist einzuwenden, dass kein Textzeuge z.St. den hebr. Konsonanten צ durch den griech. Buchstaben ζ wiedergibt. Möglich wäre auch eine Verwechslung von אשדות (»Steigen«) und אשדוד (»Aschdod«) in der hebräischen Vorlage (vgl. Dtn 3,17; 4,49 sowie *van Henten* 1983, 43 ff.).

V 17: Die Wendung ἐβαρύνθη ὁ πόλεμος (»der Kampf wurde heftig«) ist Wiedergabe von hebr. ותכבד המלחמה (vgl. Ri 20,34; 1 Chr 10,3).

V 19: Der Singular ἦρεν (»er trug«) ist hier sinngemäß als Plural zu übersetzen.

V 20: Die Wendung ἐκόψαντο κοπετὸν μέγαν (»sie hielten eine große Totenklage«) imitiert eine hebr. (bzw. bibelgriech.) *Figura etymologica* (vgl. 2,70).

Analyse und Auslegung

Die Erzählung von der letzten Konfrontation des Judas mit den Feinden der gottesfürchtigen Judäer schließt unmittelbar an 7,43–50 an, ohne den Bundesgenossenschaftsvertrag der Aufständischen mit Rom (8,16–32) auch nur beiläufig zu erwähnen. Ausgangspunkt der Darstellung ist die (wohl einer sinnstiftenden Deutung bedürfende) Faktizität des Todes ihres verehrten Anführers in der Schlacht bei Elasa. Während das 2. Makkabäerbuch über die zweite Expedition des Demetrios I. Soter schweigt, bietet Josephus, Ant. XII 420–434 (vgl. Bell. I 47) eine ausführliche Darstellung der Aktionen der Feinde Israels und der Reaktionen der frommen Rebellen.

V 1–4 Die mit einem impliziten Schauplatzwechsel verbundene Unheilsbotschaft an den Seleukidenherrscher, die gemeinsame Nennung von vier verschiedenen Antagonisten der durch Kap. 8 unterbrochenen Erzählhandlung (vgl. 7,8 f.43 f.), und die ausdrückliche Bezugnahme auf vorangehende Aktionen (»er sandte erneut«) in V 1 bilden den narrativen Hintergrund für die Entscheidung des Königs, eine weitere militärische Strafexpedition in die rebellische Provinz zu entsenden. Die namentliche Nennung des oppositionellen Hohenpriesters Alkimos ordnet ihn und seine Parteigänger dabei ganz eindeutig den Todfeinden Israels zu (vgl. 7,8 f.). Die folgenden Verse nehmen zunächst den Anmarsch des syrischen Feldherrn Bakchides in den

Blick, der (wohl von Norden her und gegen den Widerstand der einheimischen Bevölkerung) in Judäa einfällt, um Jerusalem zu belagern und den lästigen Aufstand niederzuschlagen. Die ausdrückliche Datierung dieser Ereignisse auf den ersten Monat Nisan (hebr. ניסן; März/April) des Jahres 152 nach der seleukidischen Frühjahrsära (161 v. Chr.; vgl. 1,54; 7,43.49) soll ihre hohe Bedeutung für den Geschehensverlauf unterstreichen. Die Notiz, dass die Syrer mit zweiundzwanzigtausend Mann in der (ca. 16 km nördlich von Jerusalem an der Strasse nach Nablus gelegenen) ehemaligen Gibeoniterstadt Bereth (Beeroth; vgl. Jos 9,17; 18,25; 2 Sam 4,2 f.; Esra 2,25) eintreffen, akzentuiert ihre deutliche militärische Übermacht (vgl. V 5 f.).

Mit V 5 wendet sich der Blick des Erzählers wieder den aufständischen V 5–10
Judäern um Judas zu. Sowohl ihre deutliche Unterlegenheit als auch die Unmöglichkeit eines Überraschungsangriffs, vor allem aber ihr mangelndes Gottvertrauen (V 6) erklären die ihnen drohende Niederlage und lassen zugleich die unerschütterliche Zuversicht ihres Anführers (vgl. 4,7 f.; Dtn 20,3 f.) umso heller leuchten. Auch der folgende Dialog in direkter Rede (V 8–10) soll beispielhaft zeigen, dass Judas eher seinen eigenen Tod auf dem Schlachtfeld willentlich in Kauf nimmt, als gegen die geltende soziale und religiöse Norm zu verstoßen (αἰτία [»Beweggrund«] wird hier in juridischem Sinne verwendet) und sein Volk schändlich im Stich zu lassen (vgl. Klgl 4,18; Mt 26,18). Insbesondere das Stichwort »Ruhm« verweist den Leser auf die literarische Begründungsfunktion solchen Heldenmuts für die Legitimität und Autorität der späteren Hasmonäerdynastie.

Die detaillierte Beschreibung der anrückenden seleukidischen Streitmacht V 11–13
hebt sich von der Gottergebenheit des Judas vor seinem letzten Kampf ab
Tod des Judas (vgl. 6,38). Der Beginn des eigentlichen Kampfgeschehens wird durch das Stoßen beider Heerlager in ihre Signaltrompeten angezeigt, welches bereits in 6,33 als Kampfsignal der Feinde begegnet, während es auf Seiten der Aufständischen stets mit der Anrufung des göttlichen Beistands im gerechten »heiligen Krieg« konnotiert ist (vgl. 3,54; 4,13.40; 5,31.33). Die hyperbolische Schilderung der Schlacht in V 13 (vgl. 2 Sam 22,8) dient dem Erzähler als beeindruckende Kulisse für den ehrenvollen Tod des Helden.

Zu Beginn des Teilabschnitts nimmt der Erzähler zunächst die Perspekti- V 14–18
ve des Judas ein, wodurch er die Aufmerksamkeit des Lesers auf dessen Person lenkt. Dem anfänglichen Kampferfolg der antiseleukidischen Rebellen (vgl. 1 Sam 17,52; 2 Kön 7,15) folgt ihre Niederlage (vgl. 1 Sam 31,3), die allerdings zunächst als ein für beide Seiten gleichermaßen verlustreiches Aufeinandertreffen beschrieben wird (V 17), bevor der (erneut mit dem mangelnden Gottvertrauen seiner Anhänger kontrastierte) Heldentod des Judas in seinem letzten Kampf (vgl. 1 Sam 31,4) die Niederlage der Aufständischen besiegelt (V 18).

Die Erwähnung der Bergung des Judas und seiner Bestattung durch seine V 19–22
Brüder Jonathan und Simon im Familiengrab in Modeïn (vgl. 1 Sam 31,11–

13) spiegelt die identitätstiftende (bzw. legitimatorische) Bedeutungsfunktion dieses Mnemotops für die Hasmonäerdynastie wider (vgl. 2,70; 13,25–30 sowie Ri 2,8–10). Augenfällig ist der Unterschied zwischen dem (im klassischen Griechenland üblichen [vgl. Homer, *Il.* VII 314–482; XXIV 656–672; Thukydides, *Hist.* IV 98,8]) ehrenvollen Ergehen des Anführers der aufständischen Judäer und dem würdelosen Schicksal seines Gegners Nikanor (7,47). Die (bei Josephus, Ant. XII 432–434 stark ausgeschmückte) formelhaft eingeführte Totenklage der Anhänger des Judas (vgl. 13,26), die in V 20 als das »eigentliche« Israel stilisiert werden, fasst als poetisch gestaltetes (vgl. S. 47), kurzes Stück in direkter, gebundener Sprache bzw. als »Themazeile eines Leichenklageliedes« (*Neuhaus* 1974, 83) die Trauer des Volkes zusammen. Der *Parallelismus membrorum* in V 21 lehnt sich deutlich an die Klage Davids über Saul und Jonathan an (2 Sam 1,19–27), was Judas als ebenso verehrungswürdigen biblischen Helden erscheinen lässt. Auch die beiden typisierenden Prädikationen »Tapferer« (vgl. Ri 6,12; 1 Sam 2,10; 2 Chr 28,7) und »Retter Israels« (Ri 3,9; 2 Kön 13,5) verleihen dieser einseitig positiven Beurteilung deutlichen Ausdruck. Der formelhafte Metakommentar am Ende der Erzähleinheit in V 22 (vgl. 16,23) ist der Sprache der biblischen Geschichtswerke nachgebildet (vgl. 1 Kön 11,41; 14,29; 2 Kön 10,34; vgl. zudem Joh 21,25), wobei der Erzähler den Nachruhm des Judas nochmals steigert, indem er abschließend anführt, dass eigentlich noch viel mehr Positives über seinen heldenhaften Protagonisten zu berichten wäre (vgl. 5,56).

Die Taten Jonathans (9,23 – 12,53)

Aufbau und Kontext

Im vierten Hauptteil des Buches wird von der Fortführung der bereits unter Judas begonnenen Expansionspolitik, von der Festigung der Herrschaft der Makkabäerfamilie in Judäa und von der Begründung des (nunmehr sukzessive politisierten) Hohenpriestertums der hasmonäischen Dynastie durch Jonathan berichtet. Unter bemühter Bezugnahme auf die biblische Tradition stellt der Erzähler vor allem die erfolgreiche Sicherung der durch seinen Bruder erlangten Machtposition der Makkabäerbrüder nach innen und außen als das Resultat der klugen und umsichtigen Führung Jonathans dar. Nach dem Tod des Judas erscheinen die Protagonisten hierbei nicht mehr primär als Ausführende des Gotteswillens, sondern treffen erkennbar eigenverantwortlich ihre militärischen und diplomatischen Entscheidungen.

Der Buchteil lässt sich in sechzehn Abschnitte einteilen:

9,23–31:	Die Wahl Jonathans zum Anführer Israels
9,32–49:	Die Auseinandersetzungen an den Grenzen Judäas
9,50–57:	Die Festigung der Herrschaft in Judäa
9,58–73:	Der Friedensschluss zwischen Bakchides und Jonathan
10,1–14:	Das Bündnisangebot des Demetrios I. Soter
10,15–21:	Die Einsetzung Jonathans zum Hohenpriester durch Alexander Balas
10,22–45:	Die Zugeständnisse des Demetrios I. Soter an Jonathan
10,46–66:	Das Bündnis zwischen Jonathan und Alexander Balas in Ptolemaïs
10,67–89:	Der Sieg Jonathans über Apollonios
11,1–19:	Der Untergang des Alexander Balas
11,20–37:	Das Bündnis zwischen Jonathan und Demetrios II. Nikator
11,38–51:	Jonathans Unterstützung des Demetrios II. Nikator
11,52–74:	Jonathans Parteinahme für Antiochos VI. Epiphanes Dionysos
12,1–23:	Jonathans Bündnisse mit Rom und Sparta
12,24–38:	Die Verteidigung gegen die Truppen des Demetrios II. Nikator
12,39–53:	Tryphons Verrat an Jonathan

Durchweg fällt in dem Buchteil auf, dass der Erzähler von allen Makkabäerbrüdern Jonathan am glanzlosesten zeichnet und seine positiven Eigenschaften und seine Verdienste um die erhebliche Machtentfaltung der frommen Aufstandsbewegung im Gegensatz zu den Errungenschaften seiner Brüder Judas und Simon nicht hymnisch lobt (vgl. 3,3–9; 14,4–15), was als eine implizite Kritik insbesondere an seiner geschickten politischen Nutzung der Thronstreitigkeiten im seleukidischen Königreich bzw. an den damit einhergehenden (offenbar umstrittenen und deshalb auch vom Verfasser des Buches abgelehnten) intensiven diplomatischen Kontakten mit fremden Herrschern betrachtet werden kann.

Die Wahl Jonathans zum Anführer Israels (9,23–31)

Text

Übersetzung

23 Und es geschah nach dem Tod des Judas, da kamen im gesamten Gebiet
Israels die Verächter des Gesetzes hervor, und alle, die Gesetzloses voll-
brachten, erhoben sich. 24 In jenen Tagen brach eine gewaltige Hungersnot
aus, und überall ergaben sich die Bewohner des Landes. 25 Bakchides aber
wählte gottlose Männer aus und setzte sie als Aufseher über das Land ein.
26 Und sie suchten die Freunde des Judas und spürten sie auf und brachten
sie zu Bakchides, der sie bestrafte und verhöhnte. 27 Und es begann große
Bedrängnis in Israel zu herrschen, wie sie nicht gewesen ist seit dem Tag,
seit dem sich ihnen kein Prophet mehr gezeigt hatte. 28 Und es versammel-
ten sich alle Freunde des Judas und sie sprachen zu Jonathan: 29 Seit dein
Bruder Judas gestorben ist, gibt es niemand, der ihm gleicht und hinaus-
zieht gegen die Feinde, gegen Bakchides und gegen die, die unser Volk an-
feinden. 30 Wir haben uns nun heute für dich entschieden, um an seiner
Stelle unser Oberster zu sein und als Feldherr unseren Kampf zu führen.
31 Und zu jener Zeit übernahm Jonathan die Führerschaft und trat an die
Stelle seines Bruders Judas.

Zu Text und Übersetzung

V 23: Der *Parallelismus membrorum* ἐξέκυψαν οἱ ἄνομοι ἐν πᾶσιν τοῖς ὁρίοις Ισραηλ καὶ ἀνέτειλαν πάντες οἱ ἐργαζόμενοι τὴν ἀδικίαν (»da kamen im gesamten Gebiet Israels die Verächter des Gesetzes hervor, und alle, die Gesetzloses vollbrachten, erhoben sich«) ist aus Ps 92 [LXX 91],8 entlehnt.

V 24: Möglicherweise beruht der in diesem Kontext ungewöhnliche Terminus λιμός (»Hungersnot«) auf einer Verwechslung von hebr. רעב (»Hunger«) und רעם (»Aufruhr«). Die Wendung αὐτομόλησεν ἡ χώρα μετ' αὐτῶν (»überall ergaben sich die Bewohner des Landes«) bedeutet wörtl. »das Land lief mit ihnen über« (vgl. 2 Sam 10,19).

V 29: Der Ausdruck des zeitlichen Verhältnisses durch die Konjunktion *καί* vor ἀνήρ entspricht hebr. Syntax (vgl. Gen 39,5). Die Präposition ἐν mit folgendem Dativ (hier: »gegen«) entspricht der als *Nota accusativi* gebrauchten hebr. Präposition ב.

V 30: Der in der LXX zumeist determiniert mit Genitiv erscheinende Titel ἡγούμενος (»Oberster«) wird hier und in 13,8 absolut gebraucht, was seiner Verwendung als Amtsbezeichnung des römischen *Praeses provinciae* entspricht. Die Wendung πολεμῆσαι τὸν πόλεμον ἡμῶν (»unseren Kampf zu führen«) scheint eine hebr. *Figura etymologica* zu imitieren (vgl. 2,66; 3,2).

Analyse und Auslegung

Im Mittelpunkt des Abschnitts steht die nach dem Tod des Judas infolge andauernder Auseinandersetzungen der Aufständischen mit syrerfreundlichen (bzw. die kulturelle Prägung des Landes durch Ausdrucksformen der griechischen Kultur unterstützenden) Judäern kulminierende Krise (vgl. 1,11–15.52 f.; 7,21–24), die ihrerseits die rasche Einsetzung eines neuen Anführers der Rebellen notwendig macht (vgl. Josephus, Bell. I 48; Ant. XIII 1–6).

V 23–27

Fromme und Apostaten

Der markierte Neueinsatz der Handlung (vgl. 1,11; 5,55) formuliert das Thema des Abschnitts und bringt zugleich die grundsätzliche Verurteilung der Antagonisten durch den Erzähler zum Ausdruck, welcher die judäischen »Apostaten« hier in gebundener Sprache in der poetischen Form des *Parallelismus membrorum* mit den feindseligen Frevlern aus Ps 92 (LXX 91),8 identifiziert, deren gerechte Bestrafung durch Gott die Frommen erwarten können. Die unmittelbar folgende Schilderung der aktuellen Not in V 24 (s. o.) deutet eine kausale Verknüpfung an (vgl. Dtn 11,16 f.; 1 Kön 8,35–40; Jer 12,4); dabei ist die Sprache eng an die Diktion der biblischen Geschichtswerke angelehnt (vgl. 1,11; 2,1; 11,20; 13,43; 14,13). Indem an dieser Stelle nicht vom »Volk Israel« (vgl. 51; 4,31; 5,60), sondern von den »Bewohnern des Landes« die Rede ist, verknüpft der Erzähler die Zugehörigkeit zum eigentlichen Gottesvolk implizit vor allem mit individuellem Toragehorsam und Gruppensolidarität. Die Illegitimität der von den Seleukiden unterstützten Vorherrschaft des syrerfreundlichen Teils der Jerusalemer Aristokratie in der Provinz kommt in V 25 f. zudem dadurch zum Ausdruck, dass 1. ihre Einsetzung durch einen fremden Feldherrn erfolgt, dass sie 2. als »Gottlose« disqualifiziert sind, und dass sie 3. das »wahre« Israel (V 27) verraten. Die Deutung des Geschehens durch den evaluierenden Erzählerkommentar spiegelt kaum die spätere Vorstellung vom Ende der kontinuierlichen Prophetie seit Maleachi wider (vgl. Josephus, Ap. I 41;

SOR 30,40–42) und nimmt diese erst recht nicht als prinzipielles Phänomen der Vergangenheit wahr (vgl. 4,46; 14,41), sondern bezieht sich allein auf das gegenwärtige Fehlen eines hoffnungstiftenden Zeichens des geschichtsmächtigen Eingreifens Gottes (vgl. 1 Sam 3,1; Ez 7,26; Ps 74 [LXX 73],9; Klgl 2,9), wodurch die beschriebene Situation der »Bedrängnis« als Gegensatz zum (erhofften) Idealzustand Israels ausgewiesen wird (vgl. Dan 12,1 sowie Mt 24,21).

V 28–31 Vor diesem bedrohlichen Hintergrund leitet V 28 eine an Jonathan gerichtete, direkte Rede »aller« (vgl. V 23) Freunde des Judas ein, in der ihm die Verteidigung »unseres Volkes« (die 1. Person plural involviert den Leser; vgl. 16,3) gegen seine inneren und äußeren Feinde übertragen wird (vgl. 2,66; 13,8). Als Grundlage seiner Einsetzung soll hier wohl nicht nur seine Abstammung gelten (Jonathan ist jünger als sein Bruder Simon; vgl. 2,3–5; 3,1; 13,3f.8), sondern auch die Zustimmung der gottesfürchtigen Judäer. Die Notiz vom Antritt seiner Befehlsgewalt als legitimer Nachfolger des getöteten Judas (vgl. V 18) wird durch die Verwendung der biblischen Phrase »zu jener Zeit« (vgl. Ri 21,24; 1 Kön 16,22; Joel 4,1 u.ö.) als Höhepunkt und Abschluss des Abschnitts ausgewiesen.

Jonathan folgt Judas nach

Die Auseinandersetzungen an den Grenzen Judäas (9,32–49)

Text

Übersetzung

32 Als Bakchides das erkannte, versuchte er, ihn töten zu lassen. 33 Aber Jonathan und sein Bruder Simon und alle, die bei ihm waren, erfuhren davon und flohen in die Wüste Thekoe und lagerten bei der Zisterne von Asphar. 34 Bakchides wiederum erkannte das am Sabbattag, und er und sein ganzes Heer zogen über den Jordan. 35 Er aber sandte seinen Bruder als Anführer des Volkes und bat die Nabatäer, die seine Freunde waren, ihren recht großen Tross für sie zu verwahren. 36 Und die Söhne Jambris, die aus Medaba waren, zogen heraus und ergriffen Johannes und all seine Habe und kehrten damit zurück. 37 Nach diesen Ereignissen aber meldete man Jonathan und seinem Bruder Simon, dass die Söhne Jambris ein großes Hochzeitsfest veranstalteten und die Braut, die Tochter eines angesehenen Adeligen Kanaans, aus Nadabath, in einem großen Geleit heimführten. 38 Und sie gedachten der Ermordung ihres Bruders Johannes und zogen heran und versteckten sich im Schutz des Gebirges. 39 Und sie erhoben ihre

Augen und blickten auf und, siehe, da waren Lärm und ein großer Tross, und der Bräutigam und seine Freunde und seine Brüder zogen ihnen mit Pauken und Musikanten und vielen Waffen entgegen. 40 Und sie überfielen sie aus dem Hinterhalt und töteten sie. Viele wurden verwundet und fielen, die Übrigen aber flohen in das Gebirge, und sie erbeuteten ihre gesamte Habe. 41 Die Hochzeit verwandelte sich in Trauer, und der Schall ihrer Musikanten in Klagegesang. 42 Und sie übten scharfe Rache für das Blut ihres Bruders und zogen sich in die Sümpfe am Jordan zurück. 43 Als Bakchides davon hörte, zog er am Sabbattag mit einer großen Streitmacht bis an das Ufer des Jordan. 44 Jonathan aber sprach zu seinen Leuten: Auf, lasst uns aufstehen und um unser Leben kämpfen, denn heute ist nichts wie gestern oder vorgestern! 45 Denn seht, der Kampf ist vor uns und hinter uns, das Wasser des Jordan zu beiden Seiten, Sumpfland und Wald, und es gibt keinen Platz, um auszuweichen. 46 Nun aber fleht zum Himmel, damit ihr vor unseren Feinden gerettet werdet. 47 Und der Kampf entbrannte und Jonathan streckte seine Hand aus, um Bakchides zu erschlagen, doch er wich vor ihm zurück. 48 Und Jonathan und seine Männer sprangen in den Jordan und schwammen hindurch an das jenseitige Ufer. Sie aber überschritten zu ihrer Verfolgung den Jordan nicht. 49 Es fielen aber an jenem Tag fast tausend Mann von den Soldaten des Bakchides.

Zu Text und Übersetzung

V 32: Die doppeldeutige Wortverbindung ἐζήτει αὐτὸν ἀποκτεῖναι (»er versuchte, ihn töten zu lassen«) könnte auch mit »er suchte ihn, um ihn zu töten« übersetzt werden.

V 33: Mit ὕδωρ λάκκου ist entweder eine »Zisterne« oder ein »Brunnen« gemeint. Das Wort λακκός ist in der LXX zumeist Entsprechung von hebr. באר und בור.

V 34: Da V 33 sachlich hinter V 42 gehört und der Subjektwechsel hinter V 32 völlig unmotiviert erfolgt, erscheint es als wahrscheinlich, dass der (durchweg handschriftlich bezeugte) Satz καὶ ἔγνω Βακχίδης τῇ ἡμέρᾳ τῶν σαββάτων καὶ ἦλθεν αὐτὸς καὶ πᾶν τὸ στράτευμα αὐτοῦ πέραν τοῦ Ιορδάνου (»Bakchides wiederum erkannte das am Sabbattag, und er und sein ganzes Heer zogen über den Jordan«) als frühe sekundäre Variante bzw. Glosse zu V 43 von einem Abschreiber hinter V 33 in den Text eingefügt wurde. Der Terminus στράτευμα (»Heer«) begegnet im 1. Makkabäerbuch nur an dieser Stelle.

V 35: Subjekt des Satzes ist Jonathan. Die Ναβαταῖοι (»Nabatäer«) bezeichnen den über das nabatäische Reich herrschenden arabischen Stamm (vgl. 5,25).

V 36 f.: Die (ansonsten unbekannten) υἱοὶ Ιαμβρι (»Söhne Jambris«) sind wahrscheinlich ein arabischer Stamm auf nabatäischem Gebiet. Möglich wäre auch eine Fehlübersetzung von hebr. בני אמרי (»Amoriter«; vgl. Josephus, Ant. XIII 18 sowie Num 21,30 f., wo die im Ostjordanland ca. 33 km südlich von Amman gelegene, ehemalige Grenzstadt des Stammes Ruben auf nabatäischem Gebiet [vgl. noch Jos 13,9.16; 1 Chr 19,7 ff.] als Amoriterstadt bezeichnet wird).

V 38: Der Gebrauch des Begriffs αἷμα (»Ermordung«; wörtl. »Blut«) entspricht der Verwendung von hebr. דם (vgl. Lev 17,4; Num 35,33). Zur Formulierung ὑπὸ τὴν σκέπην τοῦ ὄρους (»im Schutz des Gebirges«) vgl. 1 Sam 25,20.

V 39: Zu den φίλοι τοῦ νυμφίου (»Freunden des Bräutigams«) vgl. Ri 14, 20; Joh 3, 29. Das Personalpronomen αὐτῶν im zweiten Teilsatz bezieht sich auf die eintreffende Braut und ihre Begleitung. Die Bedeutung des Wortes ὅπλα (»Waffen«) ist hier nicht eindeutig. Möglich ist auch die allgemeinere Bedeutung »Geräte« (vgl. Jer 21, 4; Ez 32, 27).

V 40: Subjekt des ersten Satzes sind Jonathan und Simon.

V 42: Die Wendung ἐξεδίκησαν τὴν ἐδίκησιν (»sie übten scharfe Rache«) imitiert eine hebr. *Figura etymologica* (vgl. Num 31, 2; Ez 20, 4).

V 43: Zum Ausdruck ἡμέρα τῶν σαββάτων (»Sabbattag«) vgl. 2, 32.

V 44: Die Wendung οὐ γάρ ἐστιν σήμερον ὡς ἐχθὲς καὶ τρίτην ἡμέραν (»denn heute ist nichts wie gestern oder vorgestern«) entspricht hebr. אין כתמול שלשום (vgl. Gen 31, 2; Ex 5, 7) und soll hier anzeigen, dass die Situation noch viel bedrohlicher als jemals zuvor ist.

V 46: Der Imperativ κεκράξετε (»fleht«) bedeutet wörtl. »schreit«. Mit οὐρανός (»Himmel«) wird hier der Gottesname umschrieben (vgl. 3, 18). Der Ausdruck ἐκ χειρός entspricht hebr. מיד (wörtl. »aus der Hand von«); vgl. Ps 22 [LXX 21],21; 49 [LXX 48],16; 89 [LXX 88],48 u. ö.).

V 48: Subjekt der Verbform διέβησαν (»sie überschritten«) sind die Männer des Bakchides. Die Wendung ἐπ' αὐτούς (»zu ihrer Verfolgung«) bedeutet wörtl. »ihnen nach«.

V 49: Die Zahl der gefallenen Syrer beträgt in einem Teil der Textüberlieferung (55 311 SyII) dreitausend und bei Josephus, Ant. XIII 14 zweitausend Mann.

Analyse und Auslegung

Die lebendig gestaltete Erzählung von militärischen Auseinandersetzungen zwischen den Truppen des Bakchides und den Aufständischen unter ihrem neuen Anführer Jonathan in der judäischen Wüstenregion rahmt eine isolierte Episode ein, die (in Unterbrechung der Schilderung des Rückzugs der Judäer) von einem Überfall der Jambriter auf den ältesten Mattathiassohn Johannes und einer hierauf folgenden Vergeltungsaktion seines Bruders Jonathan berichtet (V 35–42). Allein in dieser undatierten Unterbrechung des Erzählverlaufs begegnen die Begriffe »Kanaan« und »Söhne Jambris« sowie das Toponym »Nadabath«, während Bakchides in der Einschaltung nirgends erwähnt wird. Bei Josephus folgt die Episode der (vereindeutigenden) Darstellung des Kampfgeschehens am Jordan, so dass V 32–34.43–49 in Ant. XIII 7–17 und V 35–42 in Ant. XIII 18–21 ihre Entsprechung finden.

V 32–34 Durch einen impliziten Botenbericht mit der vorangehenden Erzählhandlung verknüpft, beginnt der Abschnitt mit der Flucht der Rebellen aus Jerusalem und ihrer sofortigen Verfolgung durch den syrischen Feldherrn (zum sekundären Charakter von V 34 s.o). Die präzisen geographischen Angaben (die »Wüste Thekoe« bezeichnet das ca. 8 km südlich von Betlehem beginnende Ödland [vgl. 2 Sam 14, 1–17; 2 Chr 20, 20]; die genaue Lokalisierung der »Zisterne von Asphar« ist unsicher) dienen der Steigerung der behaupteten Realitätsnähe des Erzählten.

Als Begründung sowohl der Aktion des Johannes als auch des Überfalls der Söhne Jambris auf seinen Tross führt V 35 die Absicht an, die Vorräte der Aufständischen sicher bei den befreundeten Nabatäern zu verwahren. Dass der anfangs ungenannte »Bruder« Johannes Gaddi ist (vgl. V 2,2), erschließt sich aus V 36, dass er bei dem Handstreich der Jambriter gewaltsam ums Leben kommt, aus V 38 (anders Josephus, Bell. I 47). V 35–36

Ein impliziter Botenbericht lenkt den Blick des Lesers auf eine geplante Hochzeit zwischen einem Jambriter und der Tochter eines »Adeligen Kanaans«. Die formelhafte Einleitung des Satzes (vgl. 5,37; 7,33; 8,30) markiert den Anfang des Handlungskerns der eingeschobenen Episode, nämlich der Schilderung des gerechten Vollzugs der archaischen Spiegelstrafe (vgl. Gen 9,5 f.) durch Jonathan und Simon; das ebenfalls archaisierende Ethnonym »Kanaan« entspricht der akzentuierten Abgrenzung des Volkes Israel gegenüber den (zumeist undifferenziert und klischeehaft dargestellten) Kanaanitern in der biblischen Landnahmeüberlieferung (z. B. Jos 7,9; 9,1 f.; 17,13–18 u. ö.) und spielt hier zudem auf Ri 3,1–6 an. Die Nennung des Herkunftsortes der Braut (die Lokalisierung des Ortes »Nadabath« in der Nähe von Madeba ist unsicher) soll dabei erneut die Authentie des (mittels der Interjektion »siehe!« in V 39 pointierten) Erzählten unterstreichen. Die Darstellung der Strafaktion gegen die Mörder des Johannes nimmt 3,11 nahezu wörtlich auf und lehnt sich zugleich an sachlich vergleichbare Bibelstellen wie 1 Sam 14,11–14, Ri 14,10 f. und Jos 10,12 f. an. Der ausführliche, zusammenfassende Erzählerkommentar in V 41 f. beginnt mit einem Am 8,10 (ohne Einführungsformel) entlehnten, verkürzten und als Klageschilderung in gebundener Sprache in die Erzählung transponierten, ursprünglichen prophetischen Drohwort in der poetischen Form des Distichons im *Parallelismus membrorum* (vgl. 1,39 f.), das durch explizite (»Hochzeit« [V 37]; »Musikanten« [V 39]) und implizite Stichwortanknüpfung (»Erstgeborener« [V 36.38; vgl. 2,2]; »Umbruch vom Fest zur Klage« [V 39 f.]) mit dem vorangehenden Geschehen verbunden ist und es gleichsam als Erfüllung prophetischer Weissagungen ausweist. V 42 konstatiert sodann die Erfüllung des Gebots von Gen 9,5 f. durch die gottesfürchtigen Aufständischen und leitet über zum Hauptstrang der Handlung. V 37–42

Tod des Johannes

Mit V 43 wird der Erzählfaden von V 32 f. wieder aufgenommen. Unter der Voraussetzung, dass die in V 37–42 enthaltene Episode keine nachträgliche Hinzufügung ist (anders *Borchardt* 2014, 108 f.), bezieht sich das unbestimmte Objekt »davon« auf die Vergeltungsaktion der Rebellen. Der Angriff des Bakchides am Jordan an einem Sabbattag weist zurück auf 2,32–38 und bereitet die direkte Rede des Jonathan im Lager der Judäer (V 44–46) narrativ vor, welche ihrerseits anzeigen soll, dass angesichts der tödlichen Bedrohung durch die übermächtigen Feinde Israels die aktive Verteidigung V 43–46 auch während des traditionellen jüdischen Ruhetags erlaubt ist (vgl. 2,39–41). Eine weitere Funktion dieser Rede besteht darin, dass hier unter Verwendung biblischer Motive (vgl. Ri 12,1–6; 1 Chr 19,10) die unbedingte Notwendigkeit des Gebets um Sieg Erwähnung findet (vgl. Ri 3,9.15; 4,3; 6,6f.; Ps 22 [LXX 21],6 u.ö.). Die Passivform »ihr werdet gerettet« weist dabei auf das erhoffte Eingreifen Gottes zugunsten seiner bedrängten Frommen hin.

V 47–49 Die Kampfschilderung konzentriert sich auf die taktische Bedeutung des Jordanflusses für die gegnerischen Parteien, wobei zwar keine eindeutige Entscheidung zugunsten des Jonathan oder des Bakchides fällt, aber vom Erzähler schwere Verluste der Syrer bilanziert werden (zur stilisierten Zahlenangabe »eintausend« vgl. 2,38; Ri 9,49; 15,15f.), was die Erhörung des vorangehenden Bittgebets abschließend bekräftigt.

Die Festigung der Herrschaft in Judäa (9,50–57)

Text

Übersetzung

50 Und er kehrte nach Jerusalem zurück und begann, die Städte in Judäa zu befestigen: die Festung von Jericho, Ammaus, Baithoron, Baitel, Thamnata Pharaton und Tephon, jeweils mit hohen Mauern und Toren und Riegeln.
51 Und er stationierte eine Besatzung in ihnen, um Israel zu befehden.
52 Er befestigte auch die Stadt Baitsura und Geser und die Burg und stationierte Truppen in ihnen und versorgte sie mit Lebensmitteln. 53 Und er
nahm die Söhne der führenden Leute im Land als Geiseln und setzte sie in
der Burg in Jerusalem in Haft. 54 Und im Jahre 153, im zweiten Monat,
ordnete Alkimos an, die Mauer des inneren Hofes des Heiligtums niederzureißen, und er begann mit dem Niederreißen, und riss so die Werke der
Propheten nieder. 55 Zu jener Zeit traf Alkimos der Schlag, und seine Pläne
wurden verhindert. Sein Mund wurde verstopft, und er wurde gelähmt, konnte kein Wort mehr sprechen und sein Haus nicht mehr bestellen.
56 Und Alkimos starb zu jener Zeit unter großer Qual. 57 Als Bakchides
sah, dass Alkimos gestorben war, kehrte er zum König zurück und das Land Juda hatte für zwei Jahre Ruhe.

Zu Text und Übersetzung

V 50: Subjekt des Satzes ist Bakchides. Das von den meisten Handschriften nicht gebotene καί (»und«) vor dem Toponym Φαρατων (anders La$^{L G B V}$ SyI.II und Josephus, Ant. XIII 15) deutet darauf hin, dass es als Apposition zu Θαμναθα gehört

(»Thamnata Pharaton«). Die Lokalisierung dieses Ortes ist indes unsicher (vgl. Jos 15,57; 19,43; Ri 12,15).

V 52: Die ἄκρα (»Burg«) bezeichnet die bewaffnete syrische Garnison in der Davidstadt.

V 55: Die Wendung ἐντείλασθαι περὶ τοῦ οἴκου αὐτοῦ (»sein Haus bestellen«) entspricht hebr. צוה לביתו und bedeutet das Treffen von Vorkehrungen und Weisungen für den Fall des eigenen Ablebens (vgl. 2 Sam 17,23; 2 Kön 20,1).

V 57: Zur Wendung ἡσύχασεν ἡ γῆ (»das Land hatte Ruhe«) und zum archaisierenden Toponym γῆ Ιουδα (»Land Juda«) vgl. 7,50.

Analyse und Auslegung

Die beiden Themen des kurzen Abschnitts sind die Festigung der syrischen Herrschaft in der Provinz durch ein Netz von Festungsanlagen und der Tod des Hohenpriesters Alkimos. Letzterer wird von Josephus (Ant. XII 413) bereits vor dem Bündnisvertrag der judäischen Aufständischen mit Rom eingeordnet.

V 50–53

Festigung der syrischen Herrschaft

Der Schauplatzwechsel leitet die Darstellung der von Bakchides durchgeführten Verstärkung der Befestigungslinie an der Nordgrenze Judäas und ihrer Besetzung mit syrischen Garnisonstruppen ein (vgl. 10,12); die signifikante Häufung der Ortsnamen soll auch hier die Authentie des Erzählten hervorheben. Genannt werden die Oase Jericho (vgl. Jos 2,1 f.; 6,1–26; 1 Kön 16,34), der Ort Ammaus (vgl. 3,40), die Festungsstadt Baithoron (vgl. 3,16), die ehemalige ephraimitische Grenzstadt Baitel (Bet-El; vgl. Gen 12,8; Jos 16,1; Neh 11,31), Thamnata Pharaton (s. o.) und die wohl im Südwesten von Nablus zu lokalisierende Siedlung Tephon (vgl. Jos 16,8; 17,7). In V 51 werden die Feinde des Gottesvolkes den Aufständischen als dem wahren »Israel« (vgl. 1,36.58; 4,25.27; 9,27) gegenübergestellt. In V 52 setzt sich die Aufzählung der seleukidischen Festungen in Judäa fort; genannt werden hier die Städte Baitsura (vgl. 4,29.61; 6,50) und Geser (4,15) sowie die Akra auf dem Jerusalemer Tempelberg (vgl. 1,33; 5,53). Die in V 53 erwähnte Geiselnahme (vgl. 10,6) sollte das andauernde Wohlverhalten der Führungsschicht in der unruhigen Provinz sichern.

V 54–57

Durch einen Zeitsprung bzw. eine ausführliche Datierung (der zweite Monat Ijjar [hebr. אייר] im Jahre 153 nach der seleukidischen Frühjahrsära [vgl. 4,52] beginnt im Jahre 160 v. Chr.) und durch die dreimalige Wiederholung des Verbs »niederreißen« als besonders bedeutsam markiert, berichtet die Erzählung vom Abbruch des »inneren Hofs des Heiligtums« durch Alkimos, dessen fortgesetzte Amtsautorität als Hoherpriester auch während der makkabäischen Erhebung durch diesen Vorgang implizit zum Ausdruck kommt. Die Vorhöfe im Jerusalemer Tempel (vgl. 4,38.48) unterschieden sich durch die von innen nach außen abnehmende Heiligkeit, die sie repräsentierten und auch von allen Personen, die sie betraten, einforderten. Gemeint ist hier die Abgrenzung zwischen dem »Priestervorhof«, den allein die diensthabenden Priester im Zustand ritueller Reinheit betreten durften (vgl. Ez 42,13 f.; 44,15–21), und dem hiervon baulich abgetrennten »Vorhof der Israeliten«, von dem aus jeder männliche und rituell reine Jude dem Opfergottesdienst beiwohnen konnte (der vom eigentlichen Tempelareal [vgl. 7,33] durch eine Umzäunung [»Soreg«, vgl. mMiddot II 3] abgetrennte »äußere Tempelvorhof« bzw. »Vorhof der Völker« [vgl. Apg 21,28; Offb 11,2] wurde erst unter Herodes d. Gr. erbaut). Die Qualifikation der ursprünglichen Tempelbauten als göttlich inspirierte »Werke der Propheten«, deren Zerstörung dem Erzähler als gottloser Akt gilt, nimmt auf die biblische Tradition Bezug (vgl. Esra 5,1 f.; 6,14; Hag 1,1–8; Sach 4,8 f.) und deutet in propagandistischer Weise an, dass das ausführlich beschriebene, qualvolle Sterben des Alkimos (vgl. 6,8–13 sowie Jes 27,6 f.) ziemlich genau ein Jahr nach dem Tod des Judas (vgl. 9,3.18) als gerechte Spiegelstrafe für sein lästerliches Reden und schändliches Handeln verstanden werden soll (vgl. GenR 65,22 zu 27,27 sowie Mk 9,43–47). Akzentuiert wird diese Bewertung als Gottesurteil auch durch den zweimaligen Gebrauch der – den biblischen Erzählwerken entlehnten – Phrase »zu jener Zeit« (V 55 f.; vgl. V 31) und durch die drei Passivformen (»sie wurden verhindert«; »er wurde verstopft«; »er wurde gelähmt«), die ihrerseits auf Gott als den eigentlich Handelnden verweisen. In V 57 wird eine Kausalverbindung zwischen dem Tod des Alkimos und dem Rückzug des Bakchides nach Antiocheia (vgl. 7,9) hergestellt, welche in erster Linie auf die hohe Bedeutung dieses Ereignisses für die Aufständischen (bzw. für den hasmonäertreuen Erzähler) hindeutet. Der abschließende Hinweis auf eine dem Abzug des Bakchides folgende, zweijährige Periode der »Ruhe« in Judäa dient zum einen als Abschluss des Abschnitts, deutet zum anderen jedoch die zukünftigen Konflikte an.

Tod des Alkimos

Die Tatsache, dass das Hohepriestertum im 1. Makkabäerbuch erst wieder im Zusammenhang mit der Amtseinsetzung Jonathans im Jahre 152 v. Chr. erwähnt wird (10,20 f.), hat in der neueren Forschung Mutmaßungen provoziert, dass der Amtszeit des Alkimos das Hohepriestertum des in den Textfunden vom Toten Meer wiederholt erwähnten (vgl. 1QpHab VIII 1–3; 4QpPs[a] III 15 f.; CD XX 32) »Lehrers der Gerechtigkeit« gefolgt sei, der später von Jonathan widerrechtlich verdrängt wurde (zur Erwähnung von »Essenern« zur Zeit Jonathans vgl. Josephus, Ant. XIII 171 f.). Als Hauptargument gegen derartige Mutmaßungen kann gelten, dass eine solche radikal toratreue, priesterliche Gestalt, wie sie die Textfunde vom Toten Meer zeichnen, niemals als loyaler Funktionsträger und Befürworter der seleukidischen Interessen in Judäa fungiert hätte. Weitaus wahrscheinlicher ist, dass das Hohepriesteramt nach Alkimos entweder tatsächlich für einige Jahre vakant war, oder aber von Demetrios I. Soter mit einem uns unbekannten Amtsträger besetzt wurde.

Der Friedensschluss zwischen Bakchides und Jonathan (9,58–73)

Text

Übersetzung

58 Und es beschlossen alle Verächter des Gesetzes: Seht, Jonathan und seine Leute leben in Frieden und sind sorglos; lasst uns jetzt den Bakchides holen, dass er sie allesamt in einer Nacht ergreife. 59 Und sie gingen und berieten sich mit ihm. 60 Und er brach auf, um mit einer großen Streitmacht anzurücken, und er sandte insgeheim Briefe an alle seine Bundesgenossen in Judäa, damit sie Jonathan und seine Leute ergriffen. Aber es gelang ihnen nicht, weil ihr Plan bekannt geworden war. 61 Von den Männern des Landes aber, von den Anstiftern der Bosheit, ergriffen sie fast fünfzig Mann und töteten sie. 62 Und Jonathan zog sich mit Simon und mit seinen Leuten nach Baitbasi in die Wüste zurück, und er stellte seine zerstörten (Befestigungen) wieder her und verstärkte es. 63 Als Bakchides davon erfuhr, versammelte er sein gesamtes Aufgebot und bot auch die Männer aus Judäa auf. 64 Und er zog aus und belagerte Baitbasi und bekämpfte es viele Tage und stellte Belagerungsmaschinen her. 65 Jonathan aber ließ seinen Bruder Simon in der Stadt zurück und zog mit wenigen Männern in das offene Land. 66 Und er erschlug Odomera und seine Brüder und die Söhne Phasirons in ihrem Zeltlager, und sie begannen Schläge auszuteilen und zogen mit Truppen voran. 67 Simon und seine Leute aber machten einen Ausfall aus der Stadt und steckten die Belagerungsmaschinen in Brand. 68 Und sie kämpften gegen Bakchides, und er wurde von ihnen aufgerieben, und sie setzten ihm sehr zu, weil sein Plan und sein Anmarsch vergeblich waren. 69 Und sein Zorn entbrannte über die gesetzlosen Männer, die ihm geraten hatten, in die Provinz zu ziehen, und sie töteten viele von ihnen. Und sie beschlossen, in sein Land abzuziehen. 70 Als Jonathan davon erfuhr, schickte er Unterhändler zu ihm, um mit ihm Frieden zu schließen und damit er ihnen die Kriegsgefangenen zurückgebe. 71 Und er willigte ein und handelte seinen Bitten gemäß und schwor einen Eid, er werde, so lange er lebe, für ihn kein Unheil mehr verfolgen. 72 Und er gab ihm die Kriegsgefangenen zurück, die er zuvor aus Juda in die Gefangenschaft geführt hatte, kehrte um, zog ab in sein Land und kam nie wieder in ihr Gebiet. 73 Und das Schwert ließ ab von Israel, und Jonathan ließ sich in Machmas nieder, und Jonathan begann über das Volk zu richten und entfernte die Gottlosen aus Israel.

Zu Text und Übersetzung

V 59: Die Wendung συνεβουλεύσαντο (»sie berieten sich«) bedeutet in der LXX häufig »sie erteilten Rat« (vgl. 1 Kön 12,8.13; 2 Chr 10,8).

V 60: Subjekt des Satzes ist Bakchides.

V 61: Das zu συνέλαβον gehörende Subjekt scheinen die Syrer zu sein. Wahrscheinlich ist die Wendung τῶν ἀρχηγῶν τῆς κακίας (»von den Anstiftern der Bosheit«) eine Dublette zu V 69b bzw. eine nachträglich in den Text eingedrungene Glosse, die fälschlich Jonathan als Subjekt des Satzes annimmt (vgl. Josephus, Ant. XIII 25).

V 62: Die Formulierung ἐστερέωσαν αὐτήν (»er verstärkte es«) bezieht sich auf die Befestigung Baitbasis.

V 64: Die Pluralform μηχανάς (»Maschinen«) wird hier als unspezifische Bezeichnung von Belagerungsgeräten wie z. B. Rammböcke und Belagerungstürme gebraucht (vgl. 6,20).

V 65: Der Ausdruck ἐν ἀριθμῷ (hier: »wenige«) scheint hebr. מספר zu entsprechen (vgl. Gen 34,30).

V 69: Subjekt des Satzes ist Bakchides. An Stelle des Plurals ἀπέκτειναν (»sie töteten«) lesen eine Reihe von Handschriften und Übersetzungen (L 19 107 311 La^{V} SyI.II) sowie *Rahlfs* den Singular, der ὠργίσθη θυμῷ (»[sein] Zorn entbrannte«; vgl. 3,27) entspricht. Weiterhin lesen A V, sämtliche Minuskeln, La^{V} und SyI.II sowie *Rahlfs* an Stelle des Plurals ἐβουλεύσαντο (»sie beschlossen«) den Singular ἐβουλεύσατο (»er beschloss«), was dem folgenden Personalpronomen αὐτοῦ (»sein«) entspricht.

V 71: Subjekt des Satzes ist Bakchides. Die Wendung πάσας τὰς ἡμέρας τῆς ζωῆς αὐτοῦ (»so lange er lebte«; wörtl. »alle Tage seines Lebens«) ist vermutlich Wiedergabe von hebr. כל ימי חייו (vgl. Gen 3,17; Dtn 6,2; 16,3; 17,19 u. ö.). Zur Wendung ἐκζητεῖν κακός (»Unheil verfolgen«) vgl. 6,15.

V 72: Die Wendung ᾐχμαλώτευσεν αἰχμαλωσίαν (»er führte in die Gefangenschaft«) entspricht hebr. שבה שבי (vgl. Ri 5,12; 2 Chr 28,5.17; Ps 68 [LXX 67],19; Am 1,6). Die Verbform προσέθετο (wörtl. »er fügte hinzu«) entspricht hier hebr. יסף mit folgendem Infinitiv zum Ausdruck eines wiederholten Vorgangs (vgl. V 1).

Analyse und Auslegung

Der Abschnitt stellt den weiteren Aufstieg Jonathans im Kontext eines narrativen Dreiecksverhältnisses zwischen 1. dem Anführer der Rebellen und seinen Gefolgsleuten, 2. den judäischen Gegnern der Aufständischen, und 3. dem seleukidischen Feldherrn Bakchides und seiner gewaltigen Streitmacht dar. Während sowohl die militärischen als auch die diplomatischen Unternehmungen Jonathans gegen seine in- und ausländischen Feinde durchweg gelingen und in eine Periode des Friedens im Land münden, schlagen die Mehrzahl der Angriffe des Bakchides auf ihre judäischen Gegner und sowohl seine Geheimdiplomatie als auch der Verrat der »Apostaten« letztendlich fehl, was schließlich zu deren Bestrafung durch die Syrer führt (vgl. Josephus, Ant. XIII 22–34).

V 58–61 Der Wechsel der Handlungsträger in V 58a korrespondiert mit dem vorangehenden Zeitsprung sowie mit dem Hinweis auf die temporäre ἡσυχία

Diplomatie Jonathans (»Ruhe«) im Land (vgl. 57 sowie Lev 25,19). Die in direkter Rede formulierte Willensbekundung der einheimischen Gegner Jonathans und ihre willentliche Annäherung an Bakchides (V 59) unterstreichen ihre maßgebliche Schuld am Einfall der feindlichen Streitmacht; die Gegenüberstellung »aller« Verächter der Tora und der »allesamt« zu ergreifenden Frommen markiert zudem eine unüberbrückbare Differenz zwischen den beiden judäischen Parteien. In V 60f. wird die misslungene Ausführung dieses Plans beschrieben; auch hier ist wieder von »allen« Bundesgenossen des Bakchides im Land die Rede, deren Treulosigkeit trotz des rechtzeitigen Bekanntwerdens ihres Vorhabens (vgl. 6,3; 7,31) den Tod vieler Judäer verursacht.

In rascher Aufeinanderfolge kurzer Kampfszenen mit jeweils unterschiedlichen Pro- und Antagonisten beschreibt der Erzähler die blutigen Auseinandersetzungen zwischen der seleukidischen Streitmacht und den Judäern. Der Standort Jonathans und seiner Gefolgsleute in der (nicht mehr zu lokalisierenden; vgl. Josephus, Ant. XIII 26 sowie SyI z.St.) judäischen Festungsstadt Baitbasi ist narrativer Ausgangspunkt sowohl der Bekämpfung von mit den Seleukiden alliierten Beduinen (die beiden genannten Stammesverbände sind nicht mehr zu identifizieren) durch Jonathan (V 65f.) als auch der erfolgreichen Abwehr der übermächtigen Belagerer Baitbasis durch seinen Bruder Simon (V 67f.; vgl. 1 Sam 30,6; 2 Sam 13,2). Die Konsequenz des Heldenmuts der beiden verbliebenen Mattathiassöhne besteht in der Bestrafung der abtrünnigen Judäer durch Bakchides (vgl. 7,19) und seinem Beschluss, den Rückzug nach Antiocheia anzutreten. V 62–69

Der implizite Botenbericht an Jonathan motiviert dessen Friedensinitiative. Seine Forderung nach Freilassung der judäischen »Kriegsgefangenen« scheint sich nicht auf V 53 zu beziehen, sondern bereitet ihre Erfüllung durch Bakchides (V 72) narrativ vor, welche ihrerseits 2 Chr 28,9–14 nachgebildet zu sein scheint. Der in indirekter Rede formulierte »Eid« des syrischen Feldherrn (V 71) betont die unbestrittene Autorität des Jonathan, dient aber zugleich auch als Aufmerksamkeitssignal, das dem Leser den Fortbestand der Bedrohung Israels durch seine hinterlistigen Feinde signalisieren soll (vgl. 6,61f.; 7,15–18). In V 72f. meldet sich am Abschluss des Abschnitts der auktoriale Erzähler zu Wort, der zunächst (unter Durchbrechung der fortlaufenden narrativen Chronologie; vgl. 3,12) den Abzug und das andauerende Fernbleiben des Bakchides konstatiert, und sodann eine das erzählte Geschehen zusammenfassende und in idealisierender Weise deutende, poetische Passage (vgl. S. 47) in archaisierender, auf die idealisierte Frühzeit Israels verweisender Terminologie und in der Form des chiastischen *Parallelismus membrorum* anführt. Hierbei korrespondiert der (tatsächlich wohl von den Vorgängen in Jerusalem weitgehend isolierte) langjährige Aufenthaltsort Jonathans und seiner Anhänger (vgl. 10,1) in der auf dem Gebiet des Stammes Benjamin im Bergland ca. 15 km nördlich der Provinzhauptstadt liegenden, ausgedehnten Siedlung Machmas (vgl. 1 Sam V 70–73

13,2; 14,1–17 [M. als Versteck Jonathans] sowie Jes 10,28; Esra 2,27) mit seinem nunmehr beginnenden Wirken (vgl. den ingressiven Aorist ἤρξατο) als »Richter« (vgl. 2,55; Ri 3,10; 4,4; 12,7; 15,20; 1 Sam 7,6 sowie 1 Kön 3,9; 2 Kön 15,5) über sein »Volk« (der griech. Begriff λαός bezeichnet hier keine politische Institution, sondern das gottesfürchtige Volk Israel; vgl. 2,7.66 f.; 3,5; 4,31 u.ö.). Zugleich entsprechen sich die bildhafte Umschreibung der vorläufigen Waffenruhe (»das Schwert ließ ab von Israel«; vgl. 1,64; Jes 2,4) und die (als umfassend vorgestellte) Bestrafung und Vertreibung der judäischen Kollaborateure durch Jonathan (vgl. Dtn 19,19; 21,21). Es ist auffällig, dass der Erzähler keine die Hasmonäerherrschaft ätiologisch legitimierende Memorialfunktion mit dem Ort Machmas verbindet.

Das Bündnisangebot des Demetrios I. Soter (10,1–14)

Text

Übersetzung

10,1 Und im Jahre 160 zog Alexander, der (Sohn) des Antiochos, mit dem Beinamen Epiphanes, los und nahm Ptolemaïs ein, und sie ergaben sich ihm, und er herrschte dort als König. 2 Als der König Demetrios davon hörte, rekrutierte er gewaltige Streitkräfte und zog ihm entgegen in den Kampf. 3 Und Demetrios sandte einen Brief an Jonathan mit der friedlichen Botschaft, dass er ihm zu großer Macht verhelfen werde. 4 Denn er sagte: Wir wollen als Erste mit ihnen Frieden schließen, bevor er sich mit Alexander gegen uns verbündet, 5 denn er wird sich aller schlimmen Taten erinnern, die wir ihm, seinen Brüdern und dem Volk angetan haben. 6 Und er gab ihm die Erlaubnis, Truppen zu rekrutieren, Waffen herzustellen und sein Bundesgenosse zu sein, und er versprach, ihm die Geiseln zurückzugeben, die sich in der Burg befanden. 7 Und Jonathan kam nach Jerusalem und las dem gesamten Volk und den Bewohnern der Burg den Brief vor. 8 Sie aber gerieten in große Furcht, als sie hörten, dass der König ihm die Erlaubnis gegeben hatte, Truppen zu rekrutieren. 9 Und die Bewohner der Burg gaben Jonathan die Geiseln zurück, und er übergab sie ihren Eltern. 10 Jonathan aber ließ sich in Jerusalem nieder und begann die Stadt instand zu setzen und zu erneuern. 11 Und er befahl denen, die die Arbeiten ausführten, die Mauern und den Berg Zion ringsum zur Befestigung aus Quadersteinen zu erbauen. Und so machten sie es. 12 Und es flohen die Fremden, die in den Festungen waren, die Bakchides errichtet hatte, 13 und ein jeder verließ seinen Posten und zog ab in sein Land. 14 Allein in Baitsura blieben einige von den Abtrünnigen und den Verächtern des Gesetzes zurück, denn dort hatten sie eine Freistadt.

Zu Text und Übersetzung

V 1: Subjekt des Verbs ἐπεδέξαντο (»sie ergaben sich«) sind die Bewohner der Stadt Ptolemaïs. Die Apposition ὁ Επιφανης bezieht sich ursprünglich wohl auf Antiochos.

V 3: Der Plural ἐπιστολάς (»Brief«; wörtl. »Briefe«) entspricht hier und in V 7 hebr. ספרים (vgl. 2 Kön 19,14; 20,12; Jes 37,14; 39,1; Jer 29,25). Die Formulierung ὥστε μεγαλῦναι αὐτόν (»dass er ihm zu großer Macht verhelfen werde«; wörtl. »dass er ihn groß machen werde«) scheint auf Dan 2,48 Bezug zu nehmen.

V 4: Zum *Pluralis majestatis* vgl. 6,59. Das Personalpronomen αὐτῶν (»ihnen«) bezieht sich auf die Judäer. Die gemäß ihrem unmittelbaren Kontext übersetzte Wendung θεῖναι [εἰρήνην] καθ' ἡμῶν (»sich gegen uns verbünden«) bedeutet wörtl. »gegen uns Frieden schließen«.

V 6: Subjekt des Satzes ist Demetrios I. Die ἄκρα (»Burg«; vgl. V 7) ist die syrische Garnison in der Davidstadt (vgl. 1,33; 4,2).

V 7: Die Wendung ἀνέγνω εἰς τὰ ὦτα (»las vor«; wörtl. »las in die Ohren«) ist wahrscheinlich Wiedergabe von hebr. ויקרא באזנים (vgl. Ex 24,7; Jer 29 [LXX 36],29; 36 [LXX 43],15 u.ö.).

V 8: Subjekt des Satzes sind die Angehörigen der syrischen Garnison. Der Ausdruck ἐφοβήθησαν φόβον μέγαν (»sie gerieten in große Furcht«; wörtl. »sie fürchteten eine große Furcht«) ist möglicherweise als Wiedergabe der hebr. *Figura etymologica* ויירא יראה גדולה zu verstehen (vgl. Ps 53 [LXX 52],6; Jes 8,12; Jona 1,10 sowie Lk 2,9).

V 11: Der ὄρος Σιων (»Berg Zion«) ist der Tempelberg in Jerusalem (vgl. 4,37).

Analyse und Auslegung

In Kap. 10 werden diplomatische Kontakte und militärische Auseinandersetzungen der aufständischen Judäer mit den (ihrerseits mit internen Thronstreitigkeiten belasteten) Seleukiden dargestellt, durch welche sowohl der innen- und außenpolitische Status Jonathans (auf sozialer Ebene realisiert durch seine »Ehre«; vgl. V 60.64.86) als auch die andauernde Legitimation der späteren Hasmonäerherrscher deutlich gefestigt werden. Die vom Erzähler in die Geschehensfolge integrierten (und den Erzählfluss merklich bremsenden) Dokumente, als deren eigentliches Leitthema die den Judäern zugestandenen »Erlasse und Geschenke« erscheinen, wurden indes nicht angeführt, um sie für die Nachwelt festzuhalten, sondern aufgrund der durch sie erfolgenden Bekräftigung des beanspruchten Realitätsgehalts (vgl. auch die hier gehäuft vorkommenden Datumsangaben) und ihrer spezifischen narrativen Bedeutung und Funktion innerhalb des 1. Makkabäerbuches selektiert, kontextualisiert und modifiziert bzw. frei gestaltet. Das Zusammenfallen von Erzählzeit und erzählter Zeit in diesen Stücken entspricht zugleich der besonderen Bedeutung, die der Erzähler ihnen beimisst.

Der erste Abschnitt des Kapitels behandelt zunächst ein Bündnisangebot des Demetrios I. Soter an Jonathan (vgl. Josephus, Ant. XIII 35–42).

V 1–2 In V 1 zeigen sowohl die durch die Datierung (das Jahr 160 der seleukidischen Herbstära beginnt im Jahre 152 v. Chr.; vgl. V 21) markierte narrative Ellipse (vgl. 9,54) als auch der Wechsel der Handlungsebene einen Neueinsatz an. Mit dem Usurpator Alexander Balas aus Smyrna (die Herkunft des Beinamens »Balas« ist unklar; möglicherweise hängt er mit hebr. בעל [»Herr«] zusammen) wird zudem ein neuer Aktant in das Geschehen eingeführt. Der von Attalos II., dem König von Pergamon (vgl. 15,22), mit Duldung Roms und Ägyptens als »Sohn« und rechtmäßiger Erbe des Antiochos IV. Epiphanes ausgegebene und gegen Demetrios I. aufgestellte Thronkonkurrent dubioser Herkunft (vgl. Polybios, *Hist.* XXXIII 15; 18,6–13; Appian, *Syr.* 67) lässt sich in der Hafenstadt Ptolemaïs (vgl. 5,22), dem biblischen Akko (vgl. Ri 1,31 f.), zum König ausrufen; der vorangehende Makrokontext (8,12 f.31 f.) lässt den Leser daran denken, dass sein Vorgehen von Rom unterstützt oder zumindest gebilligt wurde. V 2 konstatiert die unmittelbare Reaktion des in Antiocheia herrschenden Demetrios I., der sich seinem Konkurrenten um die Alleinherrschaft mit einem großen Söldnerheer entgegenstellt.

V 3–6 Die Ansprüche Alexanders auf den Seleukidenthron werden als Beweggrund für die Abfassung eines Briefs des Demetrios I. an Jonathan angeführt, wobei der Erzähler die begründete Willensbekundung des Königs in V 4 f. in direkter innerer Rede wiedergibt. Wenn die »friedliche Botschaft« (V 3) vorab als ein textinterner Verweis auf 1,30 und 7,10 betrachtet wird, bringt sie implizit zum Ausdruck, dass ihrem Wortlaut keinesfalls zu trauen ist (vgl. 7,18). In der direkten Rede selbst erklärt der Seleukidenherrscher seine Absicht, durch sein eigenes Angebot einer möglichen Allianz der judäischen Rebellen mit seinem Widersacher Alexander zuvorzukommen und zugleich zu verhindern, dass Jonathan sich wegen seiner bisherigen bösen Taten (vgl. 7,8–35; 9,1–27.50–57) an ihm rächt. Im Hintergrund steht auch hier die latente Bedrohung seiner Herrschaft durch die überlegene Weltmacht Rom (vgl. 8,31 f.). Die Formulierung »ihm, seinen Brüdern und dem Volk« am Ende von V 5 kann ihrerseits als ein erneuter impliziter Verweis auf den Herrschaftsanspruch der Hasmonäerdynastie gelten. In V 6 werden in indirekter Rede vier Zugeständnisse an die Rebellen aufgezählt, wobei die direkte Dependenz zwischen ihrer Gewährung und dem Einverständnis der Judäer allein durch das Verb »er versprach« erkennbar wird. Die sachlich zusammenhängenden (und nicht ausdrücklich konditionierten) ersten drei Zusagen der Syrer beschränken sich auf die Erlaubnis, das Seleukidenreich mit eigenen bewaffneten Truppen aus der Provinz zu unterstützen. Die vierte Zusage betrifft die mögliche Freigabe der in der syrischen Garnison auf dem Tempelberg festgehaltenen judäischen Geiseln (vgl. 9,53), was – zu-

Diplomatische Kontakte

mindest innerhalb des erzählten Geschehens – die Unterstützung Jonathans durch die Jerusalemer Aristokratie zu sichern vermag.

Bereits die öffentliche Verlesung des königlichen Angebots in Jerusalem durch den Anführer der Aufständischen selbst (vgl. 9,73) bewirkt nun tiefe Bestürzung unter den Syrern in der Akra und die Herausgabe aller von ihnen eingesperrten Judäer an Jonathan, der sie seinerseits sogleich ihren Angehörigen übergibt. In Anlehnung an 2 Sam 5,9f. berichtet V 10f. davon, dass Jonathan seinen Wohnsitz von Machmas nach Jerusalem verlegt und die Stadt wieder aufbaut und befestigt. Damit wird er nicht nur mit Zügen König Davids ausgestattet und als positives Gegenbild zu Alkimos gezeichnet (vgl. 9,54), sondern zugleich auch zum unbestrittenen Inhaber der politischen Herrschaft über die Stadt als das Zentrum eines Territorialstaates erklärt. V 11 fokussiert den Bericht auf die Ausführung der von Jonathan angeordneten Ausbesserungsmaßnahmen an der Stadtmauer und auf den Tempelberg, dessen massive Befestigung ringsum (vgl. 4,60) durch den Eidbruch der Syrer zerstört wurde (vgl. 6,62). V 7–11

Flucht der syrischen Truppen

Die Bemerkung, dass auch die vom syrischen Heerführer Bakchides in den Festungen entlang der Nordgrenze Judäas sowie in Baitsura und Geser stationierten Garnisonstruppen (vgl. 9,50–52; 11,41) angesichts der vermeintlichen seleukidischen Billigung der Herrschaft des Jonathan aus der Provinz fliehen, bringt den Erzählabschnitt in V 12f. zu einem vorläufigen Ende. Die in V 14 nachgetragene Erwähnung vom weiteren Aufenthalt »einiger« judäischer Verräter und fremdstämmiger Kolonisten (vgl. 1,13; 6,21) begründet ihren Verbleib im Land mittels eines kommentarartigen Hinweises des Erzählers auf das biblische Institut der rettenden »Asylstadt« (vgl. Num 35,9–15; Jos 20,2–9) und kennzeichnet damit zugleich ihre faktische Machtlosigkeit. V 12–14

Die Einsetzung Jonathans zum Hohenpriester durch Alexander Balas (10,15–21)

Text

Übersetzung

15 Als der König Alexander von den Versprechungen hörte, die Demetrios dem Jonathan gemacht hatte, und sie ihm von den Schlachten und von den Heldentaten erzählten, die er und seine Brüder vollbracht hatten, und von den Anstrengungen, die sie ausgehalten hatten, 16 sprach er: Können wir so einen Mann noch einmal finden? Lasst ihn uns jetzt zu unserem Freund

und Bundesgenossen machen! 17 Und er schrieb einen Brief und sandte Boten zu ihm mit der folgenden Botschaft: 18 König Alexander entbietet seinem Bruder Jonathan seinen Gruß! 19 Nachdem wir über dich gehört haben, dass du ein besonders tapferer Mann bist, der würdig ist, unser Freund zu sein, 20 setzen wir dich nun heute als Hohenpriester deines Volkes ein und ernennen dich zum Freund des Königs – und er sandte ihm ein Purpurgewand und einen goldenen Kranz –, der unsere Interessen wahrt und mit uns Freundschaft hält. 21 Und im siebten Monat im Jahre 160, am Laubhüttenfest, zog Jonathan den heiligen Mantel an, er rekrutierte Truppen und stellte viele Waffen her.

V 15: Die Verbform ἀπέστειλεν (»gemacht«) bedeutet wörtl. »gesandt«. Zu Text und Übersetzung

V 16: Der φίλος (τοῦ βασιλέως) (»Freund [des Königs]«) ist ein hoher seleukidischer Hoftitel (vgl. V 19 f. sowie 2,18).

V 17: Zur Übersetzung der Pluralform ἐπιστολάς (»Brief«; wörtl. »Briefe«) vgl. V 3. Die Formulierung κατὰ τοὺς λόγους τούτους (»mit der folgenden Botschaft«) entspricht der hebr. Wendung ככל הדברים האלה (vgl. 1,51).

V 18: Die Bezeichnung ἀδελφός (»Bruder«) ist hier vermutlich kein regulärer seleukidischer Hofrangtitel, sondern soll wohl die besonders nahe persönliche Beziehung des Herrschers zum (ihm untergebenen) Adressaten zum Ausdruck bringen (vgl. 11,30.32; Josephus, Ant. XIII 126 f. sowie *Snyder* 2014, 74).

V 19: Zum Ausdruck ἀνὴρ δυνατός (»tapferer Mann«) vgl. 2,42.

V 20: Die πορφύρα (»Purpurgewand«; wörtl. »Purpur«) ist zusammen mit dem »goldenen Kranz« ein Zeichen königlicher Würde (vgl. 8,14).

Analyse und Auslegung

Dem Bündnisangebot des Demetrios I. Soter folgt nun eine entsprechende Offerte seines Rivalen Alexander (Balas) an Jonathan. Die Kernaussage des kurzen Abschnitts besteht in der historischen und heilsgeschichtlichen Verankerung des hasmonäischen Hohenpriestertums (vgl. Josephus, Ant. XIII 43–45).

V 15–16 Der implizite Botenbericht in V 15 verknüpft die nachfolgende, mittels direkter Rede hervorgehobene und eine verneinende Antwort provozierende rhetorische Frage und die ihr unmittelbar folgende Willensbekundung des syrischen Kronprätendenten in dreifacher Weise mit dem vorangehenden Geschehen, indem er 1. auf Alexanders Brief an den Anführer der judäischen Rebellen (vgl. V 3–6), 2. auf Jonathans heldenhafte Kämpfe (vgl. 9,40.47–49.66) und 3. auf dessen Hingabe für sein Volk (vgl. 9,62.73 f.) verweist. Jonathans hierin insgesamt zum Ausdruck kommender, besonderer »Eifer« weist zurück auf das Lob des Phinees im Vermächtnis seines Vaters Mattathias (2,54) und bereitet zugleich seine nachfolgende Erhebung in das Weitere Bündnisangebote hohepriesterliche Amt bzw. den (durch ebensolchen »Eifer« begründeten) »Bund des ewigen Priestertums« (Num 25,13) für die gesamte Hasmonäerdynastie in legitimierender Weise vor. Auffällig ist, dass Jonathan im 1. Makkabäerbuch keine kultischen Funktionen ausübt, sondern allein in politischen und militärischen Kontexten als »Hoherpriester« begegnet (vgl. 11,27.57; 12,6.35–37).

Brief Alexanders an Jonathan

Das in V 17 narrativ gerahmte Schreiben Alexanders in direkter Rede beginnt mit dem üblichen brieflichen Präskript (vgl. Apg 15,23; 23,26); der Briefkorpus enthält sowohl die Einsetzung Jonathans zum Jerusalemer Hohenpriester als auch seine förmliche Ernennung zum hochrangigen »Freund des Königs« (vgl. 2,18 sowie 11,27.57). In V 19 werden diese beiden bedeutenden Zusagen durch die herausragende »Tapferkeit« des Anführers der gottesfürchtigen Rebellen begründet (s.o.). Mit V 20 nehmen die Erweiterung des Anspruchs der Makkabäerbrüder auch auf religiöse Autorität und das dynastische Hohepriestertum der Hasmonäer ihren – zumindest literarischen – Anfang. Das seit dem Tod des Aaroniden Alkimos (9,56) vermutlich langjährig verwaiste hohepriesterliche Amt (zur Dauer des sog. *Intersacerdotiums* vgl. Josephus, Ant. XIII 45 f.; XX 237) wurde nun entgegen der rechtlichen und kultischen Tradition bzw. der hierokratischen Verfassung des Tempelstaates (vgl. 2 Sam 8,17; Ez 40,46; 43,19; 48,11) durch einen fremden Herrscher mit einem Nichtzadokiden aus der Priesterklasse Joarib (vgl. 2,1; 14,29) besetzt. Den letzten bekannten zadokidischen Hohepriester Onias III. hatten seine Gegner bereits 170 v. Chr. ermordet (vgl. 2 Makk 4,33 f.); sein Sohn Onias IV. war daraufhin ins ptolemäische Ägypten geflohen, wo er in der Stadt Leontopolis im östlichen Nildelta einen eigenen jüdischen Tempel gründete (vgl. Josephus, Ant. XIII 62–77). Der in V 20 in den Brieftext als Parenthese eingeschobene Erzählerkommentar (vgl. V 62) konstatiert die Übersendung eines »Purpurgewands« (vgl. 8,14) und eines »goldenen Diadems« (vgl. 6,15) als äußerer Zeichen des neuen Status des Realpolitikers Jonathans, der nunmehr – unter der Voraussetzung seiner andauernden Loyalität – als privilegierter Vasallenregent über die Provinz herrschen kann (vgl. Est 8,15). Dass Jonathan Purpurgewand und Diadem zugleich auch tatsächlich öffentlich anlegte, um damit königlichen Rang und Macht zu demonstrieren, wird indes an keiner Stelle im 1. Makkabäerbuch erzählt (vgl. 8,14 f.). Ohne dass von einer zustimmenden Reaktion Jonathans auf Alexanders Brief die Rede ist, berichtet V 21 nun von seiner Einsetzung zum Hohenpriester (vgl. 14,47). Gemäß ihrer ausführlichen Datierung fand diese anlässlich des Laubhüttenfestes im siebten Monat Tischri (hebr. תשרי; September/Oktober) im Jahre 160 nach der seleukidischen Frühjahrsära (d. h. im Herbst des Jahres 152 v. Chr.) statt (vgl. 4,52). Die sachlich problematische Nähe dieses Termins zur vorangehenden Zeitangabe von V 1 beruht wahrscheinlich darauf, dass der Erzähler die von ihm gestaltete literarische Überleitung in V 1 dem bekannten V 17–21

Datum in V 21 nachgebildet hat (*Lebram* 1970, 69). Das vom 15. bis zum 21. Tischri dauernde Laubhüttenfest σκηνοπηγία (hebr. סכות; »Hütten«), ein altes kanaanäisches Bauernfest, dessen Begehung im Judentum im biblischen Narrativ verankert und mit der Heilsgeschichte Israels verbunden wurde, um umgedeutet und mit der Weltschöpfung, der Feier der Tempelweihe (1 Kön 8,2), der Königsherrschaft JHWHs vom Zion her (Ps 93 [LXX 92]. 96–99 [LXX 95–98]) oder der göttlichen Bewahrung der Israeliten während der Zeit des Exodus (Lev 23,42 f.) verknüpft zu werden, gehörte zur Zeit des zweiten Tempels zu den drei großen Wallfahrtsfesten (vgl. Lev 23,34; Dtn 16,16). Während der Festtage, zu denen zahlreiche jüdische Festpilger aus aller Welt nach Jerusalem kamen, fanden zu den Opfern im Tempel feierliche Prozessionen der Priester um den Brandopferaltar statt. Das Anlegen des hohenpriesterlichen Mantels (hebr. מעיל; vgl. Ex 28,4; Lev 8,7; Sir 45,9 f.), dem im antiken Judentum eine besondere identitätstiftende Bedeutung zukommt (vgl. Josephus, Bell. V 228–236), versinnbildlicht die Übertragung von legitimer Autorität und Macht; eigentümlich ist in diesem Zusammenhang die Konzentration auf militärische Handlungsrollen Jonathans (Aufstellung eines stehenden Heers und Aufrüstung) und die völlige Ausblendung der kultischen Funktionen seines Amts. Eine verbreitete Hypothese verbindet mit V 21 auch die Entstehung der von Josephus in Ant. XIII 171 f. zuerst erwähnten, häufig mit den Trägerkreisen der Textfunde vom Toten Meer gleichgesetzten Gemeinschaft der »Essener«, und identifiziert den in 1QpHab I 13; II 2 genannten »Lehrer der Gerechtigkeit« mit einem während des *Intersacerdotiums* amtierenden und von seinem Gegenspieler, dem »Frevelpriester« Jonathan (vgl. 1QpHab I 13; VIII 8–13.16; IX 9–11; XI 12; XII 7–10) gewaltsam verdrängten, legitimen (weil zadokidischen) Hohenpriester (*Stegemann* 1994, 206 f.). Auch die in den Textfunden vom Toten Meer wiederholt begegnende messianische Dyarchie eines priesterlichen und eines königlichen Messias (vgl. 1QS IX 10 f.; 1QM XI 6 u. ö.) ließe sich vor diesem Hintergrund als Ausdruck der Opposition gegen die hasmonäische Herrschaft verstehen, die beide Ämter vereinte.

Die Zugeständnisse des Demetrios I. Soter an Jonathan (10,22–45)

Text

Übersetzung

22 Als Demetrios diese Meldungen hörte, wurde er betrübt und sprach: 23 Was haben wir da getan, dass Alexander uns zuvorgekommen ist und sich die Freundschaft der Judäer zur Verstärkung erworben hat? 24 Auch ich will ihnen Worte der Ermunterung und der Ehrung und von Geschenken schreiben, damit sie mir eine Unterstützung werden. 25 Und er sandte ihnen Boten mit der folgenden Botschaft: König Demetrios entbietet dem Staatsvolk der Judäer seinen Gruß! 26 Bislang habt ihr die mit uns geschlossenen Vereinbarungen gehalten, seid in Freundschaft mit uns verblieben und seid nicht zu unseren Feinden übergelaufen. Wir haben davon gehört, und wir haben uns darüber gefreut. 27 Beharrt darauf, uns weiterhin die Treue zu halten, dann wollen wir euch die Wohltaten, die ihr uns erweist, mit Wohltaten vergelten. 28 Und wir wollen euch viele Abgaben erlassen und Geschenke gewähren. 29 Von nun an gewähre ich euch Freiheiten und erlasse allen Judäern die Tribute und die Salzsteuer und die Kranzsteuer. 30 Und ich verzichte von heute an auf den Gegenwert des Drittels der Feldfrüchte und den Gegenwert der Hälfte der Baumfrüchte, den zu nehmen mir zusteht, vom Land Juda und von den drei Bezirken, die ihm von Samaria und von Galiläa zugeschlagen sind, vom heutigen Tag an und für immer. 31 Und Jerusalem soll heilig und frei sein mitsamt den angrenzenden Gebieten, (auch) die Zehnten und die Abgaben (sollen heilig und frei sein). 32 Ich verzichte auch auf die Macht über die Burg, die sich in Jerusalem befindet, und übergebe sie dem Hohenpriester, damit er Männer, die er selbst ausgewählt hat, in ihr stationiere, um sie zu bewachen. 33 Und ich gebe jeden Judäer, der aus dem Land Juda gefangen in mein gesamtes Königreich fortgeführt wurde, ohne Lösegeld frei. Und alle sollen ihnen die Tribute erlassen, auch die für ihr Vieh. 34 Und alle Feste und Sabbate und Neumonde und besondere Tage und die drei Tage vor dem Fest und die drei Tage nach dem Fest: sie alle sollen für alle Judäer, die sich in meinem Königreich befinden, Tage der Abgabenfreiheit und des Erlasses sein. 35 Und niemand soll Vollmacht haben, einen von ihnen wegen irgendeiner Angelegenheit zu belangen oder zu belästigen. 36 Und man soll bis zu dreißigtausend Mann von den Judäern in die Truppen des Königs aufnehmen, und ihnen soll Sold gegeben werden, wie er allen Truppen des Königs zusteht. 37 Ein Teil von ihnen soll in die großen Festungen des Königs gelegt werden, und ein Teil von diesen soll in Ämter des Königreiches eingesetzt werden, die Vertrauensposten sind. Ihre Vorgesetzten und die Offiziere aber sollen aus ihren Reihen kommen und sie sollen nach ihren Gesetzen leben, wie es der König bereits im Land Judäa angeordnet hat. 38 Und die drei Bezirke, die Judäa von der Provinz Samaria zugeschlagen wurden, sind an Judäa anzugliedern, wodurch anerkannt wird, dass sie nur einem unterstehen und keiner anderen Macht gehorchen als der des Hohenpriesters. 39 Ptolemaïs und das zu ihm gehörende Gebiet habe ich dem Heiligtum in Jerusalem geschenkt zur Bestreitung der Ausgaben, die auf das Heiligtum entfallen. 40 Ich selbst aber gebe jährlich fünfzehntausend Silberschekel von den Einnahmen des Königs aus den entsprechenden Orten. 41 Und den ganzen Rest, den die Steuerbeamten nicht wie in den vorherigen Jahren abgeliefert haben, sollen sie von nun an für die Arbeiten des Hauses abgeben. 42 Und darüber hinaus die fünftausend Silberschekel, die sie von den Einkünften des Heiligtums, von der jährlichen Abrechnung erhoben haben: auch diese sollen erlassen werden, denn sie stehen den Priestern zu, die den Tempeldienst verrichten. 43 Und alle, die als Schuldner der Kasse des Königs oder aus einem anderen Grund in das Jerusalemer Heiligtum oder innerhalb seines ganzen Bezirkes flohen, sind mit allem, was ihnen in meinem Königreich gehört, loszusprechen. 44 Und die Mittel für die Errichtung und für die Erneuerung der Anlagen des Heiligtums sollen aus den Einnahmen des Königs gewährt werden. 45 Ebenso sollen die Mittel für die Errichtung der Mauern Jerusalems und für ihre Befestigung ringsum aus den Einnahmen des Königs gewährt werden, auch für den Bau der Mauern in Judäa.

Zu Text und Übersetzung

V 25: Die Formulierung κατὰ τοὺς λόγους τούτους (»mit der folgenden Botschaft«) scheint der hebr. Wendung ככל הדברים האלה zu entsprechen (vgl. V 17 sowie 1,51). Zur Wiedergabe von ἔθνος (»Staatsvolk«) vgl. 6,58.

V 27: Die Wendung ποιεῖν μεθ' (»erweisen«; wörtl. »tun an«) entspricht hebr. עשה עם/את (vgl. Ri 8,35; Ps 119 [LXX 118],124; 126 [LXX 125],3; Rut 2,11 sowie Apg 14,27).

V 28: Die beiden Ausdrücke ἀφήσομεν ἀφέματα (»wir wollen Abgaben erlassen«) und δώσομεν δόματα (»wir wollen Geschenke gewähren«) scheinen jeweils eine hebr. *Figura etymologica* zu imitieren (vgl. 13,37).

V 29: Die τιμὴ τοῦ ἁλός (»Salzsteuer«; wörtl. »Wert des Salzes«) ist eine bestimmte Menge an Salz, die dem seleukidischen Herrscher jährlich abzuliefern war (vgl. 11,35). Die τιμὴ τῶν στεφάνων (»Kranzsteuer«; wörtl. »Wert der Kränze«) ist eine weitere jährliche Zahlung, um sich der Gunst des seleukidischen Herrschers zu versichern.

V 30: Der Terminus νομός (»Bezirk«; vgl. V 38; 11,34.57; Jes 19,2) entspricht seinem im Seleukidenreich gebräuchlicheren Äquivalent τοπαρχία (vgl. 11,28). Zum archaisierenden Toponym γῆ Ιουδα (»Land Juda«; ebenso V 33) vgl. 7,50. Die sachlich unmögliche Angabe καὶ Γαλιλαιας (»und von Galiläa«) scheint ein irriger Zusatz zu sein. Alle drei genannten Bezirke liegen in Samaria (vgl. V 38 mitsamt der v.l. [*L* 58 311 SyI] sowie 11,28.34; Josephus, Ant. XIII 50).

V 31: Die beiden Nominative in der Formulierung αἱ δεκάται καὶ τὰ τέλη (»[auch] die Zehnten und die Abgaben [sollen heilig und frei sein]«) scheinen auf einem falschen Verständnis der hebr. Vorlage zu beruhen (vgl. V 32). In Fortführung des vorangehenden V 30 sind hier nämlich die für den Jerusalemer Tempel bestimmten Zehnten und Abgaben gemeint, deren Entrichtung Gebot der Tora ist (vgl. Ex 30,11–16; Lev 19,23 f.; 22,10–14; Num 18,11–18; Dtn 14,23–27; 26,12–15).

V 32: Die ἄκρα (»Burg«) ist die syrische Garnison in der Davidstadt (vgl. 1,33; 4,2).

V 33: Die Wendung πᾶσα ψυχή (»jeder«; wörtl. »jede Seele«) ist vermutlich Wiedergabe des hebr. Ausdrucks כל נפש (Gen 1,21; Jer 31 [LXX 38],25). V 33b schließt inhaltlich besser an V 34 an. Der Begriff φόροι (»Tribute«) könnte in diesem Kontext auch »Frondienste« bzw. »Spanndienste« einschließen (so auch Josephus, Ant. XIII 52; vgl. Ri 1,33; 1 Kön 4,6; 5,13 f.27 f.; 9,21; 2 Chr 8,8 u.ö.).

V 36: Das gemäß seinem unmittelbaren Kontext übersetzte Verb προσγράφω (»aufnehmen«) bedeutet wörtl. »aufschreiben«.

V 37: Der Oberbegriff χρεία (»Amt«) bezeichnet im 1. Makkabäerbuch unterschiedliche Arten von Diensten oder Funktionen im Rahmen einer staatlichen Verwaltungseinheit (vgl. 11,63; 13,15.37 sowie Polybios, *Hist.* IV 87,9; Diodor V 11,3).

V 41: Die ἔργα τοῦ οἴκου (»Arbeiten des Hauses«) sind die Aufwendungen für die Unterhaltung des Tempelgebäudes (מלאכת בית [יהוה]; Esra 3,8; 1 Chr 23,4; vgl. Neh 10,34) bzw. für den fortlaufenden Opferbetrieb im Tempel (עבודת בית [יהוה]; 1 Chr 28,13; 2 Chr 35,2; vgl. Neh 10,33 f.).

V 43: Anders als in den umgebenden Versen (Ιερουσαλημ) wird in diesem Vers der Ortsname Ιεροσολυμα (»Hierosolyma«) verwendet.

V 45: Der Satz καὶ ἡ δαπάνη … τὰ τείχη (»und die Mittel … der Mauern«) scheint ein Schreiberversehen (Dittographie) zu sein (vgl. V 44).

Analyse und Auslegung

Der Offerte Alexanders an Jonathan folgt ein umfangreiches Gegenangebot des Demetrios I. Soter, das sachlich auf eine Erneuerung der den Judäern zuvor bereits von Antiochos III. gewährten (bzw. von seinem Sohn Antiochos IV. wieder aufgehobenen; vgl. 1,20–51) Privilegien hinausläuft (vgl. Josephus, Ant. XII 138–144), und dessen narrativer Rahmen und briefliche Einleitung in Analogie zum vorangehenden Abschnitt formuliert sind. Gegen die Authentie des in direkter Rede formulierten Dokuments sprechen 1. das (insbesondere angesichts der bereits in 3,29–31 erwähnten, chronischen Finanznot der Seleukiden) ins Unglaubliche gesteigerte Ausmaß der Zusagen, 2. die deutlichen Übereinstimmungen des Angebots mit 11,30–37.41–43; 13,36–40 (vgl. 15,2–9), 3. die kenntnisreiche jüdische Binnenperspektive auf viele Erlasse und Erleichterungen, und 4. der recht ungeordnete Charakter der angeführten Zugeständnisse an die Rebellen. Vermutlich wurden hier unterschiedliche Traditionen und literarisch bearbeitete Archivstücke in kompilatorischer Weise frei miteinander verbunden (vgl. Josephus, Ant. XIII 46–57).

Der Aktantenwechsel markiert einen Neueinsatz der Handlung. Deutlich V 22–28
erkennbar sind indes die direkten Entsprechungen von V 22a und V 15 (im-

pliziter Botenbericht), V 22b und V 16a (rhetorische Frage), V 24 und V 16b (Willensbekundung), V 25a und V 17 (Abfassung eines Briefs), V 25b und V 18 (Briefpräskript) sowie V 26 und V 19 (*Captatio benevolentiae* bzw. Begründung der in dem Brief getroffenen Zusagen). Allein deren in V 23 angeführte, explizite Motivation und die affektive Reaktion des Königs (V 22) haben kein Gegenstück in dem vorangehenden Schreiben Alexanders. Ebenso wird Jonathan (anders als in V 18) im Präskript übergangen. Die allgemein gehaltene, bedingte Zusage von »Erlassen« und »Geschenken« (V 27 f.) verweist sodann auf die beiden Hauptthemen des folgenden Bündnisangebots. Zugeständnisse des Demetrios I.

V 29–37 Der Numeruswechsel in V 29 zeigt den Beginn des eigentlichen Schriftstücks an. Der Erlass der königlichen Personalsteuern durch Demetrios I. betrifft die unter dem Oberbegriff »Tribute« subsumierte, von allen Judäern jährlich zu entrichtende Kopfsteuer und Grundsteuer (vgl. *tributum capitis* und *tributum soli;* Aristoteles, *Oec.* 1345b, 28 – 1346a, 5), die (mit einem Salzregal verbundene) Besteuerung des im Toten Meer gewonnenen Mineralsalzes (vgl. 11,35; Galen, *De simpl. med. temp.* IV 20) und die (aus einem ursprünglich freiwilligen Ehrengeschenk hervorgegangene, später als regelmäßige Abgabe institutionalisierte) Kranz- bzw. Kronsteuer (vgl. *aurum coronarium;* 11,35; 13,39; 2 Makk 14,4; Polybios, *Hist.* XXII 17,4). V 30 stellt den Erlass der außergewöhnlich hohen (im Seleukidenreich üblich war eine Quote von 10 %), in Form von Naturalien oder deren Geldäquivalent zu entrichtenden Abgaben vom jährlichen Ertrag sämtlicher »Baumfrüchte« (vor allem Trauben, Oliven und Datteln) und »Feldfrüchte« (vor allem Getreide und Hülsenfrüchte) im Land (vgl. Lev 27,30) sowie in den drei, im südlichen Samaria gelegenen und nach ihren bedeutendsten Ansiedlungen benannten Bezirken Aphairema, Lydda (Lod) und Rhamathaim fest (vgl. 11,28.34; 15,30; Aphairema [Ephraim] liegt ca. 20 km nördlich von Jerusalem auf dem Gebiet des Stammes Benjamin [vgl. 2 Sam 13,23 sowie Joh 11,54], Lydda [Lod] ist ca. 18 km südöstlich von Joppe [Jaffa] zu lokalisieren [vgl. 1 Chr 8,12; Esra 2,33; Neh 7,37], und Rhamathaim [Arimathaia] wiederum befindet sich ca. 15 km nordöstlich von Lydda an der Südgrenze Ephraims [vgl. Ri 4,5; 1 Sam 1,1; 19,18; Josephus, Bell. XIII 127 sowie Mk 15,43]). Die geringeren Steuern auf »Feldfrüchte« tragen wohl dem Umstand Rechnung, dass vom Ertrag jeder Getreideernte stets noch das Saatgut für das kommende Jahr (ca. 20 %) abzuziehen ist. Die überziehende Formulierung »für immer« (vgl. 11,36; 15,8) könnte in diesem Zusammenhang eine Anspielung auf Jes 18,7 sein. Aus der Perspektive der frommen Rebellen – heilig ist, was Gott gehört – werden in V 30 f. als weitere Gunsterweise die Aussetzung der Einziehung von Steuern auf die traditionellen Einkünfte des Jerusalemer Tempels (vgl. Num 18,8–32; Neh 10,33–40) und die Aufgabe der Akra angeboten. Die militärische Kontrolle der ehemaligen syrischen Garnison soll dem Hohenpriester übertragen werden; Jonathan wird auch hier nicht namentlich erwähnt (anders Josephus, Ant. XIII 51). Angeboten werden sodann in V 33 die Freilassung und Rückführung judäischer Kriegsgefangener in ihre Heimat (vgl. 5,23.45.52 sowie Arist 12–27) sowie der Erlass weiterer Abgaben auf Nutzvieh (bzw. dessen Requirierung; s. o.). Die ungehinderte Beteiligung aller Juden innerhalb des Reiches am Jerusalemer Tempelkult (vgl. Ez 45,17) betrifft die ihnen gewährte Befreiung von Steuern und Diensten während der großen Wallfahrtsfeste Pesach, Wochenfest und Laubhüttenfest (vgl. Ex 23,17; Dtn 16,16; Josephus, Ant. IV 203), an den Sabbaten (vgl. Ex 20,8–11; Dtn 5,12–15; Neh 10,32) und Neumondtagen (vgl. Num 28,11–15; Jdt 8,6), sowie während des Versöhnungstags (vgl. Lev 16,1–34), wahrscheinlich auch der Tempelweihe (vgl. 4,59) und des Nikanortags (vgl. 7,43 f.). Die »drei Tage« vor und nach dem Fest scheinen auf Dtn 14,24 Bezug zu nehmen und der zumutbaren Entfernung, um den zweiten Zehnt in Naturalien oder lebende Opfertiere nach Jerusalem zu bringen, zu entsprechen (vgl. 11Q19 XLIII 12 f.; LII 13 f.). V 35 weist summarisch darauf hin, dass sämtliche genannten Erlasse und Vergünstigungen für die Judäer unter dem Schutz des Königs stehen (vgl. 1,44–50). Die hyperbolisch formulierten Angebote des Demetrios I. in V 36 f. (vgl. 13,40), dreißigtausend Judäer unter grundsätzlicher Berücksichtigung ihrer religiösen Praktiken und Befindlichkeiten als autarken Truppenteil in das stehende seleukidische Heer aufzunehmen und zugleich mit einem Teil von ihnen wichtige Verwaltungsposten in Antiocheia zu besetzen (in Wirklichkeit fehlen jegliche Belege für Juden, die solche hochrangige Positionen innerhalb des Seleukidenreiches einnahmen [anders im Ptolemäerreich; vgl. Josephus, Ap. II 49]), sollen als ausdrückliche Vertrauensbeweise dienen.

Als erstes mögliches Geschenk für den Bundesgenossen des Demetrios I. V 38–45
nennt das Schreiben in V 38 die seleukidische Anerkennung der in V 30 bereits genannten, judäisch kontrollierten Bezirke im Süden Samarias (vgl. 11,34; 15,30); der Hohepriester erscheint auch an dieser Stelle als höchste und exklusive Machtinstanz in der Provinz. Die großzügige Schenkung der Ortschaft Ptolemaïs (bzw. ihre fiskalische Integration in die Einkünfte des Jerusalemer Tempels) durch Demetrios I. signalisiert dem Leser die Unglaubwürdigkeit des gesamten Angebots, denn die befestigte Hafenstadt war zu dieser Zeit das Hauptquartier seines Thronrivalen Alexander Balas (vgl. V 1). In V 40 f. ist die Rede von fortgesetzten hohen finanziellen Zuschüssen des Königs zum Kultbetrieb im Tempel (vgl. Esra 6,9 f.; 7,15.21 f.; 8,25; Neh 10,33 f.; Josephus, Ant. XII 140 f.); auffällig ist dabei die im 1. Makkabäerbuch nur hier und in V 42 begegnende, altertümliche Münzbzw. Gewichtseinheit »Silberschekel« (vgl. 2 Kön 6,25). In V 41 f. scheint der Erzähler vorauszusetzen, dass die nunmehr zu erlassenden (bzw. den Priestern auszuhändigenden; vgl. Josephus, Ant. XI 297) seleukidischen Steuern auf die Einnahmen des Tempels seit dem Tod des Alkimos (9,56)

nicht mehr abgeliefert worden sind. Die von Demetrios I. versprochene Ausweitung des traditionellen Asylrechts, das eigentlich nur für Totschläger gilt (vgl. Ex 21,13; Jos 20,2–9; 1 Kön 1,51–53), auf alle insolventen Schuldner des Königs, und auch seine Verlagerung in das Jerusalemer Heiligtum selbst (das biblische Gebot nennt nur den Altar im Hof des Heiligtums sowie sechs Asylstädte als Zufluchtsort) implizieren geradezu eine Relativierung der normativen Bedeutung der Tora. Abschließend stellt der Seleukidenherrscher den Judäern die Übernahme der Kosten für die Instandsetzung des Tempelareals und seine Befestigung in Aussicht (vgl. Esra 6,3–8). Diese Zusage erscheint unnötig, da Jonathan die beiden Maßnahmen bereits selbst durchgeführt hat (V 10f.).

Das Bündnis zwischen Jonathan und Alexander Balas in Ptolemaïs (10,46–66)

Text

Übersetzung

46 Als Jonathan und das Volk diese Botschaft hörten, vertrauten sie ihr
nicht und nahmen sie nicht an, weil sie sich an das große Unheil erinnerten,
das er in Israel vollbracht, und durch das er ihnen heftig zugesetzt hatte.
47 Und sie zogen Alexander vor, weil er ihnen als Erster Frieden angeboten
hatte, und sie leisteten ihm allezeit militärischen Beistand. 48 Und der Kö-
nig Alexander rekrutierte gewaltige Streitkräfte und lagerte sich gegenüber
von Demetrios. 49 Und die beiden Könige stießen im Kampf aufeinander,
und das Heer des Alexander floh, und Demetrios verfolgte ihn und gewann
die Oberhand. 50 Und er führte den Kampf immer härter, bis die Sonne
unterging, und an jenem Tag fiel Demetrios. 51 Und Alexander schickte
Gesandte mit der folgenden Botschaft zu Ptolemaios, dem König Ägyptens:
52 Nachdem ich in mein Königreich zurückgekehrt bin und den Thron mei-
ner Väter bestiegen, mich der Herrschaft bemächtigt, den Demetrios besei-
tigt und die Herrschaft über unser Land errungen habe 53 – und ich lieferte
ihm eine Schlacht, und er und sein Heer wurden von uns vernichtet, und
wir bestiegen den Thron seines Königreiches –, 54 wollen wir nun miteinan-
der ein freundschaftliches Bündnis schließen. So gib mir nun deine Tochter
zur Frau, und ich will mich mit dir verschwägern und dir und ihr Geschenke
geben, die deiner würdig sind. 55 Der König Ptolemaios aber antwortete:
Glücklich ist der Tag, an dem du in das Land deiner Väter zurückgekehrt
bist und den Thron ihres Königreiches bestiegen hast. 56 So will ich dir

nun gewähren, was du geschrieben hast. Komm mir nach Ptolemaïs entgegen, damit wir einander sehen, und ich will mich mit dir verschwägern, wie du gesagt hast. 57 Und im Jahre 162 zog Ptolemaios hinaus aus Ägypten, er und seine Tochter Kleopatra, und sie kamen nach Ptolemaïs. 58 Der König Alexander aber zog ihm entgegen und er verheiratete seine Tochter Kleopatra mit ihm, und in Ptolemaïs richtete er ihr Hochzeitsfest, den Königen angemessen, mit großer Pracht aus. 59 Und König Alexander schrieb Jonathan, er solle zur Begegnung mit ihm kommen. 60 Und er kam mit Pracht nach Ptolemaïs, traf sich mit den beiden Königen und gab ihnen Silber und Gold und ihren Freunden viele Geschenke, und er erwarb Gunst bei ihnen. 61 Aber es rotteten sich verdorbene Männer aus Israel gegen ihn zusammen, Männer, die sich gegen das Gesetz stellten, um gegen ihn Klage zu führen, doch der König achtete nicht auf sie. 62 Und der König ordnete an, dass Jonathan seine Gewänder ablegen, und man ihm ein Purpurgewand anlegen sollte. Und so machten sie es. 63 Und der König setzte ihn neben sich und sprach zu seinen Amtsträgern: Zieht hinaus mit ihm in die Mitte der Stadt und ruft aus, dass niemand gegen ihn wegen irgendeiner Angelegenheit Klage führen oder ihn wegen irgendeiner Sache belästigen dürfe. 64 Und es geschah, als die, die Klage führten, seinen Ruhm sahen, wie er von ihm ausrufen liess, und dass er ihm ein Purpurgewand angelegt hatte, da flohen sie alle. 65 Der König aber ehrte ihn, nahm ihn unter die ersten Freunde auf und setzte ihn zum Strategen und zum Landesherrn ein. 66 Und Jonathan kehrte in Frieden und mit Freude nach Jerusalem zurück.

Zu Text und Übersetzung

V 47: Die Verbform εὐδόκησαν (»zogen vor«) bedeutet wörtl. »fanden Gefallen an«. Die Wendung ὅτι αὐτὸς ἐγένετο αὐτοῖς ἀρχηγὸς λόγων εἰρηνικῶν (»weil er ihnen als erster Frieden angeboten hatte«) bedeutet wörtl. »weil er für sie der Urheber der friedlichen Botschaft war« (vgl. Mi 7,3; Jer 3,4).

V 49: Die א A La^{V} folgende Lesart von *Kappler* (καὶ ἔφυγεν ἡ παρεμβολὴ Ἀλεξάνδρου καὶ ἐδίωξεν αὐτὸν ὁ Δημήτριος [»und das Heer des Alexander floh, und Demetrios verfolgte ihn«]) ist die *Lectio difficilior. Rahlfs* hingegen folgt hier S$^{c\,a}$ V *L* La$^{L\,G\,B}$, die καὶ ἔφυγεν ἡ παρεμβολὴ Δημητρίου καὶ ἐδίωξεν αὐτὸν ὁ Ἀλέξανδρος (»und das Heer des Demetrios floh, und Alexander verfolgte ihn«) lesen, was inhaltlich dem folgenden V 50 sowie Josephus, Ant. XIII 60 entspricht.

V 51: Die Wendung κατὰ τοὺς λόγους τούτους (»mit der folgenden Botschaft«) entspricht der hebr. Wendung ככל הדברים האלה (vgl. 1,51).

V 58: Subjekt der Wendung ἐξέδετο αὐτῷ (»er verheiratete mit ihm«) ist Kleopatras Vater Ptolemaios (vgl. Ex 2,21).

V 60: Die φίλοι (»Freunde«) der beiden Könige sind Träger eines hohen Hoftitels (vgl. 2,18). Die Formulierung εὗρε χάριν ἐναντίον αὐτῶν (»er erwarb Gunst bei ihnen«) entspricht hebr. וימצא חן בעיניהם (vgl. Gen 6,8; 30,27; 47,25.29; 1 Sam 1,18).

V 61: Die Wendung ἄνδρες λοιμοί (»verdorbene Männer«) scheint sich an Stellen wie 1 Sam 2,12; 2 Chr 13,7; Spr 29,8 anzulehnen.

V 62: Der parataktische Satzbau von καὶ προσέταξεν ὁ βασιλεὺς καὶ ἐξέδυσαν Ιωναθαν τὰ ἱμάτια αὐτοῦ καὶ ἐνέδυσαν αὐτὸν πορφύραν (»Und der König ordnete an, dass sie Jonathan seine Gewänder ausziehen und ihm ein Purpurgewand anziehen«) entspricht der hebr. Vorlage. Die πορφύρα (»Purpurgewand«; wörtl. »Purpur«) ist ein Zeichen hohen Ranges und besonderer Würde (vgl. 8,14).

V 65: Die Verbform ἔγραψεν (»nahm auf«) bedeutet wörtl. »schrieb auf«. Innerhalb des seleukidischen Hoftitelsystems steht der πρῶτος φίλος (»erste Freund«; vgl. 11,27; 1 Chr 27,33) hinsichtlich des Ranges und der Privilegien über dem φίλος (»Freund«; vgl. 2,18). Der μεριδάρχης (»Landesherr«; wörtl. »Teilfürst«) ist der Inhaber der zivilen Befehlsgewalt in einem Teilgebiet des seleukidischen Reiches.

Analyse und Auslegung

Nachdem zu Beginn die Zurückweisung des maßlosen Gegenangebots des Seleukidenherrschers durch die Aufständischen erwähnt und in durativ geraffter Form von einer militärischen Konfrontation zwischen den beiden Thronrivalen erzählt wird, bei der Demetrios I. Soter den Tod findet, handelt der Hauptteil des Abschnitts von der Vorgeschichte und dem Verlauf einer politisch motivierten Vermählung Alexanders mit der ältesten Tochter des ägyptischen Königs Ptolemaios VI. Philometor (vgl. 1,18), welche ihrerseits als ideale Kulisse zur Präsentation der international anerkannten Rechtmäßigkeit und Achtungswürdigkeit der Herrschaft Jonathans fungiert (vgl. Josephus, Ant. XIII 58–61.80–85).

V 46–47 Die ablehnende Reaktion Jonathans und des Volkes auf das schriftliche Angebot des Seleukidenherrschers bestätigt zum einen das Vorwissen des Lesers über die mangelnde Vertrauenswürdigkeit der extravaganten Zusagen des Demetrios I. und rekurriert zum anderen auf seine bisherigen Übeltaten (vgl. 7,8f.26; 8,31f.; 9,1). Die zusätzliche Begründung in V 47 passt nicht recht zu V 3 und scheint sich vielmehr auf V 18–20 zu beziehen.

V 48–50 Der Szenenwechsel in V 48 leitet unmittelbar zu einem ebenso knappen wie nüchternen Abriss des entscheidenden zweiten Kampfes zwischen Demetrios I. und Alexander Balas über (vgl. 1f.), der sich mittels der beiden Zeitangaben in V 1 und V 57 auf den Sommer des Jahres 151 v. Chr. datieren lässt, und dessen Darstellungsform (die Textüberlieferung ist hier merklich uneinheitlich) aufgrund ihrer Ähnlichkeit mit den bisherigen siegreichen Kämpfen der Judäer (vgl. 3,10–12.23f.; 4,14f.; 7,43–45) anzeigt, dass es der Gott Israels ist, der sich hier des syrischen Kronprätendenten bedient, um den Feind seines Volkes zu bestrafen.

V 51–54 Unvermittelt ist nun in einem narrativ gerahmten Botenbericht in direkter Rede vom Bestreben Alexanders die Rede, seine Machtposition durch eine Heiratsallianz mit den Ptolemäern abzusichern. Das (ebenso wie die folgende Replik) sicher fiktive Schriftstück ohne Präskript zählt in V 52f. zunächst die bisherigen Erfolge Alexanders auf (die Parenthese in V 53 bezieht sich auf V 48f.) und unterbreitet dem ägyptischen König sodann den

Alexander Balas und Kleopatra Thea

Vorschlag, ihm seine (und seiner leiblichen Schwester und Gattin Kleopatra II.) Tochter Kleopatra Thea (»Göttin«; ca. 165–121 v. Chr.) zur Frau zu geben und ihn selbst reich zu beschenken.

Die zustimmende Antwort des Ptolemaios VI. in direkter Rede (V 55 f.) V 55–58
enthält anerkennende Worte über Alexanders politische Erfolge und das Einverständnis, die ptolemäische Prinzessin mit ihm als nunmehr gleichrangigem Herrscher zu vermählen. Eine solche Verheiratung einer jungen Frau durch ihren Vater oder Bruder entsprach der zeitgenössischen Gepflogenheit und benötigte im Falle ihrer Minderjährigkeit, zumal wenn politische Interessen auf dem Spiel standen, nicht ihrer Einwilligung. Als »neutraler« Schauplatz der königlichen Hochzeit wird Ptolemaïs genannt, was der folgenden Einladung Jonathans Plausibilität verleiht. Hervorgehoben durch die Datierung (das Jahr 162 nach der seleukidischen Herbstära beginnt im Jahre 151 v. Chr.) wird von einem besonders prachtvollen Hochzeitsfest in der Hafenstadt berichtet (vgl. Appian, *Syr.* 68).

Ehrung Jonathans

Im Zentrum der Aussageabsicht des gesamten Abschnitts steht die Ein- V 59–66
ladung Alexanders an Jonathan, die dessen gleichrangige Stellung dokumentieren soll. Die Erzählung von Jonathans Aufenthalt in Ptolemaïs beginnt mit der Erwähnung seines eindrucksvollen Auftritts und seiner (in archaisierender Diktion gestalteten; vgl. Gen 6,8; 18,3; 19,19 u. ö.) Anerkennung durch die beiden Könige und ihre »Freunde«. Die in V 61–64 folgende Szene veranschaulicht die formelle Anerkennung und öffentliche Ehrung Jonathans mittels ihrer Zeichnung in den biblischen Farben der Würdigung Josephs durch den Pharao (Gen 41,42–44) und unterstreicht zugleich seine (als Anordnung in direkter Rede formulierte) Protektion insbesondere gegenüber seiner »verdorbenen« (vgl. 15,3.21) innerjudäischen Opposition (vgl. 1,11.34; 6,21–27; 7,5–7), deren umfassende Niederlage V 64 zum Ausdruck bringt. Zu alledem wird Jonathan in den exklusiven Rang eines »ersten Freundes« befördert (»Freund« war er bereits in V 20) und zum Inhaber sowohl der militärischen Gewalt (»Stratege«) als auch des zivilen Regiments in Judäa (»Landesherr«) erklärt. Mit dieser allseitigen Anerkennung der politischen Autorität Jonathans durch Alexander Balas kommt der Abschnitt zu seinem Abschluss. Er und seine antihellenistischen Anhänger haben den innerjudäischen Bürgerkrieg gewonnen.

Der Sieg Jonathans über Apollonios (10, 67–89)

Text

Übersetzung

67 Und im Jahre 165 kam Demetrios, der Sohn des Demetrios, aus Kreta wieder in das Land seiner Väter. 68 Als König Alexander davon hörte, erschrak er sehr und kehrte nach Antiocheia zurück. 69 Demetrios aber setzte Apollonios ein, der (Statthalter) über Coilesyrien war, und er rekrutierte eine große Streitmacht und lagerte in Jamneia und ließ dem Hohenpriester Jonathan melden: 70 Du bist der Einzigste, der sich noch gegen uns erhebt. Ich aber wurde deinetwegen zum Spott und zur Schande. Warum willst du dich nur im Gebirge gegen uns behaupten? 71 Nun aber, wenn du dich auf deine Truppen verlässt, dann komm zu uns in die Ebene herab, damit wir uns dort miteinander messen, denn bei mir ist die Streitmacht der Städte. 72 Frage nach und erfahre, wer wir sind, ich und die anderen, die uns unterstützen, und man wird sagen: Uns könnt ihr nicht standhalten, denn deine Heerscharen wurden zweimal in ihrem eigenen Land in die Flucht geschlagen. 73 Nun aber wirst du in der Ebene, wo es weder einen Stein noch einen Kiesel noch einen Zufluchtsort gibt, vor der Reiterei und einer solchen Streitmacht nicht bestehen können. 74 Als Jonathan von der Drohung des Apollonios hörte, wurde er sehr zornig. Er wählte zehntausend Mann aus und zog hinaus aus Jerusalem. Sein Bruder Simon schloss sich ihm zu seiner Unterstützung an. 75 Und er schlug sein Lager vor Joppe auf, aber die Bewohner der Stadt verschlossen ihnen (die Tore), weil sich in Joppe eine Garnison des Apollonios befand, und sie eröffneten den Kampf gegen sie. 76 Da erschraken die Bewohner der Stadt und öffneten (die Tore), und Jonathan bemächtigte sich Joppes. 77 Als Apollonios davon hörte, stellte er aus dreitausend Reitern und einer großen Fußtruppe ein Heer auf und zog nach Azotos, als wollte er es durchqueren, aber er rückte sogleich in die Ebene vor, weil er eine Menge Reiterei besaß, auf die er sich verließ. 78 Und er verfolgte sie nach Azotos, und die Heere stießen zur Schlacht aufeinander. 79 Apollonios aber ließ insgeheim eine Tausendschaft Reiterei hinter ihnen zurück. 80 Bevor Jonathan erkannte, dass in seinem Rücken ein Hinterhalt war, umzingelten sie sein Heer und schossen vom Morgen bis zum Abend Pfeile in die Menge. 81 Zwar blieb das Volk so stehen, wie Jonathan angeordnet hatte, aber ihre Pferde ermatteten. 82 Und Simon zog seine Truppe heran und griff die Schlachtreihe an – die Reiterei war inzwischen entmutigt –, und sie wurden von ihm aufgerieben und flohen. 83 Und die Reiterei wurde über die Ebene versprengt, und sie flohen nach Azotos und gingen in das Haus Dagons, ihres Götzen, um gerettet zu werden. 84 Jonathan aber steckte Azotos und die Siedlungen ringsum in Brand und machte Beute bei ihnen, und er steckte auch den Tempel Dagons mitsamt allen, die sich in ihn geflüchtet hatten, in Brand. 85 Und die Anzahl der durch das Schwert Gefallenen mitsamt den Verbrannten belief sich auf fast achttausend Mann. 86 Und Jonathan brach von dort auf und lagerte vor Askalon, und die Bewohner der Stadt zogen mit großer Pracht zur Begegnung mit ihm hinaus. 87 Und Jonathan und seine Leute hatten reiche Beute dabei, als sie nach Jerusalem zurückkehrten. 88 Und es geschah, als König Alexander von diesen Ereignissen hörte, da ehrte er den Jonathan noch mehr. 89 Und er sandte ihm eine goldene Spange, wie sie sonst nur den Verwandten des Königs verliehen wurde, und er gab ihm Akkaron und alle angrenzenden Gebiete zum Eigentum.

Zu Text und Übersetzung

V 70: Die agrammatische Übersetzung »der Einzigste« entspricht der ungewöhnlichen griech. Superlativbildung eines Absolutadjektivs μονώτατος (vgl. Ri 3,20). Die Wendung ἐγενήθην εἰς καταγέλωμα καὶ εἰς ὀνειδισμόν (»ich wurde zum Spott und zur Schande«) entspricht dem elliptischen hebräischen Ausdruck אהיה למשל ולשנינה (vgl. Dtn 28,37; 1 Kön 9,7; 2 Chr 7,20 sowie Tob 3,4 und Tob$^{G II}$ 8,10).

V 72: Die Formulierung οὐκ ἔστιν ὑμῖν στάσις ποδὸς κατὰ πρόσωπον ἡμῶν (»ihr könnt uns nicht standhalten«; wörtl. »euer Fuß hat keinen Stand vor unserem Angesicht«) ist vielleicht Wiedergabe von hebr. ולא יהיה עמד רגלכם בפנינו (vgl. Dtn 7,24; 28,65). Die Wendung οἱ πατέρες σου (»eure Heerscharen«; wörtl. »eure Väter«) könnte auf einer Verwechslung von hebr. צבאותיך und אבותיך beruhen.

V 74: Der Ausdruck λόγοι (»Drohung«) bedeutet wörtl. »Worte«. Die Wendung ἐκινήθη τῇ διανοίᾳ (»er wurde sehr zornig«) bedeutet wörtl. »er wurde in seinem Denken bewegt«. In der LXX ist διάνοια zumeist Wiedergabe von hebr. לב.

V 75: Subjekt von ἐπολέμησαν (»sie eröffneten den Kampf«) sind die Truppen Jonathans und Simons. Das Personalpronomen αὐτήν bezieht sich auf die Stadt Joppe.

V 78: Subjekt des Satzes ist Jonathan.

V 80: Subjekt von ἐκύκλωσαν (»sie umzingelten sie«) sind die Reiter des Apollonios. Das seltene Wort σχίζα (»Pfeil«) kommt in der LXX nur hier und in 1 Sam 20,20–22.36–38 vor.

V 81: Das Possesivpronomen αὐτῶν (»ihre [Pferde]«) bezieht sich auf die Kavallerie des Apollonios.

V 83: Subjekt des Satzes ist wahrscheinlich die Reiterei des Apollonios. Das Toponym Βηθδαγων (»Haus Dagons«) ist Transliteration von hebr. בית דגון (vgl. Jos 15,41; 1 Sam 5,2.5; 1 Chr 10,10). Gemeint ist hier der Tempel des Hauptgottes der Philister in Azotos.

V 84: Zur Formulierung τὰς πόλεις τὰς κύκλῳ αὐτῆς (»die Siedlungen ringsum«) vgl. Gen 35,5; Dtn 21,2.

V 86: Der Ausdruck ἐν δόξῃ μεγάλῃ (»mit großer Pracht«) meint hier »mit großer Ehrenbezeugung«.

V 88: Zur Übersetzung von προσέθετο ἔτι δοξάσαι (»er ehrte [ihn] noch mehr«) vgl. Ps 71 (LXX 70),14. Die Verwendung des Verbs προστίθημι (wörtl. »hinzufügen«) entspricht dabei hebr. יסף (vgl. 3,15).

V 89: Der doppeldeutige Begriff συγγενής (»Verwandter« [des Königs]) bezeichnet einen Inhaber der höchsten seleukidischen Hofrangwürde (vgl. 3,32; 11,31; 2 Makk 11,1). Jonathan wird hier allerdings nur durch äußere Abzeichen dem Rang eines »Verwandten« angenähert. Zur Wendung ἔδωκεν αὐτῷ εἰς κληροδοσίαν (»er gab ihm als Besitztum«) vgl. Num 18,23 f.; 36,7 f.; Ps 78 [LXX 77],55.

Analyse und Auslegung

Die erste Bewährungsprobe Jonathans als Bundesgenosse des Alexander Balas besteht in seiner militärischen Auseinandersetzung mit Demetrios II. Nikator und dessen Feldherrn Apollonios. Die datierte Erzähleinheit stellt zunächst die neuen Aktanten vor und führt sodann einen Drohbrief des Seleukidenkönigs an den Hohenpriester an, der – ebenso wie die folgende Schilderung des unübersichtlichen Kampfgeschehens – in deutlicher Weise auf die biblische Tradition der Philisterkriege Davids anspielt. Am Ende des Abschnitts empfängt der siegreiche Jonathan höchste Ehren durch den syrischen König (vgl. Josephus, Ant. XIII 86–102).

V 67–69 Durch die Jahresangabe und die hierdurch dargestellte narrative Ellipse (vgl. V 57) als bedeutsam ausgewiesen (das Jahr 165 der seleukidischen Herbstära beginnt im Jahre 148 v. Chr.), steht die Notiz von der Rückkehr des Demetrios II. Theos Nikator Philadelphos (»Gott, Sieger und Bruderliebender«) aus dem von Demetrios I. für seine beiden Söhne bestimmten Refugium bzw. von Kreta (vgl. Appian, *Syr.* 67; Justinus, *Hist. Philipp.* XXXV 2,1) als Auslöser der folgenden Ereignisse am Beginn der Passage. Die unmittelbare Reaktion des Mörders seines Vaters (vgl. V 50) besteht in seinem Rückzug in die Hauptstadt des Seleukidenreiches. An dieser Stelle verknüpft der Erzähler das weltpolitische Geschehen mit der Perspektive der Judäer, indem er Demetrios II. seinen (nicht eindeutig zu identifizierenden) Vertrauten Apollonios (vgl. Polybios, *Hist.* XXXI 13,1 f.) als Feldherrn in die palästinische Küstenebene bei Jamneia (vgl. 4,15; 5,59) entsenden und Jonathan eine Botschaft überbringen lässt (V 69). Das Toponym »Coilesyrien« bezeichnet zunächst allein die Senke zwischen Libanon und Antilibanon (vgl. Pseudo-Scylax, *Periplus* 106). Nach den Diadochenkriegen umfasste es ganz Palästina bis Raphia sowie die ptolemäischen Gebiete an der syrischen Küste (vgl. Polybios, *Hist.* V 80,3; Josephus, Ant. XIV 78 f.).

V 70–73 Der Wortlaut der fiktiven Botschaft des Königs in direkter Rede verfolgt die Absicht, seinem Gegner Feigheit vorzuwerfen, um ihn zur Begegnung in einer offenen Feldschlacht in der Ebene zu provozieren (vgl. 1 Sam 17,8–10), wo die syrische Phalanx ihre Kampfkraft voll entfalten kann (vgl. 4,6; 16,5). Dabei besteht die Pragmatik des Vorwurfs, allein der Empfänger der Botschaft würde sich anmaßen, dem mächtigen Seleukidenherrscher noch Widerstand zu leisten, in der Akzentuierung der besonderen Beharrlichkeit, des Muts und des Gottvertrauens des »Hohenpriesters« Jonathan. Bemerkenswert ist, dass sich dessen Aufgaben auch hier in seiner militärischen Befehlsgewalt erschöpfen (vgl. V 21). In V 71 nimmt der Erzähler den Blickwinkel des Demetrios II. ein, indem er in dem chiastisch aufgebauten Satz der feindlichen »Streitmacht der Städte« (gemeint sind die hellenisierten Philisterstädte in der Küstenebene) die »Truppen« Jonathans gegenüberstellt. Die implizite Auffassung der antagonistischen Erzählfigur von der

Jonathan kämpft gegen Apollonios

Unterlegenheit der Judäer im entscheidenden Kampf widerspricht dabei dem Vorwissen des Lesers, der bereits weiß, dass die Macht Gottes im »heiligen Krieg« stets an der Seite seiner Frommen ist (vgl. 2,61 sowie 1 Kön 20 [LXX 21],23–30). Die als Dialog konstruierte Warnung vor der militärischen Übermacht der Syrer unter Hinweis auf zwei frühere Niederlagen der Judäer in ihrem eigenen Land (V 72) bezieht sich einesteils auf ihr Unterliegen bei Baitzacharia (6,47) und Elasa (9,18) und spielt andernteils auf die Siege der Philister über Salomo und Saul an (vgl. 1 Sam 4,1–11; 31,1–7). Auch der Hinweis des Königs auf die mangelnden »Kieselsteine« in der Ebene ist als eine bewusste Allusion auf den ungleichen Kampf Davids gegen Goliath (1 Sam 17,40–50) zu betrachten.

Mitsamt seinem Bruder Simon und einem großen Heer zieht Jonathan V 74–76
tatsächlich hinab zur philisteischen Pentapolis in der Küstenebene. Hauptthema der in V 75 f. eingeschobenen Episode ist die territoriale Erweiterung seines Machtbereiches durch die Einnahme der ca. 50 km nordwestlich von Jerusalem gelegenen Hafenstadt Joppe (vgl. Jos 19,46; Esra 3,7; Jona 1,3), die den Judäern erstmalig einen eigenen Hafen und einen (sowohl in wirtschaftlicher als auch in strategischer Hinsicht wichtigen) direkten Zugang zum Mittelmeer sichert. Die Reaktion der Einwohner der hellenisierten ehemaligen Philisterstadt zeigt vor allem die Unfähigkeit der syrischen Schutztruppe Joppes an, sich der überlegenen judäischen Kampfkraft zu erwehren.

Mittels eines impliziten Botenberichts an V 74 anschließend, wird nun V 77–82
vom Anmarsch des Apollonios auf die Stadt Azotos (Aschdod; vgl. 4,15) berichtet. Ebenso wie in V 74 benennt der Erzähler die Stärke der zur Schlacht herannahenden Truppe. Die Beschreibung des hin und her wogenden Gefechts ist an 1 Sam 4,2 angelehnt; die Erwähnung der gegnerischen »Pfeile« in V 80 spielt zudem mit großer Wahrscheinlichkeit auf 1 Sam 31,3 an. V 82 gibt dem Erzähler schließlich erneut Gelegenheit, Jonathans älteren Bruder Simon in positiver Weise als siegreichen (bzw. von Gott ermächtigten und geschützten) Streiter für sein Volk zu charakterisieren (vgl. 5,21–23; 9,67 f.).

Sieg Jonathans Die Flucht der versprengten syrischen Kavallerie in die ehemalige Philis- V 83–87
terstadt Azotos leitet über zu einer paradigmatischen Szene, mittels derer der Erzähler jeglicher Duldung oder gar Integration fremder Religionen und Kulte innerhalb des Machtbereiches der Hasmonäer noch einmal eine deutliche Absage erteilt (vgl. 5,43 f.68). Die in den lokalen Tempel des in den Philisterstädten an der Mittelmeerküste noch in hellenistischer Zeit verehrten Fruchtbarkeitsgottes Dagon (ursprünglich ein syrischer Gewittergott; vgl. Ri 16,23 f.; 1 Sam 5,1–7; 1 Chr 10,10 sowie Jes 46,1 [LXX]) geflohenen Feinde werden von Jonathan gemäß dem biblischen Vernichtungsgebot von Dtn 7,5 allesamt bedenkenlos getötet und das pagane Heiligtum vollständig zerstört. Der Erzählerkommentar in V 85 unterstreicht das gewaltige Aus-

maß der an ihnen vollstreckten Vernichtungsweihe (vgl. 5,5). Die folgende Begegnung Jonathans mit den Bewohnern der ca. 20 km nördlich von Gaza gelegenen, bedeutenden Hafenstadt Askalon (vgl. Jos 13,3; Ri 1,18; Sach 9,5) zeigt das vom Erzähler als adäquat erachtete Verhalten nichtjüdischer Bevölkerungsgruppen gegenüber den frommen Judäern (bzw. den Hasmonäern) an. Deren Rückkehr nach Jerusalem (V 87) kennzeichnet einen vorläufigen Abschluss der Handlung (vgl. 4,24; 5,8.54.68; 10,66).

V 88–89 Ein weiterer impliziter Botenbericht an Alexander Balas (vgl. 3,27) begründet eine erneute Auszeichnung Jonathans durch den Rivalen des Demetrios II., die sich inhaltlich an die Darstellung der internationalen politischen Anerkennung des hasmonäischen Hohenpriesters in V 62–65 anschließt, und die sowohl die Überreichung einer goldenen Spange (vgl. 11,58; 14,44; Livius, *Ab urbe condita* XXXIX 31,17f.) als äußeres Zeichen seines besonderen Ranges (s.o.) als auch die Übergabe der (vermutlich ca. 20 km nordöstlich von Aschdod zu lokalisierenden) Philisterstadt Akkaron (»Ekron«; vgl. Jos 13,3; 1 Sam 7,14; 2 Chr 26,2) mitsamt ihrem Umland als königliches Lehen umfasst (vgl. Jos 14,13f.). Die Stadt Akkaron wird allerdings im weiteren Erzählverlauf des 1. Makkabäerbuches nicht mehr explizit erwähnt (vgl. allein 11,57).

Der Untergang des Alexander Balas (11,1–19)

Text

Übersetzung

11,1 Und der König von Ägypten versammelte Streitkräfte, so zahllos wie der Sand am Ufer des Meeres, und viele Schiffe, und er versuchte, sich mit Hinterlist des Königreiches Alexanders zu bemächtigen und es seinem Reich anzugliedern. 2 Und er zog mit einer friedlichen Botschaft nach Syrien, und die Bewohner der Städte öffneten ihm (die Tore) und zogen ihm entgegen. Denn es war eine Anordnung des Königs Alexander, ihm entgegenzuziehen, da er sein Schwiegervater war. 3 Nachdem Ptolemaios in die Städte eingezogen war, stationierte er in jeder Stadt Truppen als Besatzung. 4 Als er sich aber Azotos näherte, zeigten sie ihm den Tempel Dagons, der niedergebrannt war, und Aschdod und die Siedlungen ringsum, die zerstört waren, und die umherliegenden Leichen und die Verbrannten, die er im Krieg den Flammen übergeben hatte. Sie hatten Haufen von ihnen an seinem Weg zusammengetragen. 5 Und sie erzählten dem König, dass Jonathan dies alles getan hatte, um ihn herabzusetzen. Doch der König schwieg. 6 Auch Jonathan zog dem König mit Pracht nach Joppe entgegen, und sie begrüßten einander, und sie blieben über Nacht dort. 7 Und Jonathan geleitete den König bis zu dem Fluss, der Eleutheros heißt, und kehrte wieder nach Jerusalem zurück. 8 Der König Ptolemaios aber ergriff die Herrschaft über die Küstenstädte bis Seleukeia am Meer, und er sann auf Übeltaten gegen Alexander. 9 Und er schickte Gesandte zum König Demetrios: Wohlan, wir wollen miteinander ein Bündnis schließen! Meine Tochter, die Alexander hatte, will ich dir geben, du aber sollst als König über das Reich deines Vaters herrschen. 10 Denn ich bereue, dass ich ihm meine Tochter gab, denn er versuchte, mich zu töten. 11 Er würdigte ihn aber herab, weil er begierig auf sein Königreich war. 12 Und er nahm ihm seine Tochter weg und gab sie dem Demetrios, und er wurde dem Alexander fremd, und die Feindschaft zwischen ihnen wurde offenbar. 13 Und Ptolemaios zog in Antiocheia ein und legte das Diadem der Asia an, und so trug er zwei Diademe um sein Haupt, das Ägyptens und das der Asia. 14 Der König Alexander aber war zu jener Zeit in Kilikien, weil die Bewohner jener Gegend im Abfall begriffen waren. 15 Als Alexander davon hörte, zog er gegen ihn in den Kampf. Ptolemaios aber rückte aus, zog ihm mit einer großen Streitmacht entgegen und schlug ihn in die Flucht. 16 Und Alexander floh nach Arabien, um dort Schutz zu suchen. König Ptolemaios aber wurde überall geehrt. 17 Und der Araber Zabdiel schlug den Kopf Alexanders ab und schickte ihn dem Ptolemaios. 18 Drei Tage später aber starb der König Ptolemaios, und die (Garnisonen), die sich in seinen Festungen befanden, wurden von den Einheimischen in den Festungen umgebracht. 19 Und im Jahre 167 wurde Demetrios König.

Zu Text und Übersetzung

V 3: An Stelle des Namens »Ptolemaios« lesen die Majuskelcodices $\aleph^{c}$ A V, die Minuskeln 46 62 106 340, und die Minuskelgruppe q das Toponym »Ptolemaïs«.

V 11: Subjekt des Satzes ist Ptolemaios VI., Objekt ist Alexander Balas.

V 12: Subjekt von ἠλλοιώθη (»er wurde fremd«) ist Ptolemaios VI.

V 13: Die διάδημα τῆς Ἀσίας (»Diadem der Asia«) bezeichnet die Herrschaft über das seleukidische Reich (vgl. 1,9).

V 15: Das implizite Objekt von ἤκουσεν (»er hörte«) ist die in V 13 erwähnte Krönung des Ptolemaios. Die bildhafte Wendung ἀπήντησεν αὐτῷ ἐν χειρὶ ἰσχυρᾷ (»er zog ihm mit einer großen Streitmacht [wörtl. »mit starker Hand«] entgegen«) beruht entweder auf der Übersetzung des hebr. Wortes יד in der Bedeutung »Kraft« (vgl. 5,6; 15,25; Dtn 32,36; Jos 8,20; 2 Sam 8,3), oder enthält eine implizite theologische Deutung des Kampfes des Ptolemaios' VI. Philometor gegen die Seleukiden auf der Grundlage der biblischen »Mächtigkeitsformel« ביד חזקה ובזרוע נטויה (»mit starker Hand und ausgestrecktem Arm«; so Ez 20,33; vgl. Num 20,20; Dtn 3,24; 9,26; Dan 9,15).

Analyse und Auslegung

Im Mittelpunkt des Abschnitts steht der Versuch des Ptolemaios VI. Philometor, die vermeintliche Schwächung der Seleukiden durch ihre andauernden Thronstreitigkeiten auszunutzen, um sie mittels Hinterlist und militärischer Stärke zu besiegen, sich selbst das »Diadem der Asia« aufzusetzen und dabei auch Coilesyrien wieder dem Ptolemäerreich anzugliedern. Im Hintergrund der dargestellten Ereignisse lässt der Erzähler auch hier das geschichtsmächtige Wirken des gerechten Gottes Israel zugunsten seiner Frommen erkennen (vgl. Josephus, Ant. XIII 103–119).

V 1–5 Der Schauplatz- und Aktantenwechsel zeigt einen Neueinsatz der Handlung an, wobei sich das Erzähltempo bis V 5 sukzessive verlangsamt. Als kurze Beschreibung der Ausgangssituation vorangestellt werden der Plan und die Motivation des (hier namentlich nicht genannten) »Königs von Ägypten« (vgl. 10,51), das Reich seines Schwiegersohns Alexander Balas zu erobern. Die hyperbolische Darstellung der überragenden Kampfkraft des Ägypters bedient sich biblischer Metaphorik (vgl. Gen 22,17; Jos 11,4; Ri 7,12; 1 Sam 13,5 u.ö.). Während die »Hinterlist« des Ptolemäerherrschers ganz ausdrücklich zur Sprache kommt, signalisiert der Gebrauch des Verbs κατακρατεῖν (»sich bemächtigen«), das im 1. Makkabäerbuch zumeist negativ konnotiert ist (vgl. 7,22; 11,49.56; 15,3.28.33; 16,13), in latenter Weise seine böswillige Absicht. Dass auch seine »friedliche Botschaft« (V 2a) eine Täuschung ist, ahnt der Leser bereits (vgl. 1,30; 5,48; 7,10.15.27). Der Erzählerkommentar in V 2b begründet den ehrenden Empfang, den die Bewohner der syrischen Küstenstädte Ptolemaios VI. bereiten (vgl. 10,86), mit einem Rückverweis auf den vorangehenden Kontext (10,57f.), und kontrastiert ihr Verhalten in unterschwellig wertender Weise mit der unmittelbaren Stationierung ptolemäischer Garnisonen in der philisteischen Pentapolis. Die Begegnung des Königs mit den nichtjüdischen Einwohnern Aschdods, die vergeblich danach trachten, die Verwüstung der Stadt und ihres Umlands durch die Judäer und die Verbrennung des örtlichen Dagontempels mitsamt den syrischen Söldnern, die sich dorthin geflüchtet hatten (vgl. 10,84f.), als demonstrativen Beweis für die bedrohliche Feindseligkeit Jonathans und seiner Anhänger ins Feld zu führen, bleibt folgenlos. Vielmehr eröffnet die alleinige Erwähnung des »Schweigens« des Ptolemäerherrschers eine narrative Leerstelle, die ihrerseits eine positive Einschätzung Jonathans durch den Leser ermöglicht.

V 6–7 Bei der Begegnung zwischen Jonathan und Ptolemaios VI. wird die »Ehre« betont, die der Hohepriester dem Ptolemäerherrscher als dem Statushöheren erweist, indem er ihm in konventioneller Weise »entgegenzieht« (das Verb συναντάω impliziert Statusdifferenz; vgl. 10,86; Gen 46,28), am Aufenthaltsort des Herrschers übernachtet (die Stadt Joppe hatte Jonathan indes gerade zuvor eingenommen; vgl. 10,76) und ihn schließlich

Ptolemaios VI. empfängt Jonathan

auf seinem Rückweg bis an die Nordgrenze Coilesyriens am Fluss Eleutheros (vgl. 12,30 sowie Plinius, *Nat. hist.* V 17) begleitet, bevor er wieder nach Jerusalem zurückkehrt.

Nachdem nochmals die ptolemäische Inbesitznahme der Städte entlang der syrischen Mittelmeerküste bis hinauf zu der (ca. 30 km südwestlich von Antiocheia nahe der Mündung des Orontes gelegenen, um 300 v. Chr. von Seleukos I. Nikator [»Sieger«] gegründeten und sowohl strategisch als auch wirtschaftlich bedeutenden) Hafenstadt Seleukeia Pieria konstatiert wurde, teilt der Erzähler die eigentliche Gesinnung des Ptolemaios VI. mit, wodurch auch dessen – als Botschaft in direkter Rede formuliertes – Bündnisangebot an Demetrios II. als unglaubwürdiger Bestandteil seiner gewissenlosen Strategie ausgewiesen wird. Die Offerte des ägyptischen Königs enthält die Zusicherung der Unterstützung im Kampf um den Seleukidenthron (vgl. jedoch V 1) sowie das Angebot, durch die Verheiratung mit seiner Tochter Kleopatra Thea (vgl. 10,54–58) eine dauerhafte Allianz zu begründen. Es ist durchaus vorstellbar, dass ein frommer jüdischer Leser in diesen in wörtliche Rede umgesetzten Überlegungen des Verfassers (*Gauger* 1977, 123) bereits das Todesgeschick des Ptolemaios VI. begründet sieht (vgl. Lev 20,10; Dtn 22,22). Von einem gescheiterten Mordversuch Alexanders, wie ihn V 10 andeutet, schweigt das Buch (anders Josephus, Ant. XIII 106–108). Der Erzählerkommentar in V 11 hebt erneut das eigentliche Ansinnen des Ägypters hervor. Die Annahme des ptolemäischen Bündnisangebots durch Demetrios II. spiegelt V 12 wider, der anmerkt, dass Ptolemaios VI. zum einen seine Tochter vom Hofe Alexanders zurückruft, um sie seinem Rivalen zur Frau zu geben, und zum anderen das bisherige Bündnis mit dem syrischen Kronprätendenten aufkündigt. V 8–12

Thronstreitigkeiten

Dass sich Ptolemaios VI. tatsächlich in Antiocheia zum Herrscher über Ägypten und die »Asia« (d.i. das gesamte seleukidische Territorium; vgl. 8,6) ausrufen ließ, wie es V 13 in Erfüllung der in V 1 erklärten Absicht behauptet, ist angesichts der außenpolitischen Interessen der Weltmacht Rom höchst unwahrscheinlich und wird auch von Josephus (Ant. XIII 114) verneint. Der zeitgleiche Szenenwechsel in V 15 nimmt Alexander Balas in den Blick, der eilends aus Kilikien (dem kleinasiatischen Küstengebiet zwischen Taurus und Amanusgebirge) nach Syrien zurückkehrt, um sich gegen seinen Widersacher zu behaupten. Während die eigentliche Schlacht zwischen den Thronrivalen nur kurz angesprochen wird, widmet sich der Erzähler umso detailreicher dem Ableben beider Kontrahenten. Über Alexander erfährt der Leser, dass er nach Osten in die syrisch-arabische Wüste flieht (vgl. 12,31 sowie Gal 1,17) und dort von dem Nomadenfürsten Zabdiel enthauptet wird (vgl. Diodor XXXII 9d, 10.1). Über Ptolemaios VI. ist sodann zu lesen, dass er nur wenige Tage, nachdem ihm Alexanders abgeschlagener Kopf überbracht wurde, ebenfalls stirbt, woraufhin auch die Besatzungen seiner Festungen in den Küstenstädten von deren Bewohnern V 13–19 umgebracht werden (vgl. V 3). Die Botschaft an den Leser ist deutlich: Wer das Volk Israel bedroht und sich gegen seinen Gott wendet, wird von diesem entsprechend seiner bösen Pläne und Taten bestraft. Die Jahresangabe in V 19 (das Jahr 167 der seleukidischen Herbstära beginnt im Jahre 146 v. Chr.; die letzten unter der Herrschaft von Ptolemaios VI. abgefassten Dokumente datieren auf den Spätsommer des Jahres 145 [P. Dem. Strassb. 21]) bezeichnet das Ende der seleukidischen Thronwirren durch den – nunmehr unbestrittenen – Herrschaftsantritt des Demetrios II. Nikator. Das Ptolemäerreich findet im 1. Makkabäerbuch erst wieder in 15,16 Erwähnung.

Das Bündnis zwischen Jonathan und Demetrios II. Nikator (11,20–37)

Text

Übersetzung

20 In jenen Tagen hob Jonathan die Männer Judäas aus, um die Burg zu bekämpfen, die sich in Jerusalem befand, und sie stellten viele Belagerungsmaschinen gegen sie her. 21 Aber einige, die ihr Volk hassten, Männer, die sich gegen das Gesetz stellten, gingen zum König und meldeten ihm, dass Jonathan die Burg belagerte. 22 Als der davon hörte, geriet er in Zorn; als er aber davon hörte, brach er sofort wieder auf, zog nach Ptolemaïs und schrieb Jonathan, dass er die Belagerung abbrechen und ihm entgegenkommen solle, um sich unverzüglich mit ihm in Ptolemaïs zu treffen. 23 Als aber Jonathan davon hörte, befahl er, die Belagerung fortzusetzen, und er wählte (hierzu) einige von den Ältesten Israels und von den Priestern aus, und nahm die Gefahr auf sich. 24 Und er nahm Silber und Gold und Gewänder und viele andere Geschenke und ging zum König nach Ptolemaïs und erwarb Gunst bei ihm. 25 Aber einige Gesetzlose aus dem Volk führten Klage gegen ihn. 26 Doch der König behandelte ihn ebenso wie seine Vorgänger und ehrte ihn vor allen seinen Freunden. 27 Und er bestätigte ihn im Hohenpriesteramt und in allen anderen bisherigen Ehrungen und veranlasste, dass man ihn zu den ersten Freunden zählte. 28 Und Jonathan erbat sich vom König, dass er Judäa und die drei Toparchien und Samaria für steuerfrei erkläre, und versprach ihm dreihundert Talente. 29 Und der König war einverstanden und stellte dem Jonathan bezüglich aller dieser Vereinbarungen das folgende Schriftstück aus: 30 König Demetrios entbietet seinem Bruder Jonathan und dem Staatsvolk der Judäer seinen Gruß! 31 Eine Abschrift des Briefs, den wir unserem Verwandten Lasthenes euret-

wegen geschrieben haben, haben wir auch für euch ausgefertigt, damit ihr darüber in Kenntnis gesetzt seid. 32 König Demetrios entbietet seinem Vater Lasthenes seinen Gruß! 33 Wir haben beschlossen, dem Volk der Judäer, unseren Freunden, die uns die Treue bewahren, wegen ihrer guten Gesinnung uns gegenüber Vergünstigungen zu gewähren. 34 Wir bestätigen ihnen (den Besitz) des Gebietes Judäas und der drei Bezirke Aphairema, Lydda und Rhamathaim; sie wurden Judäa mitsamt allem, was zu ihnen gehört, von Samaria angegliedert. Allen aber, die anstelle der Abgaben an den König, die der König zuvor alljährlich von den Erzeugnissen des Bodens und der Fruchtbäume erhoben hat, in Jerusalem ein Opfer darbringen, gewähren wir fortan Erlass. 35 Und auch bei allen anderen uns von nun an zustehenden Zehnten und den uns zustehenden Zöllen und den Salzteichen und den uns zustehenden Kranzsteuern, bei allem gewähren wir ihnen fortan Erlass. 36 Und es soll nicht eine dieser (Vereinbarungen) gebrochen werden, von heute an und für alle Zeit. 37 Und nun kümmert euch darum, dass von diesen (Vereinbarungen) eine Abschrift gemacht wird; sie ist Jonathan zu übergeben und auf dem heiligen Berg an einem öffentlichen Ort aufzustellen.

Zu Text und Übersetzung

V 20: Die ἄκρα (»Burg«) ist die syrische Garnison in der Davidstadt (vgl. 1,33; 4,2). Die Pluralform μηχανάς (»Maschinen«) bezeichnet unterschiedliche Belagerungsgeräte wie z. B. Rammböcke und Belagerungstürme (vgl. 6,24).

V 21: Der Titel κύριος (»König«) bezieht sich hier auf Demetrios II. Nikator.

V 22: Die Wortfolge ὡς δὲ ἤκουσεν (»als er aber davon hörte«) ist wahrscheinlich als Schreiberversehen (Dittographie) aus dem nachfolgenden V 23 eingedrungen.

V 27: Die πρῶτοι φίλοι (»ersten Freunde«) sind die Träger eines besonders hochrangigen seleukidischen Hoftitels (vgl. 10,65).

V 28: Die τοπαρχίαι (»Toparchien«) bezeichnen hier die Bezirke Samarias (vgl. 10,30; 11,34; 15,30).

V 29: Zum Plural ἐπιστολάς (»Brief«; wörtl. »Briefe«) vgl. 10,3.

V 30: Zur Bezeichnung ἀδελφός (»Bruder«) vgl. 10,18; zur Wiedergabe von ἔθνος (»Staatsvolk«) vgl. 6,58.

V 31: Die Bezeichnung συγγενής (»Verwandter«) ist ein hoher seleukidischer Hoftitel (vgl. 10,89; 2 Makk 11,1.35).

V 32: Die Anrede πατήρ (»Vater«) in der *Intitulatio* des Briefs bezeichnet keinen seleukidischen Hofrangtitel (vgl. Est 3,13 f.; 8,12l sowie Gen 45,8), sondern soll hier vermutlich den gefühlsbetonten Aspekt der persönlichen Nähe zum Ausdruck bringen.

V 34: Vor καὶ πάντα (»allen aber«) ist eine Satzzäsur anzunehmen. Ebenso wie in 10,43 wird Jerusalem hier anders als in den umgebenden Versen nicht Ιερουσαλημ, sondern Ιεροσολυμα genannt.

V 35 Die ἁλὸς λίμναι (»Salzteiche«; vgl. 10,29; Ez 47,11; Zef 2,9) sind möglicherweise die ausgedehnten Verdunstungsanlagen am Toten Meer, in denen reines Mineralsalz gewonnen wurde und die die selukidischen Könige als ihr Eigentum betrachteten. Der Begriff στεφάνοι (»Kränze«) bezeichnet hier die von den Seleukiden erhobene τιμὴ τῶν στεφάνων (»Kranzsteuer«; vgl. ebenfalls 10,29).

V 36: Nach ἓν τούτων (»eine dieser«) ist sinngemäß στάσεων (»Vereinbarungen«) zu ergänzen (vgl. 7,18).

V 37: Der ὄρος ἅγιος (»heilige Berg«) ist der Jerusalemer Tempelberg (vgl. 4,37.46).

Analyse und Auslegung

Die Begegnung zwischen Jonathan und Demetrios II. in Ptolemaïs stellt den vorläufigen Höhepunkt der erfolgreichen diplomatischen Bemühungen des Judäers dar, was in dem Abschnitt zum einen mit der Hervorhebung seines besonderen Ansehens und Rangs korreliert und zum anderen in der Anführung einer Urkunde Gestalt gewinnt, deren Inhalt ihm und dem »Staatsvolk der Judäer« ein hohes Maß an interner Selbstbestimmung garantiert (vgl. Josephus, Ant. XIII 121–130).

V 20–22 Der bewusst traditionsgebunden formulierte Neueinsatz der Handlung (vgl. 1,11; 5,55; 9,23 f.) nimmt Jonathan in den Blick, der sich nunmehr anschickt, die ungeachtet der vollmundigen Versprechen des Demetrios I. (vgl. 10,32) immer noch in Jerusalem in Garnison liegende syrische Truppe endgültig aus der Stadt zu vertreiben (vgl. 6,19 f.). Die Erwähnung seiner »Belagerungsmaschinen« zeigt dabei eine deutliche Konsolidierung seiner Machtposition an. Unvermittelt greift V 21 f. wieder den judäischen Binnenkonflikt zwischen den Anhängern Jonathans und den oppositionellen hellenisierten Parteigängern der seleukidischen Oberherrschaft in der Provinz auf, wobei sowohl die üble Gesinnung der gottlosen Verräter und Feinde Israels als auch ihre geringe Anzahl betont wird (vgl. 1,13; 6,21; 10,14). Die dargestellte Szene, die bereits in V 4 f. präfiguriert ist (vgl. 10,60 f.), kontrastiert das Verhalten der judäischen »Apostaten« mit der unverbrüchlichen »Treue und guten Gesinnung« Jonathans und seiner Gefolgsleute (vgl. V 33). Sie stößt zugleich – vermittelt durch einen impliziten Botenbericht (vgl. 3,27) und einer hierauf reagierenden, in indirekter Rede formulierten Anweisung des Seleukidenherrschers an den Hohenpriester (zum korrumpierten Text von V 22 s. o.) – seine nachfolgende Zusammenkunft mit dem König an.

V 23–29 Als retardierendes Handlungselement steigern die ausführliche Beschreibung der Umstände des Aufbruchs Jonathans nach Ptolemaïs und der gleichzeitige Hinweis auf seine Weigerung, die Belagerung der Akra befehlsgemäß abzubrechen, die Spannung (zu den »Ältesten und Priestern«, die hier als militärische Anführer begegnen, vgl. 1,26; 2,55). Der bewertende Erzählerkommentar in V 23b und die Anzeige des Erfolgs der Gunstbeweise Jonathans in V 24b (zur traditionsgebundenen Formulierung vgl. Gen 6,8; 18,3; 30,27) verweisen indes in impliziter Weise auf das Gottver-

Anerkennung Jonathans durch Demetrios II.

trauen, in dem sein (ebenso mutiges wie kluges) Handeln begründet ist. In V 25 f. motiviert ein erneuter erfolgloser Versuch der judäischen Gegner Jonathans, ihn bei Demetrios II. in Misskredit zu bringen (vgl. V 4 f.21; 10,60 f.), nicht nur die Bestätigung seiner bisherigen Errungenschaften (vgl. 10,3–6.18–20.28–45.62–65), sondern auch seinen weiteren Aufstieg bis an die Spitze des vertikalen Rangklassensystems am Seleukidenhof. In V 27 werden diese Errungenschaften und öffentlichen Ehrungen konkretisiert, indem sowohl sein Hohepriestertum als auch sein Rang eines »ersten Freundes« Bestätigung erfahren. Was hier aus dem Blickwinkel eines Parteigängers der Hasmonäerdynastie allerdings als Ausdruck der umfassenden Anerkennung der Stellung Jonathans durch den fremden Herrscher erscheint, stellt sich aus seleukidischer Perspektive durchaus anders dar. Für Demetrios II. war das Jerusalemer Hohepriestertum wohl nicht mehr als ein lokaler Ehrentitel ohne administrative Funktionen. Und auch dass ein seleukidischer Herrscher einen »Freund« seines Vorgängers übernahm oder gar beförderte, war keinesfalls ein Automatismus; üblich war eher das Gegenteil. Von besonders hoher Bedeutung ist an dieser Stelle, dass der ehemalige Provinzrebell Jonathan von nun an eine offizielle Position innerhalb des seleukidischen Verwaltungsapparats einnimmt. Seine in V 28 in indirekter Rede formulierte Bitte um Umwandlung der jährlichen Steuerlasten innerhalb des von ihm dominierten Territoriums in eine einmalige Zahlung (ca. 7860 kg Silber) an die seleukidische Staatskasse, der Demetrios II. umgehend zustimmt (V 29a), soll dem Leser anzeigen, dass Jonathan nun auf gleicher »Augenhöhe« mit dem König verhandelt, dass Jerusalem mit dieser ἀφορολογησία (»Steuerfreiheit«) fortan ein zentrales Kennzeichen autonomer Städte besitzt, und dass die Seleukiden auch die territoriale Expansion Judäas billigen (vgl. 10,30.38). V 29b enthält eine rahmende Einleitung der folgenden Urkunde, die der königlichen Zustimmung in ausführlicher Weise Ausdruck verleiht.

Das förmliche Präskript (ohne *Formula valetudinis*) in V 30 soll die offizielle Anerkennung der Adressaten durch den Absender anzeigen; anders als in 10,18 (nur Jonathan) und 10,25 (nur das Volk) werden hier beide Leitungsorgane des Tempelstaates (Jonathan mit Name und Titel; vgl. 13,36; 15,2) gemeinsam angesprochen. V 31 weist das nachstehende Dokument als Kopie der schriftlichen Anweisung an einen hochrangigen Funktionsträger der seleukidischen Provinzadministration namens Lasthenes aus, der im 1. Makkabäerbuch allein im vorliegenden Kontext Erwähnung findet (vgl. Josephus, Ant. XIII 86). Durch diesen literarischen Kunstgriff des Erzählers soll seine Kenntnis des »verwaltungsinternen« Schriftstücks an Plausibilität gewinnen (vgl. V 37). Dem Präskript des Schreibens in V 32 folgen sowohl der (am Anfang des Briefkorpus im *Pluralis majestatis* formulierte; vgl. 6,59) königliche Befehl, den Judäern fortan eine Reihe von Erlassen und Schenkungen zu gewähren, die mehrheitlich den ihnen bereits zuvor von V 30–37 den Syrern angebotenen Vergünstigungen entsprechen (vgl. 10,28–45), als auch seine Begründung in der fortgesetzten »Treue und guten Gesinnung« der Provinzbewohner. V 34 nimmt zwar zunächst Bezug auf die in V 28 vorangehende Bitte Jonathans, bestätigt aber vor allem die beträchtliche Erweiterung des von Jerusalem kontrollierten Territoriums. Die Mehrheit der von den jährlichen Abgaben zu befreienden Bewohner der drei nach ihren wichtigsten Ansiedlungen benannten Toparchien Aphairema, Lydda und Rhamathaim im Süden Samarias (vgl. 10,30.38 sowie 15,30) orientierte sich in kultisch-religiöser Hinsicht stets an Jerusalem und nicht am Berg Garizim nahe der Stadt Sichem, dem zentralen Heiligtum der (aus der Perspektive der Erzählers dissidenten) samaritanischen Religionsgemeinschaft, welche zwar ebenfalls nach den Geboten der Tora lebte, aber dort dem Gott Israels in einem eigenen Tempel opferte bzw. kultische Abgaben darbrachte. V 35 nimmt auf einige fiskalische Zugeständnisse des Demetrios I. Bezug (Erlass der Kopf- und Grundsteuer sowie der [mit einem von der Regierung festgesetzten Salzpreis verbundenen] Salzsteuer; zukünftige Steuerfreiheit der Einkünfte des Jerusalemer Tempels; vgl. 10,29–31), deren – letztendlich von Jonathan bewirkte – Inkrafttreten und dauerhafte Gültigkeit mittels der Formulierung »für alle Zeit« mit der Zeit des Erzählers verbunden werden. Es fällt freilich auf, dass die zugesagte Aufgabe der Akra (vgl. 10,32) in diesem Zusammenhang nicht mehr erwähnt wird. Die beglaubigende literarische Funktion der abschließenden Anordnung in V 37, eine Abschrift der Vereinbarungen in Jerusalem öffentlich auszustellen (vgl. 8,22; 14,26.48), entspricht V 31; der Erzähler nimmt auch in dem fingierten seleukidischen Dokument die Perspektive der traditionellen Zionstheologie ein (vgl. Ps 2,6; 15 [LXX 14]1; Dan 9,16.20).

Jonathans Unterstützung des Demetrios II. Nikator (11,38–51)

Text

Übersetzung

38 Als König Demetrios erkannte, dass die Erde vor ihm still geworden war, und dass sich ihm niemand entgegenstellte, da entließ er alle seine Truppen, einen jeden in seine Heimat, mit Ausnahme der fremden Truppen, die er von den Inseln der Völker als Söldner angeworben hatte. Da begannen alle Truppen seiner Väter ihn zu hassen. 39 Tryphon aber war früher einer der Soldaten Alexanders gewesen, und als er sah, dass alle Truppen gegen De-

metrios murrten, ging er zu Imalkue, dem Araber, der Antiochos, das Kind Alexanders, erzog. 40 Und er redete auf ihn ein, dass er ihn ihm übergebe, damit er anstelle seines Vaters herrsche, und berichtete ihm, was Demetrios angeordnet hatte, und von der Feindschaft, die seine Truppen ihm entgegenbrachten. Und er blieb viele Tage dort. 41 Jonathan aber sandte Boten zu König Demetrios, dass er die Bewohner der Burg aus Jerusalem und die Bewohner der Festungen vertreiben solle, da sie Israel bekämpften. 42 Und Demetrios sandte Boten zu Jonathan: Nicht allein dies will ich dir und deinem Volk gewähren, sondern ich will dich und dein Volk auch hoch ehren, sobald die Umstände es mir ermöglichen. 43 Nun aber tust du gut daran, mir Männer zu schicken, die mir militärischen Beistand leisten, denn alle meine eigenen Truppen sind desertiert. 44 Und Jonathan schickte ihm dreitausend tapfere Männer nach Antiocheia, und sie zogen zum König, und der König war über ihren Anmarsch hoch erfreut. 45 Die Bewohner der Stadt aber, fast hundertundzwanzigtausend Mann, versammelten sich in der Mitte der Stadt und wollten den König umbringen. 46 Und der König floh in den Palast, und die Bewohner der Stadt besetzten die Durchgangsstraßen der Stadt und begannen zu kämpfen. 47 Der König aber rief die Judäer zu Hilfe, und sie versammelten sich allesamt um ihn und verteilten sich in der Stadt. Und an jenem Tag töteten sie in der Stadt fast hunderttausend Mann. 48 Und sie steckten die Stadt in Brand und machten an jenem Tag reiche Beute in ihr und retteten den König. 49 Als die Bewohner der Stadt erkannten, dass die Judäer sich der Stadt bemächtigt hatten, wie sie wollten, da verloren sie den Mut und sie schrien zum König und baten: 50 Reiche uns die Hand, damit die Judäer aufhören, uns und die Stadt zu bekämpfen! 51 Und sie warfen ihre Waffen weg und schlossen Frieden. Die Judäer aber wurden vor dem König und allen Bewohnern seines Reiches hoch geehrt, und ihr Name wurde in seinem Königreich bekannt und sie kehrten nach Jerusalem zurück und hatten reiche Beute dabei.

Zu Text und Übersetzung

V 38: Die νήσοι τῶν ἐθνῶν (»Inseln der Völker«) sind die Inseln des östlichen Mittelmeeres (vgl. 6,29 sowie Ez 27,6).

V 40: Während ℵ V La SyII sowie *Kappler* συνέτασσεν (»er ordnete an«) bietet, liest *Rahlfs* mit A SyI und zahlreichen weiteren Zeugen συνετέλεσεν (»er vollbrachte«). Die Wendung ἔχθραν ἐχθραίνουσιν (»sie brachten Feindschaft entgegen«) verstärkt den Verbalbegriff, indem sie eine hebr. *Figura etymologica* imitiert. Das Objekt des Satzes ist Demetrios II.

V 41: Die Wortverbindung τοὺς ἐκ τῆς ἄκρας (»die Bewohner der Burg«) bezeichnet die Angehörigen der syrischen Garnison in der Davidstadt (vgl. V 20 sowie 1,33).

V 42: Der Ausdruck δόξῃ δοξάζειν (»hoch ehren«) imitiert ebenfalls eine hebr. *Figura etymologica* (vgl. 14,29.39; 15,9).

V 49: Die Wendung ἠσθένησαν ταῖς διανοίαις αὐτῶν (»sie verloren den Mut«) bedeutet wörtl. »da ermatteten sie in ihrem Denken« (vgl. 10,74).

V 50: Der Begriff δεξιά (»Hand«) bedeutet wörtl. »Rechte« (vgl. 6,58).

V 51: Die Wörter καὶ ὠνομάσθησαν ἐν τῇ βασιλείᾳ αὐτοῦ (»und ihr Name wurde in seinem Königreich bekannt«) fehlen in La$^{X\,G1\,B}$ SyI.II sowie bei *Rahlfs*.

Analyse und Auslegung

Leitendes Thema des Abschnitts ist die literarische Bewältigung des Problems, dass der antiseleukidische Widerstandskämpfer Jonathan nun im Dienst der Seleukiden steht. Die Erzählung vom Ausbruch einer Revolte der syrischen Truppen in Antiocheia bewirkt sein bündniskonformes Eingreifen in den seleukidischen Binnenkonflikt. Indem Jonathan und seine Anhänger dem Demetrios II. Nikator die versprochene militärische Hilfe leisten, stellen sie sowohl ihre unerschütterliche Treue als auch ihre besondere Tapferkeit unter Beweis, die ihrerseits ihren Rückhalt in der anhaltenden göttlichen Bewahrung der Frommen Israels hat und sie nicht nur zum Sieg führt, sondern ihnen nun auch den Abzug der seleukidischen Garnison aus Jerusalem zu ermöglichen scheint (vgl. Josephus, Ant. XIII 131–142).

V 38–40 Der Neueinsatz der Handlung benennt (in der Form einer Synekdoche) die Einschüchterung der Bevölkerung in den von Demetrios II. beherrschten Gebieten (vgl. V 52; 1, 2) in summarischer Weise als Beweggrund seiner Entscheidung, die syrischen Mannschaften zu demobilisieren und nur die Söldnertruppen von den »Inseln der Völker« (Zypern, Rhodos und Kreta; vgl. 10, 67; 15, 1; Gen 10, 5; Zef 2, 11) als stehendes Heer bei sich zu behalten (vgl. 1, 16). Der Unmut, den dieser Schritt bei den einheimischen Truppen auslöst, stößt die folgenden Ereignisse an. In V 39 wird der aus Kasiane bei Apameia (Nordsyrien) stammende Heerführer Diodotos Tryphon (»Schwelger«; vgl. Appian, *Syr.* 68; Livius, *Periochae* LII 13; Strabon, *Geographica* XVI 752) als ein neuer Aktant in die Erzählung eingeführt und mittels einer kurzen summarischen externen Analepse als ehemaliger Parteigänger des Alexander Balas vorgestellt. Angesichts der offensichtlichen Schwächung des Demetrios II. erreicht er bei dem (hier narrativ kaum konturierten; vgl. V 17; Diodor XXXII 4a) Araber Imalkue (wohl Wiedergabe von nabat. ימליכו [»Jamliku«]) die Herausgabe von Alexanders Sohn Antiochos, des späteren Seleukidenkönigs Antiochos VI. Epiphanes Dionysos (»Erscheinender« bzw. »Erscheinung des [Gottes] Dionysos«; reg. 145–139/38). Tryphon wird erst in V 54 wieder erwähnt. Die Bemerkung »er blieb viele Tage dort« in V 40b gibt Raum für die folgende, zeitgleich ablaufende Parallelhandlung.

Revolte der syrischen Truppen

V 41–43 Ein Szenenwechsel nimmt Jonathan in den Blick, der Demetrios II. eine (in indirekter Rede formulierte) Botschaft überbringen lässt, in der er ihn um Abzug der syrischen Garnisonstruppen vom Tempelberg (vgl. 10, 32; wenn die in V 20 erwähnte Belagerung der Akra durch Jonathan tatsächlich stattgefunden hat, zeigt V 41 an, dass sie letztendlich fehlgeschlagen ist) und aus den Festungen (wohl Baitsura und Geser; vgl. 10,14) bittet. Die (in direkter Rede formulierte) Replik des Königs enthält die Zusagen, Jonathans Bitte zu erfüllen und darüber hinaus ihn und sein Volk in ihrem Status innerhalb des Seleukidenreiches aufzuwerten; letzteres Versprechen wird explizit konditioniert, was durchaus als ein Hinweis auf die grundsätzliche Unzuverlässigkeit des Syrers betrachtet werden kann. Auch die an Jonathan ergehende Aufforderung, Auxiliartruppen nach Antiocheia zu schicken, stellt die unverbrüchliche Treue und Tapferkeit der gottesfürchtigen Judäer (vgl. 3,10) der Pflichtvergessenheit der seleukidischen Soldaten gegenüber.

Jonathan unterstützt Demetrios II.

Die Loyalität (bzw. Verpflichtung) Jonathans gegenüber Demetrios II. erweist sich darin, dass er umgehend ein Truppenkontingent aus der Provinz in die Hauptstadt des Seleukidenreiches entsendet (zur traditionsgebundenen Sprache vgl. Ri 21,10; 2 Sam 10,7; 11,1); beide Handlungsträger werden in V 44 statusgleich dargestellt. Der Ausbruch eines offenen Kampfes zwischen den Bewohnern Antiocheias und der Gefolgschaft des Königs, der als Steigerung der in V 38f. angelegten Konfliktsituation erscheint, wird in hyperbolischer Weise als Befreiung des (gegenüber der gewaltigen Übermacht seiner Gegner völlig hilflosen) Seleukidenherrschers durch die charakterfesten judäischen Kämpfer gezeichnet (vgl. V 38b), die zwar zahlenmäßig weit unterlegen, aber dennoch furchtlos sind, weil sie auch im Dienst des fremden Herrschers den Beistands ihres Gottes haben. Vor diesem Hintergrund verknüpft V 48 die Rettung des vor den Angreifern in seinen Palast geflohenen Königs durch Jonathan mit der Erfüllung des Kriegsgesetzes von Dtn 20,13f. V 44–48

Der Triumph der Judäer über die Feinde des Königs dient dem Erzähler als Ausgangspunkt der (in V 50 als Bitte in direkter Rede formulierten; vgl. 6,58) synkritisch überbietenden Gegenüberstellung ihres gegensätzlichen Verhaltens in der Absicht, die Vorzüge der ersteren Konfliktpartei hervorzuheben. Während die Antiochener »den Mut verlieren«, »zum König schreien«, »ihn bitten«, »ihre Waffen wegwerfen« (vgl. 5,43) und »Frieden schließen«, »kämpfen« und »bemächtigen« sich die Judäer der Stadt, werden deshalb allseits »hoch geehrt«, und machen sich »einen Namen« im gesamten Königreich des Demetrios II. Die stereotype Mitteilung von der Rückkehr der siegreichen und mit Kriegsbeute beladenen Kämpfer Jonathans nach Jerusalem (vgl. 4,23f.; 7,47; 10,87) schließt den Abschnitt ab. V 49–51

Jonathans Parteinahme für Antiochos VI. Epiphanes Dionysos (11,52–74)

Text

Übersetzung

52 König Demetrios aber bestieg den Thron seines Königreiches, und die Erde wurde still vor ihm. 53 Aber er ließ alles, was er versprochen hatte, unerfüllt und wandte sich von Jonathan ab und erwiderte ihm die Vergünstigungen, die er ihm erwiesen hatte, nicht, sondern setzte ihm heftig zu. 54 Danach aber kehrte Tryphon zurück, und bei ihm war der junge Antiochos; der ergriff die Königsherrschaft und legte das Diadem an. 55 Und es versammelten sich bei ihm alle Truppen, die Demetrios schmählich entlassen hatte, und sie bekämpften ihn; er aber floh und wurde verjagt. 56 Tryphon aber übernahm die Elefanten und bemächtigte sich Antiocheias. 57 Und der junge Antiochos schrieb dem Jonathan: Ich bestätige dich im Hohenpriesteramt und setze dich über die vier Bezirke ein, wodurch du zu den Freunden des Königs gehörst. 58 Und er sandte ihm goldenes Tafelgeschirr und Dienerschaft und gab ihm die Erlaubnis, aus goldenen Bechern zu trinken, ein Purpurgewand zu tragen und eine goldene Spange zu verwenden. 59 Und seinen Bruder Simon setzte er zum Statthalter ein von der tyrischen Stiege bis an die Grenze nach Ägypten. 60 Und Jonathan rückte aus und durchquerte (das Gebiet) jenseits des Flusses und die Städte, und es versammelte sich die gesamte syrische Streitmacht bei ihm, um militärischen Beistand zu leisten, und als er nach Askalon zog, bereiteten die Bewohner der Stadt ihm einen prachtvollen Empfang. 61 Und von dort zog er nach Gaza, doch die Bewohner von Gaza verschlossen (die Tore), und er belagerte die Stadt, steckte ihre Siedlungen ringsum in Brand und plünderte sie. 62 Und die Bewohner von Gaza baten Jonathan (um Frieden), und er reichte ihnen die Hand, aber er nahm die Söhne ihrer Obersten als Geiseln und schickte sie nach Jerusalem. Und er durchzog das Land bis Damaskus. 63 Als Jonathan hörte, dass die Offiziere des Demetrios mit einer großen Streitmacht in Kedes in Galiläa angekommen waren, weil sie ihn aus dem Amt entfernen wollten, 64 zog er ihnen entgegen; seinen Bruder Simon aber ließ er im Land zurück. 65 Und Simon belagerte Baitsura, bekämpfte es viele Tage lang und schloss sie ein. 66 Und sie baten ihn, ihnen die Hand zu reichen, und er reichte sie ihnen, doch er vertrieb sie von dort, besetzte die Stadt und unterstellte sie einer Besatzung. 67 Und Jonathan und sein Heer lagerten am See Genezareth. Und sie brachen am frühen Morgen auf (und zogen) in die Ebene von Hazor. 68 Und siehe, ein Heer von Fremden zog ihm in der Ebene entgegen, und sie hatten ihm in den Bergen eine Abteilung als Hinterhalt zurückgelassen; sie selbst kamen ihm von vorn entgegen. 69 Als sie nun die im Hinterhalt liegenden Truppen aus ihren Verstecken heraus überfielen, und sie im Kampf aufeinanderstießen, 70 flohen alle Männer Jonathans, und nicht einer von ihnen blieb zurück, außer den Anführern des Heers: Mattathias, der (Sohn) des Apsalom, und Judas, der (Sohn) des Chalphi. 71 Und Jonathan zerriss seine Gewänder, streute Erde auf sein Haupt und fing an zu beten. 72 Und er wandte sich wieder zum Kampf gegen sie und schlug sie in die Flucht, und sie liefen davon. 73 Als die von ihm geflohenen Männer das sahen, kehrten sie zu ihm zurück und nahmen gemeinsam mit ihm die Verfolgung bis Kedes auf, bis zu ihrem Heerlager, und sie lagerten dort. 74 Und an jenem Tag fielen von den Fremden fast dreitausend Mann, und Jonathan kehrte nach Jerusalem zurück.

Zu Text und Übersetzung

V 54: Das παιδάριον νεώτερον (»Junge«; eigentl. »kleines Kind«) ist Antiochos VI. Epiphanes Dionysos. Der Komparativ νεώτερος wird hier und in V 57, wie in der LXX gehäuft anzutreffen (z. B. Gen 43,3; Jos 15,17; Ri 8,20), im Sinne des Positivs »jung« bzw. »Junge« verwendet. Der Begriff διάδημα (»Diadem«) bezeichnet die Stirnbinde aus Stoff oder Metall als Zeichen der königlichen Würde (vgl. 1,9).

V 56: Die Pluralform θηρία (»wilde Tiere«) ist hier kontextbedingt mit »Elefanten« zu übersetzen (vgl. 6,35).

V 57: Die Wortverbindung καὶ ἔγραψεν λέγων (»und er schrieb«; wörtl. »und er schrieb, indem er sagte«) scheint hebr. ויכתב לאמר zu entsprechen (vgl. 2 Sam 11,15; 2 Kön 10,6 sowie Lk 1,63). Die Einsetzung Jonathans ἐπὶ τῶν τεσσάρων νομῶν (»über die vier Bezirke«) meint seine Installation in das Amt eines seleukidischen Klientelfürsten. Die Wendung φίλος τοῦ βασιλέως (»Freund des Königs«) bezeichnet einen hohen seleukidischen Hoftitel (vgl. 2,18; 3,38 u. ö).

V 58: Die πορφύρα (»Purpurgewand«; wörtl. »Purpur«) ist ein Zeichen hohen Ranges und besonderer Würde (vgl. 8,14).

V 60: Die geographische Bezeichnung πέραν τοῦ ποταμοῦ (»[das Gebiet] jenseits des Flusses«) ist vermutlich der biblischen Tradition entlehnt (hebr. עבר הנהר; vgl. 7.8; 1 Kön 5,4; Esra 8,36; Neh 2,7.9; 3,7) und bezeichnet das gesamte (aus babylonischer bzw. persischer Perspektive westlich des Euphrat liegende) Gebiet Syriens.

V 66: Der Begriff δεξιά (»Hand«) bedeutet wörtl. »Rechte« (vgl. V 50 sowie 6,58).

V 67: Die Ortsangabe ἐπὶ τὸ ὕδωρ τοῦ Γεννησαρ (»am See Genezareth«; wörtl. »am Wasser des Gennesar«) ist wahrscheinlich Wiedergabe von hebr. על מי גנסר (vgl. Dtn 33,8; Jos 11,7; Ri 5,19).

V 68: Subjekt des zweiten Teilsatzes ist das in zwei Abteilungen aufgeteilte syrische Heer; Objekt ist Jonathan.

V 69: Der Ausdruck τόπος (»Versteck«) bedeutet wörtl. »Ort«.

V 71: Das im Kontext des jüdischen Selbstminderungs- bzw. Trauerrituals unübliche Wort γή ist hier wohl Wiedergabe von hebr. עפר (»Staub«, »Erde«; vgl. Jos 7,6; Ijob 2,12; Klgl 2,10).

V 73: Subjekt des Satzes sind die geflohenen Truppen Jonathans.

Analyse und Auslegung

Der für den Leser nicht unerwartete Wortbruch des Demetrios II. (vgl. V 42) und die Aufstellung des erst zweijährigen Antiochos VI. Epiphanes Dionysos als Gegenkönig durch Tryphon (vgl. V 39f.) dienen einerseits der Begründung der Tatsache, dass Jonathan nun die Fronten wechselt und den Sohn des Alexander Balas unterstützt, und markieren andererseits einen ersten Einschnitt in seiner (bislang durchweg positiven) Darstellung. Von Antiochos VI. offiziell zur obersten militärischen und zivilen Machtinstanz in der Provinz ernannt, kämpfen Jonathan und seinen Bruder Simon nun in seinen Diensten erfolgreich gegen die Truppen des Demetrios II. und erweitern zunächst ihren eigenen Machtbereich, bis sie in einen ungleichen Kampf geraten, der dem Erzähler erneut Gelegenheit gibt, das überragende Heldentum der beiden Makkabäerbrüder und ihren andauernden göttlichen Beistand hervorzukehren. Auffallend sind die in dem Abschnitt besonders häufigen intratextuellen Bezüge (vgl. Josephus, Bell. I 49; Ant. XIII 145–162).

V 52–56 Die allein durch seine bündnisgemäße militärische Unterstützung durch die Judäer ermöglichte, erneute Thronbesteigung des Demetrios II. signalisiert einen Neueinsatz der Handlung; der als Synekdoche gestaltete, hyperbolische Hinweis auf die hierdurch bewirkte Einschüchterung der gesamten Bevölkerung seines Reiches in V 52 verbindet das erzählte Geschehen ebenso mit dem vorangehenden Kontext (vgl. V 38) wie die Bemerkung im folgenden V 53, der Seleukidenherrscher habe dabei seine bisherigen Versprechen an Jonathan schuldhaft gebrochen (vgl. V 28–36.42; 15,27). Ergänzend zu diesem Wortbruch des Demetrios II., der erst in 13,34 wieder als Aktant begegnet, machen die von Tryphon beanspruchte Erhebung des Antiochos VI. auf den Seleukidenthron und sowohl die Anführung dessen aktiver Unterstützung durch die von Demetrios II. entlassenen syrischen Truppen (vgl. V 38) als auch die Erwähnung seiner Flucht aus Antiocheia und der (eindrücklich geschilderten) konsolidierten Machtstellung seines Heerführers und Vormunds von eigenen Gnaden die neue Allianz der Judäer mit dem jungen König für den Leser nachvollziehbar. Wortbruch des Demetrios

V 57–59 Das in V 57 einleitend knapp gerahmte, in direkter Rede formulierte Schreiben des Antiochos VI. an Jonathan enthält in wenigen Worten seine erneute Bestätigung im hohenpriesterlichen Amt, seine Ernennung zum seleukidischen Mandatar in der Provinz und seine offizielle Ehrung als »Freund« des Königs (vgl. V 27). Wenn sich die Herrschaft über »die vier Bezirke« auf die drei Toparchien im Süden Samarias (10,38) und Akkaron (10,89) bezieht, wie es Josephus (Ant. XIII 145) deutet, dann billigt Antiochos VI. auch in diesem Punkt die früheren seleukidischen Zugeständnisse an die Judäer. Wenn hier jedoch auf den Titel eines »Tetrarchen« bzw. »Vierfürsten« Bezug genommen wird, welcher zu hellenistischer Zeit seine ursprüngliche Bedeutung verloren hat und nunmehr einen abhängigen Fürsten bezeichnet, dessen Machtstellung und Rang geringer sind als die eines Königs (vgl. Josephus, Ant. XIV 326; Plinius, *Nat. hist.* V 74; Strabon, *Geographica* XII 547), dann begründet diese Ernennung vor allem seine beträchtliche Hofrangwürde. Besonderen Eindruck erwecken und die Machtposition Jonathans bildhaft unterstreichen soll die übersteigerte Aufzählung der repräsentativen diplomatischen Geschenke (bzw. höfischen Statussymbole), mit denen er von Antiochos VI. ausgestattet wird (vgl. 10,20.62.89; 3 Esra 3,6 sowie Homer, *Od.* I 136–143). Mit der gleichzeitigen Ernennung seines älteren Bruders Simon zum Befehlshaber über die Küstenregion (vgl. 5,20–23; 10,74.82) von der »tyrischen Stiege« (einem Bergrücken am westlichen Rand der Nordgrenze Coilesyriens; vgl. Josephus, Bell. II 188; bSchabbat 26a) bis zur Südgrenze des Landes am »Bach Ägyptens« (vgl. Num 34,5; Jes 27,12 sowie Mi 7,12) befinden sich nun zwei hasmonäische Vasallenfürsten bzw. Strategen in seleukidischen Diensten.

Jonathan und Simon kämpfen gegen Demetrios II.

Das Ausrücken Jonathans zum Kampf gegen Demetrios II. markiert den V 60–62
Beginn eines neuen Erzählabschnitts, der in eigentümlich ambivalenter Weise auf unterschiedliche Stellen innerhalb des vorangehenden Makrokontexts anspielt, indem die Handlungen des judäischen Strategen, dem auf seinem Vormarsch von Jerusalem bis zur (am Fuß des Antilibanon an der Fernhandelsstraße zwischen Mesopotamien und Ägypten gelegenen) seleukidischen Metropole Damaskus (vgl. SyI.II z.St.) die »gesamte« syrische Streitmacht unterstellt ist, zum einen den bisherigen Aktionen fremder Heerführer nachgebildet sind (vgl. 1,58; 7,8–10; 9,53; 11,1 f.) und ihn zum anderen – insbesondere bei der Belagerung und Zerstörung Gazas, der südlichsten Stadt der philisteischen Pentapolis (vgl. Jos 13,3; Jer 47 [LXX 29],5; Zef 2,4) – als traditionellen Gotteskrieger kennzeichnen (vgl. 10,75 f.84–87 [11,60 und 10,86 entsprechen einander fast wortwörtlich]), durch den die biblische Prophezeiung einer künftigen Erweiterung Israels ihre Erfüllung findet (vgl. Sach 9,1–10).

Ein indirekter Botenbericht an Jonathan enthält die Meldung, dass die V 63–66
Streitmacht des Demetrios II. ihm bei der in Nordgaliläa ca. 36 km südöstlich des Hulesees am westlichen Rand des oberen Jordangrabens gelegenen Leviten- und Asylstadt Kedes (vgl. Jos 19,37; 21,32; Ri 4,9–11) entgegentritt. Jonathan zieht seinen Feinden unverzüglich entgegen, während Simon, der hier ebenso wie bereits in 5,17–23.55; 9,65–67 als autonom agierender Befehlshaber erscheint, die Verteidigung der Küste, des judäischen Kernlandes und Jerusalems übernimmt. Die erfolgreiche Belagerung, Einnahme und Besetzung der von seinem Bruder Judas einst befestigten (4,61; 6,7.26), später von den Syrern eroberten und als militärischer Stützpunkt und Zufluchtsort judäischer Parteigänger der Seleukiden genutzten (6,50; 9,52; 10,14; vgl. 11,51), strategisch wichtigen Stadt Baitsura durch Simon stellen sowohl seine besonderen Fähigkeiten als Feldherr als auch seine Be-

wahrung durch den Gott Israels eindrücklich unter Beweis (vgl. MegTaan III 7 [p. 355 *Beyer*]).

V 67–74 Der Erzähler nimmt nun wieder Jonathan in den Blick, der mit seiner Streitmacht in Galiläa am See Kinneret (vgl. Num 34,11) lagert, welcher hier zum ersten Mal in der biblischen Überlieferung unter dem Namen »See Genezareth« begegnet (das Toponym »Genezareth« bezeichnet ursprünglich die Ebene westlich der regional bedeutenden Stadt Kinneret am Nordufer des Sees; vgl. Mt 14,34; Lk 5,1). Ort des folgenden Kampfes, zu dem Jonathan »am frühen Morgen aufbricht« (vgl. 6,33; 16,5; 2 Chr 20,20), ist die ca. 7 km südwestlich des Hulesees gelegene Ebene nahe der ehemals sehr bedeutenden nordgaliläischen Stadt Hazor, die der biblischen Überlieferung nach von den Israeliten unter der Führung Josuas erobert wurde (vgl. Jos 11,10–14; 12,19; Ri 4,17.23). Die lebendige Schilderung des Aufeinandertreffens seiner Anhänger und der ihnen an Kampfkraft überlegenen und taktisch begünstigten »Fremden« (vgl. V 38) ist 10,78–81 nachempfunden; die Erwähnung der Flucht »aller« judäischen Soldaten entspricht 9,6–18 (das Hendiadyoin in V 70 verstärkt die Ausdruckswirkung und ist zugleich ein Fiktionalitätssignal). Beides zusammen bereitet das folgende Rettungswunder vor, das zunächst den Todesmut Jonathans und seiner beiden Mitstreiter Mattathias und Judas herausstellt, deren ausführliche namentliche Nennung hier möglicherweise die genealogische Legitimation ihrer Nachfahren zur Zeit des Erzählers begründen soll [*von Dobbeler* 1997, 119 f.]). Jonathans einzige in dem Buch explizit dargestellte religiös-kultische Handlung, nämlich seine von traditionellen Bußriten begleitete (vgl. 3,47; 4,39; 2 Makk 10,25–27; Jos 7,6–9; Hiob 1,20; Mt 26,65; vgl. jedoch auch Lev 10,6; 21,10) Anrufung Gottes vor dem Kampf (vgl. 3,52 f.), bewirkt, dass die drei heldenhaften Judäer das gesamte seleukidische Heer in die Flucht schlagen können (Josephus, Ant. XIII 161 »entmythisiert« dieses mirakulöse Geschehen, indem er von »etwa fünfzig« verbliebenen Kämpfern spricht) und ihre geflohenen Anhänger aufgrund eines solchen Zeichens göttlichen Beistands zurückkehren, um ihrerseits wieder von neuem Mut beseelt den Kampf aufzunehmen und um die fliehenden Syrer schließlich bis nach Kedes zu verfolgen. Eingeleitet durch die Wendung »und an jenem Tag« (hebr. וביום ההוא), die im 1. Makkabäerbuch in stereotyper Weise Berichte von Siegen der Judäer einleitet (vgl. 4,25; 5,34; 11,47) endet auch dieser Abschnitt mit der Bezifferung der feindlichen Verluste und der Rückkehr Jonathans nach Jerusalem. Auch im Dienst des Antiochos VI. bekommen der fromme Anführer der Judäer und seine treuen Gefolgsleute stets Hilfe von Gott (vgl. Sach 9,13–17).

Heldenmut und Beistand Gottes

Jonathans Bündnisse mit Rom und Sparta (12,1–23)

Text

Übersetzung

12,1 Als Jonathan erkannte, dass der Zeitpunkt vorteilhaft für ihn war,
wählte er Männer aus und sandte (sie) nach Rom, um die Freundschaft
mit ihnen zu bestätigen und zu erneuern. 2 Und ebenso sandte er Briefe
an die Spartaner und an andere Orte. 3 Und sie gingen nach Rom und tra-
ten in den Rat ein und sprachen: Der Hohepriester Jonathan und das Volk
der Judäer haben uns gesandt, um die Freundschaft mit ihnen und den mi-
litärischen Beistand, wie sie bisher bestanden, zu erneuern. 4 Und sie über-
gaben ihnen Briefe für die örtlichen (Befehlshaber), damit sie sie friedlich in
das Land Juda geleiteten. 5 Und dies ist die Abschrift des Briefs, den Jona-
than den Spartanern geschrieben hat: 6 Der Hohepriester Jonathan und der
Ältestenrat des Volkes und die Priester und das übrige Volk der Judäer ent-
bieten ihren Brüdern, den Spartanern, ihren Gruß! 7 Bereits früher wurde
von Areios, der bei euch als König herrschte, ein Brief an den Hohenpriester
Onias gesandt, dass ihr unsere Brüder seid, wie er als Abschrift beiliegt.
8 Und Onias bereitete dem Mann, der als Bote gesandt worden war, einen
prachtvollen Empfang und nahm den Brief entgegen, in dem die Bedingun-
gen des militärischen Beistands und der Freundschaft ausgeführt wurden.
9 Auch wenn wir dies nicht nötig haben, weil wir mit den heiligen Schriften
einen Trost in unseren Händen halten, 10 unternehmen wir nun den Ver-
such, euch zu schreiben, um die Bruderschaft und Freundschaft mit euch zu
erneuern, damit wir euch nicht fremd werden. Denn seit ihr uns geschrie-
ben habt, ist viel Zeit vergangen. 11 Unablässig und zu jeder Zeit gedenken
wir eurer an den Festen und an den übrigen bestimmten Tagen, an denen
wir Opfer darbringen, und in den Gebeten, denn es ist angemessen und
recht, der Brüder zu gedenken. 12 Wir freuen uns aber über euren Ruhm.
13 Uns aber haben viele Heimsuchungen und viele Kämpfe ringsum be-
drängt, denn die Könige, die rings um uns herrschen, haben uns bekämpft.
14 Aber wir wollten während dieser Kämpfe weder euch noch unsere übri-
gen Bundesgenossen und Freunde belästigen. 15 Denn wir besitzen einen
starken Beistand vom Himmel her, und wir wurden vor unseren Feinden
bewahrt, unsere Feinde aber wurden gedemütigt. 16 Nun haben wir Nume-
nios, (Sohn) des Antiochos, und Antipater, (Sohn) des Jason, ausgewählt
und sie als Boten zu den Römern geschickt, um mit ihnen die Freundschaft
und den bestehenden militärischen Beistand zu erneuern. 17 Wir haben
ihnen befohlen, auch zu euch zu gehen, um euch zu grüßen und euch unse-
ren Brief über die Erneuerung und unsere Bruderschaft zu übergeben.
18 Und nun werdet ihr wohl daran tun, uns bezüglich dieser Angelegenhei-
ten zu antworten. 19 Und dies ist die Abschrift des Briefs, den sie an Onias

sandten: 20 Areios, König der Spartaner, entbietet Onias, dem großen Priester seinen Gruß! 21 Wir haben in einer Schrift über die Spartaner und über die Judäer gefunden, dass sie Brüder sind, und dass sie aus dem Geschlecht Abrahams stammen. 22 Und nun, nachdem wir dies erkannt haben, werdet ihr wohl daran tun, uns über euer Wohlergehen zu schreiben. 23 Wir aber schreiben euch als Antwort: Euer Vieh und euer Besitz gehören uns, und das Unsere gehört euch. Wir ordnen nun an, dass man euch solches berichtet.

Zu Text und Übersetzung

V 1: Das Verb συνεργέω (»vorteilhaft sein«, wörtl. »zusammenwirken«) begegnet in der LXX nur an dieser Stelle und könnte hier ähnlich wie ein *Passivum divinum* zu deuten sein (vgl. PsSal 17,4; Josephus, Bell. VI 38; 3 Esra 7,2 sowie TestXII.Is 3,7). Das Personalpronomen αὐτούς (»sie«) bezieht sich auf die Römer.

V 3: Der Begriff βουλευτήριον (»Rat« bzw. »Senat«) bezeichnet sowohl den Ort des Zusammentreffens der βουλή als auch die (römische) Senatsversammlung (vgl. 8,15). Das Personalpronomen αὐτοῖς (»mit ihnen«), das sich auf den Hohenpriester und das judäische Volk bezieht, fehlt in La^{LGV} und SyI.II.

V 4: Die Wendung πρὸς αὐτοὺς κατὰ τόπον (»für die örtlichen«) verlangt die sinngemäße Ergänzung ἄρχοντας (»Befehlshaber«). Subjekt des Satzes sind die Römer.

V 7: In der Mehrzahl der griech. Handschriften erscheint der Name des spartanischen Königs Areios I. fälschlich als Δαρειος (»Dareios« [anders Josephus, Ant. XIII 167]).

V 8: Zum Plural ἐπιστολάς (»Brief«; wörtl. »Briefe«) vgl. 10,3.

V 10: Die Verwendung des Verbs ἀποστέλλειν (»schreiben«; wörtl. »senden«) entspricht hier und in V 17 dem Gebrauch von hebr. שלח (vgl. Jos 10,3; 11,1; 1 Sam 16,22).

V 15: Der den Verbalbegriff akzentuierende Ausdruck βοήθειαν βοηθοῦσαν (»starker Beistand«; wörtl. »Beistand, der uns beisteht«) imitiert eine hebr. (bzw. bibelgriech.) *Figura etymologica*. Zur Umschreibung des Gottesnamens mit οὐρανός (»Himmel«) vgl. 3,18 f.

V 20: Die unübliche Bezeichnung des Hohenpriesters als ἱερεὺς μέγας (»großer Priester«; gängig ist ἀρχιερεύς [vgl. 10,20.32.38 u.ö.]), welche hebr. כהן גדל wörtlich entspricht, begegnet im 1. Makkabäerbuch stets im Mund nichtjüdischer Aktanten (vgl. 14,20; 15,2).

V 22: Die LXX gibt mit dem Nomen εἰρήνη zumeist hebr. שלום »Heil«, »Wohlergehen« wieder (vgl. Ri 6,23; 1 Sam 16,4 f.; 2 Kön 4,23).

Analyse und Auslegung

Hauptgegenstand des in den Erzählverlauf eingeschobenen, weder relativ noch absolut datierten Abschnitts ist die Fortführung bzw. Aufnahme von diplomatischen Beziehungen Jonathans zu Rom und Sparta (vgl. 15,15–24; Justinus, *Hist. Philipp.* XVI 3,9). Mittels einer Reihe von angeführten Schriftstücken, in denen durchweg das Leitwort φιλία (»Freundschaft«) begegnet (V 1.2.8.14.16), sollen sowohl sein kluges und vorausschauendes Handeln als Anführer seines Volkes als auch die Anerkennung des isolierten »Ethnos« der Judäer durch die Völkerwelt vorgeführt werden, welche ihrerseits von alters her innerhalb des Machtbereiches des Gottes Israels lebt (vgl. Sach 9, 10). Zu erkennen ist eine parallele kontextuelle Einbettung von V 1–23 und 8, 1–32: Beide Bündnisverträge werden von Judas (7, 47–50) und Jonathan (11, 57–74) auf dem Zenit ihrer Macht infolge eines großen Sieges angestrebt; beiden folgt sogleich der Tod des Helden im Kampf gegen die Feinde des Gottesvolkes (9, 18–21; 12, 48–52). Während Josephus den Kontakt mit den Spartanern in Ant. XIII 163–170 (vgl. Bell. I 48) umstilisiert, bietet er seine Interpretation des Inhalts von V 19–22 in einem anderen Kontext in Ant. XII 226 f. (an Stelle von V 23 schiebt der antike jüdische Historiker in Ant. XIII 171–173 einen kurzen Exkurs über die drei jüdischen »Schulen« ein).

V 1–4

Brief Jonathans an die Spartaner

Die als erneute Aufnahme diplomatischer Kontakte bzw. als Bekräftigung des Bündnisses mit Rom vorgestellte (vgl. 2 Makk 11, 34–38) und parallel zu 8, 17–19 formulierte, ausführlich einleitende Umrahmung des Briefs Jonathans an die Spartaner (vgl. V 16 f.) wird mittels der beiden Verben ἐπιλέγειν (»wählen«) und ἀποστέλλειν (»senden«) als narrativer Neueinsatz gekennzeichnet (vgl. 3, 38 f.; 7, 8 f.; 8, 17). Jonathan erscheint hierbei von Anfang an als souveräner Handlungsträger; Judäa erscheint als autonomes Gemeinwesen. Die Rede vom »vorteilhaften« Zeitpunkt der Mission verweist auf Jonathans vorangehenden Sieg über Demetrios II. (11, 57–74). Dass in 8, 21–30 von keinem ratifizierten Bündnisvertrag die Rede ist, und dass bestehende Verträge Roms mit einem seiner Bündnispartner üblicherweise auch keiner regelmäßigen Erneuerung bedürfen, scheint für den Erzähler an dieser Stelle nicht von Interesse zu sein. Mit der Erwähnung der Spartaner als Empfänger eines Freundschaftsbriefs der Judäer in V 2 gerät das eigentliche Thema des Abschnitts in den Blick (zu den von ihnen angeschriebenen »anderen Orten« vgl. 15, 22 f.). Die fernab von Judäa, im Südosten der Peleponnes in der fruchtbaren Ebene des Eurotasflusses gelegene Stadt Sparta, welche im 1. Makkabäerbuch nicht unter ihrem üblichen Toponym Λακεδαιμων (»Lakedaimon«) sondern mit dem archaisierenden bzw. auf ihre einstmalige Rolle als bedeutendste Militärmacht Griechenlands hinweisenden Namen Σπαρτη begegnet, war nach der Niederschlagung der Erhebung des achäischen Bundes im Jahre 146 v. Chr. (vgl. 8, 9–11; Strabon, *Geographica* VIII 365) der einzig neben Athen noch verbliebene (und mit beschränkter Souveränität ausgestattete) lokale Machtfaktor in der römischen Provinz Achaia. Die in direkter Rede formulierte Vorstellung der judäischen Gesandten in V 3b nennt »den Hohenpriester Jonathan und das Volk der Judäer« als verantwortliche Instanzen und stellt so ihre enge Verbundenheit heraus (vgl. 8, 20). Ein erfolgreicher Abschluss der Bündniserneuerung wird dabei zwar nicht explizit erwähnt, aber durch die in V 4 angeführten römischen »Schutzbriefe« für die in ihre Heimat zurückkehrenden Emissäre Jonathans nahegelegt. Der übliche Inhalt solcher Briefe scheint dem von Josephus in Ant. XIV 233 zitierten Schreiben zu entsprechen, mit dem die Römer seinen Empfängern freien Durchzug und sicheres Geleit innerhalb ihres Einflussbereiches garantieren.

V 5–18 Im einleitenden Rahmen als (implizit vom Erzähler eingesehene) »Abschrift« bezeichnet und hierdurch literarisch beglaubigt (vgl. 11,37; 14,20), nennt das Präskript des (in direkter Rede und bemüht hypotaktischer Syntax formulierten) fingierten Freundschaftsbriefs an die Spartaner als Absender nacheinander den »Hohenpriester Jonathan«, die γερουσία (»Ältestenrat«), die »Priester« und das »Volk der Judäer« (vgl. 8,15).

Botschaft des Areios

Es unterstreicht damit die konsolidierte Organisation des judäischen Gemeinwesens. Das Hohepriestertum wird in dieser differenzierenden Aufzählung, die kaum als repräsentativ für die tatsächliche Verfassung des Tempelstaats zur Zeit Jonathans verstanden werden kann (vgl. 7,33; 11,23), allein als Leitungs- und Repräsentationsinstanz verstanden; Jonathan erscheint dabei als eine Art »Sprecher« der Judäer. Die Institution der »Gerusia«, von deren Ursprüngen während der Perserzeit Josephus (Ant. IV 218; vgl. 2 Chr 19,8; Ez 8,1) berichtet, und die bei dem antiken jüdischen Schriftsteller sodann als dauerhaftes Gremium zur Zeit des Antiochos III. erwähnt wird (Ant. XII 138.142), begegnet als Vertretung der Bevölkerung Judäas in dem Buch nur an dieser einen Stelle (vgl. 2 Makk 1,10; 4,44; 11,27). Die separate Erwähnung der Jerusalemer Tempelpriesterschaft (vgl. 14,20.28.44) unterstreicht auch ihre vorrangige Bedeutung als politischer Funktionsträger. Die Bezeichnung der Judäer als δῆμος (»Volk«) schließlich gebraucht der Erzähler stets in Zusammenhängen, die (zumeist in wörtlicher Rede) einen nichtjüdischen Standpunkt wiedergeben (8,29; 14,20; 15,17; zur Ausnahme 14,25 s. u.). Die ehrende Benennung der Spartaner als »Brüder« (vgl. 10,18; 11,30 sowie 1 Kön 9,13) in der *Adscriptio*, durch welche zunächst eine enge Beziehung zum Ausdruck kommt, nimmt in übertragender Weise auf die zeitgenössische hohe Reputation der (als besonders tugendhaft, ordnungsliebend, gesetzestreu und opferbereit geltenden) Spartaner Bezug und soll so den Machtanspruch Jonathans (bzw. der Hasmonäerdynastie) untermauern. In V 7 greift das Schreiben der Judäer auf einen früheren Brief des Areios (gemeint ist der Spartanerkönig Areos I. [reg. 309–265 v. Chr.; vgl. Josephus, Ant. XII 226; XIII 167]) an den Hohenpriester Onias zurück (gemeint ist der als historische Gestalt kaum greifbare und politisch wohl bedeutungslose Onias I. [gest. ca. 300 v. Chr.]), dessen Wortlaut in V 19–23 als »Abschrift« angeführt wird (Josephus [Ant. XII 225–227] will dem fingierten Dokument Plausibilität verleihen, indem er den diplomatischen Kontakt zur Zeit des Onias III. [ca. 200–175 v. Chr.] ansetzt). In V 8 werden die Adressaten der »Zwecklegende« (*Bringmann* 1983, 72) an die besonderen Umstände der Entgegennahme des Beistands- und Bündnisvertrags durch die Judäer erinnert, durch welche dem Leser der adäquate Status beider Bündnispartner vor Augen geführt wird. Die Formulierung des eigentlichen Briefinhalts in der 1. Person plural nimmt die *Superscriptio* in V 6 auf und involviert zugleich den Leser. Der konzessive Nebensatz in V 9, führt die »heiligen Schriften« (vgl. 1,56f.; 3,48; 2 Makk 15,9 sowie Röm 15,4; der gegen Ende des 2. Jh.s v. Chr. abgefasste Prolog des Buches Jesus Sirach [8–10] spricht vom »Gesetz und den Propheten und den anderen Büchern der Väter«) als wesentliches Identitätsmerkmal der Judäer und ausreichenden Schutz gegen alle Bedrohungen des Gottesvolkes an (vgl. Ps 20 [LXX 19],7). Er nennt damit einen theologisch bedeutsamen Gegengrund zur Aussage des in V 10 folgenden Hauptsatzes, welcher in der Erneuerung des bestehenden Bündnisvertrags zum Zweck der Bekräftigung andauernder und enger Verbindungen zwischen den »Brudervölkern« besteht. Der Hinweis auf die lange Zeitspanne, die seit der Abfassung des in V 7f. erwähnten Schreibens der Spartaner vergangen ist, dient als narrative Begründung der Neubelebung dieser Verbindungen, verleiht dem Inhalt des Dokuments besondere Dignität (der Beweis des hohen Alters einer Aussage galt im antiken Judentum als apologetisches Argument) und entzieht ihn zugleich der faktischen Nachprüfbarkeit. Die Versicherung, den Spartanern Ehre zu erweisen, indem ihrer an den »Festen« (gemeint sind das Pesachfest, das Wochenfest und das Laubhüttenfest; vgl. 10,34) und an den übrigen »bestimmten Tagen« (gemeint sind hier wahrscheinlich das Neujahrsfest [vgl. bRosch haSchana 18a] und der Versöhnungstag [vgl. Jes 58,1–9]) im Opfer und im Gebet gedacht wird (vgl. 7,33; Bar 1,11), nimmt ein wichtiges Element des konventionellen Proömiums antiker Briefe auf (vgl. 1 Thess 1,2; Phlm 4; Röm 1,9f.; 2 Tim 1,3; Eph 1,16) und weist implizit auf den Jerusalemer Tempel als weitere Basis der beanspruchten judäischen Souveränität hin. In ihrer affektiven Reaktion auf den »Ruhm« der Spartaner in V 12 kommt die Statusgleichheit der Judäer zum Ausdruck. Der in V 13 folgende (formal als synthetischer *Parallelismus membrorum* gestaltete) Rekurs auf ihre vergangenen »Heimsuchungen und Kämpfe« entspricht der perspektivischen Deutung der bisherigen Ereignisse in theologischen bzw. heilsgeschichtlichen Kategorien (vgl. 1,11; Ps 2,1–12; 118 [LXX 117],10–16) und legt den Grund für die Unterstreichung der – aller Bedrängnisse der Judäer zum Trotz – unterlassenen Anforderung militärischer Unterstützung durch die Spartaner angesichts des überlegenen Beistands Gottes im Kampf gegen die Feinde Israels (vgl. 3,18–25;4,8–15.30–34 sowie 2 Makk 11,6–9). Der Abschluss des Schreibens in V 16–18, der die Spartaner zunächst auf das bestehende (bzw. erneuerte) Bündnis der Judäer mit Rom hinweist und sie sodann selbstbewusst zu einer Replik auffordert (vgl. 14,20–23), bildet zusammen mit V 1–4 einen Rahmen um das fingierte Dokument (zur namentlichen Nennung der judäischen Gesandten vgl. 8,17; 14,22.24; 15,15).

Bruderschaft und Freundschaft

V 19–23 Nachdem in V 19 das Problem gelöst wurde, wie der Verfasser des Buches an den bereits in V 7f. erwähnten Brief des Onias I. an Areos I. gelangen konnte, folgt der Wortlaut seiner »Abschrift«. Einem förmlichen, Statusgleichheit von Absender und Empfänger markierenden Präskript in V 20 folgt die (in direkter Rede und in der Form des *Pluralis majestatis* formulierte) spartanische Versicherung engster Beziehungen zu den Judäern aufgrund ihrer Stammverwandtschaft. Beglaubigt durch eine – ansonsten völlig unbekannte und wohl vom Erzähler erfundene – genealogische »Urkunde« (die Existenz dieses alten Dokuments wird hier als ein wichtiger Plausibilitätsbeweis angeführt; vgl. V 10) wird in V 21 die biblische Tradition in die spartanische Genealogie eingezeichnet bzw. die gemeinsame Abstammung beider Völker von Abraham behauptet (vgl. Gen 17,5; 2 Makk 5,9 [hier völlig anders kontextualisiert] sowie Josephus, Ant. I 239–241; XIV 254f.; Tacitus, *Hist.* V 2). Als Anhaltspunkte für die apologetische Behauptung dieser (aus judäischer Perspektive offensichtlich höchst wünschenswerten) über die Vätergestalt Abraham vermittelten verwandtschaftlichen Beziehung (vgl. V 6) können die beiderseitige Berufung auf einen mythischen Gesetzgeber (Moses bzw. Lykurgos; vgl. Diodor XL 3,6f.) und die vergleichbare Betonung sowohl der Abgrenzung und Eigenständigkeit gegenüber anderen Staaten, Völkern und Kulturen als auch der legitimierenden Bezugnahme politischer Entscheidungen auf einen zentralen sakralen Ort (Jerusalem bzw. Delphi) gelten. Mit der angeblichen Ursprünglichkeit der verwandtschaftlichen Beziehungen korrespondiert die archaisierende Freundschaftsformel in V 23 (*Gruen* 1998, 259), die eine reziproke Besitzgemeinschaft verbürgen soll (vgl. 1 Kön 20 [LXX 21],3f.; 22,4; 2 Kön 3,7).

Verwandtschaft von Judäern und Spartanern

Die Verteidigung gegen die Truppen des Demetrios II. Nikator (12,24–38)

Text

Übersetzung

24 Als Jonathan hörte, dass die Offiziere des Demetrios mit einer größeren Streitmacht als zuvor zurückgekehrt waren, um gegen ihn zu kämpfen, 25 brach er von Jerusalem auf und zog ihnen entgegen in das Gebiet der Amathitis, denn er wollte ihnen keine Ruhezeit lassen, ihren Fuß in sein Land zu setzen. 26 Und er sandte Spione in ihr Heerlager, und sie kehrten zurück und meldeten ihm, dass sie so Aufstellung genommen hätten, sie in der Nacht zu überfallen. 27 Als die Sonne unterging, befahl Jonathan seinen Männern, wach und bei den Waffen zu bleiben, um die ganze Nacht hindurch zum Kampf bereit zu sein, und er stellte rings um das Heerlager Vorposten auf. 28 Als die Gegner hörten, dass Jonathan und seine Männer zum Kampf bereit waren, gerieten sie in Furcht, verloren den Mut und zündeten Feuer in ihrem Kriegslager an. 29 Jonathan und seine Männer aber bemerkten es bis zum Morgen nicht, denn sie sahen die brennenden Feuer. 30 Und Jonathan jagte ihnen nach, aber er holte sie nicht ein, denn sie hatten bereits den Fluss Eleutheros überschritten. 31 Und Jonathan wandte sich den Arabern zu, die Zabadäer genannt werden, und er schlug sie und machte Beute bei ihnen. 32 Und er brach auf, zog nach Damaskus und durchquerte das gesamte Land. 33 Simon aber rückte aus und zog durch das Land bis nach Askalon und den nahen Festungen, und er wandte sich Joppe zu und eroberte es, 34 denn er hatte gehört, dass sie die Festung den Männern des Demetrios ausliefern wollten, und er stationierte dort eine Besatzung, damit sie sie bewachten. 35 Jonathan aber kehrte zurück und versammelte die Ältesten des Volkes und fasste mit ihnen den Entschluss, in Judäa Festungen zu errichten 36 und die Mauern Jerusalems zu erhöhen und eine hohe Mauer zwischen der Stadt und der Burg zu errichten, um sie von der Stadt abzutrennen, damit sie auf sich selbst gestellt sei, sodass sie weder kaufen noch verkaufen konnten. 37 Und sie versammelten sich, um die Stadt zu befestigen, aber ein Stück der Mauer am östlichen Bachtal stürzte ein. Und er besserte das sogenannte Chaphenatha aus. 38 Und Simon erbaute Adida in der Sephela, befestigte es und brachte Tore und Riegel an.

Zu Text und Übersetzung

V 25: Zum atl. *Hapax legomenon* ἀνοχή (»Ruhezeit«) vgl. Josephus, Bell. I 173; Ant. VI 72 f.; VII 281.

V 26: Das Adverb οὕτως (»so«) ist möglicherweise Verschreibung für οὗτοί (»diese«; vgl. La^{LXGV}). Zum Verb τάσσω (»Aufstellung nehmen«) vgl. 5,27.

V 28: Das Sprachbild ἔπτηξαν τῇ καρδίᾳ αὐτῶν (»sie verloren den Mut«) bedeutet wörtl. »sie zitterten in ihrem Herzen« (vgl. 9,7). Am Ende des Verses ist mit sämtlichen Minuskelhandschriften sowie Sy I.II die für den Sinn unentbehrliche Angabe καὶ ἀνεχώρησαν »und sie zogen ab« zu ergänzen (vgl. Josephus, Ant. XIII 178).

V 29: Nach ἕως πρωΐ (»bis zum Morgen«) wäre sinngemäß ὅτι ἀνακεχωρήκασιν (»dass sie abgezogen waren«) o.ä. zu ergänzen.

V 34: Das Personalpronomen αὐτήν (»sie«) bezieht sich auf die Stadt Joppe.

V 36: Die ἄκρα (»Burg«) ist die syrische Garnison in der Davidstadt (vgl. 1,33; 4,2).

V 37: Die Bedeutung des Toponyms Χαφεναθα (»Chaphenatha«) ist kaum zu identifizieren. Möglich wäre allenfalls eine korrumpierte Wiedergabe von hebr. משנה (»zweites Viertel«; vgl. 2 Kön 22,14) oder eine Ableitung von aram. כפנא (»Hunger«; vgl. V 36).

Analyse und Auslegung

In dem Abschnitt setzt sich die durch V 1–23 unterbrochene Beschreibung des Vormarschs der Kämpfer Jonathans und Simons fort (vgl. 11,63–74). Zur Sprache kommen dabei sowohl ihre militärischen Konfrontationen mit den Truppen des Demetrios II. und die durch ihre andauernden Siege ermöglichte Ausdehnung des vom Hohenpriester Jonathan kontrollierten Territoriums, das nunmehr dem idealen Verlauf der Landesgrenzen Israels in der prophetischen Überlieferung zu entsprechen scheint (vgl. Ez 40,1.4; 47,13.15–17; Sach 9,1–10), als auch der durch ihn und seinen Bruder erfolgende Festungsbau in Judäa (vgl. Josephus, Ant. XIII 174–183).

V 24–25 Ein impliziter Botenbericht an Jonathan, der ihn vor dem Heranrücken der Syrer warnt, und sein hierdurch ausgelöster Aufbruch von Jerusalem signalisieren gemeinsam einen Neueinsatz der Handlung; der Komparativ »größere« (Streitmacht) knüpft dabei inhaltlich direkt an 11,63 an, wo vom »großen« Heer des Demetrios II. die Rede war. Schauplatz des folgenden Geschehens ist die Umgebung der ca. 400 km nördlich von Jerusalem im Orontestal an der Straße zwischen Damaskus und Aleppo gelegenen Grenzstadt Hamat (vgl. Num 13,21; Jos 13,5; 1 Kön 8,65; 2 Kön 14,25; 2 Chr 8,3 f.; Ez 47,15–17; Am 6,2; Sach 9,2).

V 26–32 Der Anfang der ausführlichen Schilderung des (allein durch die kluge Voraussicht Jonathans vereitelten) Versuchs eines nächtlichen Überraschungsangriffs der Syrer ähnelt 5,38; die Wortwahl von V 27 kontrastiert die begründete Demütigung der nur durch eine List entkommenden feindlichen Soldaten (»sie gerieten in Furcht«; »sie verloren den Mut«) mit dem verdienten Ruhm der siegreichen Judäer (»sie blieben wach und bei den Waffen«; »sie waren zum Kampf bereit« [*bis*]). Die Verfolgung der fliehenden Syrer (vgl. 4,24; 7,44; 11,72) bis zur Nordgrenze Coilesyriens am Fluss Eleutheros (vgl. 11,7) bedeutet die vorläufige Vertreibung der Feinde Israels aus dem von ihm beanspruchten Territorium. Auch die Bemerkung, Jonathan habe auf seinem Vormarsch nach Damaskus das »ganze Land« durchquert, scheint auf die ideale Ausdehnung des davidischen Reiches anzuspielen (vgl. 2 Sam 8,5–7). Die in V 31 eingeschobene Notiz vom Handstreich gegen die »feindlichen« Zabadäer (vgl. 5,39; 11,17.39; MegTaan XII 33 [p. 358 *Beyer*]; Josephus [Ant. XIII 179] bietet an Stelle des unbekannten arabischen Stammesnamens das Ethnonym »Nabatäer«) könnte vor diesem Hintergrund als eine narrative Realisation von Sach 11,1 f. zu deuten sein.

Siegreicher Vormarsch der Judäer

V 33–34 Erneut begegnet Simon als autonom agierender Protagonist des erzählten Geschehens (vgl. 5,17–23.55; 9,65–67; 11,65 f.). Die Aufzählung der erfolgreichen Vorstöße des seleukidischen Militärgouverneurs in der Küstenebene verbindet den Abschnitt mit dem vorangehenden Makrokontext (vgl. 10,75–86; 11,66) und weist seine Handlungen zugleich als Erfüllung eines biblischen Prophetenwortes aus (vgl. Sach 9,5).

Befestigung Jerusalems

Ein weiterer Schauplatz- und Aktantenwechsel konzentriert den Handlungsverlauf wieder auf Jonathan, der gemeinsam mit den »Ältesten des Volkes« (vgl. V 6; 8,15 sowie mSanhedrin I 5; mSchevuot II 2) beschließt, einerseits die strategisch wichtigen Befestigungen Jerusalems und Judäas zu verstärken, um Stadt und Land vor weiteren Angriffen zu schützen (vgl. 1,32; 9,50; 10,11 f.), und andererseits eine undurchlässige Riegelmauer auf dem Tempelberg zu errichten, um die immer noch die Akra bewohnenden syrischen Garnisonstruppen von ihrer Nahrungsmittelversorgung abzuschneiden und auszuhungern (vgl. 6,19; 9,52; 11,20.41) und sie dadurch zum Abzug zu zwingen (vgl. 13,21.49 f.). Eine solche strategische Bautätigkeit des Hohenpriesters Jonathan stellt zwar seine unbestrittene Autorität unter Beweis, entspricht aber der Ausblendung seiner kultischen Funktionen durch den Erzähler (vgl. 11,27.57). Die der Ausführungsnotiz in V 37 angefügte Bemerkung über die Ausbesserung einer (dem Leser offenbar namentlich bekannten) Ortslage im Osten Jerusalems nahe dem Bach Kidron (vgl. Joh 18,1) könnte als Ortsätiologie eines zur Zeit der Abfassung des 1. Makkabäerbuches noch identifizierbaren baulichen Befundes zu deuten sein, was zur Steigerung der Glaubwürdigkeit seines Inhalts beiträgt. V 35–37

Am Ende des Abschnitts gerät wieder Simon in den Blick, dessen Fortifikation der ca. 6 km nordöstlich von Lydda gelegenen, strategisch wichtigen Siedlung Adida (das biblische Hadid; vgl. 13,13; Esra 2,33; Neh 7,37; 11,34) in der Schephela (hebr. שפלה [»Niederung«]; das Hügelland zwischen Mittelmeer und den Bergen Judäas und Samarias) an dieser Stelle ebenfalls in beglaubigender Weise dem topographischen Wissenshorizont des Lesers zu entsprechen scheint (der Ort wird noch in mArakin IX 6 als alte ummauerte Festungsstadt erwähnt). V 38

Tryphons Verrat an Jonathan (12,39–53)

Text

Übersetzung

39 Tryphon aber versuchte, die Königsherrschaft über die Asia zu ergreifen und das Diadem anzulegen und Hand an König Antiochos zu legen. 40 Aber er befürchtete, dass Jonathan ihn nicht gewähren lassen würde und dass er ihn bekämpfen müsste, und suchte eine Möglichkeit, ihn zu ergreifen, um ihn umzubringen. Und er brach auf und zog nach Baitsan. 41 Und Jonathan rückte zur Begegnung mit ihm mit vierzigtausend für die Schlacht ausgewählten Männern aus, und auch er zog nach Baitsan. 42 Als Tryphon sah, dass er mit einer großen Streitmacht eingetroffen war, fürchtete er sich, Hand an ihn zu legen. 43 Und er bereitete ihm einen prachtvollen Empfang und stellte ihn allen seinen Freunden vor und gab ihm Geschenke und ordnete an, dass seine Freunde und seine Truppen jenem wie ihm selbst gehorchten. 44 Und er sprach zu Jonathan: Wozu hast du dieses gesamte Heer in Marsch gesetzt, wenn uns kein Kampf bevorsteht? 45 Schick sie wieder nach Hause, wähle dir einige Männer aus, die bei dir sein sollen, komm mit mir nach Ptolemaïs, und ich werde dir sie und die übrigen Festungen und die übrigen Streitkräfte und alle Steuerbeamten übergeben, und ich werde umkehren und abziehen, denn deswegen bin ich hergekommen. 46 Und da er ihm vertraute, handelte er so, wie er gesagt hatte, entließ die Truppen, und sie zogen ab in das Land Juda. 47 Aber er behielt dreitausend Mann bei sich, von denen ließ er zweitausend in Galiläa zurück und tausend zogen mit ihm. 48 Als Jonathan aber in Ptolemaïs eintraf, verschlossen die Bewohner der Stadt die Tore, und sie ergriffen ihn und töteten alle, die mit ihm gekommen waren, mit dem Schwert. 49 Und Tryphon schickte Truppen und Reiter nach Galiläa und in die weite Ebene, um alle Männer Jonathans umzubringen. 50 Als die aber erfuhren, dass er ergriffen worden war und dass er und seine Begleiter umgekommen waren, sprachen sie einander Mut zu und marschierten kampfbereit in geschlossenen Reihen in den Kampf. 51 Und als die Verfolger sahen, dass es ihnen ans Leben ging, kehrten sie um. 52 Und sie kamen alle wohlbehalten in das Land Juda, und betrauerten Jonathan und seine Männer und gerieten in große Furcht, und ganz Israel stimmte einen großen Klagegesang an. 53 Alle Völker in ihrem Umkreis aber versuchten, sie auszulöschen, denn sie sagten sich: Sie besitzen keinen Obersten und keinen Beistand mehr; wir wollen sie nun bekämpfen und ihr Andenken unter den Menschen vertilgen.

Zu Text und Übersetzung

V 39: Das Toponym Ασια (»Asia«) steht hier für das seleukidische Reich (vgl. 8, 6; 11, 13). Der Begriff διάδημα (»Diadem«) bezeichnet die Stirnbinde aus Stoff oder Metall als Zeichen der königlichen Würde (vgl. 1, 9). Die Wendung ἐκτεῖναι χεῖρα ἐπ' αὐτόν (»Hand an ihn legen«) könnte hier und in V 42 hebr. שלח (את) ידו את/ב nachgebildet sein (vgl. Gen 19, 10; 22, 12; Ex 22, 7; 1 Sam 24, 7; 26, 9).

V 43: Subjekt des Satzes ist Tryphon.

V 44: An Stelle der Verbform ἔκοψας (»du hast in Marsch gesetzt«) lesen V *L* 311 sowie *Rahlfs* ἐκόπωσας (»du hast ermüdet«).

V 45: Das Personalpronomen αὐτήν (»sie«) bezieht sich auf die Stadt Ptolemaïs. Der administrative *Terminus technicus* οἱ ἐπὶ τῶν χρειῶν (»Steuerbeamte«) bedeutet wörtl. »die über die Steuer«. Vgl. 6, 28 (οἱ ἐπὶ τῶν ἡνιῶν [»die Befehlshaber der Reiterei«]).

V 46 f.: Subjekt der beiden Sätze ist Jonathan.

V 52: Die Wendung ἐπένθησεν (πᾶς Ισραηλ) πένθος μέγα (»[ganz Israel] stimmte einen großen Klagegesang an«) imitiert eine hebr. (bzw. bibelgriech.) *Figura etymologica* und verstärkt hierdurch den Verbalbegriff.

Analyse und Auslegung

Im Mittelpunkt des Abschnitts steht die (undatierte) Auseinandersetzung zwischen Jonathan und Tryphon, dem es zwar schließlich gelingt, seinen judäischen Widersacher in einen Hinterhalt zu locken und unschädlich zu machen, der sich aber auch weiterhin des todesmutigen Freiheitskampfes der Judäer erwehren muss (vgl. Josephus, Bell. I 49; Ant. XIII 187–193).

Konfrontation bei Baitsan

V 39–41 Der Aktantenwechsel in V 39 zeigt einen Neueinsatz der Handlung an. Die erzählerische Darlegung sowohl des verräterischen Plans des Nichtseleukiden Tryphon, sich des Antiochos VI. Epiphanes Dionysos zu entledigen (vgl. 13,31 sowie Est 2,21–23), um selbst die Herrschaft über das Seleukidenreich zu erlangen (sein Rivale Demetrios II. Nikator begegnet erst in 13,34f. wieder als Erzählfigur) als auch seiner hierdurch begründeten Furcht vor dem Eingreifen des ebenso kampfentschlossenen wie loyalen Funktionsträgers in der Provinz (vgl. 11,26f.57f.) in die syrischen Thronstreitigkeiten stößt die folgenden Ereignisse an. Die zweifache ausdrückliche Erwähnung des Ortes ihrer Konfrontation in V 40f. (»Baitsan«; vgl. 5,52) scheint das Geschehen als Resonanz des Todes (und der Entehrung) Sauls zu deuten (vgl. 1 Sam 31,3–10) und zeigt damit auch vorab seinen ungünstigen Ausgang an. Die enorme Anzahl der Kämpfer Jonathans, die bislang höchste in dem Buch genannte judäische Truppenstärke (vgl. 3,39), könnte als narrativer Hinweis darauf zu verstehen sein, dass auch seine Niederlage weder als kontingentes Ereignis noch als Ausdruck der Übermacht der Feinde Israels zu verstehen ist, sondern als Teil des allumfassenden Geschichtsplans Gottes (vgl. 3,18; 1 Sam 14,6).

V 42–47 Die »Furcht« Tryphons vor der militärischen Überlegenheit seines Feindes Jonathan begründet sowohl die in V 43 besonders ausführlich dargestellte Statusbestätigung, die der Syrer ihm öffentlich zuteil werden lässt, als auch seinen (für den Leser bereits durch V 40 als heuchlerisch ausgewiesenen) in direkter Rede formulierten und durch eine rhetorische Frage eingeleiteten Vorschlag, die judäische Streitmacht zu demobilisieren und nur mit einer kleinen Truppe nach Ptolemaïs zu kommen, um die Stadt als Zeichen seiner Unterstützung durch den syrischen Feldherrn vollständig in Besitz zu nehmen (vgl. 10,39). Die explizite Erwähnung des (tatsächlich grundlosen) Vertrauens Jonathans (zur notorischen Hinterlist der Syrer vgl. 1,30), das ihn zur Annahme von Tryphons Angebot bewegt, stellt einen impliziten Bezug zwischen dem Bestreben um Ausdehnung seines Machtbereiches und dem Ende seiner Herrschaft her. Der narrativen Vorbereitung des heldenhaften Kampfes der nach Galiläa entsandten Judäer dient sodann V 47.

Tryphons Hinterhalt

V 48–52 Die Erzählung von Jonathans Niederlage in der Hafenstadt Ptolemaïs nimmt zunächst auf die notorische Feindseligkeit ihrer Bewohner Bezug, die Tryphons Verrat aktiv unterstützen (vgl. 5,15.22.25; 11,22). Jonathans

Gefangennahme (zum Vorwissen des Lesers über seinen Tod vgl. 13,23), provoziert einen synkritischen Vergleich mit dem Heldentod seiner Brüder Eleazaros (vgl. 6,43–46) und Judas (9,17 f.). Tryphons Versuch, auch die von Jonathan zuvor nach Galiläa und nach Nordwesten in die Jesreelebene (vgl. 5,52) entsandten Männer zu töten, scheitert an deren (vom Erzähler in V 50 extensiv dargestellten) mutiger Kampfbereitschaft trotz des Sturzes ihres Anführers, der ihre Verfolger nichts entgegenzusetzen haben (zur Formulierung »es geht ihnen ans Leben« vgl. Spr 7,23). Die Rückkehr der verbliebenen Anhänger Jonathans nach Judäa und die Totenklage »ganz Israels« (vgl. 2,69 f.; 9,20; 13,26) markieren das Ende der Erzähleinheit. Ein poetischer Lobpreis wie in 9,21 fehlt.

V 53 Die programmatische Situationsbeschreibung durch den Erzähler spricht den Versuch »aller Völker ringsum« an (vgl. 1,11; 3,25 f.; 4,11; 5,38 sowie Jos 4,23 f.; Joel 4,11–13), sich die Situation zunutze zu machen und die durch den Verlust ihres Anführers geschwächten Judäer »auszulöschen«. Die (in direkter Rede formulierte und hierdurch in ihrer Bedeutung hervorgehobene) Willensbekundung der Israel bedrohenden Völkerwelt in V 53 stellt das vermeintliche Fehlen eines »Beistands« Israels als Auslöser ihres finalen Angriffs auf den Zion dar (vgl. 3,35; Dtn 32,26; Ps 34 [LXX 33],17; Sir 10,17), bringt in dramatisierender Weise die einschneidende Bedeutung des Todes Jonathans zum Ausdruck und dient zugleich der Überleitung zur folgenden Erzähleinheit.

Die Taten Simons (13,1 – 16,24)

Aufbau und Kontext

Der vierte Hauptteil des Buches befasst sich mit der Befreiung Jerusalems von der syrischen Okkupation, mit der Erlangung der Unabhängigkeit von den Syrern, mit der vollständigen politischen Autonomie Judäas, mit der Normalisierung der inneren Verhältnisse und mit der Stabilisierung der territorialen Ausdehnung des Landes unter der unangefochtenen Herrschaft Simons, des letzten überlebenden Makkabäerbruders. Der in der Erzählung entworfene Geschichtsnarrativ mündet in 16,24 in die vom Verfasser des Buches selbst bereits erlebte Geschichte bzw. in die Gegenwart seiner Leser.

Der letzte Teil des Buches kann in zwölf Abschnitte eingeteilt werden:

13,1–11:	Die Wahl Simons zum Anführer Israels
13,12–30:	Tryphons Feldzug gegen Jerusalem und Jonathans Tod
13,31–42:	Das Bündnis zwischen Simon und Demetrios II. Nikator
13,43–14,3:	Die endgültige Befreiung Israels
14,4–15:	Das Loblied auf Simon
14,16–24:	Die Erneuerung der Bündnisse mit Rom und Sparta
14,25–49:	Simon wird Hoherpriester
15,1–14:	Das Bündnis zwischen Simon und Antiochos VII. Sidetes
15,15–24:	Der römische Schutzbrief für die Judäer
15,25–37:	Antiochos VII. Sidetes wendet sich gegen die Judäer
15,38–16,10:	Der Sieg der Söhne Simons über Kendebaios
16,11–24:	Die Ermordung Simons und der Regierungsantritt des Johannes Hyrkanos I.

Dass 14,16–16,24 trotz des Fehlens signifikanter formaler, stilistischer oder inhaltlicher Differenzen, die auf eine nachträgliche Ergänzung einer »Grundschicht« von zweiter Hand hinweisen, sowohl innerhalb des vierten Hauptteils als auch im Gesamtzusammenhang des Buches als eine eigenständige literarische Einheit betrachtet werden kann, deren besondere Funktion darin besteht, die politische Legitimation der Hasmonäerdynastie zu akzentuieren, scheint sich aus den Beobachtungen zu ergeben, dass Josephus (Ant. XIII 213 ff.) diesem »völkerfreundlichen« Teil der Erzählung nicht mehr konsequent folgt und dass das Loblied auf Simon in 14,1–15 bereits einen abschlussartigen Charakter hat.

Die Wahl Simons zum Anführer Israels (13,1–11)

Text

Übersetzung

13,1 Als Simon hörte, dass Tryphon eine große Streitmacht rekrutierte, um in das Land Juda zu ziehen und es zu vernichten, 2 und er sah, dass dem Volk angst und bange war, zog er hinauf nach Jerusalem und versammelte das Volk. 3 Und er munterte sie auf und sprach zu ihnen: Ihr wisst selbst, was ich und meine Brüder und das Haus meines Vaters für das Gesetz und das Heiligtum getan haben, und von den Schlachten und den Entbehrungen, die wir erfahren haben. 4 Deswegen, wegen Israel, kamen alle meine Brüder um, und ich allein bin übrig. 5 Es sei nun fern von mir, dass ich in dieser Zeit der Bedrängnis mein Leben jemals schonte, denn ich bin nicht besser als meine Brüder. 6 Vielmehr will ich der Rächer für mein Volk, für das Heiligtum und für eure Frauen und Kinder sein, denn alle Völker haben sich feindselig zusammengerottet, um uns zu vernichten. 7 Als es diese Worte hörte, belebte sich die Hoffnung des Volkes aufs Neue. 8 Und sie antworteten mit lauter Stimme: Du bist unser Anführer an der Stelle des Judas und des Jonathan, deiner Brüder. 9 Führe unseren Kampf, und alles, was du uns befiehlst, wollen wir tun! 10 Und er hob alle wehrfähigen Männer aus und machte sich sofort daran, die Mauern der Stadt Jerusalem zu vollenden, und er befestigte sie ringsum. 11 Und er sandte Jonathan, den (Sohn) des Apsalom, und eine stattliche Truppe zu seiner Unterstützung nach Joppe, vertrieb ihre Bewohner und blieb dort in ihr.

Zu Text und Übersetzung

V 2: Der Begriff ἔκφοβος (»bange«) begegnet in der LXX nur noch in Dtn 9,19 (vgl. Hebr 12,21).

V 3: Die Wendung οἶκος τοῦ πατρός μου (»Haus meines Vaters«) ist vermutlich Wiedergabe von hebr. בית אבי (vgl. Gen 46,31; 2 Sam 16,3; Neh 1,6). Zu Übersetzung der Aoristform ἰδεῖν (»erfahren«) als Wiedergabe von hebr. ראה vgl. Jer 5,12; 14,13.

V 5: Die Phrase μή μοι γένοιτο (»es sei fern von mir«) entspricht hebr. חלילה לי (vgl. Gen 44,17; 1 Kön 21 [LXX 20],3 sowie Gen 18,25; Jos 22,29; 1 Sam 24,7; 26,11).

V 7: Der Ausdruck πνεῦμα (»Hoffnung«) bedeutet wörtl. »Lebenskraft« (vgl. Gen 45,27).

V 8: Zur Wendung καὶ ἀπεκρίθησαν λέγοντες (»sie antworteten mit lauter Stimme«) als Entsprechung der hebr. Phrase ויענו ויאמרו vgl. 2,17. Zum Titel ἡγούμενος (hier: »Anführer«) vgl. 9,30. An Stelle des Singulars τοῦ ἀδελφοῦ σου (»deines Bruders«) ist hier wohl τῶν ἀδελφῶν σου (»deiner Brüder«) als Wiedergabe der hebr. Pluralform אחיך zu lesen (vgl. 16,3).

V 9: Die Wendung πολέμησον τὸν πόλεμον ἡμῶν (»führe unseren Kampf«) scheint eine hebr. *Figura etymologica* zu imitieren (vgl. 2,66; 3,2; 9,30).

V 10: Das Personalpronomen αὐτήν (»sie«) bezieht sich auf die Stadt Jerusalem.

V 11: Subjekt von ἔμεινεν (»er blieb«) ist Jonathan ben Apsalom. Die zweite Ortsbestimmung ἐν αὐτῇ (»in ihr«) am Ende des Satzes wird von 340 La$^{G B}$ SyI nicht bezeugt.

Analyse und Auslegung

Zu Beginn des dritten Hauptteils des Buches wird zunächst die Machtübernahme des ebenso frommen wie siegreichen Simon als (durch das in Jerusalem versammelte Volk als Akklamationsinstanz bestätigte) rechtmäßige Nachfolge seines Bruders Jonathan dargestellt. Dabei zeigt der Rekurs sowohl auf den bisherigen erfolgreichen Einsatz der Makkabäerbrüder für Volk, Gesetz und Tempel als auch auf ihren selbstlosen Heldentod in Simons »Antrittsrede« dem Leser die unbedingte Legitimität und Folgerichtigkeit dieses dynastischen Übergangs an (vgl. Josephus, Bell. I 50; Ant. XIII 194–202).

Am Anfang des Abschnitts werden zuerst der Protagonist der folgenden Erzählhandlung genannt und sodann seine ersten Aktionen begründet, welche in der raschen Rückkehr aus Adida (vgl. 12,38), der Einberufung einer Volksversammlung in Jerusalem und einer öffentlichen Mutrede bestehen. Der Simon in einem impliziten Botenbericht mitgeteilte Vernichtungswille Tryphons und dessen militärische Übermacht, gegen die allein der Beistand Gottes etwas auszurichten vermag (vgl. 3,17–21), sowie die durch die Nachricht von seiner Mobilmachung ausgelöste Verzweiflung im Volk (V 1 f.) bilden den dramatischen Hintergrund der durch sie motivierten Ansprache in direkter Rede (V 3–6), in der Simon seine Adressaten zunächst daran erinnert, was er und seine Familie bisher für »Gesetz und Heiligtum« geleistet (vgl. 14,26; 16,2; zu Simons »Beitrag« vgl. 5,21–23; 11,65 f.; 12,33 f.38), und welche »Entbehrungen« sie »wegen Israel« (V 4) erfahren haben (vgl. 6.46; 9,18.36; 12,48). Durch ihre vorbildliche Opferbereitschaft (vgl. 9,10) werden seine Brüder nun auch Simon zum *Imitabile;* die ausdrückliche Bezeugung seiner genealogischen Verbindung mit den hasmonäischen Helden der erinnerten Vergangenheit (vgl. V 8) entspricht zwar 3,1 f. und 9,30 f., zeigt hier jedoch an, dass die beanspruchte Macht der Mattathiassöhne und ihrer Nachkommen vor allem durch ihre besonderen Verdienste und nicht

V 1–6

Simon übernimmt die Macht

durch ihre Herkunft begründet ist. Sowohl in V 4 (»ich allein bin übrig«; vgl. 1 Kön 18,22) als auch in V 5 (»ich bin nicht besser«; vgl. 1 Kön 19,4) entspricht Simons Diktion den Worten des Propheten Elija (zur Notwendigkeit einer gegenwärtigen Substitution der Prophetie vgl. 14,41); in die gleiche Richtung weisen auch seine »Aufmunterung« des Volkes in V 3 (vgl. 1 Kön 18,30; Jes 49,13) und dessen positive Reaktion in V 7 (vgl. 1 Kön 18,39). Die Beteuerung Simons, angesichts der gegenwärtigen tödlichen Bedrohung durch Tryphon in gleicher Weise wie Judas, Johannes, Eleazaros und Jonathan selbstlos als »Rächer« (vgl. Ri 16,28; 2 Kön 9,7; Ps 99 [LXX 98],8) für »Volk, Heiligtum, Frauen und Kinder« (vgl. 3,43) den Verteidigungskampf gegen die wesenhaft feindseligen »Völker ringsum« fortzuführen (vgl. 12,53), bildet den Abschluss und Höhepunkt der »dynastischen Rhetorik« (*Eckhardt* 2013, 274) seiner Ansprache.

V 7–9 Die positive Reaktion des Volkes auf die Rede Simons entspricht der Anerkennung Jonathans durch die Anhänger des toten Judas in 9,29f. (vgl. auch seine »Designation« durch Mattathias in 2,65). Die in V 8a einleitend gerahmte und in direkter Rede formulierte Akklamation (zur prononcierenden Redeeinleitung vgl. 2,19; 8,19; 15,33) bestätigt Simon als ἡγούμενος (»Anführer«; vgl. 9,30) der Judäer im Kampf gegen ihre Feinde (von irgendwelchen kultischen Aufgaben oder gar vom Hohenpriestertum ist hier nicht die Rede) und sichert ihm zugleich ihre Gefolgstreue zu; die chiastische Struktur von V 9 und die Homophonie der den prägnanten Satz rahmenden Verben πολέμησον (»kämpfe«) und ποιήσομεν (»wir wollen tun«) bewirken die besondere Eindringlichkeit der Parole.

V 10–11 Als die beiden ersten Maßnahmen, die Simon als »Anführer« seines Volkes unternimmt, nennt der Erzähler zum einen die Rekrutierung von Kampftruppen und die umfassende Befestigung der Verteidigungsanlagen Jerusalems (vgl. 12,36f.). Zum anderen wird die Entsendung eines Jonathan ben Apsalom (zur namentlichen Nennung vgl. 11,70) nach Joppe erwähnt, welcher die strategisch wichtige Küstenstadt besetzt und ihre (implizit als Gegner der gesetzestreuen Judäer vorgestellten; vgl. 12,34) Bewohner vertreibt (vgl. 11,66). Das Problem, dass Joppe von Simon bereits eingenommen wurde (vgl. 12,33f.), nötigt Josephus (Ant. XIII 202) zu der erklärenden Begründung, die Bewohner Joppes hätten geplant, Tryphon zu unterstützen und der judäischen Garnison in den Rücken zu fallen.

Maßnahmen Simons

Tryphons Feldzug gegen Jerusalem und Jonathans Tod (13,12–30)

Text

Übersetzung
12 Tryphon aber brach mit einer großen Streitmacht von Ptolemaïs auf, um
in das Land Juda einzufallen, und Jonathan war als Gefangener bei ihm.
13 Simon aber lagerte in Adida am Rand der Ebene. 14 Als Tryphon erfuhr,
dass Simon an die Stelle seines Bruders Jonathan getreten war, und mit ihm
im Kampf aufeinanderstoßen wollte, sandte er Unterhändler zu ihm mit
der Botschaft: 15 Wegen des Geldes, das dein Bruder Jonathan aufgrund
der Ämter, die er innehatte, der Kasse des Königs schuldet, halten wir ihn
gefangen. 16 Schicke nun hundert Talente Silber und zwei seiner Söhne als
Geiseln, damit er, nachdem er freigelassen worden ist, nicht von uns abfällt,
und wir werden ihn freilassen. 17 Simon erkannte, dass sie mit Hinterlist zu
ihm sprachen, aber er ließ das Geld und die Kinder holen, damit er sich nicht
große Feindschaft beim Volk zuziehe, 18 das sagen würde: Weil ich ihm
nicht das Geld und die Kinder gesandt hatte, wurde er umgebracht. 19 Und
er sandte die Kinder und die hundert Talente. Er aber brach sein Wort und
ließ Jonathan nicht frei. 20 Danach zog Tryphon los, um in das Land ein-
zufallen und es zu vernichten. Sie machten einen Umweg auf der Straße
nach Adora, aber Simon und sein Heer marschierten längs zu ihm an jeden
Ort, wohin er auch ging. 21 Die Männer von der Burg aber sandten Boten
zu Tryphon, die ihn bedrängten, durch die Wüste zu ihnen zu kommen und
ihnen Lebensmittel zu bringen. 22 Und Tryphon setzte seine gesamte Rei-
terei in Bereitschaft vorzurücken, aber in jener Nacht fiel sehr viel Schnee,
und wegen des Schnees kam er nicht durch. Da brach er auf und zog nach
Gilead. 23 Als er bis Baskama vorgerückt war, tötete er den Jonathan, und
er wurde dort begraben. 24 Und Tryphon kehrte um und zog ab in sein
Land. 25 Simon aber schickte Leute, ließ den Leichnam seines Bruders Jo-
nathan holen und in Modeïn, der Stadt seiner Väter, bestatten. 26 Und ganz
Israel hielt eine große Totenklage über ihn und betrauerte ihn viele Tage.
27 Und Simon errichtete über der Begräbnisstätte seines Vaters und seiner
Brüder ein Bauwerk, und er machte es so hoch, dass es (von Weitem) sicht-
bar war, aus poliertem Stein auf der Rückseite und auf der Vorderseite.
28 Und er stellte sieben Pyramiden auf, eine gegenüber der anderen, für
den Vater, die Mutter und die vier Brüder. 29 Und für diese schuf er Kunst-
werke und stellte hohe Säulen auf, und brachte auf diesen Rüstungen an
zum ewigen Ruhm, und neben den Rüstungen waren Schiffe eingemeißelt,
damit sie von allen, die zur See fuhren, betrachtet wurden. 30 Diese Be-
gräbnisstätte, die er in Modeïn errichtete, besteht bis auf diesen Tag.

V 12: An Stelle von εἰσελθεῖν (»einfallen«) lesen א V 534 La SyII sowie *Rahlfs* ἐλθεῖν (»ziehen«). Der Ausdruck ἐν φυλακῇ (»als Gefangener«) bedeutet wörtl. »unter Bewachung«. Zu Text und Übersetzung

V 13: Die Wendung κατὰ πρόσωπον (»am Rand«; wörtl. »an der Vorderseite«) entspricht in der LXX häufig den hebr. Präpositionen את פני, על פני und לפני (vgl. Gen 23,17; 33,18; Jos 7,12).

V 15: Zum Begriff χρεία (»Amt«) vgl. V 37 sowie 10,37.

V 17: Das finite Verb in der Formulierung πέμπει τοῦ λαβεῖν (»er ließ holen«) ist das einzige *Praesens historicum* im 1. Makkabäerbuch. Seine Funktion besteht generell darin, innerhalb der Erzählung vergangener Ereignisse einen entscheidenden Sachverhalt hervorzuheben.

V 19: Subjekt von ἀπέστειλεν (»er sandte«) ist Simon, Subjekt von διεψεύσατο (»er brach sein Wort«) hingegen Tryphon.

V 20: Die Wendung ἐκύκλωσαν ὁδόν (»sie marschierten längs«; wörtl. »sie umschlossen den Weg«) entspricht hebr. יסבו דרך (vgl. 2 Kön 3,9). Der Augmentindikativ ἐπορεύετο mit ὅς ἄν (»wohin er auch ging«) bringt hier den Iterativ der Vergangenheit zum Ausdruck (vgl. Num 21,9; Polybios, *Hist.* IV 32,5).

V 21: Der Ausdruck οἱ εκ τῆς ἄκρας (»die [Männer] von der Burg«) bezeichnet die syrische Garnison in der Davidstadt (vgl. 1,33; 4,2).

V 26: Die Wendung ἐκόψαντο κοπετὸν μέγαν (»sie hielten eine große Totenklage«) imitiert eine hebr. *Figura etymologica* (vgl. 9,20).

V 27: Der mehrdeutige Ausdruck τῇ ὁράσει (»dass es [von weitem] sichtbar war«) könnte hier auch »dass es ansehnlich war« bedeuten (vgl. hebr. למראה [Gen 2,9; Jos 22,10]).

V 29: Der Ausdruck μηχάνημα bedeutet in diesem Kontext entweder »Kunstwerk« oder »Gerätschaft« bzw. »Belagerungsmaschine« (vgl. hebr. חשבון [2 Chr 26,15] sowie 4 Makk 7,4; Polybios, *Hist.* I 48,2). Die Wendung εἰς ὄνομα αἰώνιον (»zum ewigen Ruhm«; wörtl. »zum ewigen Namen«) ist vermutlich Wiedergabe von hebr. לשם עולם (vgl. 2,51; 6,44).

V 30: Zur Wendung ἕως τῆς ἡμέρας ταύτης (»bis auf diesen Tag«) vgl. 8,10.

Analyse und Auslegung

Hauptthemen des Abschnitts sind sowohl die anhaltenden Versuche Tryphons, sich Simons zu entledigen, als auch die Ermordung Jonathans, dessen Erfolge und Verdienste um den Freiheitskampf der Judäer zwar keine zusammenfassende literarische Würdigung durch ein Enkomion finden (vgl. 3,3–9; 14,4–15), aber die Errichtung einer monumentalen Familiengrabanlage durch seinen Bruder bewirken, deren Bedeutung als »Mnemotop« (*Assmann* 1992, 59f.) zur Zeit der Abfassung des Buches in der Visualisierung bzw. idealen Repräsentation des Anspruchs der herrschenden Hasmonäerdynastie auf Anerkennung als rechtmäßige politische und religiöse Machtinstitution besteht. Während der Anführer der Judäer und der syrische Feldherr in dem durch V 12 und 24 (»Aufbruch« und »Umkehr« Tryphons) gerahmten Abschnitt durchweg als konträre Handlungsträger begegnen, kommt Jonathan hier nur noch eine passive Funktion im Hintergrund des erzählten Geschehens zu (vgl. Josephus, Ant. XIII 203–212).

Der anfängliche Vermerk des Aufbruchs der »großen« feindlichen Streitmacht von Ptolemaïs (vgl. 12,45.48) in das judäische Bergland stößt den Fortgang der Handlung an, weist zurück auf V 1, und informiert den Leser zugleich über das bislang ungewisse Schicksal Jonathans (vgl. 12,48). In V 13 stellt der Erzähler dem syrischen Usurpator den Judäer Simon gegenüber, der seinem auf Jerusalem zumarschierenden Heer bei der (von ihm in kluger Voraussicht befestigten; vgl. 12,38) Siedlung Adida in der Schephela den Weg versperrt. Der implizite Botenbericht an Tryphon nimmt Bezug auf V 8–10; seine Reaktion signalisiert dem Leser, dass auch der neue Anführer der Judäer als ein ernsthafter Gegner der Syrer betrachtet werden muss. In seinem (einleitend als eine durch Unterhändler überbrachte Botschaft dargestellten und in direkter Rede formulierten) Angebot an Simon (V 15 f.), dessen Unglaubwürdigkeit der Leser bereits vor dem Protagonisten bemerkt hat (vgl. 12,44–49), begründet er die Gefangennahme Jonathans mit dessen Schulden bei der »Kasse des Königs« (hiervon war im bisherigen Erzählverlauf nirgendwo die Rede; vgl. 10,62–65; 11,28 f.57 f.) und schlägt dem Judäer sogleich vor, dass er ihm zu seiner Freilassung einen hohen Geldbetrag (ca. 2620 kg Silber; vgl. 11,28) und zwei Söhne des Gefangenen als Geiseln übergeben solle (vgl. 1,10; 7,1; 8,8; 9,53; 11,62). V 12–16

Tryphons Hinterlist

Der Erzähler lässt nun auch Simon die betrügerischen Absichten Tryphons erkennen und entwickelt hieraus in V 17 f. eine Dilemmasituation, in der er die Vorahnungen des Lesers von der Vergeblichkeit einer Annahme des Angebots und das nachvollziehbare Bestreben Simons, den (durch direkte Rede hervorgehobenen) Verdacht abzuwehren, er wolle durch die Billigung der Ermordung Jonathans die Macht an sich reißen, einander gegenüberstellt. Simons Entscheidung, Tryphon Geld und Geiseln zu übergeben (V 19), was letztendlich die vollständige Auslöschung der Jonathanlinie nach sich zieht (vgl. V 23), erscheint so – zumindest partiell – gerechtfertigt. V 17–19

Unter Bezugnahme auf V 1 und V 12 f. berichtet der Erzähler erneut vom Anmarsch der Streitmacht Tryphons und von seinem unheilvollen Plan. Der Versuch der Angreifer, Adida zu umgehen und entlang der im Ostteil von Idumäa ca. 7 km südwestlich von Hebron gelegenen alten Festungsstadt Adora (vgl. 2 Chr 11,9) von Süden her nach Jerusalem zu gelangen (vgl. 4,29; 6,31), wird von den Männern Simons, die ihnen auch hier den Weg versperren, verhindert. In V 21 geraten wieder die syrischen Garnisonstruppen in Jerusalem in den Blick, die Tryphon in einem indirekten Botenbericht zunächst ihre Notlage bekannt geben, welche ihre andauernde Isolation durch die Baumaßnahmen Simons bewirkt hat (vgl. 12,36), und ihn sodann dazu auffordern, ihnen die dringlich benötigte Unterstützung zukommen zu lassen. Der weitere Vormarsch Tryphons wird jedoch durch V 20–24 plötzliche starke Schneefälle verhindert, was ihn dazu zwingt, ins Ostjordanland auszuweichen (Schnee macht in dem unwegsamen Gelände der Wüste Juda die Wege unkenntlich und erschwert die Orientierung. Möglicherweise soll das in dem Land recht seltene Naturereignis hier indirekt den wunderbaren Beistand Gottes signalisieren; vgl. Jos 10,11; Ps 68 [LXX 67],15; 147,16 [LXX 5]). An die in V 23 mit wenigen nüchternen Worten und ohne eine Angabe des Todesdatums (vgl. 2,70; 6,19; 9,3; 16,14) mitgeteilte Ermordung des – nunmehr politisch nutzlosen – Gefangenen nahe der (nicht zu lokalisierenden) ostjordanischen Ortschaft Baskama schließt sich die Notiz von seinem dortigen »Begräbnis« an; es mag sein, dass sich in dieser Bemerkung das Bemühen der Erzählers um Betonung der Würde und des bleibenden Ansehens Jonathans widerspiegelt (vgl. Jes 14,18f.; 66,24; Ez 32,21; 2 Makk 5,10). Die knappe Beschreibung des Abzugs Tryphons in V 24, die den Teilabschnitt beschließt, entspricht 9,69.72; 10,13.

V 25–30 Der Aktantenwechsel in V 25 fokussiert die Erzählhandlung wieder auf Simon, der den Leichnam seines Bruders von Baskama nach Modeïn bringen lässt, um ihn in der »Stadt seiner Väter« zu bestatten (vgl. 2,1.70; 9,19; Ri 2,8–10; der griech. Begriff ὀστᾶ [»Leichnam«; wörtl. »Knochen«] wird vom Erzähler an dieser Stelle wie in Gen 50,25 gebraucht, was die Vorstellung einer tatsächlichen »Zweitbestattung« seiner Gebeine [*Borchardt* 2014, 140] als abwegig erscheinen lässt). Die ausführliche und andauernde Totenklage »ganz Israels« in V 26 entspricht 2,70 und 9,20 (vgl. 12,52 sowie Gen 50,10); ein poetisches Stück, das Jonathans bleibende Verdienste lobt (vgl. 9,21), fehlt hier indes. An die Stelle einer solchen literarisch fixierten Vergegenwärtigung seiner erinnerten Heldentaten tritt vielmehr die (als Parenthese in den Handlungsverlauf eingeschobene) ausführliche Beschreibung der prachtvollen Erweiterung des Familiengrabs in Modeïn durch seinen Bruder Simon (V 27–30) bzw. der (hellenistischem Brauch folgenden; vgl. Josephus, Ant. XX 95) Errichtung eines imposanten Sepulkraldenkmals für seinen Vater und seine Mutter (die einzige Frau aus der Makkabäerfamilie, die im 1. Makkabäerbuch [und nur an dieser einen Stelle] erwähnt wird), seine vier Brüder und sich selbst, das als luxuriöses Memorialzentrum die Status- und Machtansprüche ihrer Familie dauerhaft vergegenständlicht (s.o.). Die in V 28 erwähnte pyramidale Struktur der wohl direkt über der alten unterirdischen Felskammergrabanlage errichteten, hoch aufragenden und weithin sichtbaren Aufbauten (der Vers gilt als die älteste textliche Bezeugung von Pyramiden auf jüdischen Gräbern) gründet sowohl in alter judäischer religiöser Tradition als auch in typisch hellenistisch-paganer Bauweise (Der Erzähler geht über diese nicht unproblematische Paradoxie einfach hinweg [*Gruen* 1998, 34]). Als idealisierte Machtembleme versinnbildlichen (bzw. visualisieren) sowohl die zur Ausschmückung des stattlichen Grabdenkmals angebrachten »Kunstwerke« oder »Belagerungsmaschinen« (s.o.) als auch die (wohl als durchgehender Fries mit Hoch-

Grabdenkmal in Modeïn

reliefdarstellungen vorzustellenden) »Rüstungen« und »Schiffe« (vgl. 1 Kön 9,26–28; 10,21 f.) unterschiedliche Aspekte der militärischen Erfolge der frommen Rebellen und des hieraus resultierenden Herrschaftsanspruchs der Hasmonäerdynastie. Die archäologisch nicht mehr zu identifizierende Grabanlage, die im weiteren Erzählverlauf keine Erwähnung mehr findet, wird noch im 4. Jh. n. Chr. von Eusebius von Caesarea in seinem *Onomasticon* s. v. Modeïn (132) genannt. Der Erzählerkommentar in V 30 betont die andauernde Existenz und Sichtbarkeit des hier errichteten, monumentalen Bauwerkes zur Zeit der Abfassung des 1. Makkabäerbuches, wodurch er den Leser zusammenfassend noch einmal auf dessen Beglaubigungsfunktion für die unbestreitbare Legitimität des Herrschaftsanspruchs der Hasmonäerdynastie hinweist.

Das Bündnis zwischen Simon und Demetrios II. Nikator (13,31–42)

Text

Übersetzung

*31 Tryphon aber ging mit dem jungen König Antiochos hinterlistig um und
tötete ihn. 32 Und er machte sich an seiner Stelle zum König, legte das Dia-
dem der Asia an und versetzte der Erde einen gewaltigen Schlag. 33 Simon
aber baute die Festungen Judäas aus, verschanzte sie mit hohen Türmen,
starken Mauern, Toren und Riegeln, und legte Vorräte in den Festungen
an. 34 Und Simon wählte Männer aus und sandte sie als Boten zu König
Demetrios, um für das Land Erlass zu bewirken, denn alle Taten Tryphons
waren Raubzüge gewesen. 35 Auch König Demetrios sandte in dieser An-
gelegenheit Boten zu ihm, und er antwortete ihm und schrieb ihm einen
Brief dieses Inhalts: 36 König Demetrios entbietet Simon, dem Hohenpries-
ter und Freund der Könige, und den Ältesten und dem Staatsvolk der Judäer
seinen Gruß! 37 Den goldenen Kranz und den Palmzweig, den ihr gesandt
habt, haben wir erhalten. Wir sind bereit, euch umfassenden Frieden zu
gewähren und den Steuerbeamten zu schreiben, dass euch die Abgaben zu
erlassen sind. 38 Und alles, was wir euch zugestanden haben, bleibt beste-
hen. Auch die Festungen, die ihr errichtet habt, sind euch zu belassen.
39 Wir vergeben euch alle Vergehen und Verfehlungen bis zum heutigen
Tag, und erlassen die Kranzsteuer, die ihr schuldet, und wenn noch etwas
anderes in Jerusalem als Zoll eingezogen wurde, dann ist dieser Zoll nicht
mehr einzuziehen. 40 Und wenn einige von euch geeignet sind, in unsere*

Schutztruppe aufgenommen zu werden, sind sie aufzunehmen. Und zwischen uns soll Frieden sein. 41 Im Jahre 170 wurde das Joch der Völker von Israel genommen. 42 Und das Volk begann, in den Urkunden und Verträgen zu schreiben: Im 1. Jahr, zu der Zeit, als Simon großer Hoherpriester, Feldherr und Anführer der Judäer war.

Zu Text und Übersetzung

V 31: Der Komparativ νεώτερος wird in der LXX häufig im Sinne von »der Junge« verwendet (vgl. 11,57).

V 32: Das διάδημα τῆς Ἀσίας (»Diadem der Asia«) bezeichnet die Herrschaft über das seleukidische Reich (vgl. 1,9; 11,13).

V 34: Möglicherweise enthält die hebr. Vorlage des Textes ein Wortspiel auf der Grundlage des Namens טרפון (»Tryphon«) und des Begriffs טרף (»Raub«).

V 35: Die Wendung κατὰ τοὺς λόγους τούτους (»in dieser Angelegenheit«; wörtl. »gemäß diesen Worten«) entspricht der hebr. Wendung כדברים האלה (vgl. 1,51 sowie Neh 6,6–8; Jer 38 [LXX 45],4).

V 36: Die Wendung φίλος τοῦ βασιλέως (»Freund des Königs«) bezeichnet einen hohen seleukidischen Hoftitel (vgl. 2,18; 3,38 u.ö). Der ungewöhnliche Plural βασιλέως (»Könige«) entspricht wohl der Intention des Erzählers, hier die besondere Auszeichnung Simons durch Demetrios II. hervorzuheben. Weniger wahrscheinlich ist eine Ableitung von der aram. Nominalform מלכא (»König[e]«).

V 37: Die von einem (sonst nicht belegten) femininen Substantiv βαΐνη (»Palmzweig«; gemeint ist vermutlich ein goldenes Szepter in Form eines Palmzweigs; vgl. 2 Makk 14,4) abzuleitende Akkusativform βαΐνην scheint auf einer versehentlichen Zusammenziehung von βάϊν (Akkusativ des *Hapax legomenons* βάϊος [»Palmzweig«; vgl. V 51]) und dem folgenden Relativpronomen ἥν zu beruhen (SyI z.St. übersetzt βαΐνην mit »Gesandtschaft«). Der Ausdruck ἀφιέναι τὰ ἀφέματα (»die Abgaben erlassen«) imitiert wohl eine hebr. *Figura etymologica* (vgl. 10,28).

V 39: Zum Ausdruck στέφανος (»Kranzsteuer«; wörtl. »Kranz«) vgl. 10,29.35.

V 40: Zur Wiedergabe des militärischen *Terminus technicus* γραφῆναι (»aufgenommen werden«; wörtl. »aufgeschrieben werden«) vgl. Xenophon, *Cyr.* IV 3,21.

V 42: Die pleonastische Bezeichnung ἀρχιερεὺς μέγας (»großer Hoherpriester«) scheint hier bewusst wörtliche Wiedergabe von hebr. כהן גדול zu sein.

Analyse und Auslegung

Der Inhalt des Abschnitts, der von den militärischen und diplomatischen Reaktionen Simons auf die Machtergreifung Tryphons erzählt, welche ihrerseits dazu führen, dass Demetrios II., der nun einen Verbündeten im Kampf gegen seinen Widersacher sucht, ihm in einer schriftlichen Botschaft dauerhaften Frieden, Amnestie und Steuerfreiheit verspricht, läuft auf seine Kernaussage zu, die in der Deutung dieser Privilegien als seleukidische Anerkennung der vollständigen und stabilen Autonomie Jerusalems und Judäas unter der unbestrittenen Herrschaft der Hasmonäerdynastie besteht (vgl.

die abweichende Abfolge der Ereignisse bei Josephus, Bell. I 50; Ant. XIII 213 f.218).

Inhaltlich an V 24 anschließend berichten die beiden Verse von der Ermordung des Antiochos VI. Epiphanes Dionysos durch Tryphon (vgl. 12,39); der Verweis des Erzählers auf die »Jugend« des Gegenkönigs dient der Orientierung des Lesers und veranschaulicht zugleich die notorische Hinterlistigkeit des machtgierigen syrischen Feldherrn (vgl. Appian, *Syr.* 48; Livius, *Periochae* LV 11). Auffällig ist die stereotype Wortwahl in V 32, die seinen Griff zur Macht im Seleukidenreich sowohl als Usurpation des »Diadems der Asia« (vgl. 8,6; 11,13; 12,39) als auch als »gewaltigen Schlag« für das Land (vgl. 1,30; 5,3.34; 7,22; 8,4; 14,36; 15,29.35) darstellt. V 31–32

Als die erste Reaktion Simons auf das Erstarken Tryphons nennt der Erzähler die (pleonastisch und in Anlehnung an 2 Kön 9,17–19; 2 Chr 17,2; 26,9 f.15; 32,2 formulierte) umfassende Verstärkung der Befestigung Judäas gegen seine Angreifer (vgl. V 10 f.; 11,66; 12,33 f.38; 14,33 f.). Seine zweite Reaktion besteht in einer (in indirekter Rede formulierten) Petition an Demetrios II. Nikator (vgl. 11,52 f.), in der er den König um »Erlass« bittet, was durch den begründenden Hinweis auf den räuberischen Charakter »aller Taten« Tryphons (vgl. 11,54–13,32) zunächst allein als Gesuch um fiskalische Zugeständnisse erscheint, deren Bewilligung freilich die zuvorige Beseitigung Tryphons erfordert, der Coilesyrien noch immer kontrolliert. V 33–34

Gunstbeweise des Seleukidenkönigs

Der Wortlaut der in direkter Rede formulierten Replik des Demetrios II. an Simon, dessen adäquaten Status bereits die Formulierung ihrer einleitenden Rahmung signalisieren soll, nennt als Empfänger im Präskript sowohl den »Hohenpriester und Freund der Könige« (vgl. 11,30; 15,2) als auch die »Ältesten« und das »Staatsvolk der Judäer« (vgl. 10,25; 11,27.30.57), wodurch sowohl die externe Anerkennung des »Anführers« der Judäer (seine Einsetzung zum Hohenpriester wird hier stillschweigend vorausgesetzt) als auch seine interne Unterstützung zum Ausdruck gelangen. Die in V 37a folgende Bestätigung des Erhalts von wertvollen Schenkungen als Gunstbeweis (vgl. 10,29; 2 Makk 14,4) motiviert die unkonditionierte Bereitschaft des Königs, sein früheres Angebot an die Bewohner in der Provinz zu erneuern (vgl. 11,27–37) und ihnen fortan besondere Privilegien zu gewähren. Dem erzählten Geschehen, das als Beweggrund dieses (ohne explizite Gegenleistungen ergehenden) königlichen Erlasses zunächst die Thronstreitigkeiten zwischen Demetrios II. und Tryphon im Blick hat, entspricht das historisch nachvollziehbare Bestreben des Seleukiden, sich angesichts der wachsenden Bedrohung seiner Herrschaft durch die Parther (vgl. 14,1 f.) des Judäers Simon als eines loyalen Verbündeten zu versichern. In V 38 wird zunächst in summarischer Weise auf die Bekräftigung der früheren Zugeständnisse verwiesen. Der Erlaubnis, das Land durch militärische Befestigungsanlagen zu sichern (vgl. V 33), folgen die Zusicherung von Straffreiheit und ein genereller Erlass sämtlicher Schulden, Steuern sowie V 35–40

Grenz- und Binnenzölle. Die gesonderte Nennung der jährlichen »Kranzsteuer« (vgl. 10,29; 11,35) soll wohl den Verzicht auf eine regelmäßige Gunstbezeugung eines statusniedrigeren Vasallen bzw. die Gleichrangigkeit Simons anzeigen (vgl. MegTaan II 6 [p. 355 *Beyer*]); die Zusage, »geeignete« judäische Bewerber in die königliche Leibwache aufzunehmen (vgl. 10,36f.), soll erneut als ausdrücklicher Vertrauensbeweis dienen, könnte aber auch bedeuten, dass den Syrern seitens der Judäer militärische Unterstützung zugesichert wurde. Die Replik schließt mit der Zusicherung umfassenden »Friedens« zwischen den Syrern und den Judäern (vgl. 6,58–60; 9,70; 10,4). Wenn der Tenor des angeführten Dokuments den historischen Fakten entspricht, dann handelt es sich hierbei nicht um die Entlassung Judäas in die vollständige Unabhängigkeit, sondern nur um die Gewährung politisch motivierter, weitreichender Zugeständnisse des Seleukidenherrschers an einen (prinzipiell abhängigen) Vasallenkönig.

V 41–42 Die herausragende Bedeutung der von Simon erreichten königlichen Zusagen (bislang noch nicht mehr als ein nicht eingelöstes Versprechen!) für den Verfasser des Buches kommt darin zum Ausdruck, dass er das Edikt zum Anlass nimmt, sein Datum (das Jahr 170 der seleukidischen Frühjahrsära beginnt im Jahre 143 v. Chr.) explizit anzuführen und es unter Bezugnahme auf das geprägte Bild vom »Joch« Israels in der biblischen Tradition (vgl. Dtn 28,48; 1 Kön 12,4.9–11; Jes 9,3f.; 10,27; 14,25; Jer 28 [LXX 35],2.4; 30 [LXX 37],8 [hier geht es unmittelbar im Anschluss um die Erweckung eines rettenden Königs]; Klgl 1,14; Ez 34,27) sowohl als Erlangung von vollständiger politischer und religiöser Autonomie als auch als Erfüllung der Hoffnungen aller frommen Judäer zu deuten. Mittels der Verwendung des *Passivum divinum* ἤρθη (»es wurde weggenommen«) wird diese angebliche Befreiung von der syrischen Unterdrückung nicht als das alleinige Resultat der militärischen und diplomatischen Erfolge Simons, sondern auch als das Werk Gottes ausgewiesen, ohne dabei jedoch dessen Namen zu nennen. Die »vom Volk« beschlossene Verewigung der Errungenschaften des »Hohenpriesters, Feldherrn und Anführers der Judäer« Simon (vgl. indes V 36) in einer neuen Zeitrechnung, nach der zukünftig alle öffentlichen und privaten Urkunden in Jerusalem und Judäa zu datieren sind (V 42 zum Trotz datiert das Buch selbst auch weiterhin nach der seleukidischen Ära; vgl. 13,51; 14,1.27; 16,14) entspricht dem Selbstverständnis des hellenistischen Provinzfürsten (und der Hasmonäerdynastie) und deutet seine Selbstständigkeitserklärung als Bestätigung des legitimen Machtanspruchs des Retters seines Volkes und Bewahrers von traditionellem Gesetz und Orthopraxie.

Neue Zeitrechnung

Die endgültige Befreiung Israels (13,43 – 14,3)

Text

Übersetzung

43 In jenen Tagen belagerte er Geser und schloss es mit den Heeren ringsum ein. Er stellte einen Belagerungsturm her, brachte ihn an die Stadt heran, bezwang einen Turm und nahm ihn ein. 44 Und die Soldaten auf dem Belagerungsturm sprangen herab in die Stadt, was in der Stadt eine große Aufregung bewirkte. 45 Und die Bewohner der Stadt kamen mit Frauen und Kindern auf die Mauern, zerrissen ihre Gewänder und schrien mit lauter Stimme, wobei sie Simon baten, ihnen die Hand zu reichen. 46 Und sie sprachen: Verfahre mit uns nicht gemäß unserer bösen Taten, sondern gemäß deiner Gnade! 47 Und Simon ließ sich von ihnen versöhnen und stellte den Kampf gegen sie ein. Aber er vertrieb sie aus der Stadt und reinigte ihre Häuser, in denen die Götzenbilder aufgestellt waren. Danach aber zog er unter Lobliedern und Preisgesängen in sie ein. 48 Und er schaffte alle Unreinheit aus ihr fort, siedelte Männer in ihr an, die das Gesetz hielten, verstärkte ihre Befestigung und erbaute in ihr einen Wohnsitz für sich selbst. 49 Die Bewohner der Burg in Jerusalem wurden daran gehindert, in das Land aus und ein zu gehen und zu kaufen oder zu verkaufen, und sie litten großen Hunger, und viele von ihnen kamen vor Hunger um. 50 Und sie schrien zu Simon, dass er (ihnen) die Hand reiche, und er reichte sie ihnen. Aber er vertrieb sie von dort und reinigte die Burg von den Befleckungen. 51 Und am dreiundzwanzigsten (Tag) des zweiten Monats im Jahre 171 zogen sie mit Lobgesang und Palmzweigen und unter Leiern und Zimbeln und Zithern und Lobliedern und Preisgesängen in sie ein, da der große Feind ausgemerzt war aus Israel. 52 Und er bestimmte, dass dieser Tag alljährlich mit Freude gefeiert werden sollte. Und er verstärkte die Befestigung des Berges des Heiligtums neben der Burg und wohnte dort mit seinen Leuten. 53 Simon aber erkannte, dass sein Sohn Johannes ein ganzer Mann geworden war, und setzte ihn zum Anführer aller Truppen ein, und er wohnte in Geser. 14,1 Und im Jahre 172 sammelte Demetrios seine Truppen und zog nach Medien, damit er dort Verstärkung an sich ziehe, um Tryphon zu bekämpfen. 2 Als aber Arsakes, der König der Perser und Meder, hörte, dass Demetrios in sein Gebiet eingerückt war, sandte er einen seiner Befehlshaber, um ihn lebendig zu ergreifen. 3 Und er rückte aus und schlug das Heer des Demetrios und ergriff ihn und brachte ihn vor Arsakes; der aber setzte ihn gefangen.

Zu Text und Übersetzung

V 43: Subjekt des Satzes ist Simon. Das von allen Handschriften und Übersetzungen gebotene Toponym Γαζα (»Gaza«) kann nicht stimmen. Zum einen wurde Gaza bereits von Jonathan eingenommen (vgl. 11,62) und zum anderen bezieht sich das folgende Geschehen immer wieder auf die (ca. 8 km westlich von Ammaus am Verbindungsweg zwischen dem judäischen Bergland und der Küstenebene exponiert gelegene und deshalb für die Verteidigung Jerusalems strategisch wichtige) Stadt Γαζαρα (»Geser«; vgl. V 53; 14,7.34; 15,28; 16,1.19.21; so auch Josephus, Bell. I 50; Ant. XIII 215). Der Ausdruck ἑλεόπολις (»Belagerungsturm«) bezeichnet hier und im folgenden V 44 eine bewegliche hölzerne Plattform zum erhöhten Abschuss von Pfeilen o. ä. (vgl. 6,20).

V 49: Der Ausdruck οἱ ἐκ τῆς ἄκρας (»die [Männer] von der Burg«) bezeichnet die syrische Garnison in der Davidstadt (vgl. 1,33; 4,2).

V 46: Zu ἔλεος (»Gnade«) vgl. 2,57.

V 50: Der Infinitiv λαβεῖν (»geben«) bedeutet wörtl. »nehmen«.

V 51: Der Begriff βάϊος (»Palmzweig«) ist ein ägyptisches Lehnwort, das in der LXX nur an dieser einen Stelle begegnet (vgl. V 37 sowie Joh 12,13). Zu κινύρα (»Leier«) vgl. 3,45; zu κύμβαλον (»Zimbel«) vgl. 4,51. Unter νάβλα (»Zither«) ist eine zehn- oder zwölfsaitige Leier mit kastenförmigem Resonanzkörper zu verstehen (vgl. 2 Sam 6,5; 1 Chr 13,8; 2 Chr 20,28 u. ö.).

V 52: An Stelle des Singulars ἔστησεν (»er bestimmte«) lesen *L'* La^{B} SyI den Plural ἔστησαν (»sie bestimmten«). Subjekt des Satzes wäre in diesem Fall nicht Simon allein, sondern das gesamte Volk der Judäer. Der ὄρος τοῦ ἱεροῦ (»Berg des Heiligtums«) ist der Tempelberg in Jerusalem. Das Demonstrativpronomen ἐκεῖ (»dort«) bezieht sich nicht auf die Akra, sondern auf das Gelände des Tempelbergs.

V 53: Subjekt von ᾤκει (»er wohnte«) ist Johannes. Zur Übersetzung des Nomens ἀνήρ (hier: »ganzer Mann«) vgl. 5,63.

V 3: Subjekt von ἐπορεύθη (»er rückte aus«) ist der Befehlshaber des Arsakes VI.

Analyse und Auslegung

Der Abschnitt enthält zunächst zwei formal und inhaltlich parallel gestaltete »Reinigungsgeschichten« (V 43–48; 49–52), welche innerhalb des Buches gemeinsam mit 4,36–61 eine innere Klammer um die dazwischenliegende Erzählhandlung bilden und dabei Simon mit Judas auf eine Stufe stellen; sowohl hier als auch in Kap. 4 begegnen die gleichen narrativen Elemente in der gleichen Reihenfolge (47.50: 4,41 [Vertreibung]; 47.50: 4,42 f. [Reinigung]; 47.51: 4,52–54 [Einzug]; 47.51: 4,55.58 [Freude und Dank]; 52: 4,49 [Gedenkfeier]; 48.52: 4,60 f. [Befestigung]). Die beiden rasch nacheinander erfolgenden und rundum erfolgreichen Militäraktionen Simons stellen (unbeschadet der Unvereinbarkeit seiner »Milde« gegenüber den Bewohnern Gesers mit den Geboten der Tora; vgl. Dtn 7,2; 13,16 f.; 20,16 f.) sein überaus erfolgreiches Regiment als »Hoherpriester, Feldherr und Anführer der Judäer« (vgl. V 42) und dessen – legitimatorisch höchst relevante – religiöse Dimension unter Beweis; sowohl die endgültige Einnahme Gesers als auch die definitive Vertreibung der Garnisonstruppen aus der Akra waren seinem Bruder Jonathan während seiner gesamten Herrschaft nie gelungen (vgl. Josephus, Ant. XIII 215–217). Am Ende des Abschnitts finden sich eine kurze Notiz, in der Simons Sohn Johannes als neuer Aktant in die Erzählhandlung eingeführt wird (V 53), und eine geraffte Darstellung des Partherfeldzugs des Demetrios II. (14,1–3), welche einerseits funktionale Symmetrien zu 6,1–17 aufweist und andererseits den andauernden Konflikt zwischen Demetrios II. und Tryphon zu einem Abschluss bringt. Bei Josephus (Ant. XIII 184–186) begegnet der Versuch des Seleukidenherrschers, die an die Parther verlorenen reichen Satrapien östlich des Euphrat zurückzugewinnen, bereits vor Jonathans Ermordung durch Tryphon. Vor allem die Beobachtung, dass Josephus dem 1. Makkabäerbuch nur bis hierher folgt, ermöglicht die Überlegung, dass 14,4–16,24 als sekundärer Nachtrag an das ursprüngliche Buchende angehängt wurde (*Borchardt* 2014, 151).

Zwar stellt die einleitende Phrase »in jenen Tagen« ein starkes Struktursignal dar (vgl. 1,11; 2,1; 5,55; 9,24; 11,20; 14,13), doch verbindet das Fehlen eines expliziten Subjekts in V 43 den ausführlichen Bericht über die Einnahme der befestigten und von einer seleukidischen Garnison kontrollierten (4,15; 9,52) Stadt Geser (s.o.) durch Simon eng mit seiner unmittelbar vorangehenden Ermächtigung. Die lebhafte Schilderung der Belagerung und Eroberung Gesers in V 43b-45 betont den Kontrast zwischen dem heldenhaften Mut der frommen judäischen Kämpfer und der schändlichen Kapitulation ihrer ehrlosen hellenisierten Gegner und spielt zugleich auf Joel 2,5–9 an. Die in direkter Rede formulierte Bitte der (aus der Sicht des Erzählers dissidenten) Bewohner Gesers um Verzicht auf ihre rechtmäßige Bestrafung entspricht der Gewissheit der Vergebungsbereitschaft Gottes auch gegenüber dem Missetäter in Ps 103 (LXX 102),10 (vgl. Ez 20,44; Dan 9,18) und lässt die Hochherzigkeit Simons (V 47) umso stärker leuchten, welcher an ihnen nicht die von der Tora eigentlich geforderte Vernichtungsweihe vollzieht (s.o.), sondern sie nur vertreibt (vgl. Ex 23,31–33) und den Ort (wie einst Josia; vgl. 2 Kön 23,4–7; 2 Chr 34,3–7) von allen paganen Kultgegenständen befreit, bevor er unter lobenden und dankenden Hymnen an den Gott Israels in ihn einzieht und ihn endgültig kultisch reinigt, gesetzestreue Judäer in ihm ansiedelt, seine Befestigung verstärkt und dort einen Palast für sich selbst errichtet (vgl. die parallele Abfolge der Handlungen in 4,36–61). V 43–48

Der Aktantenwechsel weist zurück auf V 21 und 12,36; in drastischen Worten schildert der Erzähler nun die erfolgreiche Belagerung der Akra durch Simon. Ebenso wie die Bewohner Gesers werden deren Bewohner erfolgreich eingeschlossen (vgl. V 43) und »schreien« bald nach Gnade (vgl. V 45); ebenso wie diese werden sie von den gottesfürchtigen Judäern vertrieben, der von ihnen verlassene Ort sogleich kultisch gereinigt (vgl. V 47f.; zur »Befleckung« des Tempelbergs vgl. 1,33–37; 2,12) und später von frommen Judäern besetzt (V 48; vgl. 14,37). Die Einnahme der Akra durch Simon als zentrales Symbol sowohl des umfassenden Sieges über die äußeren und inneren Feinde Israels als auch der endgültigen Befreiung der – V 49–52

Einnahme der Akra durch Simon

nunmehr angeblich autonomen – Stadt von der syrischen Besatzungstruppe und der Vollendung der Wiederherstellung ihres Tempels wird vom Erzähler der früheren Tempelreinigung durch Judas (vgl. 4,52–58) nachmodelliert. Die auffällige Reihung καὶ ἐν (»und unter« [5x]) betont das beträchtliche Ausmaß der Feierlichkeiten; zu den »Palmzweigen« als religiös konnotierte Zeichen des Sieges und der Freude vgl. 2 Makk 10,7; Joh 12,13. Die ausführliche Datierung dieses heilvollen Ereignisses (der 23. Ijjar im Jahre 171 der seleukidischen Frühjahrsära von 312 v. Chr. liegt im Mai des Jahres 142 v. Chr.) dient seiner Verankerung im Festkalender (vgl. 5,59; 7,49), seine alljährliche Begehung soll die dauerhafte Erinnerung an die unlösbare Verbindung der Rettung des Gottesvolkes und der Herrschaft der Hasmonäer sicherstellen (vgl. MegTaan II 5 [p. 355 *Beyer*]; bei Josephus findet das [untergegangene] Fest hingegen keine Erwähnung). Der Erzählerkommentar am Ende von V 51 weist mittels des Stichwortes »Feind« auf 2,7.9 zurück und zeigt das Ende der von Mattathias beklagten Unheilszeit für Israel an. Am Ende des Teilabschnitts wird noch angemerkt, dass Simon die Befestigungsanlagen im Süden des Tempelareals weiter verstärkt (vgl. V 48; 12,10) und (ebenso wie David und Salomo; vgl. 2 Sam 5,9; 1 Kön 3,1; 7,1–12) in seiner unmittelbaren Nähe einen Palast als Wohnsitz errichten lässt.

V 53 Die vom Erzähler assoziativ an die »Anordnungen« Simons angefügte und als partielle Machtweitergabe gestaltete Einführung des Johannes Hyrkanos I. in das Geschehen (der Beiname »Hyrkanos« spiegelt seine späteren militärischen Erfolge gegen die Parther in Hyrkanien am südlichen Kaspischen Meer wider) stattet seinen (wohl ältesten) Sohn und zukünftigen Nachfolger (vgl. 14,25.49; 16,2 f.23 f.; zum Namen vgl. 2,1) von Anfang an mit einer Reihe von Attributen aus, die ihn als wehrhaften Kämpfer für sein Volk ohne kultische Funktionen vorstellen (»wahrer Mann« [vgl. 5,63]; »Anführer aller Truppen« [vgl. 9,30.35]; Bewohner der strategisch wichtigen, nunmehr von gesetzestreuen Judäern besiedelten Festungsstadt »Geser« [vgl. 13,48]).

Partherfeldzug des Demetrios II.

14,1–3 Die in den Erzählverlauf eingeschobene Digression, die sich durch den Schauplatzwechsel und die markierte narrative Ellipse in V 1 (vgl. V 51; das Jahr 172 der seleukidischen Herbstära von 312 v. Chr. beginnt im Jahre 141 v. Chr.) sowie durch den abrupten formalen und inhaltlichen Bruch zwischen V 3 und 4 von dem sie umgebenden Kontext abgrenzen lässt, soll an dieser Stelle wohl vor allem der nachfolgenden Schilderung des ungehinderten (da gottgewollten) weiteren Aufstiegs Simons (vgl. 15,1–9) Plausibilität verleihen. Dabei wird zunächst der Abzug der seleukidischen Streitmacht aus dem Westen mit dem Versuch des Demetrios II. begründet, in »Medien« (vgl. 3,31; 6,56) Auxiliartruppen gegen seinen Widersacher Tryphon zu rekrutieren. Vor dem Hintergrund der gleichzeitigen Eroberung des Ostteils des Seleukidenreiches durch den parthischen König Mithridates I. (Arsakes VI. Euergetes [»Wohltäter«; reg. 171–137 v. Chr.] ist sein dynastischer Name; vgl. 15,22; Strabon, *Geographica* XV 702) scheint sich der Syrer tatsächlich auf einen Feldzug gegen die Parther begeben zu haben, um den in den Satrapien östlich des Euphrat lebenden Griechen und Makedonen zu Hilfe zu kommen. In dem als Reaktion auf einen indirekten Botenbericht an Arsakes VI. gestalteten Befehl, die angreifenden syrischen Truppen zu bekämpfen und ihr Oberhaupt lebendig zu ergreifen (V 2 f.), spiegelt sich das historische Faktum der Gefangennahme des Demetrios II. durch die Parther wider. Obwohl noch immer mit der ptolemäischen Prinzessin Kleopatra Thea verheiratet (vgl. 11,12), gibt Mithridates I. ihm einige Jahre später seine Tochter Rhodogune zur Frau (Appian, *Syr.* 67; Justinus, *Hist. Philipp.* XXXVI 1,5 f.; XXXVIII 9,3). Kleopatra Thea indes wird bald darauf zur Gattin seines jüngeren Bruders Antiochos VII. (vgl. 15,1). Im Jahre 129 v. Chr. kommt Demetrios II. frei und erlangt nach dem Tod des Antiochos VII. zunächst wieder die Herrschaft über das Seleukidenreich (vgl. Justinus, *Hist. Philipp.* XXXVIII 10), bis er drei Jahre später einem von Kleopatra Thea initiierten Attentat zum Opfer fällt.

Das Loblied auf Simon (14,4–15)

Text

Übersetzung

4 Und das Land hatte Ruhe, solange Simon lebte; er suchte das Gute für
sein Volk, und alle Tage fanden seine Herrschaft und sein Ruhm ihren Bei-
fall. 5 Und zur Fülle seines Ruhms nahm er noch Joppe ein, um einen Hafen
zu haben, und schuf einen Zugang zu den Inseln des Meeres. 6 Er erweitete
die Grenzen für sein Volk und bemächtigte sich des ganzen Landes. 7 Er
brachte viele Gefangene zurück und ergriff die Herrschaft über Geser, Bait-
sura und die Burg, und er merzte die Unreinheit aus ihr aus, und es gab
keinen, der sich ihm widersetzen konnte. 8 Und jeder bebaute friedlich sein
Land, und der Boden gab seine Gewächse, und die Bäume auf den Feldern
ihre Frucht. 9 Die Ältesten saßen auf den Straßen; alle erzählten einander
von den Wohltaten, und die Jungen zogen Ruhmestat und Kriegsgewänder
an. 10 In den Städten legte er Nahrungsvorräte an und rüstete sie mit Boll-
werken, bis sein ruhmreicher Name bis an die Enden der Erde genannt wur-
de. 11 Er schuf den Frieden im Land, und Israel freute sich sehr. 12 Und ein
jeder saß unter seinem Weinstock und unter seinem Feigenbaum, und es
gab niemand, der sie mehr beängstigte. 13 Es gab niemanden mehr auf Er-

den, der sie bekriegte, und die Könige wurden in jenen Tagen gebrochen. 14 Und er stand allen Elenden seines Volkes bei, suchte das Gesetz und merzte jeden Gesetzesverächter und Missetäter aus. 15 Er ehrte das Heiligtum und vermehrte die Gerätschaften des Heiligtums.

Zu Text und Übersetzung

V 4: Zur Wendung ἡσύχασεν ἡ γῆ (»das Land hatte Ruhe«) vgl. 7,50; 9,57.

V 5: Zu den νῆσοι τῆς θαλάσσης (»Inseln des Meeres«) vgl. 6,29; 15,1. Die alternative *Lectio facilior* ναυσὶ τῆς θαλάσσης (»Schiffe des Meeres«; so *L'* 58 Syl) könnte zwar als Folge einer Verwechslung von hebr. ציי הים und איי הים gedeutet werden, ist hier jedoch weitaus eher als ein sekundärer Interpretationsversuch des sachlich schwierigen Textes zu bewerten.

V 7: Zur kontextbedingten Übersetzung des Verbs συνάγω (»zurückbringen«; wörtl. »versammeln«) vgl. 5,23; 9,72 (anders 3,9!). Die ἄκρα (»Burg«) bezeichnet die syrische Garnison in der Davidstadt (vgl. 1,33; 4,2).

V 9: Das Verb κοινολογέομαι (hier: »einander erzählen«) begegnet in der LXX nur hier und in 15,28. Die Verbindung abstrakter Begriffe (z. B. צדק [»Gerechtigkeit«], ישע [»Schutz«] oder עז [»Macht«]) mit dem hebr. Verb לבש (»anziehen«) begegnet auch in Ps 132 (LXX 131),9.16; Jes 51,9; 52,1. An Stelle des Plurals δόξας (»Ruhmestaten«; wörtl. »Ehren«) lesen eine Reihe von Handschriften und Übersetzungen (א 71 381 La$^{X B V}$ Syl) den adäquaten Singular δόξαν (»Ehre«, »Ruhm« bzw. »Ruhmestat«). Vermutlich wurde diese ursprüngliche Singularform hier sekundär an den unmittelbar folgenden, syntaktisch parallelen Begriff στολὰς πολεμοῦ (»Kriegsgewänder«) angeglichen. Diese im unmittelbaren Kontext (poetische Beschreibung des idealen Friedens) unpassende Wendung könnte ihrerseits auf eine Verwechslung von צבא (»Krieg«) und צבי (»Schmuck«) zurückzuführen sein.

V 10: Zum Verb τάσσω (hier: »rüsten«) vgl. 5,27.

Analyse und Auslegung

Nachdem ausführlich dargestellt wurde, wie Simon die Feinde Israels vertrieben und die Unabhängigkeit des judäischen Gemeinwesens errungen hat, reflektiert der Erzähler in Kap. 14 nacheinander verschiedene lobenswerte Aspekte des von ihm erlangten – und von seinen Nachkommen weiterhin beanspruchten – Status (die Begriffe δόξα [»Ruhm«, »Ehre«] und δοξάζειν [»rühmen«, »ehren«] begegnen hier insgesamt 13x), wobei er seine Regierungszeit zunächst in einem Hymnus, der formal und inhaltlich als Gegenstück zur Eulogie auf Judas (vgl. 3,3–9) zu betrachten ist, als idyllische Heilszeit verklärt (vgl. Sir 50,1–24; tatsächlich führte das andauernde Engagement der Seleukiden im Osten ihres Reiches [vgl. V 1–3] seit 141 v. Chr. zu einem Machtvakuum in den westlichen Provinzen, innerhalb dessen die Hasmonäerdynastie ihre Herrschaft konsolidieren konnte). Die deutliche (äußere) Klammerfunktion von 3,3–9 und 14,4–15 innerhalb des Buches (vgl. 4,36–61 und 13,43–52) führt einige Ausleger zu der Annahme, dessen urspüngliches Ende in V 15 erblicken zu können (*Williams* 1999, 108). Dem Hymnus auf Simon folgen eine (als Urkunden bzw. diplomatische Korrespondenz zum Zweck der Erneuerung der Bundesgenossenschaft Judäas mit Rom und Sparta gestaltete) literarische Demonstration der Anerkennung, die ihm seitens mächtiger fremder Völker zuteil wird (Legitimation nach außen), und die breite Anführung eines (sowohl seine zu würdigenden Verdienste um die Verselbstständigung Judäas als auch die Versinnbildlichungen seiner hierdurch begründeten Machtposition aufzählenden) offiziellen Ehrendekrets des »ganzen« Volkes (V 46), welches hier als die eigentliche Bestätigungsinstanz seiner (und seiner Nachkommen) Herrschafts- und Machtfunktionen erscheint (Legitimation nach innen).

Die montageartige Zusammenstellung zahlreicher biblischer Zitate, Paraphrasen und Anspielungen mit hoher kommunikativer Relevanz in dem Preisgedicht auf Simon in V 4–15 stellt den letzten überlebenden Makkabäerbruder (möglicherweise unter Rezeption ägyptischer Königsideologie; vgl. *Blumenthal/Morenz* 1966) als einen idealen Herrscher im Sinne der jüdischen Tradition dar. Sie hebt dabei vor allem seine Siege, seine Gesetzestreue und seine Bedeutung als Stifter andauenden Friedens und Wohlstands in Jerusalem und Judäa hervor. In der poetischen Form des *Parallelismus membrorum* verschränkt das letzte poetische Stück innerhalb des Buches die summarische Rekapitulation seiner militärischen Erfolge und die Schilderung seiner Herrschaft sowohl mit den in poetischer Form klagenden Passagen zu Beginn des Buches (vgl. vor allem 1, 25–28.36–40; 2,7–13) als auch mit unterschiedlichen Aspekten der in der biblischen Überlieferung formulierten Erwartungen einer segensreichen Zeit der Erfüllung des verheißenen Heils für das Gottesvolk Israel. Der Erzähler vermittelt auf diese Weise zwischen der erinnerten Vergangenheit und den traditionellen Zukunftshoffnungen des antiken Judentums; als Hauptthemen des von ihm komponierten Hymnus begegnen der umfassende Friede (V 4.7–9.11 f.), die Inbesitznahme des Landes (V 5–7) und die Fürsorge des (ebenso frommen wie gerechten) Herrschers für Volk und Tempel (V 7.13–15). Auffällig sind die kontrastierenden Entsprechungen zwischen dem Lobpreis Simons und der Darstellung der antagonistischen Erzählfigur Alkimos in Kap. 7 und 9 (*Honigman* 2014, 224 f.).

Hymnus auf Simon

Die einleitende Bemerkung von der »Ruhe« des Landes unter der Herrschaft Simons bedeutet keinen Verzicht auf jegliche Kampfhandlung, sondern soll gleich zu Beginn des poetischen Abschnitts auf deren Legitimation durch den Willen des geschichtsmächtigen Gottes Israels hindeuten (vgl. 2 Sam 7,11; 1 Kön 5,18; 2 Chr 14,1–6); Simons stetiger Einsatz für »sein« Volk (vgl. V 6.14; Neh 2,10) bedeutet das endgültige Ende seiner langen Leidenszeit (vgl. 2,7) und begründet zugleich die Hochachtung seines Retters. Als ersten, ganz pragmatischen Grund dieser Hochachtung nennt V 5 die Eroberung der Küstenstadt Joppe, die den Judäern den (wirtschaftlich V 4–7 und strategisch wichtigen) direkten Zugang zum Mittelmeer sicherte (vgl. 10,75 f.; 12,33 f.; 13,11 sowie Strabon, *Geographica* XVI 759), als *Pars pro toto* der in V 6 vollmundig gepriesenen Gebietserweiterung Judäas, welche hier ihrerseits als Erfüllung biblischer Verheißungen erscheint (vgl. Ex 34,24; Dtn 12,20; 19,8 f.; Jes 26,15; 54,2 f.). Lobenswert erscheinen dem Erzähler auch die »Sammlung« kriegsgefangener Judäer (vgl. 1,32; 5,23; 9,72), in der sich Jes 42,6 f.; Jer 30,10; 46 (LXX 26),27 und Ps 126 (LXX 125),4 zu realisieren scheint, die Eroberung Gesers (vgl. 13,45) und Baitsuras (vgl. 11,65 f.), sowie die Vertreibung der syrischen Soldaten von der Akra (vgl. 13,49 f.), in deren kultischer Reinigung sich sowohl das Handeln Salomos (vgl. 1 Kön 9,15–17) und Josias (vgl. 2 Kön 23,4–7; 2 Chr 34,3–7) wiederholt als auch Prophetenworte Ezechiels und Sacharjas erfüllen (vgl. Ez 11,18; 36,25; Sach 13,2). Die Phrase »es gab keinen, der sich ihm widersetzen konnte« (V 7b) entspricht Dtn 7,24 f.; 11,25; Jos 1,5 und zeigt erneut an, dass das Regiment Simons unter dem Schutz Gottes steht (vgl. auch den Kontrast zu 5,61 f.).

V 8–9 Die Verwirklichung eines »goldenen Zeitalters« zur Zeit Simons stellt der Erzähler mittels der traditionellen Vorstellung der heilbringenen Wirkung des Jerusalemer Tempels (bzw. des dort *rite* vollzogenen Opferkults) auf die Fruchtbarkeit des gesamten Landes dar (vgl. Lev 26,3–5; Ez 34,26 f.; Sach 3,10; 8,11 f. sowie Hag 1,9 f.; 2,19); auch die (hier in eine Zustandsaussage umgewandelte) tröstende Verheißung eines idyllischen Müßigganges der »Ältesten« und der »Jungen« infolge der Rückkehr Gottes auf den Zion durch den Propheten Sacharja (Sach 8,4 f.) wird als bewahrheitet dargestellt und dabei zugleich mit 1,25 f. und 2,9 kontrastiert. Bei der metaphorischen Wendung »die Jungen zogen Ruhmestat an« in V 9b ist die Ähnlichkeitsbeziehung zwischen dem bildspendenden Verb und dem bildempfangenden Substantiv sehr gering, was die Aufmerksamkeit des Lesers steigert (vgl. Dtn 1,41; Jes 52,1; Jub 23,28 f.).

V 10–11 Die Fortifikation und Proviantierung der Festungen an den Landesgrenzen und Aufmarschwegen Judäas durch Simon (vgl. 12,10 f.; 13,33 sowie 15,29 f.), der hierbei klug wie Joseph zu handeln scheint (vgl. Gen 41,35.48), und in dessen Tun der in 1,31–33 beklagte Missstand seinen positiven Ausgleich findet, mündet in die ehrende Ausrufung seines Namens »bis an die Enden der Erde« (vgl. 1,3; 3,9; 8,4); der hyperbolische Ausdruck greift hier auf Mi 5,3 und Ps 48 (LXX 47),11 zurück. Ein kurzes zusammenfassendes Echo von V 4 bietet V 11, der Simons Herrschaft unter erneuter Bezugnahme auf Lev 26,6 (vgl. 1 Kön 1,39 f.; Ps 14 [LXX 13],7) als die Zeit der erfüllten Heilshoffnungen des Volkes ausgibt (das Ethnonym »Israel« wird hier exklusiv für die gottesfürchtige Anhängerschaft der Hasmonäer verwendet; vgl. 3,8).

V 12–15 Das unmarkierte Zitat von Mi 4,4 (vgl. Sach 3,10; 1 Kön 5,5 [LXX 2,46g]; Jer 30,10) in V 12 und die Allusion auf Ps 46 (LXX 45),10 und 76

(LXX 75),4 in V 13 bewerten die Siege Simons, deren hohe Bedeutung auch durch die Verwendung der Phrase »in jenen Tagen« hervorgehoben wird (vgl. V 36; 1,11; 5,55; 9,23; 11,20; 13,43), als Machttaten Gottes. Die spiegelbildliche Gegenüberstellung seines (grundsätzlich an der Tora orientierten; vgl. Ps 72 [LXX 71],1 f.; 105 [LXX 104],45) Verhaltens gegenüber den ταπεινοί (»Elenden«) und den ἄνομοὶ καὶ πονηροί (»Gesetzesverächtern und Missetätern«) in V 14 (vgl. 2 Sam 22,28; Ps 72 [LXX 71],4; 76 [LXX 75],10; Jes 11,4; 14,32), welche die Antonymie von Ps 37 (LXX 36),14 aufnimmt, entspricht der »frommen« (vgl. 2,57) Selbstwahrnehmung der Hasmonäerdynastie und soll vermutlich ihr erbliches Herrschaftsrecht begründen, denn sie zeigt die Übereinstimmung seines Handelns (Schutz oder Strafe) mit dem geoffenbarten Gotteswillen an, kongruiert dabei mit dem perspektivisch bewertenden Blick des Erzählers auf die bisherigen innerjudäischen Auseinandersetzungen, ist innerhalb des erzählten Geschehens als Beseitigung der in 1,11–15 beklagten Situation zu verstehen, und entspricht zugleich dem Triumph des Judas (vgl. 3,8), wobei auch hier die gesetzestreuen Judäer unter der Führung des Hasmonäers Simon den verräterischen judäischen »Apostaten« gegenübergestellt werden. Am Ende des poetischen Stücks findet Simons aktive Unterstützung des Jerusalemer Tempels Erwähnung (vgl. 1 Kön 7,1–51; Jes 60,17; Hag 2,8 f.), die ihn mit König Salomo verbindet, seine Funktion als Mandatar Gottes im Rahmen sich erfüllender Heilshoffnungen für Israel anzeigt, und innerhalb der Erzählung schließlich als Kompensation von 2,10 f. zu betrachten ist.

Die Erneuerung der Bündnisse mit Rom und Sparta (14,16–24)

Text

Übersetzung

16 Als man in Rom und noch in Sparta davon erfuhr, dass Jonathan gestorben sei, wurden sie sehr betrübt. 17 Als sie aber hörten, dass sein Bruder Simon an seiner Stelle Hoherpriester geworden war und selbst die Herrschaft über das Land und über die in ihm gelegenen Städte übernommen hatte, 18 schrieben sie auf bronzenen Tafeln an ihn, dass sie die Freundschaft mit ihm und den militärischen Beistand, den sie seinen Brüdern Judas und Jonathan gewährt hatten, erneuerten. 19 Und sie wurden in Jerusalem vor der Volksversammlung verlesen. 20 Und dies ist die Abschrift des Briefs, den die Spartaner sandten: Die Obersten der Spartaner und die gan-

ze Stadt entbieten dem großen Priester Simon und den Ältesten und den Priestern und dem übrigen Volk der Judäer, ihren Brüdern, ihren Gruß! 21 Die Gesandten, die zu unserem Volk geschickt wurden, haben uns von eurem Ruhm und Ansehen berichtet, und wir haben uns über ihre Ankunft gefreut. 22 Wir haben das, was sie vorgetragen haben, so in die Beschlüsse des Volkes eingetragen: Numenios, (Sohn) des Antiochos, und Antipater, (Sohn) des Jason, Gesandte der Judäer, sind zu uns gekommen und haben die Freundschaft mit uns erneuert. 23 Und es fand beim Volk Billigung, den Männern einen prachtvollen Empfang zu bereiten und eine Abschrift ihrer Reden in die Staatsakten aufzunehmen, dem Volk der Spartaner zum Gedächtnis. Eine Abschrift davon aber verfertigten sie für den Hohenpriester Simon. 24 Daraufhin sandte Simon den Numenios mit einem großen goldenen Schild im Gewicht von tausend Minen nach Rom, um ihnen den militärischen Beistand zu bestätigen.

Zu Text und Übersetzung

V 17–19: Es ist nicht eindeutig zu erkennen, ob entweder nur die Römer oder aber Rom und Sparta Subjekt der Sätze sind. Der Erzähler scheint hier an einer genaueren Differenzierung nicht interessiert zu sein.

V 22: Die Genitive Αντιοχου (»des Antiochos«) und Ιασονος (»des Jason«) bezeichnen die direkte väterliche Abstammung der Vorgenannten.

Analyse und Auslegung

Die Konsolidierung der Herrschaft Simons wird vom Erzähler in dem Abschnitt dahingehend entfaltet, dass hier der Aspekt seiner internationalen Anerkennung sowohl als unumstrittener Herrscher über das Territorium Judäas als auch als gleichrangiger diplomatischer Gesprächspartner zur Sprache kommt. Seine (bei Josephus [Ant. XIII 227] nur beiläufig erwähnte) Erneuerung des Freundschaftsverhältnisses mit Rom und Sparta, dessen Glaubwürdigkeit durch die Anführung eines fingierten Schreibens der Lakedaimonier gesteigert werden soll (zur Funktion solcher fingierten Dokumente im 1. Makkabäerbuch s.o.), soll sein Handeln als Anführer seines Volkes mit dem seiner Brüder Judas (vgl. 8,17–32) und Jonathan (vgl. 12,1–23) verbinden; es entspricht zugleich seinem in der vorangehenden Eulogie gelobten Verdienst (vgl. V 10b).

V 16–19 Der Neueinsatz der Handlung nennt die bestürzte Reaktion Roms und Spartas (die Reihenfolge ihrer Nennung entspricht 12,1f.) auf den Tod Jonathans (vgl. 13,23), wodurch gleich zu Beginn der Eindruck erweckt wird, als ob die beiden fremden Mächte angesichts seiner internationalen Reputation die Bedeutung der Vorgänge in der – nunmehr selbstständigen – Provinz am Rand des seleukidischen Reiches als besonders wichtig einschätzen und sich deshalb geradezu um Simons Freundschaft bewerben. In V 17 f. betont der Erzähler in entsprechender Weise, dass die Initiative zur Freundschaftserneuerung anlässlich der Erhebung Simons zum (hier nur als eine Leitungs- und Repräsentationsinstanz bezeichneten) Hohenpriester (vgl. 13,41 f.) nicht von den Judäern ausgegangen ist (üblicherweise initiiert nicht die antike Weltmacht Rom eine Bündniserneuerung, sondern seine Vasallen erbitten diese; vgl. Livius, *Ab urbe condita* XLII 6,8; XLV 44,8; Polybios, *Hist.* XXXIII 16,1 f.), wodurch der in indirekter Rede formulierte Brief an Simon dessen besondere Anerkennung durch die fremden Mächte abermals unterstreicht (vgl. 2 Sam 5,11 f.). In der Erwähnung der (historisch ebenfalls höchst unwahrscheinlichen; vgl. 8,22) Anfertigung »bronzener Tafeln«, auf die der (hier erstmalig ausdrücklich als ratifiziert vorgestellte; vgl. 8,21–30; 12,4) Freundschafts- und Beistandsvertrag graviert wurde, um ihn zur öffentlichen Verlesung vor dem versammelten Volk (vgl. 5,16) und zur dauerhaften Beglaubigung des erneuerten Bündnisvertrags nach Jerusalem zu senden, kommt das Bemühen des Erzählers zum Ausdruck, sowohl die Authentie dieser Urkunde als auch die Beständigkeit ihres Inhalts zu untermauern.

Freundschaftserneuerung mit Rom und Sparta

V 20–23

Die einleitende Rahmung, die das im Folgenden in direkter Rede angeführte Dokument als einen Brief der Spartaner ausweist, die Römer hingegen mit keinem Wort mehr erwähnt, überrascht nur auf den ersten Blick, denn ebenso wie in 12,1–4.16 f. beschränkt sich die narrative Funktion der Schilderung diplomatischer Kontakte der Judäer mit der weltbekannten Großmacht Rom auch hier allein auf die beglaubigende literarische Rahmung eines fingierten Dokuments, dessen angeblichen Urhebern einerseits eine hohe Reputation beim Leser zukommt und die sich andererseits als Projektionsfläche für ein idealisiertes Brudervolk eignen, durch dessen Anerkennung der eigene Machtanspruch externe (und nicht zu falsifizierende) Bestätigung erfährt (vgl. 12,5–15). Der literarischen Beglaubigung dieses Dokuments dient seine Bezeichnung als dem Erzähler vorliegende »Abschrift« (vgl. 8,22; 11,37; 12,5; 15,24). Das Briefpräskript zählt als Empfänger nacheinander den »großen Priester Simon«, die »Ältesten«, die »Priester« und das »Volk der Judäer« als eng miteinander verbundene Instanzen des (idealen) judäischen Gemeinwesens auf (letztere werden in Entsprechung der »Zwecklegende« der Verwandtschaft beider Völker auch hier als »Brüder« angeredet; vgl. 12,6.21) und bringt damit erneut ihre gegenüber dem Absender bestehende Statusgleichheit zum Ausdruck (vgl. 8,20; 12,3). Die Schilderung des freudigen Empfangs, den die Spartaner den Abgesandten Simons bereiten, unterstreicht erneut die Statussymmetrie der Judäer. Innerhalb des nun vom Erzähler angeführten Schreibens der Spartaner wird seinerseits in V 22b-23 ein Volksbeschluss zitiert, welcher die Erneuerung der »Freundschaft« zwischen den beiden Brudervölkern durch die namentlich genannten (vgl. 12,16 f.) Abgesandten Simons mitteilt, den Inhalt von

V 21 kurz wiederholt, und die Anfertigung zweier Kopien für das Staatsarchiv der Spartaner (diese soll die hohe Bedeutung der diplomatischen Kontakte mit den Judäern demonstrieren) und für Simon festhält (jene soll erneut plausibel machen, wie der Verfasser des Buches vom Inhalt der Urkunde Kenntnis erlangt hat).

V 24 Durch die einleitende Phrase »daraufhin« vom vorangehenden Mikrokontext abgegrenzt (vgl. 5,27; 7,33; 9,37; 11,54; 13,20), gerät am Ende des Abschnitts wieder Rom in den Blick. Als Ausdruck seines Respekts und seiner Bundestreue gegenüber der überlegenen Weltmacht übersendet Simon, der hier wieder als souveräner Handlungsträger erscheint, den Römern durch einen (namentlich genannten) Abgesandten der Judäer (vgl. 15,15) einen »goldenen Schild« (vgl. 4,57; 15,18; Josephus, Ant. XIV 147; Livius, *Ab urbe condita* XXXIV 52,7 sowie Diodor XXXIII 28a, der von einem ähnlichen Geschenk Tryphons berichtet), dessen Gewicht (bzw. Wert) in hyperbolischer Weise anzeigt, welch hohen Wert der Erzähler auf die Faktizität eines militärischen Bündnisses Simons mit Rom legt (vgl. 15,16–21).

Simon wird Hoherpriester (14,25–49)

Text

Übersetzung

25 Als das Volk aber von diesen Ereignissen hörte, sprachen sie: Wie können wir Simon und seinen Söhnen danken? 26 Denn er und seine Brüder und das Haus seines Vaters waren Israel eine Stütze, und gemeinsam haben sie seine Feinde im Kampf vertrieben und ihm Freiheit verschafft. Und sie gravierten dies auf bronzene Tafeln, die sie an den Säulen auf dem Berg Zion befestigten. 27 Und dies ist die Abschrift des Textes: Am achtzehnten Elul im Jahre 172 – und dies ist das dritte Jahr zu der Zeit, als Simon großer Hoherpriester und Fürst des Volkes Gottes war – 28 verkünden wir vor der großen Versammlung der Priester und des Volkes und der Obersten des Volkes und der Ältesten des Landes: 29 Bislang haben in dem Land immer wieder Kämpfe stattgefunden, aber Simon, der Sohn des Mattathias, der Sohn der Söhne Joaribs, und seine Brüder haben die Gefahr auf sich genommen und haben sich den Feinden ihres Volkes entgegengestellt, damit ihr Heiligtum und das Gesetz erhalten bleiben, und sie haben ihrem Volk großen Ruhm erworben. 30 Jonathan brachte sein Volk wieder zusammen und wurde ihnen zum Hohenpriester, und er wurde zu seinem Volk versammelt. 31 Als ihre Feinde in ihr Land einrücken, es zerstören und Hand an ihr Heiligtum legen wollten, 32 da stand Simon auf und kämpfte für sein Volk.

Er trug viel aus seinem eigenen Vermögen bei und versah die Männer der Streitmacht seines Volkes mit Waffen und gab ihnen Sold. 33 Und er befestigte die Städte Judäas und Baitsura an der Grenze Judäas, wo zuvor das Waffenlager der Feinde gewesen war, und stationierte dort Männer aus Judäa als Besatzung. 34 Und er befestigte Joppe am Meer und Geser an der Grenze nach Azotos, dort wo die Feinde zuvor gewohnt hatten, und er siedelte dort Judäer an, und gab ihnen so viel, wie sie zu ihrem Unterhalt brauchten. 35 Als das Volk Simons Treue und den Ruhm sah, den er seinem Volk zu erwerben gedachte, machten sie ihn wegen all dessen, was er vollbracht hatte, und wegen der Gerechtigkeit und der Treue, die er seinem Volk hielt, und weil er danach strebte, sein Volk in jeder Weise zu erhöhen, zu ihrem Anführer und Hohenpriester. 36 Und in jenen Tagen gelang es ihm, die Völker aus ihrem Land auszumerzen, auch die in Jerusalem, in der Davidstadt, die sich eine Burg gebaut hatten, von wo sie ausrückten und den Umkreis des Heiligtums befleckten und der Reinheit einen gewaltigen Schaden zufügten. 37 Und er siedelte jüdische Männer in ihr an und verstärkte ihre Befestigung zur Sicherung des Landes und der Stadt, und er erhöhte die Mauern Jerusalems. 38 Demgemäß bestätigte König Demetrios ihn im Hohenpriesteramt. 39 Und er ernannte ihn zu seinem Freund und erwies ihm große Ehre. 40 Denn er hatte gehört, dass die Judäer von den Römern als Freunde, Bundesgenossen und Brüder angeredet wurden, und dass sie den Gesandten Simons einen prachtvollen Empfang bereitet hatten, 41 und dass die Judäer und die Priester beschlossen hatten, dass Simon auf ewig ihr Anführer und Hoherpriester sein sollte, bis ein wahrer Prophet erweckt würde, 42 und dass er ihr Heerführer sei, dass er über das Heiligtum walte, und dass durch ihn die Leute für den Dienst am Heiligtum, für das Land, für die Waffen und für die Festungen eingesetzt würden, 43 und dass er über das Heiligtum walte, und dass alle ihm gehorsam seien, und dass alle Urkunden in dem Land in seinem Namen geschrieben würden, und dass er ein Purpurgewand und Goldschmuck tragen dürfe, 44 und dass es niemandem vom Volk oder von den Priestern gestattet sei, eine dieser Anordnungen außer Kraft zu setzen oder einem von ihm erlassenen Befehl zu widersprechen oder ohne ihn im Land eine Versammlung einzuberufen oder ein Purpurgewand und eine goldene Spange zu tragen. 45 Wer diesen Anordnungen zuwider handele oder eine von ihnen außer Kraft setze, der mache sich schuldig. 46 Und das ganze Volk beschloss, für Simon festzusetzen, dass er gemäß diesen Bestimmungen regiere. 47 Und Simon nahm an und war damit einverstanden, als Hoherpriester zu amtieren und Heerführer und Fürst der Judäer und Priester zu sein, und dass er an der Spitze von allem stehe. 48 Und sie befahlen, dieses Schriftstück auf bronzene Tafeln zu gravieren und sie an den Außenmauern des Heiligtums an einem öffentlichen Ort aufzustellen 49 und eine Abschrift davon in der Schatzkammer niederzulegen, damit Simon und seine Söhne sie zu eigen hätten.

Zu Text und Übersetzung

V 25: Die Pluralform λόγοι scheint hier dem semantisch offenen hebr. Terminus דברים (»Wörter«, »Sachen«) zu entsprechen (vgl. 3,27).

V 26: Subjekt von κατέγραψαν (»sie gravierten«) ist die Versammlung des Volkes (vgl. V 27 f.). Zum Ausdruck δέλτοι (»Tafeln«) vgl. 8,22. Der ὄρος Σιων (»Berg Zion«) ist der Tempelberg (vgl. 4,37).

V 27: Ελουλ ist in der LXX die übliche griechische Wiedergabe des Monats »Elul« (אלול; August/September). Die Übersetzung der Wörter ἐν ασαραμελ (wörtl. »in Asaramel«) ist unsicher. Einerseits wäre an dieser Stelle die Wiedergabe der hebr. Ortsangabe [ב]חצר העם אל (»im Vorhof des Volkes Gottes« [d. i. der dem Priesterhof vorgelagerte und von diesem baulich abgegrenzte Bereich des inneren Tempelareals; vgl. V 26.48; 9,54]) denkbar. Andererseits spricht der unmittelbare Kontext (Aufzählung der Würdebezeichnungen Simons) dafür, dass hier der hebr. Titel שר העם אל (»Fürst des Volkes Gottes«) als Entsprechung von ἐθνάρχης (»Ethnarch«) transkribiert und das ἐν vom Übersetzer sekundär hinzugefügt wurde (vgl. auch SyI z.St. und die Transkription der hebr. Buchüberschrift bei Eusebius, *Hist. Eccl.* VI 25,2). Denkbar ist ebenfalls, dass das Wort einem aufgrund seiner allgemeinen Bekanntheit bei den Lesern unübersetzten Toponym bzw. architektonischen *Terminus technicus* entspricht.

V 28: Vermutlich beruht die Wendung ἐγνώρισεν ἡμῖν (»wir verkünden«; wörtl. »man hat uns verkündet«) auf der wörtl. Wiedergabe von hebr. הודענו (vgl. 1 Sam 10,8). Möglich wäre auch eine Verlesung von hebr. הודע (ידע hofal) und הודיע (ידע hifil).

V 29: Die Wendung δόξῃ δοξάζειν (»hoch ehren«) verstärkt hier und in V 39 den Verbalbegriff, indem sie eine hebr. *Figura etymologica* imitiert (vgl. 11,42).

V 31: Subjekt des Satzes sind die Judäer. Die Wendung ἐκτεῖναι χεῖρας ἐπί (»Hand an etwas legen«) ist wahrscheinlich hebr. שלח (את) יד nachgebildet (vgl. 12,42).

V 32 Das Verb ὁπλοδοτέω (»mit Waffen versehen«) ist ein alttestamentliches *Hapax legomenon.*

V 36: Der Ausdruck ἐν χερσὶν αὐτοῦ (»ihm«) entspricht hebr. בידו (»durch ihn«; vgl. 1,44). Die ἄκρα (»Burg«) bezeichnet die syrische Garnison in der Davidstadt (vgl. 1,33; 4,2).

V 37: Subjekt des Satzes ist Simon.

V 39: Die Wendung φίλος (»Freund«) bezeichnet einen hohen seleukidischen Hoftitel (vgl. 2,18). Der Ausdruck ἐδόξασεν δόξῃ (wörtl. »ehrte mit Ehre«) scheint eine hebr. *Figura etymologica* zu imitieren.

V 40: Subjekt der langen Satzperiode ist Demetrios II. Angesichts des unmittelbaren Erzählzusammenhangs wäre hier an Stelle von ὑπὸ Ῥωμαίων (»von den Römern«) eher ὑπὸ Σπαρτιατῶν (»von den Spartanern«) anzunehmen; vgl. 12,21; 14,20.

V 43: Die Wortfolge καὶ ὅπως μέλῃ αὐτῷ περὶ τῶν ἁγίων (»und dass er über das Heiligtum walte«) ist unbeschadet ihrer nahezu einhelligen handschriftlichen Bezeugung als ein offenkundiges Schreiberversehen (Dittographie; vgl. V 42aβ) zu tilgen. Die πορφύρα (»Purpurgewand«; wörtl. »Purpur«) ist ein äußeres Zeichen hohen Ranges und besonderer Würde (vgl. 8,14).

V 44: Die Wendung ἐπισυστρέψαι συστροφήν (»eine Versammlung einberufen«) imitiert eine hebr. (bzw. bibelgriech.) *Figura etymologica.*

V 46: Der Infinitiv ποιῆσαι (»regiere«) bedeutet wörtl. »handele«. Die Wendung κατὰ τοὺς λόγους τούτους (»gemäß diesen Bestimmungen«) entspricht der hebr. Wendung כדברים האלה (vgl. 13,35).

Analyse und Auslegung

Die zentrale Funktion des umfangreichen Abschnitts, dessen markante Textgestalt (Wiederholung inhaltlicher Elemente von V 4–15; Formulierung als »Ehrenstele« bzw. Urkunde mit Memorialfunktion, ständiger Wechsel des Subjekts und von direkter und indirekter Rede, bemühte Nachahmung des Aufbaus und des Vokabulars zeitgenössischer griechischer Ehrendekrete) seine hohe Relevanz innerhalb des Erzählzusammenhangs reflektiert, ist der Aufweis der Legitimationsgrundlage sowohl der Herrschaft Simons als »Anführer und Hoherpriester« (V 35.41) als auch der dynastischen Weitergabe dieser (königlichen und priesterlichen) Herrschaftsansprüche bis in die Gegenwart des Verfassers des Buches. Beide machtpolitisch begründeten Eingriffe in die Tradition widersprechen eigentlich der hierokratischen Verfassung und der biblischen Überlieferung, denn zum einen war auch der Makkabäerbruder Simon weder Davidide noch Zadokide (vgl. 10,20), und zum anderen stellt die biblische Tradition die rechtmäßige Einsetzung eines dynastischen Herrschers über Israel entweder als Berufung durch Gott selbst (vgl. Ps 2,6–9) oder als Bevollmächtigung durch seinen Propheten dar (vgl. 2 Sam 7,1–16). Indem hier die Investitur Simons als ein (durch die Erwartung des Eintreffens ihrer endgültigen Bestätigung durch eine solche göttliche Legitimationsinstanz begrenzter; vgl. V 41) Beschlussakt des versammelten »Volkes« (vgl. V 25.35.46 sowie 13,7–9) gekennzeichnet wird, verbindet der Erzähler das erzählte Geschehen in mehrfacher Weise (vgl. V 37 und 2 Sam 5,9; V 38–40 und 2 Sam 5,11 f.) mit dem biblischen Bericht von der Übertragung der Königswürde an David (2 Sam 5,1–12), um hierdurch glaubhaft zu machen, dass auch jener »vorläufige« Beschlussakt letztendlich als eine Bestätigung der göttlichen Erwählung Simons und seiner Nachfahren durch Gott zu bewerten ist (vgl. V 41–49 und 2 Sam 5,12).

Der Anlass der in direkter Rede formulierten rhetorischen Frage des zur Beratschlagung und Beschlussfassung versammelten »Volkes« (die unübliche Verwendung des Wortes δῆμος scheint durch den unmittelbar vorangehenden Kontext bedingt; vgl. V 20–23) bezieht sich inhaltlich auf V 16–19. Ihr Kern besteht in der adäquaten Anerkennung der militärischen und diplomatischen Verdienste »Simons und seiner Söhne« (vgl. V 49; 13,53); letztere waren bislang allerdings noch nicht als Handlungsträger in Erscheinung getreten. Das schwerwiegende Problem, dass die Herrschaft Simons V 25–26

Simons Anerkennung durch das Volk

und seiner Nachkommen einerseits gerade durch diese Verdienste begründet werden soll, um mögliche Kritik an ihrer nichtzadokidischen und nichtdavididischen Herkunft abzuwehren, und sich andererseits zur Zeit der Entstehung des Buches selbst durch ihre dynastische Kontinuität konstituiert, wird durch die Akzentuierung der familiären Dimension bereits in der expliziten Motivierung der rhetorischen Frage in V 26 einer Lösung zugeführt: Sowohl Simon als auch seine Brüder und das gesamte »Haus seines Vaters« Mattathias (vgl. 13,3; 16,2) haben erfolgreich für ihr eigenes Volk gekämpft und sie haben »gemeinsam« seine vollständige Autonomie errungen. Die Notiz von der hierdurch veranlassten Anfertigung bronzener Gedenktafeln (vgl. 3 Makk 2,27) und ihrer öffentlichen Zurschaustellung auf dem »Berg Zion« (zur Perspektive der traditionellen Zionstheologie vgl. 11,37) symbolisiert die andauernde Bedeutung dieses Erinnerungsortes der erblichen Regentschaft der Hasmonäer und bildet zusammen mit dem inhaltlich parallelen V 48 eine narrative Umrahmung der folgenden Anführung ihres eigentlichen Wortlauts.

V 27–28 Die ausdrückliche Betonung, dass die »Abschrift« der Gedenktafeln in dem Buch literarisch erhalten ist (vgl. V 48; 11,37), deutet an, dass der Leser den auf sie gravierten Text nicht *in situ* betrachten kann. Sie dient vor diesem Hintergrund vor allem der Beglaubigung ihres Inhalts. Ihrer maßgeblichen Bedeutung für das Selbstverständnis der etablierten Nachkommen Simons entspricht ihre besonders ausführliche, zweifache Datierung, die den Termin ihrer Ausfertigung sowohl nach der seleukidischen Frühjahrsära (der Monat Elul im Jahre 172 beginnt im August des Jahres 141 v. Chr.) als auch nach der mit Simons Erhebung zum Volksfürsten und Hohenpriester einsetzenden neuen Zeitrechung angibt (vgl. 13,42). Zum formellen Rahmen der fingierten Memorialinschrift gehört noch die erneute Aufzählung sämtlicher beschlussfassender Instanzen des (idealen) judäischen Gemeinwesens (vgl. V 20; Esra 10,1–14; die hier genannte »große Versammlung« [vgl. 5,16] hat nichts mit der späteren rabbinischen Konstruktion einer »großen Synagoge« zu tun, die als ein Bindeglied in der fiktiven ununterbrochenen Traditionskette der Rabbinen den Zeitraum zwischen den Propheten und der pharisäischen Bewegung überbrücken soll [vgl. mAvot I 1]). Gedenktafeln

V 29–30 Als eigentlichen Beweggrund für die Abwehr der »Feinde des Volkes« durch Simon und seine Brüder (vgl. 31–33.36) nennt V 29 in summarischer Weise sowohl den Schutz von Tempel und Tora (vgl. V 31.42) als auch den Erwerb großen Ruhmes für sein Volk (vgl. V 35.39f.); in ähnlicher Weise wie bereits in V 26 werden die Mattathiassöhne dabei explizit in eine genealogische Linie eingereiht (vgl. 2,1; insbesondere ihre Abstammung von Joarib scheint bedeutsam für Simons Eignung als Hoherpriester). In V 30 folgt eine kurze Zusammenfassung und Würdigung des Lebens Jonathans (vgl. 9,28–31; 10,20f.; 13,25); an Stelle der üblichen Formulierung zur Umschreibung seines Todes »er wurde zu seinen Vätern versammelt« (vgl. 2,69) begegnet die Variante »er wurde zu seinem Volk versammelt«, wodurch hier möglicherweise seine selbstlose Aufopferung für »sein Volk« hervorgehoben werden soll.

Die eingehende Aufzählung der militärischen Glanztaten Simons nennt zunächst seinen Kampf gegen die Feinde Israels (hiermit sind die Truppen Tryphons gemeint), deren Angriffe hier als religiös motiviert gedeutet werden (vgl. 13,1–20), lobt sodann die von ihm geübte Herrschertugend der wohltätigen Philanthropie (vgl. Xenophon, *Cyr.* I 2,1; VIII 2,1), und würdigt schließlich seine Vertreibung der feindlich gesinnten autochthonen Bevölkerung und die Befestigung des Landes (namentlich hervorgehoben werden Baitsura, die Küstenstadt Joppe und die Grenzfestung Geser; vgl. 11,65 f.; 12,33 f.; 13,11.43–48) sowie seine Versorgung der dortigen judäischen Garnisonen (vgl. V 10; 13,33). V 31–34

Der Vers rekapituliert die Erhebung Simons zum militanten »Anführer und Hohenpriester« (vgl. 13,41); der pleonastisch formulierten Aufzählung seiner Meriten (zum »Ruhm« vgl. 2,51; zur »Gerechtigkeit« und »Treue« vgl. 2,52.57) entspricht die viermalige Nennung seines »Volkes«. V 35

Als besonders bedeutsam hervorgehoben durch die Verwendung der Phrase »in jenen Tagen« (vgl. V 13) kommt die Eulogie nun auf Simons Beseitigung aller Unreinheit in Judäa, in Jerusalem und in der Davidstadt (die Aufzählung läuft konzentrisch auf das Heiligtum zu) zu sprechen (vgl. 1,33–37; 13,49–51; 14,7 sowie Ps 110 [LXX 109],6). Der identitätstiftende und statusrelevante Verhältnisbegriff der »Reinheit« im Sinne des ursprünglichen Zustands einer ungestörten kultischen Relation zum Gott Israels veranschaulicht in diesem Zusammenhang die Überzeugung des Erzählers von der Notwendigkeit einer bewussten Abgrenzung gegenüber der »unreinen« nichtjüdischen Umwelt. Die Erwähnung der Ansiedlung gottesfürchtiger Judäer in der Akra und der Befestigung von Stadt und Land (V 37) greift 13,52 auf (vgl. 12,36–38). V 36–37

Simons Bestätigung durch Demetrios II.

Der Teilabschnitt betrachtet die ehrende Anerkennung sowohl der hohenpriesterlichen Autorität als auch des ausgezeichneten Status Simons als eines hochrangigen Vertrauten des Demetrios II. Nikator (vgl. 13,36–40) als eine unmittelbare Folge seiner herausragenden Eigenschaften und Verdienste. Dem erzählerischen Rückverweis auf die entsprechenden Anweisungen des Seleukidenherrschers in V 38 f. folgt eine ausführliche Begründung, die ihrer Form nach als auffällig lange Satzperiode angelegt ist. Diese Begründung, welche ihrerseits in V 40 als Inhalt eines impliziten Botenberichts gestaltet ist, wodurch ihre behauptete Authentie gleichermaßen Bekräftigung erfährt und der Nachweisbarkeit entzogen wird, entspricht durchweg dem Blickwinkel der gottesfürchtigen Judäer und hat die wesentliche Funktion, auf einen unlösbaren Begründungszusammenhang zwischen der privilegierten Machtstellung der Hasmonäerdynastie und der be- V 38–45 haupteten Anerkennung der Autonomie Judäas durch Syrien und Rom hinzuweisen. Die Anzeige der Kenntnisnahme der erfolgreichen judäischen Gesandtschaftsreise in die Hauptstadt des Imperiums durch Demetrios II. (vgl. V 16–19.24) wird dabei als Begründung seiner Bestätigung der Herrschaft Simons (und als implizites Indiz der Unterlegenheit der Syrer; vgl. 8,12–14) angeführt. In V 41 geht es um die Erblichkeit seiner militärischen, politischen und religiösen Würden und Leitungsfunktionen. Angesprochen wird der durch »Judäer und Priester« (die Reihenfolge ihrer Aufzählung läuft hier und in V 44.47 konträr zu 12,6; 14,20.28; 15,1) ausgesprochene »ewige« (d.h. fortan dynastische) Bestand seines Doppelamtes als »Anführer und Hoherpriester« (vgl. 13,42), dessen konditionierte bzw. prinzipiell vorläufige Autorisierung durch das »Volk« (s.o.) indes erst infolge einer künftigen Offenbarung des Gotteswillens durch einen »wahren Propheten« (vgl. 4,46; 9,27 sowie Dtn 18,15–22; 34,10–12; Esra 2,63; Neh 7,65; von einer »messianischen« Gestalt ist hier nicht die Rede) ihre endgültige Bestätigung erfahren wird. Der Einsetzungsbeschluss weist deutliche Entsprechungen zu der in Ps 110 (LXX 109),1 f.4 angesprochenen Verbindung von königlicher und ewiger hoherpriesterlicher Würde auf (vgl. *Mittmann-Richert* 2000, 33). Gerade der Bezug auf die Gestalt des sagenhaften Jerusalemer Priesterkönigs Melchisedek (vgl. Gen 14,18–20) in Ps 110 als inspiriertem Prophetenwort Davids mit unmittelbarem Gegenwartsbezug (vgl. 16,24) scheint sich als schlagender »Schriftbeweis« für den erhofften »ewigen« Bestand der hasmonäischen Dynastie (vgl. 2,54.57; Ex 29,9; 2 Sam 7,16.29; Ps 89 [LXX 88],5.30.37; Ps 132 [LXX 131],12; PsSal 17,4), die ihre königlichen und priesterlichen Herrschaftsansprüche weder durch ihre genealogische Verbindung mit der zadokidischen Hierarchie legitimieren noch auf das vorexilische judäische Königtum der Davididen zurückführen konnte, geradezu angeboten zu haben. In V 42 f. zählt die Ehrenstele zum einen einzelne militärische, kultische und administrative Machtfunktionen Simons auf (vgl. 13,42–51; 14,5–7.15), deren gemeinsamer Nenner (formal hervorgehoben durch die fünfmalige Verwendung der finalen Konjunktion ὅπως [»und dass«]) in der induktiven Demonstration seiner generellen Stellung als oberster Autorität in Jerusalem und Judäa besteht, und erwähnt zum anderen seine Ausstattung mit den statusrelevanten Insignien seiner anerkannten Machtposition als privilegierter Vasallenregent des Seleukidenherrschers (vgl.10,20.89). Die scharfe Sanktionierung (die Wendung »er macht sich schuldig« bedeutet in Lev 20,9–27 die Verhängung der Todesstrafe) jeglicher ungehorsamer Infragestellung der durch die Verdienste Simons begründeten und nunmehr erblichen Autorität der Hasmonäerdynastie in V 44 f. zeigt an, dass ihrem Machtanspruch zur Zeit der Entstehung des Buches offenkundig auch eine innerjudäische Opposition gegenüberstand (vgl. Josephus, Ant. XIII 288–292.372–376); die hierbei verwendete Vokabel »eine Versammlung einberufen« ist in der biblischen

Simons Ehrenstele

Tradition durchweg negativ konnotiert (vgl. Num 17,7; 2 Kön 15,15; Ps 64 [LXX 63],3).

V 46–49 In summarischer Weise wird am Ende der Memorialinschrift zunächst die Bestätigung aller in V 41–45 genannten Vollmachten durch den Ratschluss des »ganzen« Volkes erwähnt. Der betonte Hinweis auf Simons »Annahme« sämtlicher Ämter und Würden und sein »Einverständnis« mit dem Volksbeschluss in V 47 entspricht sodann der vom Erzähler intendierten Betonung der Legitimation seiner monarchischen Machtposition durch »alle« gottesfürchtigen Judäer (vgl. 10,20f.); an Stelle des – noch – obsoleten Königstitels (vgl. 8,13–15) wird hierbei der Titel ἐθνάρχης (»Ethnarch« [der Judäer]) verwendet, dessen tatsächliche Stellung im Seleukidenreich freilich nur der eines Klientelkönigs im römischen Imperium entspricht (vgl. auch Ez 34,23f. LXX und hierzu *van der Kooij* 2005, 443–445). Die in V 48 wieder als Erzählung gestaltete Aufforderung zur Verewigung ihres Inhalts auf bronzenen Tafeln und zu deren öffentlicher Zurschaustellung im äußeren Tempelbezirk (vgl. 11,37), als deren Urheber erneut das »ganze« Volk erscheint (erkennbar an der Pluralform εἶπον [hier: »sie befahlen«]), bildet zusammen mit dem inhaltlich parallelen V 26 eine narrative Umrahmung der literarischen »Ehrenstele« für Simon. Die Anweisung, eine Kopie ihrer Beschriftung im Jerusalemer Tempelarchiv aufzubewahren, »damit Simon und seine Söhne sie zu eigen hätten« (V 49), weist abschließend nochmals auf die fundierende Bedeutung der Bestätigung Simons für die Hasmonäerdynastie hin und soll auch dem Umstand Plausibilität verleihen, dass der Verfasser des Buches ihren Inhalt vorliegen hat (vgl. V 27).

Das Bündnis zwischen Simon und Antiochos VII. Sidetes (15,1–14)

Text

Übersetzung *15,1 Und Antiochos, der Sohn des Königs Demetrios, sandte einen Brief von den Inseln des Meeres an Simon, den Priester und Fürsten der Judäer, und an das gesamte Volk. 2 Und er hatte den folgenden Inhalt: König Antiochos entbietet Simon, dem obersten Priester und Ethnarchen, und auch dem Staatsvolk der Judäer seinen Gruß! 3 Da einige verdorbene Männer sich des Königreiches unserer Väter bemächtigt haben, ich aber das Reich zurückbekommen will, um es wieder in den Zustand zu versetzen, in dem es früher war, habe ich zahlreiche Truppen angeworben und Kriegsschiffe aus-*

gerüstet. 4 Ich will dort an Land gehen, um die, die unser Land zugrunde gerichtet und viele Städte in meinem Königreich verwüstet haben, zu bestrafen. 5 Nun bestätige ich dir alle Erlasse, die dir die Könige vor mir gewährten, und alle anderen Abgaben, von denen sie dich befreiten. 6 Und ich gestatte dir eine Münzprägung, um eigenes Geld in deinem Land einzuführen. 7 Und Jerusalem und das Heiligtum sollen frei sein, und alle Waffen, die du hergestellt hast, und die Festungen, die du errichtet hast und die du beherrschst, sind dir zu belassen. 8 Auch sämtliche Schulden an den König und die zukünftigen Abgaben an den König sind dir von nun an und für alle Zeit zu erlassen. 9 Wenn wir aber unser Königreich wieder erobert haben, dann werden wir dir und deinem Volk und dem Tempel große Ehre erweisen, so dass euer Ruhm auf der ganzen Erde bekannt werde. 10 Im Jahre 174 zog Antiochos wieder hinaus in das Land seiner Väter, und es versammelten sich bei ihm alle Truppen, sodass nur wenige bei Tryphon blieben. 11 Antiochos aber verfolgte ihn, und auf seiner Flucht kam er nach Dora am Meer. 12 Denn er wusste, dass sich das Unheil über ihm zusammengezogen hatte, und dass die Truppen ihn verließen. 13 Und Antiochos belagerte Dora, und bei ihm waren hundertundzwanzigtausend Fußsoldaten und achttausend Reiter. 14 Und er schloss die Stadt ringsum ein, und die Schiffe griffen vom Meer her an, und er bedrängte die Stadt vom Land und vom Meer her und ließ niemand aus- und eingehen.

Zu Text und Übersetzung

V 1: Zum Plural ἐπιστολάς (»Brief«; wörtl. »Briefe«) vgl. 10,3. Die νῆσοι τῆς θαλάσσης (»Inseln des Meeres«) bezeichnen ebenso wie die νήσοι τῶν ἐθνῶν (»Inseln der Völker«; vgl. 11,38) die Inseln des östlichen Mittelmeeres (vgl. 6,29; 14,5).

V 6: An Stelle von νόμισμα (»Geld«) bietet SyI »Anordnungen«, was wohl auf einer Verwechslung des griech. Wortes mit νόμιμα (»Gebote«) beruht.

V 9: Die Wendung δόξῃ δοξάζειν (»hoch ehren«) imitiert eine hebr. (bzw. bibelgriech.) *Figura etymologica* (vgl. 11,42; 14,29.39).

V 12: Subjekt des Satzes ist Tryphon.

Analyse und Auslegung

Die Erzählung vom weiteren Verlauf der Herrschaft Simons führt mit dem Seleukidenherrscher Antiochos VII. Euergetes (»Wohltäter«), bekannt als Antiochos VII. Sidetes (»aus [der pamphylischen Hafenstadt] Side« [vgl. V 23]; reg. 138–129 v. Chr.), dem jüngeren Bruder des Demetrios II. (vgl. 10,67; 14,3), neben dem Usurpator Tryphon noch einen zusätzlichen prominenten Antagonisten in das Geschehen ein, wobei die Figurenkonstellation (Tryphon will sich an Simon rächen; Antiochos VII. bekämpft Tryphon als seinen Widersacher im Kampf um den Thron; Simon erhält ein Bündnisangebot von Antiochos VII.) einem dramatischen Dreieck entspricht. Im

Mittelpunkt des Abschnitts steht der Inhalt eines in direkter Rede formulierten, fingierten Schreibens des syrischen Königs an den »Priester und Fürsten« der Judäer. Der ausführlichen Wiedergabe dieses Schreibens folgt ein knapper und nüchterner Bericht über die Belagerung Tryphons durch die ihm weit überlegenen Truppen des Antiochos VII. in der bedeutenden Küstenstadt Dor (vgl. Josephus, Bell. I 50; Ant. XIII 223 f.).

Bei seiner Einführung in die Erzählung wird Antiochos VII. durch den V 1
Hinweis auf seine Abstammung von Demetrios I. identifiziert (vgl. 7,1); als sein Aufenthaltsort werden die »Inseln des Meeres« genannt (vgl. 6,29; 14,5; Appian [*Syr.* 68] erwähnt Rhodos). Eine in indirekter Rede formulierte Variation der – im eigentlichen Briefpräskript im folgenden V 2 explizit angeführten – Aufzählung der verantwortlichen Instanzen des (idealen) judäischen Gemeinwesens enthält V 1b, wobei Simon in der einleitenden Rahmung dieses Dokuments zum einen nicht »Hoherpriester«, sondern einfach »Priester« genannt wird, und das Attribut »der Judäer« hier zum anderen nicht das Volk selbst, sondern ihn als seinen »Fürst« näher bestimmt (vgl. 13,8; 14,35).

Bündnisangebot des Antiochos VII.

Die formelle Einleitung des Briefs, der die unausgesprochene Absicht ver- V 2–4
folgt, Simon als Verbündeten gegen Tryphon zu gewinnen, enthält *Superscriptio*, *Adscriptio* und *Salutatio*, wobei die Briefanrede Simons als »Hoherpriester und Ethnarch« (vgl. 11,30; 13,36) ihn mit seinem syrischen Titel bezeichnet (vgl. 14,47). Der Briefkorpus beginnt in V 3 f. mit dem Hinweis auf die erfolgte Mobilisierung des mächtigen syrischen Söldnerheers (die Erwähnung der »Kriegsschiffe« ist als narrative Vorbereitung von V 14 zu betrachten) und mit deren Begründung in der erklärten Absicht des Königs, den Seleukidenthron gegen die »verdorbenen Männer«, die sich seiner bemächtigen wollen (vgl. V 21; 10,61; gemeint sind hier wohl Alexander Balas und Tryphon), zu verteidigen und seine Gegner für ihre Untaten zu bestrafen. Die Häufung ingressiver Aoristformen in der langen Satzperiode unterstreicht die Entschiedenheit seiner Willensbekundung.

Aus dem Blickwinkel des Erzählers symbolisieren die umfassende Bestä- V 5–9
tigung sämtlicher zuvor ergangener Erlasse der von den Bewohnern Judäas an die Seleukiden zu entrichtenden Steuern und Abgaben (vgl. 10,26–35; 11,30–37; 13,35–40) und die Zusage, fortan eigene Münzen prägen zu dürfen, als *Partes pro toto* ökonomischer Selbstständigkeit das Versprechen vollständiger Souveränität des judäischen Gemeinwesens. Es ist zu beachten, dass auch die Bewilligung, Scheidemünzen aus Kupferlegierungen zu prägen (solche Münzen mit Simon als Prägeherrn sind bislang nicht bekannt geworden), aus Sicht der Syrer keinesfalls mehr bedeutete als ein Zugeständnis an abhängige Städte, durch welches das grundsätzliche Münzprivileg des Königs nicht tangiert wurde. In V 7 spricht der großzügige Seleukidenherrscher zwei zentrale Elemente der nachmaligen Herrschaftslegitimation der Hasmonäer an, nämlich die durch sie erfolgte Bewahrung

der »Freiheit« Jerusalems und des Heiligtums (vgl. 10,31) und die militärische Sicherung des Landes gegen seine Feinde (vgl. 13,33.38). Die Zusage, sämtliche ausstehenden und zukünftigen Abgaben erlassen zu wollen (vgl. 11,35; 13,39), wiederholt und unterstreicht die Aussage von V 5. Die Unaufrichtigkeit des abschließenden, ebenso schmeichlerischen wie hochtrabenden syrischen Versprechens in der Apodosis des Konditionalsatzes in V 9 ist für den Leser evident (vgl. 11,42.53).

V 10–14 Die Beschreibung der Konfrontation beider Thronrivalen bei der ca. 25 km südlich von Jaffa in der Scharonebene gelegenen, hellenistisch geprägten Küstenstadt Dor (vgl. Jos 11,2; 17,11–13; Ri 1,27f.; 1 Kön 4,11) realisiert die königliche Willenserklärung von V 4; die hohe Relevanz des Geschehens für den Erzähler wird durch seine Datierung angezeigt (das Jahr 174 der seleukidischen Herbstära beginnt im Jahre 139 v. Chr.). Der begründende Erzählerkommentar in V 11 bietet einen Einblick in die Gedanken und Handlungsmotive Tryphons und weist dabei eine Reihe intratextueller Bezüge zur Darstellung seiner früheren Auseinandersetzung mit Demetrios II. auf (vgl. 11,39–55). Ebenso wie dort bewirkt die notorische Pflichtvergessenheit der seleukidischen Söldner eine Wende im Fortgang der Ereignisse (vgl. 11,39f.43.55f.); ebenso wie dort begegnet das Verb ἐπισυνάγω (»versammeln«; vgl. 11,45). Es wäre indes zu überlegen, ob die Passivform im Rahmen des bildhaften Ausdrucks an dieser Stelle das Eingreifen Gottes in den Geschichtsverlauf anzeigen soll (vgl. Sach 14,2; Sir 16,10). Hierauf könnten auch die Mitteilung der übermächtigen Truppenstärke des Antiochos VII. in V 13 und die poetisierende Beschreibung der Belagerung Dors in V 14 (doppelter *Parallelismus membrorum*) hinweisen, welcher die Notiz vom letztendlichen Entkommen Tryphons aus der von allen Seiten eingeschlossenen Küstenstadt in V 37 gegenübersteht (vgl. 3,17–19; 4,7–11).

Antiochos VII. bekämpft Tryphon

Der römische Schutzbrief für die Judäer (15,15–24)

Text

Übersetzung

15 Numenios und seine Begleiter aber kamen aus Rom zurück und hatten Briefe an die Könige und Länder dabei, in denen Folgendes geschrieben stand: 16 Lucius, Konsul der Römer, entbietet König Ptolemaios seinen Gruß! 17 Die Gesandten der Judäer sind als unsere Freunde und Bundesgenossen zu uns gekommen, um die von alters her bestehende Freundschaft und den militärischen Beistand zu erneuern, und sie wurden vom Hohen-

priester Simon und vom Volk der Judäer geschickt. 18 Und sie brachten einen goldenen Schild im Gewicht von tausend Minen. 19 Nun hat es uns gefallen, den Königen und den Ländern zu schreiben, dass sie nicht versuchen sollen, ihnen Unheil zuzufügen, auch nicht, sie und ihre Städte und ihr Land zu bekämpfen, und dass sie denen, die sie bekämpfen, keinen militärischen Beistand leisten sollen. 20 Denn wir haben beschlossen, den Schild von ihnen anzunehmen. 21 Wenn irgendwelche verdorbenen Männer aus ihrem Land zu euch geflohen sind, dann sollt ihr sie dem Hohenpriester Simon übergeben, damit er sie gemäß ihrem Gesetz bestrafe. 22 Und dies schrieb er dem König Demetrios und an Attalos und Ariarathes und Arsakes, 23 und an alle Länder, an Sampsake und an die Spartaner, nach Delos und nach Myndos, Sikyon und Karien, nach Samos und nach Pamphylien, nach Lykien und nach Halikarnassos, nach Rhodos und nach Phaselis, nach Kos und nach Side und nach Arados, Gortyna, Knidos, Zypern und Kyrene. 24 Eine Abschrift der Schreiben aber fertigten sie für den Hohenpriester Simon aus.

Zu Text und Übersetzung

V 19: Zur Wendung ἐκζητεῖν κακά (»Unheil zufügen«) vgl. 6,18.

V 22: Subjekt des Satzes ist der römische Konsul Lucius.

V 23: Das Wort Σαμψακη (»Sampsake«) bzw. Σαμψαμη (»Sampsame« so ℵ V 46 58 311 340 q $La^{B\,V}$ sowie *Rahlfs*) bezeichnet hier entweder einen Ort oder eine Person.

Analyse und Auslegung

Als Einschaltung in den Erzählverlauf enthält der Abschnitt ein Zirkularschreiben der Römer an alle »Könige und Länder (ohne Könige)« innerhalb ihres ausgedehnten Machtbereichs (vgl. V 15.19.22 f.), in dem diese dazu aufgefordert werden, sowohl das bestehende römische Bündnis mit den Judäern als auch deren gleichrangigen völkerrechtlichen Status anzuerkennen. Das fingierte Dokument erscheint hinsichtlich seines Aufbaus und seiner Wortwahl einem authentischen diplomatischen Formular nachgebildet, welches bei Josephus (Ant. XIV 145–148) eine andere inhaltliche Füllung hat und in einem anderen Kontext (Bestätigung des Johannes Hyrkanos II. durch den römischen Senat) literarische Verwendung findet. Hier jedenfalls soll es die (international beachtete) unverbrüchliche Treue Roms gegenüber seinem Bündnispartner veranschaulichen, vor deren Hintergrund sich die fortgesetzte Unredlichkeit und der verwerfliche Undank der wortbrüchigen Syrer (vgl. V 25–36) umso greller abheben.

Der abrupte Wechsel der Aktanten und des Schauplatzes der Handlung V 15–18
grenzt den Abschnitt deutlich vom vorangehenden Mikrokontext ab und

verbindet ihn zugleich inhaltlich mit der in 14,24 erwähnten Sendung des Numenios nach Rom (vgl. 12,16). Die einleitende Wendung καὶ ἦλθεν (»sie kamen aber«) drückt die Gleichzeitigkeit der neu einsetzenden Handlung aus. Die *Superscriptio* im Präskript des (in direkter Rede formulierten) römischen Schutzbriefs, der hier als das Ergebnis der Gesandtschaftsreise des Numenios erscheint, nennt allein Pränomen und Amtsbezeichnung des Repräsentanten der römischen Autorität (»Lucius, Konsul der Römer«); als Konsuln des Jahres 139 v. Chr. amtierten jedoch Gnaeus Calpurnius Piso und Marcus Popillius Laenas (die Erwähnung nur eines Konsuls entspricht 8,16). Möglicherweise meint der Erzähler hier Lucius Caecilius Metellus Calvus, der bereits 142 v. Chr. neben Quintus Fabius Maximus Servilianus das Amt des Konsuls bekleidete. Freilich wurden solche Dokumente von Rom üblicherweise nicht auf den Namen der Konsuln ausgestellt, sondern mit der Formel *Senatus populusque romanum* eingeleitet. Mit der Nennung des ptolemäischen Königs Ptolemaios (gemeint ist Ptolemaios VIII. Euergetes [»Wohltäter«], genannt Physkon [»der Dicke«], reg. 145–116 v. Chr.) in der *Adscriptio* des angeblichen römischen Interventionsschreibens bietet der Erzähler einen benachbarten fremden Herrscher auf, der aus seinem Blickwinkel als paradigmatisch für die Feinde Israels ringsum gelten kann. In V 18 f. nimmt das Dokument ausdrücklich Bezug auf das Eintreffen der judäischen Gesandten in Rom und die Überbringung eines wertvollen Geschenks mit symbolhafter Bedeutung (vgl. 14,24), wobei neben der eigentlichen Erneuerung des militärischen Bündnisvertrags (vgl. 8,20–30; 12,1) zum einen das hohe Alter der freundschaftlichen Beziehungen Betonung findet (vgl. 12,7 f.21) und zum anderen »Simon und das Volk der Judäer« als alleinige Instanzen des Tempelstaats genannt werden (vgl. 10,30; 15,2).

V 19–21 Infolge ihrer in V 17 f. zum Ausdruck gebrachten, engen Beziehung zu den Judäern schreiben die Römer in V 19 sämtlichen »Königen und Ländern« vor, zukünftig von jeglicher Bedrohung oder Beeinträchtigung der Autonomie und Integrität Judäas abzusehen. Als Begründung dieser Vorschrift dient der Hinweis auf die vom römischen Senat ausdrücklich beschlossene »Annahme« des wertvollen »goldenen Schilds« der Judäer (V 20), in der die Reziprozität des Respekts und der Bundestreue zum Ausdruck kommt, und die ihrerseits Simons besonderen diplomatischen Erfolg veranschaulichen soll. In V 21 wird eine im Kontext eines solchen Senatsbeschlusses durchaus gebräuchliche Bestimmung, welche die Auslieferung von Verbrechern an den Bündnispartner vorsieht (vgl. Polybios, *Hist.* XXI 42,10; Livius, *Ab urbe condita* XXXVIII 38,7.18) mit der Kritik des Erzählers an der innerjudäischen (bzw. antihasmonäischen) Opposition verbunden (vgl. 9,25; 10,61), um dieser gegenüber sowohl die römische Billigung der individuellen Autorität des »Hohenpriesters Simon« als auch die Anerkennung der Tora als Staatsgesetz für Jerusalem und Judäa zu bekräftigen.

Erneute Anerkennung durch Rom

In indirekter Rede werden in V 22f. die Adressaten des römischen Zirkularschreibens aufgelistet. Genannt werden zunächst Könige am Rande des römischen Imperiums, namentlich der Seleukidenherrscher Demetrios II. Nikator (vgl. 10,67; die Erwähnung seines Namens deutet die Nichtanerkennung des Antiochos VII. durch Rom an), der Herrscher des pergamenischen Reiches Attalos II. Philadelphos (»Bruderliebender«; reg. 159–138 v. Chr.), der kappadokische König Ariarathes VI. Philopator (»Vaterliebender«; reg. 162–131 v. Chr.), und auch der (in Wirklichkeit von Rom grundsätzlich unabhängige) Partherkönig Arsakes VI. Euergetes (Mithridates I.; vgl. 14,1–3). Anschließend wird (völlig ungeordnet und wohl allein nach dem Kriterium der Vielfalt zusammengestellt) eine Reihe kleinasiatischer Landschaften, Inselstaaten und Städte im östlichen Mittelmeerraum angeführt. Ebenso wie die Herrschernamen sollen auch diese Toponyme als paradigmatische Referenznennungen die beeindruckende Ausdehnung des Machtbereichs der (den Judäern gewogenen) Römer demonstrieren und zugleich einen Realitätseffekt bewirken, um hierdurch Simons eigene diplomatische Position zu stärken. Die abschließende Bemerkung, eine Kopie dieses offiziellen römischen Rundschreibens sei für den »Hohenpriester Simon« angefertigt worden, soll verständlich machen, wie der Verfasser des Buches in seinen Besitz gelangen konnte, und so die Zuverlässigkeit und andauernde Bedeutung seines Inhalts beglaubigen (vgl. 8,22; 11,37; 12,5.19; 14,20.49). V 22–24

Antiochos VII. Sidetes wendet sich gegen die Judäer (15,25–37)

Text

Übersetzung *25 König Antiochos aber belagerte Dora zum zweiten Mal, führte unaufhörlich Streitkräfte an sie heran, stellte Belagerungsmaschinen auf und schloss Tryphon ein, sodass er nicht mehr aus- und eingehen konnte. 26 Und Simon schickte ihm zweitausend ausgewählte Männer, um ihm militärischen Beistand zu leisten, sowie Silber und Gold und ausreichend Kriegsmaterial. 27 Aber er wollte das nicht annehmen, sondern brach alles, was zuvor mit ihm vereinbart worden war, und er wandte sich von ihm ab. 28 Und er sandte Athenobios, einen seiner Freunde, als Boten zu ihm, um mit ihm zu verhandeln: Ihr habt euch Joppes, Gesers und der Burg in Jerusalem bemächtigt, Städte, die zu meinem Königreich gehören. 29 Ihr habt das Gebiet ringsum verwüstet, dem Land eine schwere Niederlage beigebracht und viele Orte in meinem Königreich eingenommen. 30 Nun aber übergebt die Städte, derer ihr euch bemächtigt habt, und die Tribute aus den Orten jenseits der Grenzen Judäas, die ihr eingenommen habt. 31 Wenn nicht, dann zahlt für sie fünfhundert Talente Silber, und für den Schaden, den ihr angerichtet habt, und von den Tributen aus den Städten weitere fünfhundert Talente. Wenn nicht, dann sind wir bereit, euch zu bekämpfen. 32 Als Athenobios, der Freund des Königs, nach Jerusalem kam und die Pracht Simons und die prächtige Tafel mit goldenem und silbernem Geschirr und den überaus großen Hofstaat sah, war er beeindruckt, und er verkündete ihm die Botschaft des Königs. 33 Und Simon erhob die Stimme und sprach zu ihm: Wir haben uns weder fremdes Land angeeignet noch uns an fremdem Eigentum vergriffen, sondern uns nur des Erbbesitzes unserer Väter bemächtigt, das von unseren Feinden eine Zeit lang gegen jedes Recht besetzt gehalten wurde. 34 Wir aber nutzen die Gelegenheit und halten am Erbbesitz unserer Väter fest. 35 Hinsichtlich Joppes und Gesers, die du für dich verlangst: Diese haben dem Volk und unserem Land großen Schaden zugefügt; für diese wollen wir jedoch einhundert Talente zahlen. Er aber antwortete mit keinem Wort. 36 Und im Zorn kehrte er zum König zurück und meldete ihm von dieser Antwort und von der Pracht Simons und von allem, was er gesehen hatte. Und der König geriet in großen Zorn. 37 Tryphon aber bestieg ein Schiff und ergriff die Flucht nach Orthosia.*

Zu Text und Übersetzung

V 25: Die Übersetzung der Wendung ἐν τῇ δευτέρᾳ (»zum zweiten Mal«) ist problematisch. Zwar wäre hier ebenso »am zweiten Tag« möglich (so *Gauger* 1977, 306f.; vgl. den Gebrauch von hebr. השני in 1 Sam 20,34 sowie in Ex 2,13), doch fehlt das Bezugswort für eine Datumsangabe. Auch die hier vorgeschlagene, kontextbedingte Übersetzung (vgl. V 13f.) ist nicht sicher, denn δεύτερα ohne Nomen kommt in dieser Bedeutung in der LXX an keiner anderen Stelle vor. Unwahrscheinlicher ist die Übersetzung »Vorstadt« als Wiedergabe eines hebr. topographischen Begriffs משנה (vgl. 2 Kön 22,14; Zef 1,10). Der Ausdruck χεῖρες (»Streitkräfte«; wörtl. »Hände«) könnte hier der seltenen hebr. Pluralform ידות in 2 Kön 11,7 entsprechen (vgl. 5,6; 11,15). Die Pluralform μηχανές (»Maschinen«) bezeichnet an dieser Stelle verschiedene Belagerungsgeräte wie z.B. Rammböcke und Belagerungstürme (vgl. 6,20).

V 27: Subjekt des Satzes ist Antiochos VII.

V 28: Die φίλοι (»Freunde [des Königs]«) sind die Träger eines hohen seleukidischen Hoftitels (vgl. V 32 sowie 2,18). Zu κοινολογέομαι (hier: »verhandeln«) vgl. 14,9. Die ἄκρα (»Burg«) bezeichnet die syrische Garnison in der Davidstadt (vgl. 1,33; 4,2).

V 31: Subjekt des ersten Glieds der Apodosis sind die »Orte jenseits der Grenzen Judäas«. Die Wendung τῆς καταφθορᾶς ἧς κατεφθάρκατε (»für den Schaden, den ihr angerichtet habt«) imitiert eine hebr. (bzw. bibelgriech.) *Figura etymologica*.

V 33: Zur Wendung καὶ ἀποκριθεὶς εἶπεν (»er erhob die Stimme und sprach«) als mögliche Entsprechung der hebr. Phrase ויען ויאמר vgl. 2,17.

V 34: Das Verb ἔχω (»nutzen«) bedeutet wörtl. »haben«.

V 36: Auch der – den Verbalbegriff verstärkende – Ausdruck ὠργίσθη ὀργήν (»er geriet in großen Zorn«; wörtl. »er zürnte einen Zorn«) imitiert eine hebr. *Figura etymologica* (vgl. Sach 1,15).

Analyse und Auslegung

Die beiden wesentlichen Anliegen des Abschnitts, in dem das Zerwürfnis zwischen Antiochos VII. Sidetes und Simon mittels zweier kontroverser Botschaften in direkter Rede literarische Gestalt gewinnt, sind die erneute Veranschaulichung des notorisch treulosen Verhaltens der Syrer gegenüber den Judäern (vgl. 2 Makk 15,10) und die Behauptung des angestammten Territoriums Israels als gottgegebenen »Erbbesitzes der Väter« gegenüber allen syrischen Gebietsansprüchen (vgl. die abweichende Schilderung des Geschehens bei Josephus, Ant. XIII 224).

Belagerung Tryphons in Dor

Der Fortgang der Erzählhandlung nimmt seinen Ausgangspunkt in der (bereits in V 13 nahezu wortgleich dargestellten) Belagerung Tryphons in Dor, welche ihrerseits vom Erzähler als Handlungsmotivierung der militärischen Unterstützung des Antiochos VII. durch Simon nutzbar gemacht wird, wobei auch die grundsätzliche Bündnistreue des judäischen Helden implizit zum Ausdruck kommt (vgl. V 1–9). Die Betonung dieser ehrenhaften Zuverlässigkeit und auch die Erwähnung der dem König überbrachten wertvollen Geschenke (»Silber und Gold«) als adäquater Symbole der Allianz mit dem Seleukidenreich (vgl. 2,18; 10,60–65; 12,43 f.) kontrastieren scharf mit der Reaktion des Syrers (V 27), die darin besteht, dass er Simon zum einen durch seine Weigerung, dessen diplomatische Geschenke anzunehmen, öffentlich erniedrigt (vgl. V 20), und sich zum anderen treulos von ihm abwendet, indem er sämtliche Zusagen an die Judäer widerruft (vgl. 11,53). V 25–27

Die aufgebrachte Botschaft des Antiochos VII., die durch ihre einleitende Rahmung als von einem »Freund des Königs« namens Athenobios überbrachtes Schreiben gekennzeichnet ist (es liegt nahe, dass dieser [ansonsten völlig unbekannte] Unterhändler »Athenobios« nur eine literarische Figur ist), wirft Simon zunächst in direkter Rede die Unrechtmäßigkeit (zur Wortwahl vgl. 7,22) seiner – ausführlich aufgezählten – bisherigen Erfolge und Eroberungen in der abhängigen Provinz vor (vgl. 10,75; 12,33; 13,11; 14,5.34 [Joppe]; 4,15; 13,43–48; 14,7.34 [Geser]; 1,33; 13,49–52; 14,7.36 f. [Akra; hier irrtümlich unter dem Oberbegriff »Städte« subsumiert]; 11,59–61; 12,38 [viele Orte]), was den Widerspruch des judäischen Lesers provoziert, der diese territorialen Errungenschaften Simons als legitime Restitution des gottgegebenen Erbbesitzes Israels betrachtet (vgl. V 33–35; 14,10). Demgemäß ist auch die aus dem Vorwurf des Seleukidenherrschers V 28–31 abgeleitete Forderung, ihm entweder sowohl die von den Judäern eroberten syrischen Festungen in der Provinz als auch die ausstehenden jährlichen Abgaben aus den südsamaritanischen Toparchien Aphairema, Lydda und Rhamathaim (vgl. 10,30.38; 11,28.34) auszuhändigen oder aber eine hohe finanzielle Ersatzleistung (insgesamt ca. 26200 kg Silber) zu entrichten (V 30f.), aus dem Blickwinkel des Lesers gänzlich unbegründet. Die abschließende Drohung, Judäa im Falle seiner Verweigerung umgehend anzugreifen, verstärkt die Entschlossenheit der folgenden Replik Simons auf das erpresserische syrische »Verhandlungsangebot«.

V 32 In dem vom Erzähler zwischen die beiden Redeblöcke eingefügten Hinweis auf das Eintreffen des Athenobios in Jerusalem (vgl. V 28) und dem sich dem syrischen Unterhändler bietenden prachtvollen Anblick der herrschaftlichen Statussymbole Simons (vgl. 11,58; 1 Kön 10,4f.; Jes 39,2) scheint sich nicht nur das propagandistische Bemühen des Erzählers, die Gleichrangigkeit des »Anführers und Hohenpriesters« und seinen weltumfassenden »Ruhm« hervorzuheben (vgl. V 10), sondern auch das Selbstverständnis und der Lebensstil der späteren Hasmonäerdynastie gemäß der repräsentationsbewussten Hofhaltung zeitgenössischer hellenistischer Fürsten widerzuspiegeln.

V 33–35 Die in V 33 konzis gerahmte Erwiderung Simons in direkter Rede (zur prononcierenden Form der Redeeinleitung vgl. 2,19; 8,19; 13,8) stellt den Vorwürfen des Antiochos VII. den (vom Erzähler erkennbar favorisierten) theokratisch begründeten Standpunkt der biblischen Tradition gegenüber, wonach die durch ihn erfolgte ruhmreiche Rückeroberung des angestammten »Erbbesitzes seiner Väter« (vgl. V 6; 2,37) die legitime Wiederherstellung der idealen Landesgrenzen Israels gemäß dem erklärten Gotteswillen bedeutet (vgl. Ex 23,30f.; Dtn 11,24; Jos 11,23; 14,1; Ps 105 [LXX 104],11; zur Vorstellung vom Land als unantastbarem Eigentum Gottes vgl. 6,24; Ps 68 [LXX 67],10; Jer 16,18). Simons Weigerung, auf das »Angebot« des Königs einzugehen, entspricht der Gewissheit der Hasmonäerdynastie, ein unbestreitbares Anrecht auf das Land zu haben, dessen Territorium allein durch seinen und seiner Brüder Einsatz (und durch den Beistand Gottes; der Begriff »Gelegenheit« [V 34] kann hier in Entsprechung eines *Passivum divinum* gedeutet werden) wieder in Besitz genommen bzw. erweitert werden konnte. Die Aussparung der beiden mehrheitlich von Nichtjuden besiedelten Städte Joppe und Geser (vgl. V 28; 12,33f.; 13,43–47; 14,34 sowie 2 Makk 12,3f.) von dieser militanten »Landnahme« konstituiert ein Gegenangebot Simons, das in der Zahlung eines geringeren Geldbetrags (ca. 2620 kg Silber) für die Überlassuung beider Orte besteht, dessen eigentlicher Sinn jedoch in der provokativen Beleidigung des Seleukidenkönigs zu suchen ist. Die Erwähnung des verblüfften Schweigens des syrischen Unterhändlers am Ende von V 35 entspricht hier der vom Erzähler intendierten amüsierten Zustimmung des Lesers.

Erwiderung Simons

Simon schlägt das syrische Angebot aus

Athenobios' Reaktion (»Zorn«) und das entsprechende Verhalten des Königs bei der Entgegennahme der in indirekter Rede formulierten Meldung sowohl der ablehnenden Antwort Simons als auch seiner offensichtlichen Statusäquivalenz (»großer Zorn«) deuten die mangelnde Affektkontrolle der beiden Antagonisten an, was sie in einem negativen Licht erscheinen lässt (vgl. 3,27; 5,1; 6,28; 9,69; 11,22) und zugleich in dramatisierender Weise auf einen zu erwartenden Konflikt verweist (vgl. V 38 f.). Dafür, dass die hiermit inhaltlich völlig unverbunden eingeschobene Notiz von der gelungenen Flucht des in Dor von den Truppen des Antiochos VII. eingeschlossenen Usurpators Tryphon (vgl. V 11–13) in die zwischen Tripolis und der Mündung des Eleutheros in das Mittelmeer gelegene seleukidische Küstenstadt Orthosia (V 37) noch zu diesem Erzählabschnitt gehört, scheint die Verwendung der Konjunktion δέ zu sprechen, die zumeist eine Fortsetzung der Handlung anzeigt. V 36–37

Der Sieg der Söhne Simons über Kendebaios (15,38 – 16,10)

Text

Übersetzung

38 Und der König setzte Kendebaios als Epistrategen über das Küstengebiet ein und gab ihm Fußtruppen und Reiterei. 39 Und er befahl ihm, vor Judäa zu lagern, und ordnete an, Kedron zu befestigen, die Tore zu verstärken und das Volk zu bekämpfen. Der König aber verfolgte Tryphon. 40 Und Kendebaios machte einen Vorstoß nach Jamneia und begann, das Volk zu provozieren und nach Judäa einzurücken und im Volk Gefangene zu machen und sie zu ermorden. 41 Und er befestigte Kedron und stationierte dort Reiter und Truppen, um Ausfälle und Streifzüge auf den Straßen Judäas zu unternehmen, wie es ihm der König befohlen hatte. 16,1 Und Johannes zog hinauf von Geser und meldete seinem Vater Simon, was Kendebaios anrichtete. 2 Und Simon rief seine beiden älteren Söhne Judas und Johannes zu sich und sprach zu ihnen: Ich und meine Brüder und das Haus meines Vaters haben die Feinde Israels von Jugend an und bis zum heutigen Tag bekämpft, und durch uns ist es oft gelungen, Israel zu bewahren. 3 Jetzt aber bin ich alt, ihr jedoch seid durch die Gnade alt genug. Tretet an meine und meiner Brüder Stelle und zieht aus und kämpft für unser Volk, und der Beistand des Himmels möge mit euch sein. 4 Und er wählte im Land zwanzigtausend Fußsoldaten und Reiter aus, und sie rückten gegen Kendebaios aus und blieben über Nacht in Modeïn. 5 Und am frühen Morgen brachen sie auf und rückten in die Ebene ein, und siehe, da stellte sich ihnen eine große Streitmacht entgegen, Fußtruppen und Reiter. Nur ein Bachtal lag zwischen ihnen. 6 Und er und sein Heer lagerten ihnen gegenüber. Als er aber sah, dass sein Heer sich davor fürchtete, durch das Bachtal zu ziehen, zog er als Erster hindurch, und als die Männer ihn sahen, zogen sie hinter ihm hindurch. 7 Und er teilte das Heer auf und stellte die Reiterei in die Mitte der Fußsoldaten, denn die Reiter der Gegner waren sehr zahlreich. 8 Und sie stießen in die Signaltrompeten, und Kendebaios und sein Heer wurden in die Flucht geschlagen. Viele von ihnen wurden verwundet und fielen, und die Übriggebliebenen flohen in die Festung. 9 Damals wurde Judas, der Bruder des Johannes, verwundet. Johannes aber verfolgte sie, bis er nach Kedron kam, das er befestigt hatte. 10 Und sie flohen bis in die Türme auf den Feldern von Azotos, und er steckte sie in Brand, und es fielen von ihnen fast zweitausend Mann, er aber kehrte wohlbehalten nach Judäa zurück.

Zu Text und Übersetzung

V 38: Das Amt ἐπιστράτηγος (»Epistratege«; das Wort kommt in der LXX nur an dieser einen Stelle vor) bezeichnet den Befehlshaber des Heers, der in Friedenszeiten auch Verwaltungsaufgaben hat.

V 1: Zu ἀναβαίνω (»hinaufgehen«) vgl. 1,20.

V 2: Die Wendung οἶκος τοῦ πατρός μου (»Haus meines Vaters«) ist vermutlich Wiedergabe von hebr. בית אבי (vgl. 13,3). An Stelle von πολεμίους (»Feinde«) lesen א^{c} A V 55 74 130 340 sowie *Rahlfs* πολέμους (»Kämpfe«). Der Ausdruck ἐν ταῖς χερσὶν ἡμῶν (»durch uns«) entspricht hebr. בידינו (vgl. 1,44).

V 3: Nach ἐλέει (»Gnade«; vgl. 2,57) ist sinngemäß θεοῦ (»Gottes«) zu ergänzen (vgl. 3,44). An Stelle des Singulars τοῦ ἀδελφοῦ μου (»meines Bruders«) ist hier wahrscheinlich τῶν ἀδελφῶν μου (»meiner Brüder«) als Wiedergabe der mehrdeutigen hebr. Form אחי zu lesen (vgl. 13,8).

V 4: Subjekt des ersten Teilsatzes ist höchstwahrscheinlich Simon (vgl. Josephus, Ant. XIII 226 f.).

V 6: Subjekt von V 6–8 ist wohl Johannes. Zu δειλόομαι (»sich fürchten«) vgl. 4,8.

V 9: Subjekt von ᾠκοδόμησεν (»er hatte befestigt«) ist der Syrer Kendebaios (vgl. 15,39.41).

V 8: Der Ausdruck ἐσάλπισαν ταῖς σάλπιγξιν (»sie stießen in die Signaltrompeten«) imitiert eine hebr. (bzw. bibelgriech.) *Figura etymologica* (vgl. 3,54).

V 10: Objekt des Satzes ἐνεπύρισεν αὐτὴν ἐν πυρί (»er steckte sie in Brand«) ist die Stadt Azotos (Aschdod).

Analyse und Auslegung

Der fehlgeschlagenen Erpressung Simons durch Antiochos VII. Sidetes folgt nun das militärische Einschreiten des Seleukidenherrschers gegen die rebellischen Provinzbewohner. Der Abschnitt nimmt seinen Anfang bei der Darstellung der Einsetzung des syrischen Epistrategen Kendebaios und des Einrückens seiner Truppen in Judäa. Erst dann kommt er zu seinem eigentlichen Thema, das in der wiederholten Begründung des rechtmäßigen Anspruchs der Nachkommen des »Anführers und Hohenpriesters« Simon, des siegreichen und von Gott behüteten Retters seines Volkes (vgl. 14,13), auf die erbliche Herrschaft über Jerusalem und Judäa besteht (vgl. Josephus, Bell. I 51; Ant. XIII 225).

Gewaltaktionen des Kendebaios

Die nunmehr offensichtliche Feindseligkeit des Königs motiviert die Einführung eines weiteren Antagonisten bzw. die Entsendung eines ranghohen Feldherrn namens Kendebaios, um den abtrünnigen »Strategos« Simon (vgl. 11,59) zu besiegen und die von ihm errungene Selbstständigkeit Judäas wieder außer Kraft zu setzen (vgl. 7,8 f.; 10,69; 11,63; 12,24.40). Die taktischen Anweisungen des Seleukidenherrschers zur Befestigung und Sicherung des (vermutlich ca. 6 km südöstlich von Jamneia gelegenen) Orts Kedron (vgl. Jos 15,36) als dauerhaften Stützpunkt gegen »das Volk« kurz vor dem Abschluss der Erzählung korrespondieren mit der Schilderung der Errichtung der Akra am Anfang des Buches (vgl. 1,33). V 39b schließt direkt an V 37 an; mit der Verfolgung Tryphons durch Antiochos VII. verschwindet ersterer aus der Erzählung. Dem Werk des Josephus (Ant. XIII 224) ist zu entnehmen, dass er im Jahre 137 v. Chr. in der von seinem Rivalen belagerten nordsyrischen Stadt Apameia den Tod fand. V 38–39

Auch die Nachricht von blutigen Gewaltaktionen des syrischen Feldherrn im Westen Judäas in V 40 korrespondiert mit dem Beginn der Erzählung (vgl. 1,32; zu Jamneia vgl. 10,69). In V 41 f. wird der zuvor an ihn ergangene Befehl (vgl. V 39a) von Kendebaios in die Tat umgesetzt, wodurch die Verantwortlichkeit des Königs auch für das grausame Vorgehen seines Feldherrn gegen die Bewohner des Landes hervorgehoben wird. V 40–41

Der Schauplatz- und Aktantenwechsel in V 1 lenkt die Aufmerksamkeit auf Simons Sohn Johannes in der Festungsstadt Geser (vgl. 13,53), welcher hier als aktiv handelnder Protagonist in die Erzählhandlung eingeführt wird, indem er von seiner Residenz nach Jerusalem zieht, um seinen Vater über die Untaten der Syrer zu unterrichten. In seiner nun folgenden Abschiedsrede (vgl. 2,49–68 sowie Gen 27,1 f.; Jos 23,1–16; 1 Sam 12,2; Tob 14,3) an seine Söhne Judas und Johannes (vgl. V 14) beauftragt Simon die beiden zur Fortführung des Kampfes gegen die Feinde seines Volkes (vgl. 2,65 f., 3,2). In direkter Rede erinnert der alte Simon zunächst an die bisherige erfolgreiche Rettung Israels (vgl. 3,6; 5,62) durch »ihn, seine Brüder und das Haus seines Vaters« (vgl. 13,3; 14,26); die Begründungsfunktion dieser Aussage für die Herrschaft der Hasmonäerdynastie ist evident. Ebenso soll die Bemerkung, Judas und Johannes seien »durch die Gnade« alt genug, um den Stammvater der folgenden makkabäischen Hohenpriester und Fürsten als Anführer im Kampf gegen die Feinde Israels abzulösen (V 3), auf 16,1–3 den engen Konnex zwischen der dynastischen Machtübertragung (vgl. 9,30; 13,8f.) und dem Willen Gottes hinweisen. Auch Simons Aufruf, nun an seine Stelle zu treten und fortan für »unser Volk« zu streiten (die 1. Person plural involviert den Leser; vgl. 9,28) wird explizit mit der Hoffnung auf den »Beistand des Himmels« verbunden (zur Umschreibung des Gottesnamens vgl. 3,18f.; 4,24; 12,15 u.ö.).

V 4–10 Sowohl die Hoffnung Simons auf Gottes Beistand im Kampf als auch die Übertragung des militärischen Oberbefehls an seine Söhne realisiert der Erzähler in der Darstellung des Aufeinandertreffens der beiden gegnerischen Heere in der Küstenebene. Im Verlauf von V 4 geht die Handlungsträgerschaft von Simon auf seine Söhne über; während ersterer noch die geeigneten Kämpfer auswählt, führen letztere diese bereits gegen Kendebaois in die Schlacht. Die Notiz vom Aufenthalt der judäischen Streitmacht in Modeïn bildet (ebenso wie bereits 15,39f.) zusammen mit 2,1 eine weitere *Inclusio* um die Erzählung vom langen Freiheitskampf der Makkabäerbrüder. Die Schilderung der Begegnung beider Heere (zum Aufbruch »am frühen Morgen« vgl. 6,33; 11,67) enthält bereits in V 5 eine Reihe intratextueller Bezüge, die dem Leser sowohl die Bedrohlichkeit der Situation Johannes' als auch dessen Klugheit, Tapferkeit und Bewahrung durch Gott signalisieren. So hatte der Kampf in der »Ebene« bislang die Taktik der syrischen Phalangen begünstigt (vgl. 4,6; 10,70); die Explikation ihrer »großen Streitmacht« durch die separate Erwähnung von »Fußtruppen« und »Reitern« betont zugleich ihre Übermacht (vgl. 5,30f.; 6,30; 9,4; 13,1). Mit dem Stichwort »Bachtal« beginnt eine Kette von deutlichen Allusionen auf den Feldzug des Judas nach Gilead (vgl. V 5f. und 5,37f. [Übermacht der Feinde und Aufstellung der Truppen am Bachtal]; V 6 und 5,40.43 [die judäischen Kämpfer fürchten sich, aber ihr Anführer durchquert als erster die Furt]; V 8 und 5,31.33f.43 [Trompetensignal, Kampf, Sieg und Flucht der Feinde]; V 9 und 5,44 [Verfolgung der Feinde]; V 10 und 5,28.35.44f.53f. [Vollzug der Vernichtungsweihe und Rückkehr der Judäer]), die Johannes in ähnliche literarische Kontexte stellen und ihn dabei als ebenso vorbildlichen, fähigen und frommen Anführer charakterisieren wie seinen Onkel. Bemerkenswert in V 7 sind die erstmalige Nennung jüdischer Kavallerie im 1. Makkabäerbuch (vgl. Hos 1,7, Neh 2,9) und die überraschende Angriffsformation der judäischen Truppen, die hier entgegen der üblichen Praxis (vgl. 4,7; 6,38; 9,11) die beiden Flanken der Reiterei decken. Als vorläufige Zuflucht für den besiegten Kendebaios und die Überreste seiner Streitmacht dient die von dem syrischen Feldherrn zuvor befestigte Stadt Kedron (vgl. V 39.41). Die hohe Bedeutung des Johannes für den Erzähler wird darin ersichtlich, dass sein Bruder Judas in V 9a durch seine Verwandtschaft mit ihm identifiziert wird. Auch die Funktion der kurzen Bemerkung von Judas' Verwundung in der Schlacht (V 9a) besteht in der narrativen Vorbereitung der Fokussierung des Buchschlusses auf die Person seines Bruders. Als Abschluss

Simons Söhne treten in den Kampf ein

der fortlaufenden intratextuellen Anspielungen insbesondere auf den Feldzug des Judas nach Gilead berichtet V 10 vom Vollzug der Vernichtungsweihe an den Feinden Israels in der philisteischen Küstenstadt Azotos (vgl. auch 10,84 f.) und von der Rückkehr des Johannes nach Judäa.

Die Ermordung Simons und der Regierungsantritt des Johannes Hyrkanos I. (16,11–24)

Text

Übersetzung

11 Ptolemaios, der Balg des Abobos, war als Verwalter über die Ebene von Jericho eingesetzt, und er besaß viel Silber und Gold, 12 denn er war ein Schwiegersohn des Hohenpriesters. 13 Und sein Herz wurde stolz, und er wollte die Herrschaft über das Land an sich reißen, und er fasste einen heimtückischen Plan gegen Simon und seine Söhne, um sie zu ermorden.
14 Simon aber pflegte die Städte im Land zu visitieren, um sich um ihre Verwaltungsangelegenheiten zu kümmern. Und im Jahre 177, im elften Monat – das ist der Monat Sabat –, kam er mit seinen Söhnen Mattathias und Judas auch nach Jericho. 15 Und der Balg des Abobos empfing sie mit Hinterlist in der kleinen Festung namens Dok, die er errichtet hatte, und richtete für sie ein großes Gelage aus, doch er versteckte dort Männer.
16 Und als Simon und seine Söhne betrunken waren, erhoben sich Ptolemaios und seine Leute, griffen zu ihren Waffen, traten hinein zur Tischgemeinschaft, gingen zu Simon und töteten ihn und seine beiden Söhne und einige seiner Diener. 17 Und er beging einen großen Verrat und vergalt gute Taten mit schlimmen Taten. 18 Und Ptolemaios schrieb dies alles auf und sandte Boten zum König, damit er ihm Truppen zur Unterstützung schicke und ihm die Städte und das Land übergebe. 19 Andere Männer sandte er nach Geser, um Johannes zu ermorden, und er stellte den Kommandeuren den Befehl zu, dass sie zu ihm kommen sollten, denn er wolle ihnen Silber, Gold und Geschenke geben. 20 Und andere sandte er los, um Jerusalem und den Berg des Heiligtums einzunehmen. 21 Einer jedoch lief voraus nach Geser und meldete Johannes, dass sein Vater und seine Brüder umgebracht worden seien, und: Er hat Leute ausgesandt, um auch dich zu töten! 22 Als er davon hörte, staunte er sehr und ergriff die Männer, die gekommen waren, um ihn umzubringen, und tötete sie. Denn er hatte erfahren, dass sie beabsichtigten, ihn umzubringen. 23 Und die übrigen Erzählungen über Johannes und seine Kämpfe und seine Heldentaten, die er

vollbracht hat, und über den Bau der Mauern, die er errichtet hat, und über seine sonstigen Taten, 24 das alles ist aufgeschrieben in der Chronik seines Hohenpriesteramts, von der Zeit an, als er an der Stelle seines Vaters Hoherpriester geworden war.

Zu Text und Übersetzung

V 11: Die Wiedergabe des pejorativen elliptischen Ausdrucks ὁ τοῦ Αβοβου (»Balg des Abobos«; wörtl. »der [Sohn] des Abobos«) entspricht 1 Sam 20,27.30; 22,7 (vgl. V 15). Der topographische Begriff πεδίον (»Ebene«) bezeichnet hier die Ebene von Jericho (vgl. Jos 5,10; 2 Kön 25,5; Jer 39,5; 52,8).

V 14: Σαβατ ist in der LXX die übliche griechische Wiedergabe des Monats »Schebat« (שבט; Januar/Februar).

V 16: Die Diminutivform παιδαρίων (»Diener«) ist Wiedergabe von hebr. נערים (vgl. 1 Sam 25,5; 2 Sam 18,15).

V 17: Subjekt des Satzes ist Ptolemaios.

V 19: Zur Übersetzung von χιλίαρχοι (»Kommandeure«; wörtl. »Befehlshaber über die Tausendschaften«) vgl. hebr. שרי אלפים (vgl. Ex 18,21.25; 1 Sam 22,7; 2 Chr 17,14).

V 20: Der ὄρος τοῦ ἱεροῦ (»Berg des Heiligtums«) ist der Tempelberg in Jerusalem (vgl. 13,52).

V 19: Zum Plural ἐπιστολάς (»Befehl«; wörtl. »Briefe«) vgl. 10,3.

V 22: Subjekt des Satzes ist Johannes.

V 23: Sowohl die Wendung τῶν ἀνδραγαθιῶν αὐτοῦ ὧν ἠνδραγάθησεν (»über seine Heldentaten, die er vollbracht hat«) als auch die Wendung τῆς οἰκοδομῆς τῶν τειχῶν ὧν ᾠκοδόμησεν (»über den Bau der Mauern, die er errichtet hat«) imitiert eine hebr. *Figura etymologica*.

Analyse und Auslegung

Der Schlussabschnitt der Erzählung beschreibt die Umstände der Ermordung Simons durch seinen Schwiegersohn Ptolemaios und dessen missglückten Versuch, sich auch Simons letzten überlebenden Sohnes Johannes zu entledigen. Er endet mit einer formellen Verweisungsformel (vgl. 9,22; 1 Kön 11,41; 14,19.29; 1 Chr 29,29f.; 2 Chr 9,29; 12,15), welche unter Verwendung stereotyper biblischer Diktion dessen dynastische Erhebung zum Hohenpriester bezeugt und einen kurzen summarischen Ausblick auf seine bisherigen Erfolge und weiteren Taten enthält. Das sinnstiftende Erzählziel des Buches führt dem Leser schließlich abermals vor Augen, dass Israel in der Vergangenheit allein durch die Makkabäerfamilie und den Beistand Gottes vor allen seinen übermächtigen Feinden gerettet wurde und deshalb auch in der Gegenwart und in der Zukunft in guten Händen ist (vgl. Josephus, Bell. I 54f.; Ant. XIII 228f.).

V 11–13 Ein weiterer Wechsel des Aktanten und des Schauplatzes reiht mit dem vom kommentierenden Erzähler hier in wertend pejorativer Weise als »Balg

Simon wird hinterhältig ermordet

des Abobos« (vgl. V 15) bezeichneten Ptolemaios, dem hinterhältigen »Schwiegersohn des Hohenpriesters«, die letzte antagonistische Erzählfigur in das Repertoire konturierter Handlungsträger ein. Die Beschreibung der Besitztümer des von Simon über die fruchtbare Erweiterung des Jordangrabens bei Jericho (vgl. Jos 4,13; 5,10; 2 Kön 25,5) eingesetzten »Strategos« deutet zunächst an, dass er seinen Status und seinen Reichtum allein seiner Beziehung zur hohenpriesterlichen Familie verdankt (V 12), dient sodann als narrativer Vorverweis auf V 17b.19, und bietet schließlich einen wertenden Einblick in seine Affekte und Pläne, welche in der Befriedigung seiner überheblichen Herrschsucht mittels der Ermordung der rechtmäßig berufenen Befehlshaber über Judäa bestehen. Die Phrase »sein Herz wurde stolz« entspricht 1,3b und stellt eine weitere *Inclusio* am Ende des Buches dar (vgl. V 4; 15,39f.). Das Vorwissen des Lesers um die (Simon und seinen Söhnen noch nicht bekannte) böse Absicht des Ptolemaios erzeugt noch einmal Spannung. V 14 weist den Leser zunächst auf die (durch das kontrastive δέ unterstrichene) Arglosigkeit des »Anführers und Hohenpriesters« hin, welcher ebenso wie einst Samuel (vgl. 1 Sam 7,16) seinen gesamten Herrschaftsbereich visitiert (die Verbindung von εἰμί und präsentischem Partizip drückt eine Handlung in ihrem Verlauf aus) und dabei mit seinen Söhnen Mattathias und Judas (vgl. 2,1.4; die Papponymie soll Simons Ehrerbietung gegenüber seinem Vater und seinem älteren Bruder durch die Benennung seiner Söhne zum Ausdruck bringen) auch nach Jericho kommt (vgl. Jos 6,26; 1 Kön 16,34; 4Q379 Frg. 22, Kol. II). Die ausdrückliche Datierung seiner Ankunft auf den Monat Schebat im Jahre 177 nach der seleukidischen Frühjahrsära (135 v. Chr.) soll ihre hohe Bedeutung für den Handlungsverlauf unterstreichen.

Der tödliche Hinterhalt des ruchlosen Ptolemaios in der ca. 8 km nordwestlich von Jericho gelegenen Bergfestung Dok wird als Einladung zu einem ausgiebigen Trinkgelage vorgeführt, in dessen Verlauf die wehrlosen Gäste den Tod finden (vgl. 2 Sam 13,28f.; 1 Kön 16,9f.). Die Bemerkung, dass von den Männern des Ptolemaios zwar Simon, Mattathias und Judas ermordet wurden, aber nur »einige seiner Diener« umkamen (V 16), scheint erklären zu wollen, woher der Erzähler vom genauen Ablauf des Anschlags weiß. Ein an die Erzählung angefügtes poetisches Stück in der Form des *Parallelismus membrorum* bringt die Evaluation dieses Geschehens durch den Verfasser des Buches zum Ausdruck (vgl. Jer 18,20; Ps 35 [LXX 34],12). V 14–17

Unmittelbar nach Gelingen seines Attentats ergreift Ptolemaios eine Reihe von Maßnahmen (die dreimalige Verwendung des Verbs »senden« in dem Teilabschnitt soll den Anschein hektischer Aktivität erwecken), deren gemeinsamer Zweck in der vollständigen Rücknahme sämtlicher Errungenschaften des Freiheitskampfes der Makkabäerbrüder besteht. Ebenso wie Alkimos (vgl. 7,20f.) ist er dabei auf die militärische Unterstützung durch den Seleukidenherrscher Antiochos VII. angewiesen, der hier in dem Buch letzt- V 18–22

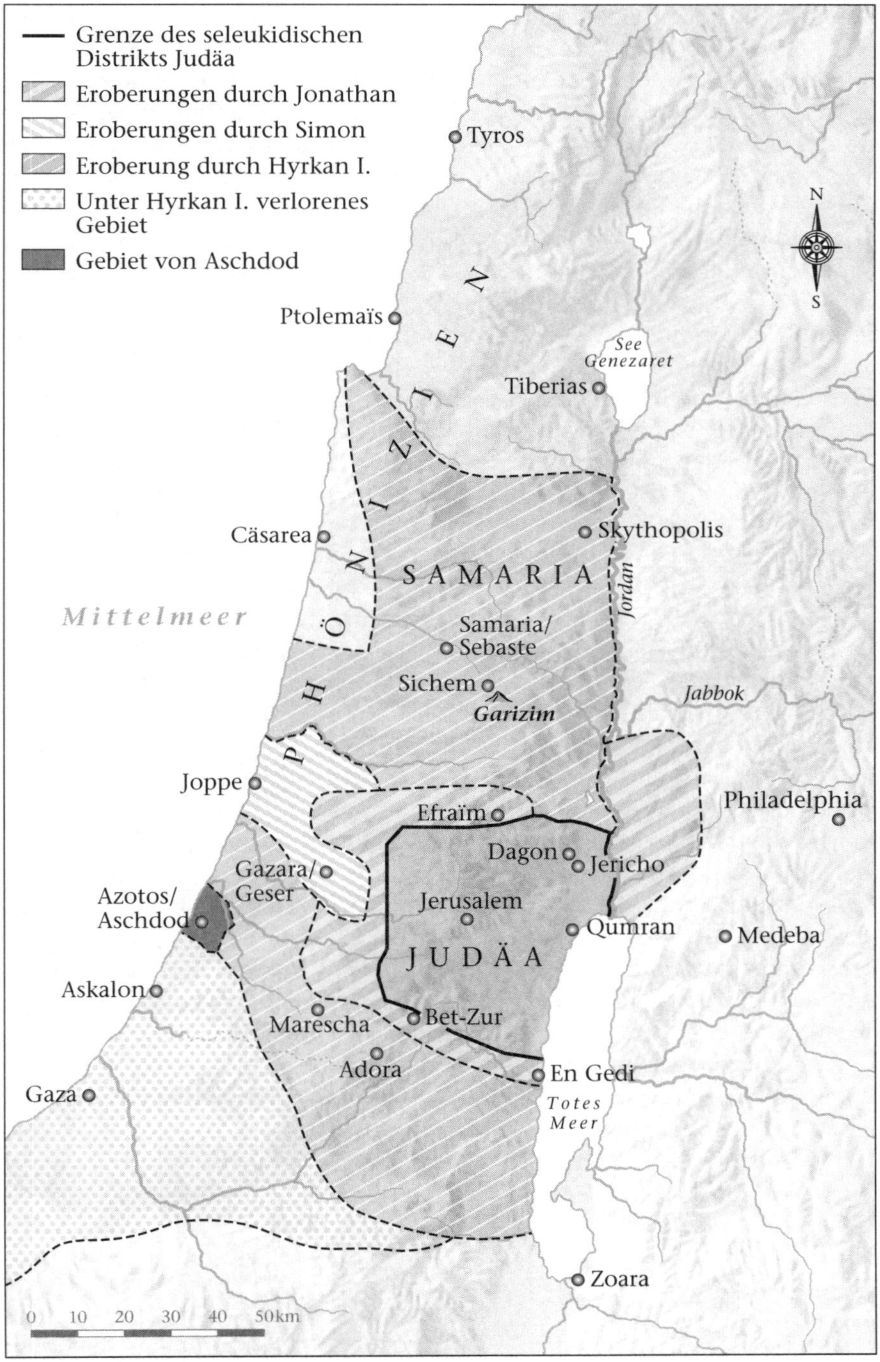
Grenze des seleukidischen Distrikts Judäa
Eroberungen durch Jonathan
Eroberungen durch Simon
Eroberung durch Hyrkan I.
Unter Hyrkan I. verlorenes Gebiet
Gebiet von Aschdod
Tyros
N
S
PHÖNIZIEN
Ptolemaïs
See Genezaret
Tiberias
Cäsarea
Skythopolis
SAMARIA
Jordan
Mittelmeer
Samaria/ Sebaste
Sichem
Garizim
Jabbok
Joppe
Philadelphia
Efraïm
Dagon
Jericho
Gazara/ Geser
Azotos/ Aschdod
Jerusalem
Qumran
Medeba
JUDÄA
Askalon
Marescha
Bet-Zur
Adora
En Gedi
Gaza
Totes Meer
Zoara
0 10 20 30 40 50km

malig erwähnt wird. Bei Josephus (Ant. XIII 236–253) ist weiterhin von seiner mehrjährigen Belagerung Jerusalems zu lesen, welche schließlich mit einem Waffenstillstand und einem Bündnisvertrag mit den Judäern endet. Im Jahre 129 v. Chr. fällt Antiochos VII. im Kampf gegen die Parther einem Hinterhalt seiner Feinde zum Opfer; sein Tod leitet den Niedergang des Seleukidenreiches ein und ermöglicht zugleich den ungehinderten weiteren Aufstieg des Johannes Hyrkanos I. Der Versuch des Ptolemaios, durch Bestechung seiner Untergebenen mit reichen Geschenken, deren Besitz er seinerseits allein Simon verdankt (vgl. V 12; zur Unbestechlichkeit der Hasmonäer vgl. 2,18–21), auch dessen letzten verbliebenen Sohn und möglichen Konkurrenten um die Macht in Judäa zu beseitigen, sowie sein Ansinnen, Jerusalem und seinen Tempel unter seine Kontrolle zu bringen, werden indes vereitelt durch das rechtzeitige Eintreffen eines Boten, der Johannes (dramatisierend hervorgehoben durch die Form der direkten Rede; vgl. 1,50) vor der tödlichen Intrige des Ptolemaios warnt, was erneut auf das rettende Eingreifen Gottes in den Geschichtsverlauf hinweist (vgl. 7,30). Der unverzügliche Vollzug der Spiegelstrafe (vgl. Ex 21,12 f.) an den Attentätern in V 22 ist die letzte innerhalb des Erzählverlaufs mitgeteilte Aktion des Johannes.

Der unvermittelt angefügte, jedoch sinnstiftende Endpunkt der Geschichtsnarration weist auf die vom Verfasser selbst konstruierte Erzählsituation des 1. Makkabäerbuches hin und überbrückt den Zeitraum vom Abschluss des erzählten Geschehens bis zur seiner Gegenwart, indem er (in der Form eines formelhaften Summariums in den biblischen Geschichtsbüchern; s. o.) auf die siegreichen »Kämpfe und Heldentaten« des Johannes Hyrkanos während seiner weiteren Regierungszeit verweist (vgl. 9,22), aus deren Fülle er die Verstärkung der Stadtmauern Jerusalems durch den (entweder noch amtierenden oder jüngst verstorbenen) faktischen König Judäas (vgl. Josephus, Ant. XIII 237–248; Diodor XXXIV 1,5) beispielhaft herausgreift. Von einer »Chronik des Hohenpriesteramts«, in die seine sämtlichen Großtaten eingetragen wurden (V 24), gibt kein einziger weiterer Quellentext Auskunft, was ihre Existenz mehr als fraglich erscheinen lässt. Die Behauptung des zum höheren Ruhm des Hasmonäerhauses schreibenden Erzählers scheint vielmehr die vorrangige Bedeutung der (nicht unumstrittenen; vgl. Josephus, Ant. XIII 288–292.372–376) dynastischen Weitergabe der hohenpriesterlichen Amtswürde innerhalb der das Land nunmehr beherrschenden – nichtzadokidischen – Hasmonäerfamilie zu reflektieren, deren Legitimität auch in den allerletzten Worten des Buches noch einmal thematisiert wird. V 23–24

Anhang

Zeittafel

Die chronologischen Angaben im 1. Makkabäerbuch sind zunächst als Bestandteile einer freien literarischen Darstellung der Vorgeschichte und des Verlaufs der makkabäischen Erhebung zu betrachten und haben als solche allesamt eine narrative Funktion (vgl. *Bringmann* 1983, 15 f.). Ihre Übertragung in »historische« Zeitangaben ist im hohen Maße spekulativ. Die vorliegende Zeittafel dient deshalb in erster Linie der chronologischen Orientierung des Lesers und beabsichtigt keinesfalls, anhand dieses antiken jüdischen Erzähltextes die »tatsächlichen« Daten der Ereignisse und Vorgänge in der seleukidischen Provinz Judäa und im frühen Hasmonäerreich in umfassender Weise zu rekonstruieren.

Zeitangaben im 1. Makkabäerbuch (s. Ä.)	**Mögliche Entsprechung (v. Chr.)**	**Erzählte Ereignisse**
	335–323	Kriegszüge Alexanders d. Gr. (1, 1–8)
	309/8 (312 Seleukos in Babylon)	Diadochenkrönungen (1, 9)
137	175	Auftreten Antiochos IV. (1, 10)
	175–169	Auftreten jüdischer »Apostaten« (1, 11–15)
143	169	Einnahme Jerusalems durch Antiochos IV. (1, 20)
145	167	Syrischer Überfall auf Jerusalem und Religionsedikt (1, 29–53)
15. Kislew im Jahr 145	167	Gräuel auf dem Brandopferaltar (1, 54–59)
25. Kislew im Jahr 145	167	Pagane Opfer auf dem Altar; Beschneidungsverbot (1, 60–64)
	167	Aufstand des Mattathias und seiner Söhne (2, 1–28)
	167–166	Erste Erfolge der Aufständischen (2, 42–48)
146	166	Tod des Mattathias (2, 70)

Zeitangaben im 1. Makkabäerbuch (s. Ä.)	Mögliche Entsprechung (v. Chr.)	Erzählte Ereignisse
	166	Loblied auf Judas (3, 1–9)
	166	Judas besiegt Apollonios; Antiochos IV. rüstet zum Krieg (3, 10–36)
147	165	*Anabasis* des Antiochos IV.; Gorgias und Nikanor ziehen gegen Judäa. Bittgottesdienst in Mizpa (3, 37–60)
	165	Judas besiegt Gorgias (4, 1–27)
148	165	Judas besiegt Lysias (4, 28–35)
	165	Tempelreinigung des Judas (4, 36–51)
25. Kislew im Jahr 148	165	Wiedereinweihung des Tempels (4, 52–61)
	164	Kriegszüge gegen die Feinde der Judäer ringsum (5, 1–68)
148/149	164/163	Tod des Antiochos IV. (6, 1–16)
	163	Lysias setzt Antiochos V. ein (6, 17)
	162	Judas beginnt die Belagerung der Akra; Krieg gegen Lysias; Auftritt des Philippos und Religionsfrieden des Lysias (6, 18–63)
151	162	Demetrios I. erringt den Thron; Alkimos als Hoherpriester Aussendung des Nikanor (7, 1–42)
13. Tag des Monats Adar im Jahr 151	161	Judas besiegt Nikanor (Nikanortag) (7, 43–49)
	161	Bündnis mit Rom (8, 1–32)
1. Monat im Jahr 152	161	Bakchides und Alkimos kämpfen gegen die aufständischen Judäer; Tod des Judas (9, 1–22)
	161	Jüdische »Apostaten« rächen sich; Jonathan tritt die Nachfolge seines Bruders an (9, 23–32)
	161/160	Erste Siege Jonathans (9, 32–49)
	160	Bakchides sichert seine Herrschaft (9, 50–53)
2. Monat im Jahr 153	160	Alkimos lässt Mauer des inneren Tempelvorhofs niederreißen und stirbt. Bakchides kehrt zum König zurück (9, 54–57)

Zeitangaben im 1. Makkabäerbuch (s. Ä.)	**Mögliche Entsprechung (v. Chr.)**	**Erzählte Ereignisse**
	158	Kleinkrieg Jonathans und Simons gegen Bakchides. Friedensschluss; Jonathan als Richter (9, 58–73)
160	152/151	Kämpfe zwischen Demetrios I. und Alexander Balas (10, 1–20)
7. Monat im Jahr 160	152	Jonathan als Hoherpriester; Sieg des Alexander (10, 21–56)
162	150	Heiratsbündnis Alexanders mit Ptolemaios I. (10, 57–66)
165	148/147	Rückkehr des Demetrios II. (10, 67)
167	145	Ptolemaios VI. verbündet sich mit Demetrios II. Er besiegt Alexander und stirbt drei Tage später (11, 1–19)
	145	Bündnis Jonathans mit Demetrios II. (11, 20–53)
	145	Antiochos VI. verbündet sich mit Jonathan und schlägt Demetrios II. in die Flucht (11, 54–74)
		Bündnisse Jonathans mit Rom und Sparta (12, 1–23)
		Tryphons Verrat und Jonathans Gefangennahme (12, 24–53)
		Simon übernimmt die Führung und verteidigt Jerusalem gegen Tryphon; Ermordung Jonathans (13, 1–30)
170	143/142	Tryphon ermordet Antiochos VI.; Simon verbündet sich mit Demetrios II. und bekämpft die Akra (13, 31–50)
23. Tag des 2. Monats im Jahr 171	142	Einnahme Jerusalems durch die Aufständischen (13, 51–53)
172	140	Demetrios II. wird von Arsakes VI. gefangen genommen (14, 1–3)
	140	Loblied auf Simon; Erneuerung der Bündnisse mit Rom und Sparta (14, 4–24)
18. Tag des Monats Elul im Jahr 172	141	Würdigung Simons (14, 25–49)
174	139/138	Bündnis Simons mit Antiochos VII. (15, 1–14)

Zeitangaben im 1. Makkabäerbuch (s. Ä.)	Mögliche Entsprechung (v. Chr.)	Erzählte Ereignisse
	138	Schutzbrief für die Judäer; Entfremdung Simons und Antiochos VII.; Sieg der Söhne Simons über Kendebaios (15, 15–16, 10)
11. Monat (Schebat) im Jahr 177	135	Ermordung Simons; Johannes rächt seinen Vater und übernimmt die Herrschaft über Judäa (16, 11–24)

Stellenregister

1. **Biblische Bücher und außerkanonische Schriften** (ohne 1 Makkabäer)

a) Biblische Bücher

Altes Testament

Genesis

Exodus

Levitikus

Numeri

Deuteronomium

2 Samuel

d) Qumran-Schriften

2. Antike Autoren und Werke